国家出版基金项目
NATIONAL PUBLICATION FOUNDATION

"十三五"国家重点出版物出版规划项目
国家自然科学基金重大项目

应对老龄社会的基础科学问题研究丛书

主编　彭希哲

中国老龄社会的数据、事实与分析

翟振武　杜　鹏　张文娟 等/著

科学出版社
龍門書局
北　京

内 容 简 介

从 2000 年开始，中国已经迈进了一个全新的老龄社会时代。本书以全国性、连续性的大型社会调查项目——中国老年社会追踪调查的数据为基础，从老年人口特征、健康、经济、家庭、社会参与、养老资源、信息技术、体育锻炼、养老安排、心理适应等多视角，全面、系统、立体地描绘了中国老龄社会的方方面面，同时对老年社会的状况、变化及发展趋势进行了深入的分析和探讨。这是一幅具有分析特质的中国老龄社会全景图。

本书可供中国老龄社会研究领域的学者、高等院校师生、政府官员和社会公众阅读参考。

图书在版编目（CIP）数据

中国老龄社会的数据、事实与分析/翟振武等著. —北京：龙门书局，2021. 8

（应对老龄社会的基础科学问题研究丛书 / 彭希哲主编）

"十三五"国家重点出版物出版规划项目　国家出版基金项目　国家自然科学基金重大项目

ISBN 978-7-5088-5881-4

Ⅰ. ①中…　Ⅱ. ①翟…　Ⅲ. ①人口老龄化-研究-中国　Ⅳ. ①C924.24

中国版本图书馆 CIP 数据核字（2020）第 232396 号

责任编辑：魏如萍　陈会迎 / 责任校对：王晓茜

责任印制：霍　兵 / 封面设计：无极书装

科学出版社
龍門書局　出版

北京东黄城根北街 16 号

邮政编码：100717

http://www.sciencep.com

三河市春园印刷有限公司 印刷

科学出版社发行　各地新华书店经销

*

2021 年 8 月第　一　版　开本：720 × 1000　1/16

2021 年 8 月第一次印刷　印张：21 1/4

字数：450 000

定价：215.00 元

（如有印装质量问题，我社负责调换）

丛书编委会

主　编：彭希哲

副主编：（以姓氏笔画为序）

左学金　何文炯　曾　毅　翟振武

编　委：（以姓氏笔画为序）

于景元　左学金　李树茁　李善同

杨　泽　吴开亚　何文炯　汪寿阳

胡　湛　彭希哲　辜胜阻　曾　毅

翟振武

“应对老龄社会的基础科学问题研究丛书”序

人口老龄化是一个世界性议题，它是人口再生产模式从传统型向现代型转变的必然结果，也是当今社会经济发展和社会现代化的一个重要趋势，并已成为中国社会的常态。在目前的社会经济制度安排下，我们仍对这种前所未有的人口学变化及其所带来的影响缺乏必要和及时的反应、适应和调整，中国人口老龄化的特殊进程亦使得这种挑战更显严峻。

人口老龄化首先表现为人口问题，我们不仅要对人口进行更深入的研究与调控，更要考虑到社会、经济、环境等多元要素对老龄化进程的制约。老龄化的影响已经逐渐渗透到中国社会的各个方面，并与各种历史的、当前的和未来的社会发展要素不断地相互影响，形成一个超复杂的经济社会系统问题。因此，应对老龄社会需要统筹中国社会的各种资源以形成合力，对整个社会的组织和运行进行改革和再设计，以使中国社会在老龄化的背景下继续健康、协调地运行和发展。

为此，国家自然科学基金委员会经过两年的论证，于 2014 年启动了重大项目“应对老龄社会的基础科学问题研究”（71490730）的招标工作。其主要目标有两方面。

其一，立足中国经济、社会和环境的现实，针对中国老龄社会的自身特征，在全球化、市场化、信息化的时代背景下，充分考虑中国人口转变和社会转型的进程，响应城乡统筹、代际和谐发展的时代要求，深入研究面向社会整合和可持续发展的应对中国老龄社会的重大基础科学问题，进行理论创新和前瞻性研究，提出符合中国实践的新理论和新方法。

其二，根据我国转变经济发展方式、保障和改善民生的重大需求，针对老龄化的发生发展规律、现在及未来老年人群体的新特征、老龄社会的社会支持系统与经济形态，以及相关制度安排和政策重构等科学问题展开系统研究，支撑国家宏观决策和治理实践需求，并造就一支在国内外有影响的跨学科研究队伍。

最终，经过选拔和评审，以复旦大学作为牵头单位并联合中国人民大学、北京大学、浙江大学、上海社会科学院所组成的跨学科研究团队承担了这一重大项目，首席科学家为复旦大学的彭希哲教授，经费量 1800 万元，执行期自 2015 年起至 2019 年止。项目涵括 5 个相互独立却又紧密关联的专项课题：

课题一“特征、规律与前景——老龄社会的人口学基础研究”（71490731）由中国人民大学承担，负责人为翟振武教授；课题二“健康老龄化——老年人口健康影响因素及有效干预的基础科学问题研究”（71490732）由北京大学承担，负责人为曾毅教授；课题三“代际均衡与多元共治——老龄社会的社会支持体系研究”（71490733）由浙江大学承担，负责人为何文炯教授；课题四“公平、活力与可持续——老龄社会的经济特征及支持体系研究”（71490734）由上海社会科学院承担，负责人为左学金研究员；课题五“整体性治理——应对老龄社会的公共政策和公共管理体系重构研究”（71490735）由复旦大学承担，负责人为彭希哲教授。整个项目的核心团队成员超过50人，聚集了一批人口学、管理学、经济学、社会学、心理学、医学、生物学、数学、环境科学、信息科学、政治学等领域的一流专家学者，其中不乏教育部长江学者、新世纪百千万人才工程专家等顶尖人才。经过团队成员五年多的鼎力合作，产生了一大批高质量的科研成果，在《中国社会科学》、*The Lancet*、*Demography*、*Governance* 等国内外重要学术期刊发表论文近400篇，由其形成的决策咨询报告多次得到国家领导人批示，获得第八届中华人口奖、第七届高等学校科学研究优秀成果奖（人文社会科学）、第八届高等学校科学研究优秀成果奖（人文社会科学）、第七届中国人口科学优秀成果奖、第三届中国老年学奖、第七届钱学森城市学金奖等各类国家及省部级奖项近60种，并参与资助了两项大型老龄社会追踪调查：CLASS（China Longitudinal Aging Social Survey，中国老年社会追踪调查）和 CLHLS（Chinese Longitudinal Healthy Longevity Survey，中国老年健康影响因素跟踪调查）。

为了推动这些成果在更大的范围内共享，促进相关学科领域的发展和高水平研究队伍的建设，为老龄社会相关的制度、政策与法规的设计、制定和运行提供理论指导与方法支撑，项目组和科学出版社合作，论证设计了“应对老龄社会的基础科学问题研究丛书”出版计划，并于2018年入选“十三五”国家重点出版物出版规划项目，2020年获得国家出版基金支持。丛书计划持续出版系列老龄科学研究领域的学术专著，并于 2021～2022 年推出第一批17部。

作为国家自然科学基金重大项目“应对老龄社会的基础科学问题研究”的重要研究成果集群，本丛书的出版是多方通力合作、协同努力的结果。我们首先衷心感谢国家自然科学基金委员会的大力支持，感谢吴启迪、何鸣鸿、李一军、高自友、杨列勋、刘作仪等基金委时任领导的鼓励与指导，感谢于景元、辜胜阻、汪寿阳、李善同、李树茁、杨泽等学术领导小组专家的指点与建议，感谢吴刚、霍红、方德斌、卢启程、杜少甫、张江华等基金委工作人员的细致工作和周到服务，感谢原新、丁金宏、李娟、林义、黄鲁成、凌亢、冯帅章等专家学者的帮助，感谢复旦大学、中国人民大学、北京大学、浙江大学、上海社会科学院的支持及在管理上提供的便利，感谢复旦大学公共管理与公共政策研究国家哲学社会科学创新基地、复旦大学人口与发展政策研究中心、中国人民大学人口与发展研究中心、北京大学国家发展研究院、浙江大学老龄和健康研究中心、上海社会科学院经济研究所的团队支持，感谢全国老龄工作委员会、中国老龄协会、国家卫生健康委员会、民政部、人力资源和社会保障部、国家统计局及各级政府部门的帮助，感谢兄弟院校和合作科研机构及团队的帮助，感谢项目组全体成员和参与项目工作的博士后及研究生们的辛勤劳动。此外还要感谢科学出版社的认可及支持，尤其是马跃和魏如萍老师对于我们申报"十三五"国家重点出版物出版规划项目和国家出版基金的鼎力协助。我们将再接再厉，为推动建设一个"不分年龄人人共建共治共享"的社会而奋斗。

"应对老龄社会的基础科学问题研究"项目组

2020年12月

目　　录

第一章 调查概况

第一节 项目简介

中国老年社会追踪调查（China Longitudinal Aging Social Survey，CLASS）是由中国人民大学老年学研究所和中国人民大学人口与发展研究中心联合组织、设计和实施的一项全国性、连续性的大型社会调查项目。项目通过定期、系统地收集中国老年人群社会、经济背景数据，掌握老年人在衰老过程中面临的各种问题和挑战，评估各项社会政策措施在提高老年人生活质量方面所取得的实际效果，为观察中国老龄社会的动态变化提供重要的数据和事实。

一、项目背景

人口老龄化是人类社会生活水平提高、医疗技术改善所取得的成果，也是人口转变的必然结果，老龄化社会是21世纪人类社会的重要特征，也成为中国社会的人口新常态。自2000年中国迈入人口老龄化社会以来，已经走过了20多年的时间，在应对人口老龄化的挑战和机遇的过程中，取得了一系列的丰硕成果，也积累了诸多的经验和教训。与世界早先进入人口老龄化的国家相比，中国的人口老龄化进程发展迅速，老年人口规模庞大，地区发展不均衡。生育率的快速下降和人口预期寿命的迅速提高导致中国的人口发展和社会发展的脱节，"未备先老"成为中国的人口老龄化社会的关键特征。为了应对人口老龄化的挑战，在进入21世纪后，中国政府大力推进社会保障和养老保障制度建设，社会养老服务体系建设日新月异。当代社会的中国老年人正在经历与他们的前辈截然不同的生命体验，老年期的生活和养老环境有了根本的转变。这种变化将给他们的老年生活带来何种影响？在快速的人口老龄化背景下，不断调整和发展的老龄政策的效果如何？未来的政策完善和调整的依据何在？要回答上述问题需要对当前不断变化的老龄社会和老年人群进行深入、细致的观察，及时准确地把握老龄社会和老年人个体与家庭的相关信息。

面对老年人口不断增加、家庭养老功能不断弱化的状况，中国自2009年起全面进入了社会化养老体系建设时期，并陆续出台了一系列政策措施，让老年人共享社会建设成果。在此背景下，及时了解中国老年人的家庭和社会养老资源的变化情况，以及由此产生的对家庭代际关系、生理和心理健康状况的影响，并评估各项社会政策措施在提高老年人生活质量方面所取得的实际效果，显得尤为迫切和重要。对于上述信息的收集和分析不仅能够丰富老龄科学研究领域的研究成果，也将为中国老龄问题的解决提供重要的理论和事实依据，对提高老年人口的生活质量、维护社会的和谐与稳定发挥重要作用。

二、项目设计

在 2014 年以前，国内先后有北京大学和中国老龄科学研究中心进行了有关老年人状况的大型纵向调查，但前一项跟踪调查主要针对高龄老年人，聚焦于老年健康问题，而后一项目存在多次调查信息无法进行对接和匹配的问题。老年人大型专项跟踪调查数据的欠缺，使得中国的老年学研究受到了很大的限制。作为国内老年学研究与教学的排头兵，中国人民大学老年学研究所组织开展了 CLASS 项目。

在设计调查主题时，项目组充分参考和借鉴了已有的大型老年专项调查项目中包含的核心调查内容，确定了以下设计原则。

（1）独特性。CLASS 项目应该与现有的大型老年专项调查互为补充，项目的核心调查内容应该具有独特性，可以填补现有的大型调查的空白，为中国的老年学研究和老龄问题研究提供更为丰富的素材。

（2）可比较性和通用性。调查中涉及的核心理论和复杂概念的界定与测量应该充分借鉴已有的调查和研究成果，尽量使用广泛通用的成熟测量工具，以此提高调查结果的准确性，促进和推动国内外不同调查项目之间的数据共享和研究结果比较，扩大调查项目的应用范围和学术影响力。

基于以上原则，最终确定的调查目标为在了解中国老年人社会经济状况、生理和心理健康状态的基础上，探悉老年人的日常生活状况，掌握家庭和社会养老资源，以及各种养老资源对老年人家庭代际关系与生理和心理健康状况的影响，评估各项社会政策措施在提高老年人生活质量方面所取得的实际效果。调查重点聚焦老年人的个体特征、养老安排、养老资源、生活状况、经济状况、健康状况等，弥补已有老龄相关调查在这些领域的不足。主要调查内容框架如图 1-1 所示。

图 1-1　CLASS 主要调查内容框架

基于以上项目设计，项目组希望对于调查数据的分析不仅能够丰富这一领域的研究成果，也为中国老龄问题的解决提供重要的理论和事实依据，对提高老年人口的生活质量、维护社会的和谐和稳定发挥重要作用。在问卷设计过程中，来自美国南加利福尼亚大学和中国西安交通大学人口与发展研究所的专家提供了咨询与建议，兼顾了国际学术比较研究的可行性。

三、项目调查内容

CLASS 项目分别于 2011 年和 2012 年进行了两次试调查，2014 年暑期开展了全国范围的基线调查，根据多轮试调查的现场测试和试调查数据的测算分析结果，项目组对调查实施方案进行了多次调整，最终确定的 2014 年首次调查时问卷具体包含以下内容。

（1）A 部分评估老年人的个人基本信息：被访问老年人的性别、出生时间、文化程度、婚姻史、以往从事的主要职业等。

（2）B 部分评估老年人健康及相关服务：老年人的日常生活活动（activities of daily living，ADL）、工具性日常生活活动（instrumental activities of daily living，IADL）、慢性病的患病及治疗状况，以及近期使用医疗服务等情况。

（3）C 部分评估老年人的社会经济状况：老年人群劳动收入、养老金、政府津贴、代际支持等各项收入状况，以及在饮食、医疗、代际转移、购买服务等方面的支出。

（4）D 部分评估老年人社会养老资源和规划情况：机构养老和居家养老方式下的老年人所享受的经济支持、日常照料、情感慰藉、医疗保健方面的社会化服务，老年人对各项支持和服务的满意度。

（5）E 部分评估老年人认知能力与老化态度：利用简易智力状态检查量表和精神抑郁度相关量表对老年人认知能力及老化态度等情况进行测评。

（6）F 部分评估老年人的家庭与代际关系（家庭养老资源）：老年人与各个子女的经济、日常照料、情感等方面的代际交流，以及其与孙子女之间的隔代交流等。

2016 年问卷内容在 2014 年问卷基础上进一步丰富。①B 部分在评估老年人健康及相关服务中增加了对社区居家养老服务使用情况及老年人居家设施适老化配置情况的调查。②D 部分评估老年人社会养老资源和规划情况中增加了老年人对社区居家养老服务以及智能养老服务、网络的使用情况等。③增加了 G 部分关于老年人睡眠、体育锻炼等生活方式的评估。

2018 年执行了第二次跟踪调查：问卷内容根据前两次调查收集的数据质量情况进行了微调，并且重点强化了对于老年人信息技术产品使用方面的信息收集。

经过 2016 年和 2018 年两次对调查内容的调整，问卷包含的问题设计更加全面。

第二节　抽样设计和组织实施

一、抽样方案设计

CLASS 项目在 2014 年组织开展了基线调查。这次基线调查由中国人民大学中国调查与数据中心负责组织实施。中国人民大学中国调查与数据中心自成立后，一直负责中国综合社会调查（Chinese General Social Survey，CGSS）项目的设计和组织实施，形成了覆盖全国的抽样调查网络，为了提高项目的执行效率，降低组织和实施成本，基线调查充分利用了 CGSS 项目的调查网络，在实际操作过程中，共享了 CGSS 项目的村居样本。在选定的村居样本中，重新绘制地图，构建样本框，进行实地抽样。

最终，2014 年的基线调查在除香港、台湾、澳门、海南、新疆和西藏之外的全国 28 个省区市正式开展。调查设计为纵向跟踪调查，样本为 11 500 人，初步设想为每隔 2 年进行一次跟踪调查。

鉴于 CLASS 项目的基线调查在实际操作过程中，共享了 CGSS 项目的村居样本，所以在抽样过程的前半阶段直至完成村居样本的筛选过程与 CGSS 项目一致。调查项目采用分层多阶段的概率抽样方法：第一阶段，选定县级区域（包括县、县级市、区）作为初级抽样单位（primary sampling unit，PSU）；第二阶段，选定村/居委会作为次级抽样单位（secondary sampling unit，SSU）；第三阶段，在每个村/居委会中采用绘图抽样的方法来抽取样本户，每户访问 1 位老年人。在被选中的每个村居中，调查的目标是完成对 25 个 60 岁及以上的老年人的访问。在每个村居中，调查先核实社区里的住宅数，确定住户清单列表，然后随机抽取 150 户（村委会中）或 200 户（居委会中），核实该家庭户是否有老人，要求至少核实有 60 岁及以上的老人户 40 户，至此抽样阶段结束，后期对这 150 户或 200 户中核实出来的老人户发放问卷，如果访员完成 25 户，则不需要再发放，如果不足则需要追加样本，直到完成 25 户为止。每户利用 Kish 表抽取 1 位老人进行访问。

二、加权说明

（一）设计权数

设计权数是指每个样本单元在调查总体中所代表的单元数，它等于该样本单元入样概率的倒数。由前面确定的抽样方法，必选层与抽选层样本的设计权数形式相似，但表达的内容有所区别。统一的设计权数公式可表达为

$$w_{1hijk}=\frac{M_h}{M_{hi}}\times\frac{M_{hi}}{M_{hij}}\times\frac{D_{hij}}{25}(h=1,2,3,\cdots,51)$$

其中，下标 1 代表设计权数；h=1 代表必选层，h=2,3,…,51 分别对应于抽选层中的 50 个小层；M 代表人口规模总数；D 代表每个二级单元中包含的三级单元数（户数）。

其他各符号及下标的含义分别解释如下：在必选层中，i 代表第 i 个初级单元（街道），j 代表第 j 个二级单元（居委会），k 代表第 k 个三级单元（家庭户）；在抽选层中，i 代表第 i 个初级单元（区、县），j 代表第 j 个二级单元（居委会、村委会），k 代表第 k 个三级单元（家庭户）。

（二）实际执行情况调整

调查为了保证目标样本量，对接触样本量进行扩大，调查的执行力度将影响调查样本的权数，因此需要再次进行权数调整。设某个居委会（村委会）最后样本调查的执行量为 n，则该家庭户的实际执行调整权数为

$$w_{2hijk}=\frac{25}{n}$$

（三）最终权数

由于每个被抽中的家庭户中可能不止 1 名达到 60 岁的老年人，所以某户有 m 名老年人的家庭户被抽中调查的老年人的户内权重为

$$w_{3hijk}=\frac{m}{1}$$

（四）最终权数的计算

每个最终调查单元的最终权数等于每个家庭户的初始设计权数与执行情况调整权数、户内权重这三个权重的乘积，即

$$w_{hijk}=w_{1hijk}\times w_{2hijk}\times w_{3hijk}$$

其中，h（h=1,2,3,…,51）代表第 h 小层，1 代表设计权数，2 代表执行调整权数，3 代表户内权数。

三、调查组织实施

在项目启动之初，CLASS 项目分别于 2011 年和 2012 年进行了两次试调查，2014 年暑期开展了全国范围的基线调查，并于 2016 年和 2018 年对基线受访对象

进行两次追踪调查。此外，为了保证在连续滚动调查时获得足够的样本规模，对于因为死亡或者失访的被访对象，跟踪调查时要求按照性别一致、年龄相近的原则进行相应的替补。调查问卷分个人问卷和社区问卷，调查对象是60岁及以上的老年人群和调查社区（村居）的工作人员。首次基线抽样调查结果中个人问卷有效样本为11 511人，社区调查问卷462份，覆盖了28个省区市的134个县、区。

2014年的CLASS项目依托中国社会调查网络（Chinese Social Survey Network，CSSN）进行实地数据收集工作，各合作单位根据实际情况，组建数支调查队伍共计超过800人参与实地调研工作，调查采用入户面对面、念读问卷的访问形式。为了保证调查质量，CLASS项目采用现场督导和电话回访相结合的办法保证数据采集的高质量：一方面，项目组招募了近30名实地督导在全国各地进行现场质量控制和技术指导；另一方面，实时随机抽取约30%的问卷进行电话复核，对发现问题的问卷进行及时的现场反馈。

四、追踪情况

CLASS项目每两年追踪一次，在2014年基线调查的基础上，截至2020年已分别在2016年和2018年进行了两次追踪调查。2016年调查样本规模为11 494人，其中，基于2014年的跟访样本为6602人，跟访率为57.4%；死亡样本426人在总样本中的比例为3.7%；社区问卷419人，社区问卷反馈率为90.7%。2018年调查样本规模为11 418人，其中，新增样本1746人，跟踪样本9672人，跟访率84.70%。与2016年的首次跟踪访问相比，2018年的第二次跟踪访问的跟访率更高，这应该是和后两次访问的间隔时间较短有关。

第三节　调查数据质量评估

一、样本的分布

从2014年基线调查中的被访老年人口的年龄构成来看，样本以中低龄老年人为主，60～69岁组老年人口的比例最高，达到54%，超过五成；其次是70～79岁组，比例接近1/3，为32.1%；比例最低的是80岁及以上年龄组，只有13.9%。相比于2015年的1%抽样小普查数据，2014年的分年龄组样本的比例基本接近，仅有60～64岁组低了4.3个百分点，75～79岁组高了2.6个百分点，整体代表性较强。

基线调查样本的整体年龄分布与2010年第六次全国人口普查结果较为接近（图1-2）。与2010年中国城乡老年人口状况追踪调查相比，CLASS数据中高龄老年人的比例明显提高，80岁及以上老年人比例为13.84%，而城乡调查的80岁及以上老年人比例为11.80%。

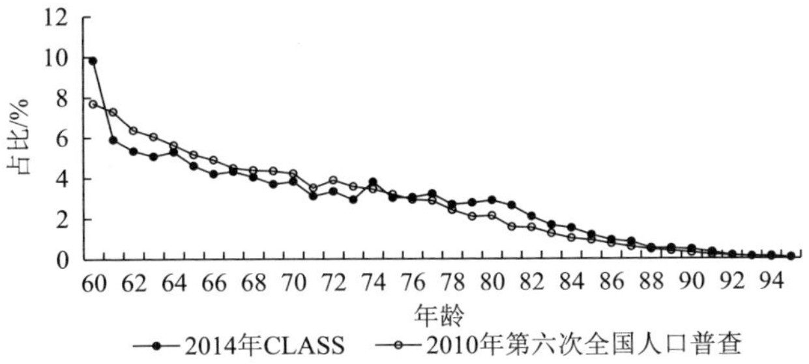

图 1-2 CLASS 人口年龄结构和第六次全国人口普查结果比较

资料来源：2014 年 CLASS 数据，第六次全国人口普查资料

CLASS 样本的性别比为 0.9216，略低于第六次全国人口普查的 0.9756，同时也低于中国城乡老年人口状况追踪调查的 0.9612。分不同年龄的性别比看，与第六次全国人口普查结果相比，CLASS 数据的性别比在各年龄组的差异相对较大。

2016 年组织了首次追踪调查，对于已经死亡的 2014 年初访样本，遵循性别和年龄接近的原则进行了替补。2016 年初访样本增龄 2 岁，一定程度上改变了样本的年龄结构分布。对 2016 年的首次跟踪调查样本的年龄结构进行统计汇总，如表 1-1 所示，相较于 2014 年 CLASS 数据，2016 年 60～64 岁组的比例仅为 9.8%，降低了约 20 个百分点；65～74 岁组合计比例到了 52.7%，增加了 12 个百分点；80 岁及以上高龄组比例达到 20.5%，增加了 6.6 个百分点。

表 1-1 样本年龄组分布与 2015 年小普查比较

样本年龄组		2014 年	2016 年	2015 年小普查
有效样本	60～64 岁	30.9%	9.8%	35.2%
	65～69 岁	23.1%	29.2%	24.7%
	70～74 岁	17.6%	23.5%	16.4%
	75～79 岁	14.5%	17.0%	11.9%
	80～84 岁	9.1%	11.5%	7.4%
	85～89 岁	3.6%	6.1%	3.2%
	90 岁及以上	1.2%	2.9%	1.2%
	小计	100%	100%	100%

资料来源：2014 年、2016 年 CLASS 数据，2015 年全国 1%人口抽样调查资料

如表 1-2 所示，2014 年和 2016 年两次调查中，被调查人员的城乡构成基本没有变化，城市人口比例分别为 53.0%和 52.3%，接近 1∶1。与 2015 年小普查数据相比，CLASS 项目的 2014 年和 2016 年两次调查的城市人口比例分别高出 3.2

个百分点和 2.5 个百分点，这两次调查的农村人口比例则相对较低。

表 1-2　样本城乡属性与 2015 年小普查比较

样本城乡属性		2014 年	2016 年	2015 年小普查
有效样本	城市（居委会/社区）	53.0%	52.3%	49.8%
	农村（村委会）	47.0%	47.7%	50.2%
	总计	100%	100%	100%

资料来源：2014 年、2016 年 CLASS 数据，2015 年全国 1%人口抽样调查资料

2014 年和 2016 年两次调查中，被调查人员的性别构成变化不大，男性比例略有上升，提高了 1.8 个百分点，整体男女性别比例接近 1∶1。与 2015 年小普查相比，2014 年的性别构成状况与 2015 年小普查的性别构成状况更为接近（表 1-3）。

表 1-3　样本受访者性别构成与 2015 年小普查比较

样本性别		2014 年	2016 年	2015 年小普查
有效样本	男性	49.0%	50.8%	48.6%
	女性	51.0%	49.2%	51.4%
	总计	100%	100%	100%

资料来源：2014 年、2016 年 CLASS 数据，2015 年全国 1%人口抽样调查资料

二、应答、代答及拒答情况

2014 年的 CLASS 问卷共包含 78 项、224 个问题，各个模块的项目和问题数量如表 1-4 所示。

表 1-4　2014 年 CLASS 问卷模块的项目和问题数量分布

模块名称	项数/项	问题数/个
个人基本情况	9	9
健康与服务	16	50
社会经济条件	16	28
养老金计划	18	41
认知能力和衰老态度	7	53
家庭与后代	7	32
联系方式	5	11

表 1-5 提供了 2014 年基线调查中的各问题应答情况。从对各个问题的应答情况统计结果来看，家庭和代际关系中，多数老年人认为自己不需要他人照料选择了跳答，导致 F2 和 F3 拒答率在 88.50%以上，主要原因可能在于选取的样本超过 86%为 80 岁以下老年人，71.6%为 60～74 岁中低龄老年人，身体健康状况相对良好。其他问题整体应答率较高，在 61.61%～100.00%，其中 C9、C10、C13、D8、D10 等几个问题回答率低于 80%，主要原因在于样本选取老年人大部分为社区居家老年人，对养老院的印象较为模糊难以回答；另外 1/4 比例的老年人对退休事件没有太多准备，且不愿公开家庭支出情况。

表 1-5 2014 年 CLASS 样本应答情况

序号	回答率	拒答率	序号	回答率	拒答率
A1	100.00%	0.00%	C1	99.90%	0.10%
A2	99.90%	0.10%	C2	99.73%	0.27%
A3	99.89%	0.11%	C3	94.60%	5.40%
A4	99.94%	0.06%	C4	98.70%	1.30%
A5	99.98%	0.02%	C5	99.70%	0.30%
A6	99.86%	0.14%	C6	99.53%	0.47%
A7	99.57%	0.43%	C7	81.27%	18.73%
A8	99.78%	0.22%	C8	80.38%	19.62%
A9	99.90%	0.10%	C9	74.03%	25.97%
B1	98.26%	1.74%	C10	78.70%	21.30%
B2	97.43%	2.57%	C11	99.83%	0.17%
B3	98.05%	1.95%	C12	89.45%	10.55%
B4	99.90%	0.10%	C13	78.10%	21.90%
B5	99.66%	0.34%	C14	99.95%	0.05%
B6	99.70%	0.30%	C15	99.80%	0.20%
B7	96.10%	3.90%	C16	95.50%	4.50%
B8	95.20%	4.80%	D1	99.90%	0.10%
B9	97.48%	2.52%	D2	98.76%	1.24%
B10	94.98%	5.02%	D3	99.70%	0.30%
B11	99.10%	0.90%	D4	99.74%	0.26%
B12	98.52%	1.48%	D5	95.23%	4.77%
B13	99.55%	0.45%	D6	93.31%	6.69%
B14	97.27%	2.73%	D7	99.80%	0.20%
B15	92.89%	7.11%	D8	61.61%	38.39%
B16	99.44%	0.56%	D9	89.82%	10.18%

续表

序号	回答率	拒答率	序号	回答率	拒答率
D10	72.27%	27.73%	E4	99.70%	0.30%
D11	99.10%	0.90%	E5	84.58%	15.42%
D12	98.60%	1.40%	E6	99.70%	0.30%
D13	96.70%	3.30%	E7	99.50%	0.50%
D14	99.80%	0.20%	F1	99.70%	0.30%
D15	97.50%	2.50%	F2	11.40%	88.60%
D16	99.80%	0.20%	F3	11.50%	88.50%
D17	99.70%	0.30%	F4	98.50%	1.50%
D18	99.87%	0.13%	F5	98.00%	2.00%
E1	96.20%	3.80%	F6	98.00%	2.00%
E2	99.65%	0.35%	F7	98.20%	1.80%
E3	98.70%	1.30%			

资料来源：根据 2014 年 CLASS 问卷应答情况统计获得

从 2016 年的应答情况来看（表 1-6），和 2014 年相比，调查项目增多了，较为明显的是出现了一些应答率较低的问题，如 A4、B5、B7、B11、C6、C10、C16、D21、F2、F5、G3～G5 及 G9～G12，应答率均低于 50%。这些问题除了与 2014 年拒答率较高的问题类似之外，主要原因一方面是有部分针对新增样本设置的问题回答率受样本数量影响而偏低，另一方面是新增加的关于生活方式及设施使用情况等问题回答率低，可能的原因在于很多地区相关设施配备不全，对此类设备和设施的知晓率不高，导致被调查人员无法回答。

表 1-6　2016 年 CLASS 项目样本应答情况

问题	应答率	问题	应答率	问题	应答率
A1	100.00%	B2	100.00%	B12	100.00%
A2	100.00%	B3	100.00%	B13	68.68%
A3	98.88%	B4	100.00%	B14	100.00%
A4	42.56%	B5	29.30%	B15	100.00%
A5	71.28%	B6	100.00%	B16	100.00%
A6	69.63%	B7	28.38%	B17	100.00%
A7	100.00	B8	100.00%	B18	100.00%
A8	88.29%	B9	67.03%	B19	100.00%
A9	100.00%	B10	100.00%	B20	75.86%
B1	100.00%	B11	23.76%	B21	99.99%

续表

问题	应答率	问题	应答率	问题	应答率
B22	99.99%	D6	100.00%	E6	95.42%
C1	99.99%	D7	99.99%	E7	94.28%
C2	93.76%	D8	99.99%	F1	99.99%
C3	56.23%	D9	100.00%	F2	6.79%
C4	53.30%	D10	69.43%	F3	53.40%
C5	52.34%	D11	54.15%	F4	98.77%
C6	42.47%	D12	99.99%	F5	47.61%
C7	66.73%	D13	99.99%	G1	99.23%
C8	66.40%	D14	99.99%	G2	99.23%
C9	56.66%	D15	99.98%	G3	15.29%
C10	26.02%	D16	99.99%	G4	15.29%
C11	99.16%	D17	99.99%	G5	15.29%
C12	100.00%	D18	90.46%	G6	55.84%
C13	100.00%	D19	99.99%	G7	57.77%
C14	99.99%	D20	99.99%	G8	57.65%
C15	96.78%	D21	29.59%	G9	16.41%
C16	5.39%	D22	99.99%	G10	17.26%
D1	99.99%	E1	100.00%	G11	17.26%
D2	56.13%	E2	94.28%	G12	26.82%
D3	99.99%	E3	94.28%	G13	65.85%
D4	99.99%	E4	94.28%		
D5	99.99%	E5	97.14%		

资料来源：根据 2016 年 CLASS 问卷应答情况统计获得

2014 年调查样本中只有 2.1%的调查对象采用了代答的形式，相比 2011 年的试调查 30.7%的代答率，此次代答率下降显著，更能够反映老年人自身的观点和状态。代答的人员大部分为其子女、老伴，代答原因主要是老年人有耳聋、脑梗中风或认知障碍等身体原因无法回答。2016 年则没有显示代答情况。

总体而言，问卷设计合理，各部分问题数量、安排平均，能够得到较好数据收集效果。

三、量表的信度

CLASS 项目中问卷采用了 9 个成熟的量表，主要用于对生理和心理健康及主观态度的测量，具体包括：用于测量心理健康的流调中心抑郁（center for epidemiological studies-depression，CES-D）量表和加利福尼亚大学洛杉矶分校孤独感量表（loneliness scale，University of California at Los Angels，UCLA 量表）（Russell et al.，1980），用于测量认知能力的简易精神状态（mini-mental state examination，MMSE）量表（Folstein et al.，1975），用于测量活动能力的 ADL 量表（Katz 量表）（Katz et al.，1963）和 IADL 量表（Lawton 量表）（Lawton and Brody，1969），用于测量健康的社会维度的社会适应量表与困难应对量表，用于测量心理老化的老化态度量表，用于测量社会支持和社会交往的社会网络量表（Lubben 量表）（Lubben et al.，2006）。对 2014 年的基线调查数据中各量表的内部一致性进行分析，发现各量表的 Cronbach's α 系数（内部一致性信度）基本在 0.7 以上（表 1-7），其中对生活自理能力的测量量表系数最高，达到 0.9 以上，这说明调查所使用的量表具有良好的内部一致性，均达到统计分析的要求。

表 1-7　2014 年 CLASS 数据中的量表信度指标

量表名称	内部一致性信度	有效样本数	样本比例
抑郁量表	0.754	8 674	75.4%
孤独感量表（UCLA 量表）	0.818	8 636	75.0%
简易精神状态量表（MMSE 量表）	0.782	8 660	75.2%
ADL 量表（Katz 量表）	0.900	11 461	99.6%
IADL 量表（Lawton 量表）	0.902	11 245	97.7%
社会适应量表	0.741	8 636	75.0%
困难应对量表	0.874	8 636	75.0%
老化态度量表	0.668	8 700	75.6%
社会网络量表（Lubben 量表）	0.800	11 047	96.0%

资料来源：根据 2014 年 CLASS 问卷应答情况统计获得

第二章　老年人的基本人口特征

中国 60 岁及以上老年人口数量在 2019 年底已经超过 2.54 亿人，占总人口的 18.1%。对中国老年人基本人口特征的分析需要利用全国人口普查或大规模抽样调查数据。因此，本章的分析以 2000 年和 2010 年全国人口普查数据、2015 年全国 1%人口抽样调查数据为主，并结合 CLASS 数据，从年龄、性别、教育、职业、婚姻、家庭、民族、宗教、分布、迁移等几个方面分析老年人的基本人口特征。

第一节　性别与年龄

一、老年人口性别结构

如表 2-1 所示，从 60 岁及以上老年人口的性别构成来看，2015 年全国 1%人口抽样调查数据显示，男性老年人口占 48.59%，女性老年人口占 51.41%，女性老年人口所占比例较男性老年人口高 2.82 个百分点，性别比（以女性为 100，男性对女性的比例，全书计算方法同此处一致）为 94.50。

表 2-1　2000 年、2010 年和 2015 年我国 60 岁及以上老年人口性别构成状况

年份	男性比例	女性比例	性别比
2000 年	48.76%	51.24%	95.18
2010 年	49.01%	50.99%	96.12
2015 年	48.59%	51.41%	94.50

注：本表中数据均根据原始数据计算后保留两位小数得到

结合 2000 年第五次人口普查和 2010 年第六次全国人口普查数据，可以发现 2000～2015 年，老年人口性别比呈先升后降趋势。2000 年第五次人口普查数据显示，2000 年 60 岁及以上男性老年人口和女性老年人口分别为 6338 万和 6660 万，占老年人口的比例分别为 48.76%和 51.24%，性别比为 95.18。根据 2010 年第六次全国人口普查数据，男性老年人口占老年人口总数的 49.01%，女性占 50.99%，性别比为 96.12。

如图 2-1 所示，分年龄来看，2015 年中国总人口为 13.73 亿，总人口性别比为 105.02。其中 60 岁及以上人口为 2.22 亿，其性别比小于 100，且随着年龄的升高，性别比在不断降低，说明年龄越大，女性老年人口相对比男性老年人口数量更多。这主要是由生理和社会经济等方面的原因造成的，现代社会女性人口的预期寿命通常要高于男性，因此女性老年人口数量多于男性。

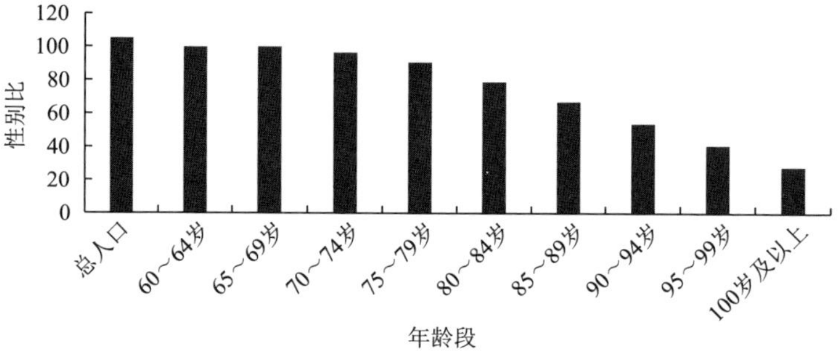

图 2-1　2015 年全国分年龄老年人口性别比

资料来源：2015 年全国 1%人口抽样调查资料

不同省区市老年人口的性别比有较大差异。如图 2-2 所示，西藏的性别比最低，为 81.2；其次为广西、北京和云南，性别比皆低于 90，分别为 88.6、88.9 和 89.2。新疆的性别比最高，达到 102.2，其他老年人口性别比较高的省区市包括重庆（99.4）、浙江（98.8）、山西（98.1）和湖南（97.9）。

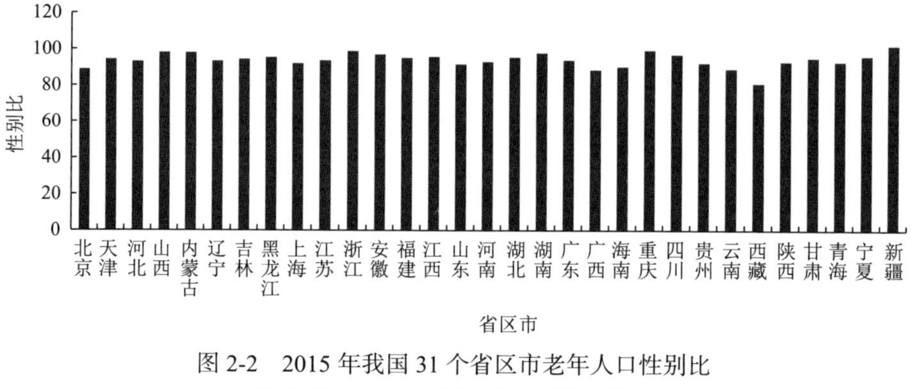

图 2-2　2015 年我国 31 个省区市老年人口性别比

资料来源：2015 年全国 1%人口抽样调查资料

二、老年人口年龄结构

（一）人口老龄化程度及其变化

从老年人口的年龄结构来看（表 2-2），2000 年 60 岁及以上老年人口占总人口比例达到 10.46%，中国已进入老龄化社会，到 2010 年该比例达到 13.32%，2015 年为 16.14%，老龄化程度在逐步加深，老龄化速度也在增快。此外，这三次人口普查或调查结果显示，我国老年人口中以低龄老年人为主，60～69岁的老年人超过一半，2015年，60～69岁人口占老年人口比例约为60%，80岁及以上比例为11.8%；2000～2015年，60～69岁的老年人口占老年人口的比例从58.8%增长到59.9%。同时，我国80岁及以上高龄老年人占老年人口的比例也从9.2%增长到11.8%。

表2-2　2000～2015年老年人口年龄结构变化

年龄组	2000年		2010年		2015年	
	人口数/人	占总人口比重	人口数/人	占总人口比重	人口数/人	占总人口比重
60～64岁	41 703 848	3.36%	58 667 282	4.40%	78 157 097	5.68%
65～69岁	34 780 460	2.80%	41 113 282	3.08%	54 867 290	3.99%
70～74岁	25 574 149	2.06%	32 972 397	2.47%	36 328 839	2.64%
75～79岁	15 928 330	1.28%	23 852 133	1.79%	26 531 613	1.93%
80～84岁	7 989 158	0.64%	13 373 198	1.00%	16 339 355	1.19%
85～89岁	3 030 698	0.24%	5 631 928	0.42%	7 210 194	0.52%
90～94岁	783 594	0.06%	1 578 307	0.12%	2 178 903	0.16%
95～99岁	169 756	0.01%	369 979	0.03%	396 065	0.03%
100岁及以上	17 877	0.00%	35 934	0.00%	48 710	0.00%
合计	129 977 870	10.46%	177 594 440	13.32%	222 058 066	16.14%

资料来源：2000年和2010年全国人口普查资料，2015年全国1%人口抽样调查资料

注：表中比重数据进行过修约，因此表中合计比重可能不等于各比重数相加

CLASS样本的年龄与性别分布特征与人口普查结果总体相似（表2-3）。2014年全样本及2016年新增样本中被调查老年人以低龄老年人居多，60～69岁老年人口占总样本的一半以上。2014年全样本中女性老年人口多于男性，虽然60～69岁男性老年人口略多于女性，但随着年龄的增加，性别比在明显降低，女性老年人口的比重在升高。

表2-3　CLASS样本的年龄、性别分布（单位：人）

年龄组	2014年全样本			2016年新增样本		
	男性	女性	合计	男性	女性	合计
60～69岁	3 069	2 943	6 012	1 542	1 437	2 979
70～79岁	1 656	1 982	3 638	724	703	1 427

续表

年龄组	2014 年全样本			2016 年新增样本		
	男性	女性	合计	男性	女性	合计
80 岁及以上	798	1 058	1 856	242	239	481
合计	5 523	5 983	11 506	2 508	2 379	4 887

资料来源：2014 年与 2016 年 CLASS 数据

（二）老年人口抚养比及其省际差异

人口的老龄化、预期寿命的延长是社会经济发展的成果，但是老龄化、高龄化的逐步加深也给社会经济发展带来了多方面的影响，可以用老年人口抚养比来反映人口老龄化的经济社会后果。2015 年我国 60 岁及以上人口的老年人口抚养比是 23.99%，即约 4 个劳动年龄人口赡养 1 位 60 岁及以上的老年人。2000 年老年人口抚养比为 10.15%，2010 年为 19.02%，到 2015 年上升到 23.99%，15 年提高了 13.84 个百分点。

表 2-4 显示了全国各地区老年人口抚养比情况。60 岁及以上老年人口抚养比最高的地区是重庆，达到了 31.45%，也就是大约 3 个劳动年龄人口赡养 1 位老年人；其次是四川和辽宁，60 岁及以上老年人口抚养比分别为 30.45%和 30.02%。此外，吉林、黑龙江、上海、江苏、浙江、安徽、山东、河南、湖北、河北和湖南高于全国平均水平。老年人口抚养比最低的地区是西藏，仅为 12.50%。其他老年人口抚养比相对较低的地区包括广东、宁夏、新疆、青海、云南、海南等，这些地区的 60 岁及以上老年人口抚养比均不超过 20%，即超过 5 个劳动年龄人口赡养 1 位老年人。

表 2-4　2015 年各地区老年人口抚养比

地区	60 岁及以上老年人口抚养比	65 岁及以上老年人口抚养比	地区	60 岁及以上老年人口抚养比	65 岁及以上老年人口抚养比
全国	23.99%	14.33%	黑龙江	24.86%	13.79%
北京	22.28%	13.45%	上海	28.04%	16.47%
天津	22.86%	12.94%	江苏	28.50%	17.21%
河北	25.24%	14.21%	浙江	24.31%	14.86%
山西	20.77%	12.13%	安徽	25.20%	15.74%
内蒙古	21.44%	12.35%	福建	20.20%	12.27%
辽宁	30.02%	16.81%	江西	21.65%	13.04%
吉林	25.32%	14.16%	山东	27.66%	16.20%

续表

地区	60岁及以上老年人口抚养比	65岁及以上老年人口抚养比	地区	60岁及以上老年人口抚养比	65岁及以上老年人口抚养比
河南	24.74%	14.24%	贵州	22.19%	13.92%
湖北	25.74%	15.27%	云南	18.58%	11.60%
湖南	26.35%	15.95%	西藏	12.50%	8.07%
广东	15.42%	9.62%	陕西	23.24%	13.87%
广西	22.85%	14.44%	甘肃	20.57%	12.73%
海南	18.13%	11.77%	青海	15.61%	9.74%
重庆	31.45%	18.69%	宁夏	16.80%	10.15%
四川	30.45%	18.18%	新疆	15.52%	10.03%

资料来源：2015年全国1%人口抽样调查资料

第二节　教育与职业

一、老年人口的文化程度

（一）老年人口受教育水平的变化趋势

老年人口的人均受教育年限的变化反映了老年人受教育水平不断提高的趋势。如表2-5所示，2000年老年人口的人均受教育年限仅为3.88年，说明老年人平均的受教育水平还未达到小学文化程度；2010年老年人口的人均受教育年限提高到5.89年，说明老年人平均的受教育水平基本达到小学文化程度；2015年老年人口的人均受教育年限为6.02年，说明老年人的平均受教育水平超过小学文化程度。

表2-5　2000年、2010年和2015年中国老年人口的人均受教育年限和文盲率

项目	2000年	2010年	2015年
人均受教育年限/年	3.88	5.89	6.02
文盲率	26.74%	20.89%	20.19%

资料来源：2000年和2010年全国人口普查资料，2015年全国1%人口抽样调查资料

2015年全国1%人口抽样调查数据结果显示，中国60岁及以上老年人口的人均受教育年限为6.02年，文盲率为20.19%。无论是反映老年人口受教育水平的强度指标还是反映老年人口受教育水平的结构指标，都表明从2000年到2015年，

老年人口的受教育水平有所提高。从表 2-5 可以看出，2000 年老年人口的人均受教育年限仅为 3.88 年，比 2015 年低 2.14 年；2010 年老年人口的人均受教育年限提高至 5.89 年，比 2015 年低 0.13 年。2000 年老年人口的文盲率为 26.74%，比 2015 年高 6.55 个百分点；2010 年老年人口的文盲率为 20.89%，比 2015 年高 0.70 个百分点。

从 2000 年到 2010 年，中国老年人口文化程度的提高主要是因为未上过学的老年人口所占比例下降。从表 2-6 中可以看出，2000 年未上过学的老年人所占的比例高达 47.54%，到 2010 年这一比例下降为 22.50%，到 2015 年这一比例又下降了 0.14 个百分点。

表 2-6　2000 年、2010 年、2015 年 60 岁及以上老年人口的文化程度变化

年份	未上过学	小学	初中	高中及以上	合计
2000	47.54%	36.82%	9.46%	6.18%	100%
2010	22.50%	49.72%	18.70%	9.09%	100%
2015	22.36%	46.12%	21.31%	10.20%	100%

资料来源：2000 年和 2010 年全国人口普查资料，2015 年全国 1%人口抽样调查资料

注：本表中数据进行过修约，可能存在合计不等于 100%的情况

从 2000 年到 2015 年，未上过学的老年人所占的比例逐步下降，初中及以上文化程度的老年人所占的比例不断提高。但是，整体来看我国老年人的文化程度是偏低的，超过半数的老年人文化程度在小学及以下。小学文化程度的老年人所占的比例经历了先升高再降低的过程。2000 年小学文化程度的老年人所占的比例为 36.82%；2010 年该比例升至 49.72%，增加了 12.9 个百分点；到 2015 年，小学文化程度的老年人所占的比例下降至 46.12%（表 2-6）。

（二）老年人口受教育水平的年龄差异

随着社会经济的不断发展，教育制度日臻完善，不同队列的老年人口的受教育机会存在差异，导致不同年龄阶段的老年人口受教育水平有所不同。如表 2-7 所示，从 2015 年分年龄老年人口的文化程度来看，低龄组老年群体的文化程度明显高于高年龄组。2015 年 60～69 岁老年人口中未上过学比例为 14.05%，而 80 岁及以上老年人口中将近一半未上过学。

表 2-7　2015 年分年龄老年人口的文化程度分布

年龄组	未上过学	小学	初中	高中及以上	合计
60～69 岁	14.05%	48.00%	26.77%	11.18%	100%
70～79 岁	28.99%	45.95%	15.23%	9.83%	100%

续表

年龄组	未上过学	小学	初中	高中及以上	合计
80 岁及以上	48.66%	37.00%	8.18%	6.16%	100%

资料来源：2015 年全国 1%人口抽样调查资料

（三）老年人口受教育水平的性别差异

老年人口受教育水平存在明显的性别差异，男性高于女性。从表 2-8 可以看出，2015 年老年男性人均受教育年限为 7.05 年，老年女性人均受教育年限为 5.05 年，前者比后者高 2 年。老年男性的文盲率为 10.91%，老年女性的文盲率为 28.95%，后者是前者的 2.65 倍。

表 2-8　2010 年和 2015 年分性别的老年人口的人均受教育年限和文盲率

性别	2010 年		2015 年	
	人均受教育年限/年	文盲率	人均受教育年限/年	文盲率
男性	6.94	10.93%	7.05	10.91%
女性	4.84	30.47%	5.05	28.95%

资料来源：2010 年全国人口普查资料，2015 年全国 1%人口抽样调查资料

虽然老年男性的受教育水平高于老年女性，但结合 2010 年、2015 年两性文化程度状况，可以发现老年人口受教育水平的性别差异呈缩小趋势，人均受教育年限的变化、文盲率的变化和不同受教育水平老年人所占比例的变化都反映了这一趋势。

首先，老年男性和老年女性人均受教育年限的差异从 2010 年的 2.1 年缩小为 2015 年的 2 年；其次，老年人口受教育水平性别差异的缩小主要体现在女性文盲率的下降，在老年男性文盲率基本未变的 5 年间，老年女性的文盲率从 30.47%下降到 28.95%；最后，男性和女性老年人口中未上学①的老年人所占的比例的差值从 2010 年的 20.66 个百分点下降为 2015 年的 19.64 个百分点；受过初中及以上教育的比例差值从 18.68 个百分点下降为 17.96 个百分点。

新中国成立后，随着经济、社会和文化等各方面的发展，女性的社会地位不断提高，男女两性受教育机会逐渐均等化。未来随着更多受教育水平较高的女性进入老年，老年群体受教育水平的性别差异还将进一步缩小。

（四）老年人口受教育水平的城乡差异

城乡老年人口受教育水平存在明显的差异，城镇老年人口的受教育水平高于

① 这里未上学不等于文盲，相关数据未显示。

农村老年人口。从表 2-9 可以看出，2015 年城镇老年人口的人均受教育年限为 7.25 年，农村老年人口的人均受教育年限仅为 4.84 年，前者比后者高 2.41 年。分性别来看，2015 年女性老年人口的人均受教育年限的城乡差异（2.52 年）大于男性（2.37 年）。2015 年城镇老年男性人口的人均受教育年限为 8.27 年，接近初中文化程度；而农村女性老年人口的人均受教育年限仅为 3.78 年，还远远不及小学文化程度。

表 2-9　2010 年和 2015 年城乡分性别的老年人口的人均受教育年限和文盲率

项目	城乡	2010 年			2015 年		
		总体	男性	女性	总体	男性	女性
文盲率	城镇	14.01%	6.27%	21.38%	13.64%	6.64%	20.17%
	农村	24.97%	13.85%	36.00%	26.68%	15.09%	37.78%
人均受教育年限/年	城镇	7.20	8.33	6.12	7.25	8.27	6.30
	农村	4.96	5.96	3.96	4.84	5.90	3.78

资料来源：2010 年全国人口普查资料，2015 年全国 1%人口抽样调查资料

农村老年女性人口较高的文盲率则从另一个角度反映了老年人口受教育水平的城乡差异。2015 年城镇老年人口文盲率为 13.64%，农村老年人口文盲率为 26.68%，而农村老年女性的文盲率高达 37.78%，比城镇老年女性高 17.61 个百分点。

从不同受教育水平的老年人口所占的比例来看，2015 年未上学的老年人口所占的比例在城乡间的差异最大。从表 2-10 可以看出 2015 年城镇未上学的老年人口占 15.19%，农村未上学的老年人占 29.47%，前者比后者低 14.28 个百分点。除此在外，小学文化程度的老年人口所占比例的城乡差异也较大，城镇（39.14%）比农村（53.06%）低 13.92 个百分点，而城镇初中及以上文化程度老年人口所占比例远远高于农村。农村受过初中教育的老年人口占 15.08%，城镇为 27.60%；农村受过高中与中专教育的老年人占 2.19%，城镇为 11.86%；农村受过大专及以上教育的老年人只占 0.20%，城镇为 6.21%。

表 2-10　2010 年和 2015 年城乡不同受教育水平的老年人口所占的比例

年份	城乡	未上过学	小学	初中	高中与中专	大专及以上
2010	城镇	15.21%	41.60%	25.34%	10.87%	6.98%
	农村	26.80%	57.07%	13.90%	1.90%	0.33%
2015	城镇	15.19%	39.14%	27.60%	11.86%	6.21%
	农村	29.47%	53.06%	15.08%	2.19%	0.20%

资料来源：2010 年全国人口普查资料，2015 年全国 1%人口抽样调查资料

2010～2015 年，中国老年人口受教育水平的城乡差异呈扩大趋势。首先，2010 年农村老年人口的人均受教育年限（4.96 年）比城镇（7.20 年）低 2.24 年，到 2015 年这一差距扩大至 2.41 年。其次，2010 年城乡老年人口的文盲率相差 10.96 个百分点，到 2015 年这一差距扩大至 13.04 个百分点。城乡老年人口文盲率差异的扩大主要是由农村老年人口，尤其是农村女性老年人口文盲率的提高所致，从 2010 年到 2015 年，农村女性老年人口的文盲率提高了 1.78 个百分点。最后，老年人口受教育水平城乡差异的扩大还取决于初中及以上文化程度老年人口所占比例的差异，从 2010 年到 2015 年，城乡受过初中教育的老年人口所占比例的差距由 11.44 个百分点增加到 12.52 个百分点；受过高中与中专教育的老年人口所占比例的差距由 8.97 个百分点增加到 9.67 个百分点。

二、老年人口的职业特征

（一）老年人口在业率及性别、年龄差异

在业率是反映人口在业程度或在业状况的重要指标，是在业人口与总人口之比。老年人口在业率则是指老年在业人口与老年人口数之比，用来反映老年人口的在业程度。

2015 年全国 1%人口抽样调查数据显示，我国 60 岁及以上老年人口的在业率为 26.82%，男性老年人口在业率为 55.21%，女性老年人口在业率为 20.15%。65 岁及以上老年人口的在业率为 18.13%，男性老年人口在业率为 23.83%，女性老年人口在业率为 12.90%。男性老年人口在业率明显高于女性。

从表 2-11 中可以看出，2000 年 60 岁及以上老年人口在业率和 65 岁及以上老年人口在业率分别为 32.99%和 25.00%，2010 年该比例分别降至 29.09%和 20.14%，2015 年该比例持续下降。分性别来看，2000 年、2010 年和 2015 年男性老年人口在业率在各个年龄段中皆高于女性。分年龄看，2015 年全国 1%人口抽样调查数据显示，>60～64 岁老年人的在业率为 42.83%，远高于 65 岁及以上老年人的在业率水平。

表 2-11　2000 年、2010 年和 2015 年我国分年龄、分性别的老年人口在业率

年份	年龄组	总体	男性	女性
2000	60 岁及以上	32.99%	42.74%	23.72%
	>60～64 岁	49.97%	60.23%	38.89%
	65 岁及以上	25.00%	33.70%	17.21%
2010	60 岁及以上	29.09%	36.41%	22.14%
	>60～64 岁	47.24%	55.63%	38.67%

续表

年份	年龄组	总体	男性	女性
2010	65 岁及以上	20.14%	26.40%	14.41%
2015	60 岁及以上	26.82%	55.21%	20.15%
	>60～64 岁	42.83%	51.63%	34.05%
	65 岁及以上	18.13%	23.83%	12.90%

资料来源：2000 年和 2010 年全国人口普查资料，2015 年全国 1%人口抽样调查资料

（二）老年人口在业率的城乡差异

从表 2-12 可以看出，老年人口在业率的城乡差异较大。2015 年老年人口在业率的总体情况是乡村最高，镇次之，城市最低，它们的 60 岁及以上老年人口在业率分别为 39.22%、24.01%和 7.23%，乡村老年人在业率是城市老年人的五倍多。分性别来看，无论是城市、镇，还是乡村，男性老年人在业率均高于女性。

表 2-12　中国分城乡 60 岁及以上老年人口在业率

地区	2015 年			2010 年			2000 年		
	总体	男性	女性	总体	男性	女性	总体	男性	女性
城市	7.23%	10.38%	4.35%	6.89%	10.11%	3.92%	10.10%	14.80%	5.71%
镇	24.01%	31.01%	17.38%	23.20%	30.26%	16.54%	19.72%	27.40%	12.41%
乡村	39.22%	48.27%	30.54%	42.84%	52.21%	33.78%	43.15%	54.88%	31.94%

资料来源：2000 年和 2010 年全国人口普查资料，2015 年全国 1%人口抽样调查资料

对比数据结果，可以发现，乡村老年人的在业率呈下降趋势，从 2000 年的 43.15%下降到 2010 年的 42.84%，到 2015 年下降至 39.22%。镇老年人的在业率则呈上升趋势，从 2000 年的 19.72%上升到 2010 年的 23.20%，到 2015 年上升至 24.01%。城市老年人的在业率总体上呈现先降后升趋势，从 2000 年的 10.10%下降至 2010 年的 6.89%后又上升至 2015 年的 7.23%。

（三）老年在业人口的行业构成

按照三大产业分类法，第一产业主要是指农、林、牧、渔业；第二产业主要涵盖采矿业，制造业，电力、热力、燃气及水的生产和供应业，建筑业；第三产业包括交通运输、仓储和邮政业，信息传输、软件和信息技术服务业，批发和零售业，住宿和餐饮业，金融业，房地产业，租赁和商务服务业，科学研究和技术服务业，水利、环境和公共设施管理业，居民服务、修理和其他服务业，教育，卫生和社会工作，文化、体育和娱乐业，公共管理、社会保障和社会组织，国际组织。

根据2015年全国1%人口抽样调查数据，表2-13显示了60岁及以上老年人中，有80.57%在从事农、林、牧、渔业第一产业工作，不足20%的老年在业人口从事其他行业的工作。其他行业中，老年人相对集中在制造业、批发和零售业、建筑业，占比分别为4.76%、3.88%和3.32%。可以看出，我国老年在业人口绝大多数都在从事农、林、牧、渔业第一产业，农业仍然是我国老年人从事的主要行业。

表2-13　2015年中国60岁及以上老年在业人口行业结构

行业	总体	男性	女性
总计	100%	100%	100%
农、林、牧、渔业	80.57%	76.32%	87.46%
采矿业	0.18%	0.27%	0.04%
制造业	4.76%	5.48%	3.61%
电力、热力、燃气及水的生产和供应业	0.12%	0.18%	0.03%
建筑业	3.32%	5.12%	0.46%
批发和零售业	3.88%	4.20%	3.36%
交通运输、仓储和邮政业	0.67%	1.01%	0.14%
住宿和餐饮业	0.92%	0.86%	1.00%
信息传输、软件和信息技术服务业	0.03%	0.04%	0.01%
金融业	0.07%	0.08%	0.05%
房地产业	0.53%	0.69%	0.26%
科学研究和技术服务业	0.09%	0.12%	0.04%
租赁和商务服务业	0.33%	0.47%	0.10%
水利、环境和公共设施管理业	0.63%	0.69%	0.53%
居民服务、修理和其他服务业	1.29%	1.28%	1.30%
教育	0.5%	0.63%	0.29%
卫生和社会工作	0.66%	0.80%	0.45%
文化、体育和娱乐业	0.11%	0.13%	0.07%
公共管理、社会保障和社会组织	1.34%	1.68%	0.80%
国际组织	0.00%	0.00%	0.00%

资料来源：2015年全国1%人口抽样调查资料

注：本表中数据进行过修约，可能存在合计不等于100%的情况

从事第二产业的60岁及以上的老年人占8.38%，男性占11.05%，女性占4.14%。另外有11.05%的老年人从事第三产业，男性占12.68%，女性占8.40%。

在第三产业内部，排在前三位的分别是批发和零售业，公共管理、社会保障和社会组织，居民服务、修理和其他服务业，它们的占比分别为 3.88%、1.34%和 1.29%。可以看出，老年人口在第二产业的在业率略低于第三产业。同时，从老年在业人口的行业分布中也可以看出，女性在业人口中从事农、林、牧、渔业的比重超过男性，男性中有 76.32%的人从事农、林、牧、渔业，女性中有 87.46%的人从事农、林、牧、渔业，高出男性 11.14 个百分点，而男性老年人从事第二产业的比例则高于女性。

我国 60 岁及以上老年人就业集中于农、林、牧、渔业，制造业，建筑业，批发和零售业，而在科学研究和技术服务业，金融业，信息传输、软件和信息技术服务业等行业的比例非常低，三者之和不足 0.2%。

（四）老年在业人口的职业构成

根据 2015 年全国 1%人口抽样调查数据（表 2-14），在 60 岁及以上的老年在业人口中，农、林、牧、渔生产及水利业劳动者占 80.62%，居首位；居第二位的是社会生产服务和生活服务人员，占 9.08%；居第三位的是生产制造及有关人员，占 6.66%；居第四位的是专业技术人员，占 1.63%，居第五位的是办事人员和有关人员，占 1.36%，从事其他职业的老年人比例都很低。

表 2-14　2015 年我国分性别老年在业人口职业构成

职业	总体	男性	女性
总计	100%	100%	100%
党的机关、国家机关、群众团体和社会组织、企事业单位负责人	0.58%	0.83%	0.19%
专业技术人员	1.63%	2.13%	0.84%
办事人员和有关人员	1.36%	2.00%	0.35%
社会生产服务和生活服务人员	9.08%	10.02%	7.59%
农、林、牧、渔生产及水利业劳动者	80.62%	76.25%	87.57%
生产制造及有关人员	6.66%	8.70%	3.41%
不便分类的其他劳动者	0.07%	0.07%	0.05%

资料来源：2015 年全国 1%人口抽样调查资料

从职业构成的性别差异看，60 岁及以上女性老年人中为农、林、牧、渔生产及水利业劳动者的比例为 87.57%，高于男性老年人；男性老年人中从事其他职业的劳动者占比均高于女性。

通过分析 2015 年老年人的职业分布特点，可以看出，老年人所从事的职业也以生产型和体力劳动为主。无论是老年在业人口的职业结构还是其行业结构都反映出从事农业劳动的老年人口所占比例最大。

第三节　婚姻与家庭

一、老年人口的婚姻状况及其变化

（一）老年人口婚姻状况

婚姻状况一般指人口在婚姻方面所处的状态，即未婚、有配偶、离婚、丧偶四类。人口的婚姻状况不仅对个人有决定性的影响，而且对家庭状态、生活方式等都有很大的影响。老年人口所处的婚姻状况不同，他们的养老需求和面临的养老问题也会有所不同。

总体上，我国 60 岁及以上老年人口的婚姻状况呈现“一高三低”状态，即有偶率高，丧偶率、离婚率、未婚率低（孙鹃娟和李婷，2018）。如表 2-15 所示，2015 年，我国 60 岁及以上老年人口中未婚的比例为 1.49%，有配偶占 74.21%，离婚占 0.98%，丧偶占 23.32%。与 2000 年相比，我国有配偶的老年人比例有所提升，提高了 6.89 个百分点，丧偶老年人的比例下降了 7.04 个百分点，未婚老年人的比例下降了 0.17 个百分点，离婚老年人的比例提高了 0.32 个百分点。从发展趋势来看，我国 60 岁及以上老年人口的丧偶率不断降低，这一方面体现了老年人的健康水平在提升，死亡风险在下降；另一方面体现了我国老年人口仍以中低龄老年人口为主，死亡风险相对较高的高龄老年群体尚未达到较高水平。

表 2-15　2000 年、2010 年和 2015 年 60 岁及以上人口的婚姻状况

年份	未婚	有配偶	离婚	丧偶	合计
2000	1.66%	67.32%	0.66%	30.36%	100%
2010	1.78%	70.55%	0.78%	26.89%	100%
2015	1.49%	74.21%	0.98%	23.32%	100%

资料来源：2000 年和 2010 年全国人口普查资料，2015 年全国 1%人口抽样调查资料

（二）分性别、年龄老年人口婚姻状况

如表 2-16 所示，分性别来看，2015 年我国 60 岁及以上男性人口中，未婚、有配偶、离婚及丧偶的比重分别为 2.86%、81.97%、1.12%、14.05%，而 60 岁及以上女性人口的相应比重分别为 0.19%、66.88%、0.86%、32.07%。可见，男性老年人的有配偶和未婚的比例高于女性，离婚率高于女性，丧偶率远低于女性。两性之间丧偶比例的差异较大，这很大程度上取决于男性和女性预期寿命水平的不同，女性老年人的平均预期寿命高于男性，同时女性一般倾向于找比自己年纪大的丈夫。同时，2000 年以来男性老年人的死亡水平下降幅度更大，因此，2000～

2015 年，女性老年人的有配偶的比例提升幅度高于男性老年人，而丧偶比例的下降幅度高于男性老年人。一个较为明显的变化是女性老年人的离婚比例变化幅度远高于男性老年人，且男性老年人的未婚比例虽然下降幅度大于女性，但仍然远高于女性老年人。

表 2-16　2000 年、2015 年中国分性别老年人婚姻类型的变化

婚姻类型	男性			女性		
	2000 年	2015 年	变化幅度	2000 年	2015 年	变化幅度
未婚	3.18%	2.86%	–0.32 个百分点	0.21%	0.19%	–0.02 个百分点
有配偶	77.39%	81.97%	4.58 个百分点	57.75%	66.88%	9.13 个百分点
离婚	0.97%	1.12%	0.15 个百分点	0.36%	0.86%	0.50 个百分点
丧偶	18.45%	14.05%	–4.40 个百分点	41.68%	32.07%	–9.61 个百分点
合计	100%	100%	—	100%	100%	—

资料来源：2000 年全国人口普查资料，2015 年全国 1%人口抽样调查资料

注：本表中数据进行过修约，可能存在合计不等于 100%的情况

表 2-17 展现了 2015 年中国分年龄、性别老年人的婚姻状况。分年龄来看，总体趋势表现为随着年龄上升，有配偶率和离婚率总体呈下降趋势，丧偶率逐渐上升，未婚的比例在各个年龄阶段相对比较稳定。其中，随着年龄的上升，女性有配偶的比例比男性下降更快，70 岁以后各年龄阶段女性有配偶的比例远低于男性，尤其是到了 80 岁及以上后，女性的有配偶率比男性低了 32.55 个百分点；相应的女性的丧偶率随着年龄的增加比男性上升更快，且在 60～64 岁的女性老年人丧偶率就比男性高出将近 7 个百分点，在 65 岁及以上年龄组这一差距变得更大。

表 2-17　2015 年中国分年龄、性别老年人婚姻状态

年龄组	男性					女性				
	未婚	有配偶	离婚	丧偶	合计	未婚	有配偶	离婚	丧偶	合计
60～64 岁	2.85%	89.61%	1.55%	5.99%	100%	0.19%	85.75%	1.11%	12.95%	100%
65～69 岁	3.05%	86.25%	1.05%	9.66%	100%	0.18%	76.71%	0.82%	22.29%	100%
70～74 岁	3.12%	80.59%	0.86%	15.44%	100%	0.17%	62.92%	0.65%	36.26%	100%
75～79 岁	2.84%	73.09%	0.66%	23.41%	100%	0.19%	46.35%	0.69%	52.79%	100%
80 岁及以上	1.99%	56.67%	0.68%	40.66%	100%	0.25%	24.12%	0.70%	74.93%	100%

资料来源：2015 年全国 1%人口抽样调查资料

注：本表中数据进行过修约，可能存在合计不等于 100%的情况

（三）分城乡老年人口婚姻状况及其变化

我国城乡之间的社会经济条件不同，城乡老年人的健康水平与生活质量也有明显差异。因此，在分析老年人的婚姻状况时，有必要分别对城市、镇、乡村老年人口的婚姻状况进行对比分析。

根据表 2-18 中的数据结果，从未婚的情况来看，2015 年我国乡村地区的老年人未婚率达到 2.03%，高于城市和镇的老年人，城市老年人的未婚率最低。2010～2015 年，城市、镇、乡村老年人的未婚率都有所下降，而有配偶的比例都有不同程度的提升。从丧偶情况来看，城市、镇及乡村老年人丧偶的比例均呈现下降，但相对而言城市老年人的丧偶率最低，镇老年人居中，乡村老年人的丧偶比例最高，2015 年达到了 25.29%。老年人的丧偶率与地区经济发达程度、医疗保障水平、医疗卫生服务息息相关。就离婚率而言，城市、镇、乡村老年人离婚率与五年前相比均有所上升，特别是城市老年人的上升幅度最大。城市老年人的离婚率显著升高是当前老年人婚姻状况中值得关注的一个突出特点。

表 2-18　2010 年和 2015 年分城乡老年人的婚姻状况

婚姻状况	城市		镇		乡村	
	2010 年	2015 年	2010 年	2015 年	2010 年	2015 年
未婚	0.67%	0.59%	1.45%	1.41%	2.37%	2.03%
有配偶	75.24%	77.80%	71.37%	74.59%	68.21%	72.02%
丧偶	22.94%	20.00%	26.47%	23.19%	28.78%	25.29%
离婚	1.14%	1.68%	0.72%	0.82%	0.64%	0.66%
合计	100%	100%	100%	100%	100%	100%

资料来源：2010 年全国人口普查资料，2015 年全国 1%人口抽样调查资料

注：本表中数据进行过修约，可能存在合计不等于 100%的情况

总而言之，老年人的婚姻状况呈现出一定规律性的变化特点，但老年人口婚姻状况有明显的性别差异，女性老年人面临丧偶的风险更大。此外，从普查数据来看，我国老年人口的离婚率及未婚率一直处于相对较低的状态。但是，在未来几十年后，由于出生性别比及其他因素的影响，这一比例是否会迅速扩大值得进一步关注。

二、老年人口的家庭状况及其变化

（一）城乡老年人口家庭及其变化

随着中国老龄化的加深，有老年人的家庭户比重不断增加。如表 2-19 所示，

2000 年全国家庭户中有 65 岁及以上老年人的家庭户达到 20.09%，至少有 2 个 65 岁及以上老年人的家庭户占 5.51%。到 2010 年有 65 岁及以上老年人的家庭户占比增长到 21.90%，2015 年增加到 25.44%，比 2000 年增加 5.35 个百分点，比 2010 年增加 3.54 个百分点。且全国家庭户中分别有 1 个、2 个、至少 3 个 65 岁及以上老年人的家庭在 15 年中均处于持续增长的状态。

表 2-19　2000 年、2010 年和 2015 年 65 岁及以上老年人口家庭户占家庭户总数的比重

范围	年份	有 1 个 65 岁及以上老年人	有 2 个 65 岁及以上老年人	至少有 3 个 65 岁及以上老年人	合计
全国	2000	14.57%	5.44%	0.07%	20.09%
	2010	14.79%	7.02%	0.08%	21.90%
	2015	16.06%	9.27%	0.11%	25.44%
城市	2000	12.07%	5.20%	0.06%	17.33%
	2010	10.86%	6.30%	0.06%	17.21%
	2015	12.49%	8.52%	0.09%	21.10%
镇	2000	11.89%	4.47%	0.06%	16.42%
	2010	13.26%	6.22%	0.08%	19.56%
	2015	15.05%	8.59%	0.10%	23.74%
乡村	2000	16.19%	5.76%	0.07%	22.02%
	2010	18.01%	7.83%	0.10%	25.95%
	2015	19.39%	10.21%	0.13%	29.73%

资料来源：2000 年和 2010 年全国人口普查资料，2015 年全国 1%人口抽样调查资料

注：表中比重数据进行过修约，因此表中合计比重可能不等于各比重数相加

分城市、镇、乡村来看，2015 年城市、镇有 65 岁及以上老年人的家庭户比例均低于全国水平，而乡村的占比高于全国水平 4.29 个百分点。城市中有 1 个 65 岁及以上老年人的家庭户占比在 2000～2010 年有所下降，2015 年又有所回升，镇和乡村有 1 个 65 岁及以上老年人的家庭户占比自 2000 年以来一直处于上升态势，除了 2000 年镇的占比低于城市，其他调查时点乡村、镇的有 1 个 65 岁及以上老年人占比均高于城市；城市、镇、乡村中有 2 个 65 岁及以上老年人的家庭户占比自 2000 年以来都在持续增加，且整体表现出乡村高于镇和城市的特征。

受到户籍、人口流动、住房等因素影响，人口普查或抽样调查数据对居民居住情况的反映存在局限，但是仍能展现出中国家庭中老年人口数增加、高龄老年人与低龄老年人共居比例在上升、农村老龄化程度高于城市等现象，这无疑会给中国传统的家庭养老格局带来巨大挑战，给养老服务体系提出更高要求。

（二）城乡老年空巢家庭及其变化

如表 2-20 所示，2015 年全国超过 3502 万个家庭为老年空巢家庭，占 65 岁及以上老年人口家庭的 33.57%，比 2000 年增加了 10.73 个百分点。其中，独居空巢家庭比例在 2000～2015 年提升了 4.29 个百分点，夫妻空巢家庭比例增幅更大，2000～2015 年提升了 6.44 个百分点。

表 2-20　2000 年、2010 年及 2015 年 65 岁及以上老年空巢家庭数及占比

范围	年份	独居空巢		夫妻空巢		合计	
		户数/户	占比	户数/户	占比	户数/户	占比
全国	2000	791 867	11.46%	7 781 231	11.38%	8 573 098	22.84%
	2010	14 439 685	16.40%	14 439 685	16.40%	28 879 370	32.80%
	2015	16 432 000	15.75%	18 591 935	17.82%	35 023 935	33.57%
城市	2000	1 897 553	12.90%	2 065 007	14.03%	3 962 560	26.93%
	2010	3 667 550	16.56%	4 228 185	19.09%	7 895 735	35.65%
	2015	4 569 226	15.53%	6 183 548	21.02%	10 752 774	36.55%
镇	2000	1 008 080	13.23%	982 405	12.89%	1 990 485	26.12%
	2010	2 650 254	17.25%	2 466 331	16.06%	5 116 585	33.31%
	2015	3 391 290	15.35%	3 973 806	17.99%	7 365 096	33.34%
乡村	2000	4 929 507	10.70%	4 733 819	10.28%	9 663 326	20.98%
	2010	8 121 881	16.07%	6 835 994	14.52%	14 957 875	30.59%
	2015	8 471 484	16.05%	8 434 581	15.98%	16 906 065	32.03%

资料来源：2000 年和 2010 年全国人口普查资料，2015 年全国 1%人口抽样调查资料

分城乡来看，城市老年空巢家庭比例高于镇、乡村，2015 年城市老年空巢家庭比例为 36.55%，比镇老年空巢家庭高出 3.21 个百分点，比乡村老年空巢家庭高出 4.52 个百分点，其中，城市和镇老年独居空巢的比例低于夫妻空巢比例。从三年的普查数据来看，农村的独居空巢家庭比例一直略高于夫妻空巢家庭比例，2015 年农村独居空巢家庭比例为 16.05%，高于城市和镇。

老年独居家庭不断增长的原因，一方面是持续低水平生育率导致的少子老龄化，家庭人口缩小；另一方面是居住条件的改善使得独居成为可能，尤其是低龄健康的老年人或老年夫妻更趋向于选择单独居住；同时，城镇化推进，人口流动的加快，子女外出求学、务工等，也是造成老年人独居的重要原因。尽管老年人独立居住越来越成为国民的一种主动选择，但社会养老服务以及对老年照料者的支持等发展也越发必要。

第四节　民族与宗教

由于2015年全国1%人口抽样调查资料的民族数据缺乏年龄信息和老年人宗教信仰信息，因此，本节用2010年全国人口普查数据来分析老年人口的民族特征，用CLASS数据分析老年人口的宗教信仰情况。

一、老年人口民族特征

2010年全国人口普查数据显示（表2-21），我国60岁及以上人口中汉族约有1.66亿人，占老年人口的93.38%，少数民族约有1175.37万人，占老年人口的6.62%。分年龄组来看，维吾尔族、蒙古族、哈萨克族及仡佬族60～69岁的老年人超过了60%，其中维吾尔族60～69岁老年人的占比最高，为65.35%；80岁及以上的高龄人口中畲族老年人口占比最高，为13.99%。

表2-21　2010年分年龄60岁及以上老年人口民族特征

民族	合计/人	60～69岁人口占比	70～79岁人口占比	80岁及以上人口占比
汉族	165 840 757	56.05%	32.03%	11.93%
壮族	2 124 519	54.51%	32.83%	12.66%
回族	1 172 269	58.74%	31.05%	10.22%
土家族	1 101 530	58.34%	31.44%	10.23%
满族	1 087 667	58.90%	29.93%	11.17%
苗族	1 005 664	57.84%	32.65%	9.52%
维吾尔族	799 867	65.35%	26.45%	8.20%
彝族	761 696	59.23%	31.97%	8.80%
藏族	554 344	59.60%	30.65%	9.75%
蒙古族	454 507	60.57%	31.25%	8.17%
侗族	369 894	55.85%	34.97%	9.18%
布依族	341 429	58.50%	32.29%	9.21%
朝鲜族	311 528	57.96%	33.65%	8.39%
瑶族	282 929	55.30%	33.07%	11.63%
白族	219 495	54.61%	34.17%	11.22%
哈尼族	148 501	58.08%	31.79%	10.13%

续表

民族	合计/人	60～69 岁人口占比	70～79 岁人口占比	80 岁及以上人口占比
黎族	123 991	52.85%	34.24%	12.90%
傣族	116 072	56.01%	32.53%	11.46%
哈萨克族	90 928	64.38%	28.21%	7.41%
畲族	84 167	51.63%	34.38%	13.99%
仡佬族	63 929	62.11%	30.43%	7.46%
傈僳族	61 999	59.33%	31.01%	9.66%
其他民族	476 758	59.16%	31.35%	9.48%

资料来源：2010 年全国人口普查资料

注：本表中数据进行过修约，可能存在合计不等于 100%的情况

二、老年人口宗教信仰情况

2014 年 CLASS 结果显示，删除关键变量有缺失的样本后，11 495 位老年人口中有 1347 位信仰宗教，占比为 11.72%，2016 年调查的 11 471 位老年人中有 1019 位老年人有宗教信仰，占比为 8.88%。其中，2014 年被调查老年人中信仰佛教的比例最大，超过 50%；其次是基督教，占比为 21.60%；信仰伊斯兰教的比例为 16.56%；2016 年被调查老年人中同样信仰佛教的比例最高，为 54.47%，其次是信仰伊斯兰教和基督教的老年人，占比分别为 21.39%和 16.78%（表 2-22）。

表 2-22　老年人口宗教信仰情况

宗教信仰	2014 年 CLASS		2016 年 CLASS	
	有效样本/人	占比	有效样本/人	占比
佛教	724	53.75%	555	54.47%
道教	40	2.97%	32	3.14%
基督教	291	21.60%	171	16.78%
天主教	41	3.04%	31	3.04%
伊斯兰教	223	16.56%	218	21.39%
其他	28	2.08%	12	1.18%
合计	1347	100%	1019	100%

资料来源：2014 年与 2016 年 CLASS 数据

分城乡来看，2016 年 CLASS 数据显示，城市信仰宗教的老年人比例为 8.53%。其中 60～69 岁与 70～79 岁的城市老年人中信仰宗教的比例较大，分别为 9.04%和 9.35%，80 岁及以上城市老年人中信仰宗教的比例相对较低，为 4.81%（表 2-23）。农村老年人整体上信仰宗教的比例要高于城市，为 9.20%，且相对来说，高龄的老年人信仰宗教的比例更大。其中 80 岁及以上农村老年人中信仰宗教的比例达到 10.92%，70～79 岁农村老年人信仰宗教的比例为 9.94%，60～69 岁农村老年人信仰宗教的比例为 8.38%。

表 2-23　老年人口宗教信仰情况的城乡、年龄特征

城乡	年龄组	不信教	信教						合计
			佛教	道教	基督教	天主教	伊斯兰教	其他	
城市	60～69 岁	90.96%	5.58%	0.17%	1.32%	0.45%	1.28%	0.24%	100%
	70～79 岁	90.65%	6.01%	0.17%	1.67%	0.22%	1.28%	0.00%	100%
	80 岁及以上	95.19%	3.16%	0.00%	0.51%	0.00%	1.14%	0.00%	100%
农村	60～69 岁	91.62%	3.98%	0.49%	1.46%	0.15%	2.19%	0.12%	100%
	70～79 岁	90.06%	5.00%	0.36%	1.53%	0.31%	2.75%	0.00%	100%
	80 岁及以上	89.08%	4.31%	0.13%	2.83%	0.40%	3.10%	0.13%	100%

资料来源：2016 年 CLASS 数据

注：本表中数据进行过修约，可能存在合计不等于 100%的情况

第五节　分布与迁移

一、老年人口城乡分布特征

根据 2015 年全国 1%人口抽样调查数据计算结果显示（图 2-3），我国城市人口老龄化程度最低，60 岁及以上老年人口占比为 14.20%；镇的老龄化程度居中，60 岁及以上老年人口占比为 14.53%；乡村 60 岁及以上老年人口占比为 18.47%，比城市高出 4.27 个百分点。此外，人口老龄化程度还存在性别差异：其一，无论城乡，女性人口的老龄化程度均高于男性，“老龄人口女性化”特征明显；其二，与总人口的老龄化程度变化相似，男性与女性人口的老龄化程度从城市到镇再到乡村依次提高。

从老年人口抚养比的城乡差异来看，乡村老年人口抚养比远高于镇和城市。从图 2-4 可以看出，2015 年，乡村地区 60 岁及以上的老年人口抚养比为 29.62%，镇为 21.23%，城市为 19.40%。65 岁及以上老年人口抚养比也呈现乡村高于镇和

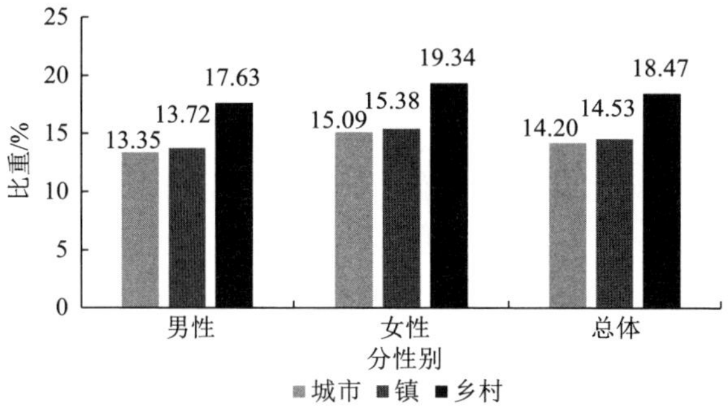

图 2-3　2015 年 60 岁及以上老年人口占总人口比重的城乡差异

资料来源：2015 年全国 1%人口抽样调查资料

城市的态势。其中，乡村 65 岁及以上老年人口抚养比为 17.49%，镇为 12.71%，城市为 11.71%。造成这种差异的主要原因是劳动年龄人口的乡—城流动，造成农村劳动年龄人口大量流向城市，农村老年人口抚养比提升，同时，农村老年留守人口增加，农村养老问题突出。

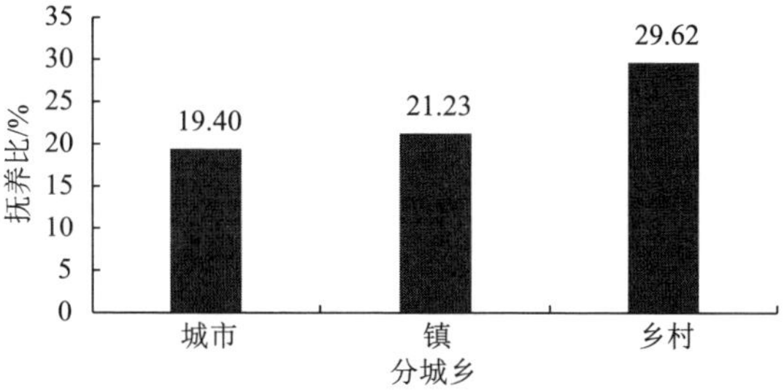

图 2-4　2015 年 60 岁及以上老年人口抚养比的城乡差异

资料来源：2015 年全国 1%人口抽样调查资料

二、老年人口区域分布特征

根据 2015 年全国 1%人口抽样调查数据计算结果，我国人口老龄化程度整体呈现“由西向东”“由城市到乡村”的递增趋势（图 2-5）。总体表现出以下几个特征。其一，城市人口老龄化程度的区域差异明显，中部城市的人口老龄化程度最高，其次是西部城市，东部城市的老龄化程度最低。从 60 岁及以上老年人口占比来看，中部城市 60 岁及以上人口比例为 14.86%，西部城市为 14.04%，东部城市为 13.94%；分性别来看，仍然表现为女性老年人口占比高于男性，且中部城市女性老年人口占比最高，其次为东部城市女性老年人口占比，西部城市女性老年人口占比最低；而男性老年人口占比有所不同，东部城市男性老年人口占比明显低于中部城市和西部城市。其二，从镇的人口老龄化程度的区域差异来看，东部镇的人口老龄化程度明显高于中部镇和西部镇，且中部镇和西部镇的老龄化程度相差不多；

分性别来看，镇的男性与女性老年人口占比的区域差异与总体趋势一致。其三，从乡村人口老龄化程度的区域差异来看，其趋势与镇的区域差异一致，60 岁及以上老年人口占比仍表现为东部乡村的最高，其次是中部乡村，西部乡村最低；分性别来看，东部乡村的女性老年人口占比最高，其次是中部乡村，西部乡村最低。

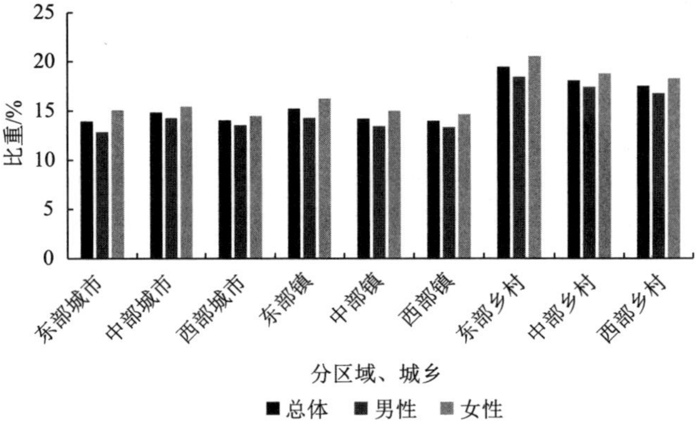

图 2-5　2015 年 60 岁及以上老年人口占总人口比重的区域、城乡差异

资料来源：2015 年全国 1%人口抽样调查资料

从城市的老年人口抚养比的区域差异来看（图 2-6），中部城市 60 岁及以上老年人口抚养比最高，达到 20.50%；其次为西部城市，60 岁及以上老年人口抚养比为 19.25%；东部城市 60 岁及以上老年人口抚养比最低，为 18.92%。从镇的老年人口抚养比的区域差异来看，东部镇、中部镇、西部镇的老年人口抚养比依次降低。其中，东部镇的 60 岁及以上老年人口抚养比为 22.36%，中部镇为 20.72%，西部镇为 19.93%。从乡村的老年人口抚养比的区域差异来看，60 岁及以上老年人口抚养比区域差异与镇相似，同样表现为东部乡村、中部乡村、西部乡村的老年人口抚养比依次降低。其中，东部乡村的 60 岁及以上老年人口抚养比为 31.17%，中部乡村为 29.04%，西部乡村为 28.16%。

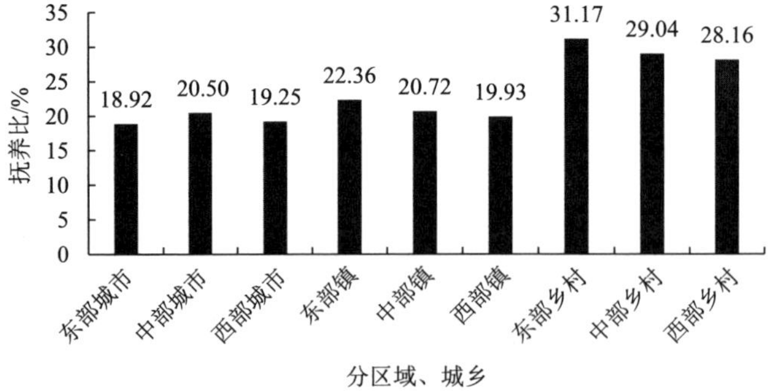

图 2-6　2015 年 60 岁及以上老年人口抚养比的区域、城乡差异

资料来源：2015 年全国 1%人口抽样调查资料

总体上，老年人口抚养比由城市地区向农村地区递增的规律基本不变。除此之外，城市地区老年人口抚养比与镇、乡村地区的抚养比的表现略有不同，镇和乡村的老年人口抚养比遵循着从东部地区到西部地区递减的规律，但城市的老年人口抚养比显示中部城市高于西部城市，西部城市高于东部城市。

中国人口老龄化程度的省际差异明显。2015 年辽宁 60 岁及以上老年人口比例为 20.64%，人口老龄化程度居全国之首（表 2-24），其次是重庆和上海。人口老龄化程度最低的是西藏，60 岁及以上老年人口比例为 8.50%。若按照 60 岁及以上老年人口占总人口 10%的标准作为进入老年型社会的标准，我国除西藏外，其他省区市 60 岁及以上老年人口比例皆超过 10%，2015 年有 30 个省区市已进入老年型社会。2010 年，除西藏、青海、新疆、宁夏和广东外，其余 26 个省区市均进入了老龄化社会。

表 2-24　2015 年 31 个省区市的人口老龄化程度及排名

省区市	60 岁及以上老年人口比例	排名	省区市	60 岁及以上老年人口比例	排名
全国	16.15%		江西	13.98%	23
北京	16.38%	15	河南	15.67%	17
天津	16.72%	12	湖北	17.36%	9
河北	16.48%	14	湖南	17.01%	11
辽宁	20.64%	1	内蒙古	15.35%	18
上海	19.85%	3	广西	14.39%	20
江苏	19.17%	5	重庆	20.20%	2
浙江	17.03%	10	四川	19.64%	4
福建	13.85%	24	贵州	14.08%	22
山东	18.12%	6	云南	12.67%	25
广东	11.22%	28	西藏	8.50%	31
海南	12.31%	26	陕西	16.02%	16
山西	14.61%	19	甘肃	14.15%	21
吉林	17.78%	8	青海	10.79%	29
黑龙江	17.81%	7	宁夏	11.49%	27
安徽	16.55%	13	新疆	10.50%	30

资料来源：2015 年全国 1%人口抽样调查资料

三、老年人口迁移情况

随着社会经济的发展，老年人口的迁移量在不断上升，迁移原因更为多样化。2015 年 60 岁及以上老年人口的总迁移量为 2052.61 万人，发生过迁移的老年人口占老年总人口的 9.24%，与 2000 年相比，这一比例提高了 6.08 个百分点（表 2-25）。且从迁移总量来看，老年人口迁移的性别差异不明显。就迁移原因来看，2015 年老年人口的迁移原因更为多样化，且不同迁移原因的老年人之间存在较大性别差异。2000 年因房屋拆迁的老年人比重最大，占老年人口总数的 1.38%；而 2015 年随同迁移的老年人口比重最大，为 2.48%；因工作就业迁移的老年人口也大幅提升，从 2000 年的 0.34%提高到 2015 年 1.31%。从 2015 年的调查结果来看，男性老年人因工作就业及改善住房而发生迁移的比重更高，分别为 0.96%和 1.14%，而女性老年人随同迁移的比重更高，达到 1.60%。

表 2-25　分性别老年人口迁移原因

迁移原因	2000 年			2015 年		
	男性	女性	合计	男性	女性	合计
工作就业	0.27%	0.07%	0.34%	0.96%	0.36%	1.31%
学习培训	0.00%	0.00%	0.00%	0.00%	0.00%	0.01%
随同迁移	—	—	—	0.88%	1.60%	2.48%
房屋拆迁	0.71%	0.67%	1.38%	0.28%	0.27%	0.55%
改善住房	—	—	—	1.14%	0.96%	2.10%
寄挂户口	—	—	—	0.05%	0.04%	0.09%
婚姻嫁娶	0.03%	0.08%	0.10%	0.11%	0.20%	0.31%
为子女就学	—	—	—	0.11%	0.15%	0.26%
其他	0.65%	0.69%	1.34%	1.06%	1.07%	2.13%
合计	1.65%	1.51%	3.16%	4.60%	4.64%	9.24%

资料来源：2000 年全国人口普查资料，2015 年全国 1%人口抽样调查资料

注：表中比重数据进行过修约，因此表中合计比重可能不等于各比重数相加

第三章　老年人的身体健康状况

在这一章中我们将主要展示基于 2014 年与 2016 年 CLASS 数据的中国老年人身体健康状况、特征和影响因素，内容涵盖 ADL、IADL、慢性病，再结合人口普查数据讨论老年人的死亡与预期寿命。

第一节　ADL

一、ADL 的定义和测量

ADL 反映的是一个人自己照料自己所需具备的最基本的能力，也称日常生活自理能力。如果一个人在完成基本日常生活上存在困难，那么就意味着其对他人照料的依赖性比较大，需要长期而密集的日常生活照料。传统常用的 ADL 指标有 Katz 量表和 Barthel 指数评定量表，在这两个量表的基础上，CLASS 问卷量表对基本活动能力的测量进行了调整。

（一）Katz 量表

Katz 量表包括 6 项：穿衣、洗澡、吃饭、上厕所、上下床、室内走动。本节将能够全部完成上述 6 项界定为“完全自理”；至少有 1 项需要人帮助、但没有 1 项是完全做不了的为“部分自理”；至少有 1 项活动不能完成的为“完全不能自理”即“失能”。

（二）Barthel 指数评定量表

Barthel 指数评定量表包括 10 项：修饰、穿衣、洗澡、吃饭、小便控制、大便控制、上厕所、上下床、室内走动、上下楼梯。按照独立完成程度进行赋值，单项得分在 0～15 分，总分取值范围 0～150 分，将其标准化为 100 分，得分可以划分为四个等级：100 分，完全自理；61～99 分，轻度失能；41～60 分，中度失能；≤40 分，重度失能。

（三）CLASS 问卷量表

CLASS 问卷对 ADL 的测量基本包括了 Katz 量表和 Barthel 指数评定量表的

部分测量内容，共有 11 项：打电话、修饰、穿衣、洗澡、吃饭、吃药、小便控制、大便控制、上厕所、上下床、室内走动。参照 Barthel 指数评定量表的计算方法，本节将 CLASS 问卷中的 11 项日常活动按照独立完成程度赋值为 1 分、2 分或 3 分，总分取值范围为 0～33 分，将其标准化为 0～100 分。100 分表示完全自理；61～99 分表示轻度失能；41～60 分表示中度失能；≤40 分表示重度失能。

二、基本情况描述

CLASS 问卷中关于 ADL 状况的测量项目有 11 项，见表 3-1。本节分别用 Katz 量表、Barthel 指数评定量表和 CLASS 问卷量表对我国老年人的 ADL 进行统计描述。

表 3-1　CLASS 问卷中 ADL 测量

问题	选项	赋值
B4-1. 您能自己打电话吗?	不需要别人帮助（包括自己查号和拨号）	1
	需要一些帮助	2
	完全做不了	3
B4-2. 您能把自己收拾得干净整齐吗（如梳头、剃须、化妆等）?	不需要别人帮助	1
	需要一些帮助	2
	完全做不了	3
B4-3. 您能自己穿衣服吗?	不需要别人帮助	1
	需要一些帮助（至少自己能完成一半）	2
	完全做不了	3
B4-4. 您能自己洗澡吗（淋浴或者盆浴）?	不需要别人帮助	1
	需要一些帮助	2
	完全做不了	3
B4-5. 您能自己吃饭吗?	不需要别人帮助	1
	需要一些帮助（比如切/掰食物等）	2
	完全做不了	3
B4-6. 您能自己吃药吗?	不需要别人帮助（在适当的时间服用适当的剂量）	1
	需要一些帮助（如准备药物、提醒服药等）	2
	完全做不了	3

续表

问题	选项	赋值
B4-7. 您有小便失禁的现象吗?	没有	1
	偶尔有（少于每天一次）	2
	经常有（至少每天一次，或使用导尿管）	3
B4-8. 您有大便失禁的现象吗?	没有	1
	偶尔有（少于每天一次）	2
	经常有（至少每天一次，或使用灌肠器）	3
B4-9. 您能自己上厕所吗?	不需要别人帮助（能自己到厕所、穿/脱衣服、擦拭/清理身体并离开）	1
	需要一些帮助（自己能完成诸如擦拭/清理身体等活动）	2
	完全做不了	3
B4-10. 您能自己从床上移到床边的椅子上吗?	不需要别人帮助	1
	需要一些帮助	2
	完全做不了	3
B4-11. 您能在室内走动吗?	不需要别人帮助（可使用手杖、拐杖等助行用具）	1
	自己使用轮椅，不需要帮助	2
	卧床不起	3

（一）Katz 量表下我国老年人的 ADL 状况

问题 B4-3（穿衣）、B4-4（洗澡）、B4-5（吃饭）、B4-9（上厕所）、B4-10（上下床）、B4-11（室内走动）构成了 Katz 量表。根据 Katz 量表，使用 CLASS 数据，2014 年和 2016 年我国老年人 ADL 状况如图 3-1 所示。2014 年我国 90.73%的老年人能够完全自理，6.31%的老年人能部分自理，2.96%的老年人失能。相比于 2014 年，2016 年我国能够完全自理和失能的老年人比重均略微下降，分别为 89.81%和 2.51%，部分自理的老年人比重上升，占 7.69%。

（二）Barthel 指数评定量表下我国老年人的 ADL 状况

问题 B4-2（修饰）、B4-3（穿衣）、B4-4（洗澡）、B4-5（吃饭）、B4-7（小便控制）、B4-8（大便控制）、B4-9（上厕所）、B4-10（上下床）、B4-11（室内走

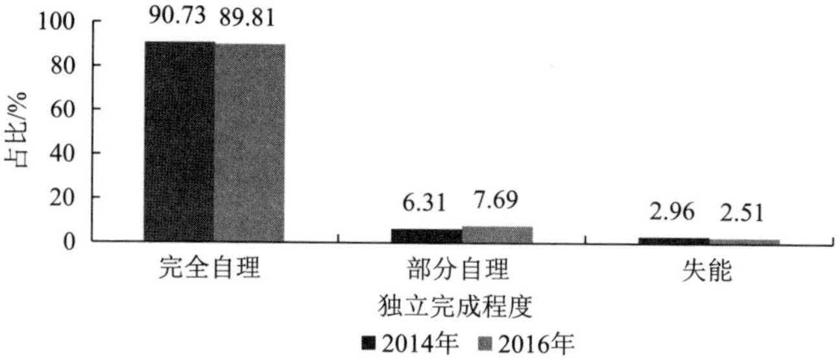

图 3-1 Katz 量表下我国老年人的 ADL 状况

资料来源：2014 年与 2016 年 CLASS 数据

动）、B6-1（上下楼梯）构成了 Barthel 指数评定量表。根据 Barthel 指数评定量表，2014 年我国老年人 ADL 状况如图 3-2 所示。根据 Barthel 指数评定量表，2014 年我国老年人中 81.12%的老年人能够完全自理，16.22%的老年人处于轻度失能，1.26%的老年人处于中度失能，1.40%的老年人处于重度失能。相比于 2014 年，2016 年我国老年人中能够完全自理的老年人比重上升 2.1 个百分点，占到 83.22%，轻度失能、中度失能、重度失能老年人的比重均下降，分别占到 14.35%、1.16%、1.27%，这说明我国老年人基本 ADL 状况在上升，健康状况有所改善。

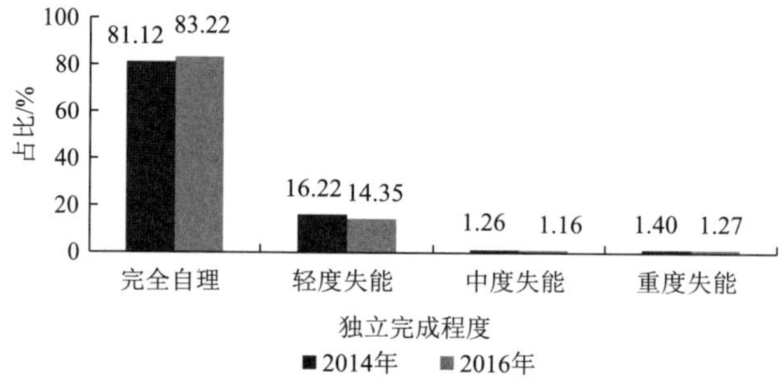

图 3-2 Barthel 指数评定量表下我国老年人的 ADL 状况

资料来源：2014 年与 2016 年 CLASS 数据

（三）CLASS 问卷量表下我国老年人的 ADL 状况

如果按照 CLASS 问卷量表 11 项测量指标计算，2014 年我国老年人 ADL 状况如图 3-3 所示。根据 CLASS 问卷量表中 ADL 状况的测量指标，2014 年我国老年人中 65.52%的老年人能够完全自理，30.77%的老年人处于轻度失能，1.42%的老年人处于中度失能，1.28%的老年人处于重度失能。相比于 2014 年，2016 年我国能够完全自理的老年人比重明显上升，占到 76.66%，轻度失能、中度失能、重度失能的老年人比重均下降，分别占到 21.1%、1.05%、1.18%，说明我国老年人 ADL 状况在上升，健康状况有所改善。

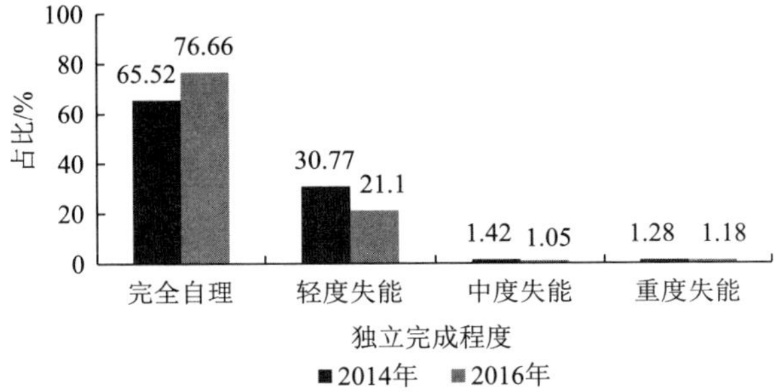

图 3-3　CLASS 量表下我国老年人的 ADL 状况

资料来源：2014 年与 2016 年 CLASS 数据

（四）三种 ADL 量表的比较与总结

对比三种量表下我国老年人的 ADL 状况，CLASS 问卷量表中关于 ADL 状况的测量指标有 11 项，比以往经典的 Katz 量表 6 项指标更丰富，相比于 Barthel 指数评定量表，去除上下楼梯，这是考虑到高层住宅增多，电梯普及，上下楼梯慢慢已经不是老年人日常生活必要的活动内容，此外增加了打电话、吃药等测量指标，这可能是由于手机使用在老年人中普及以及老年人越来越重视医疗保健所产生的新日常活动内容的原因。CLASS 问卷量表对 ADL 项目的改进，虽然增强了测量指标的现实性和时代性，将更多老年人识别为轻度失能，但是还没有普遍适用，这降低了与其他 ADL 指标的可比性。此外，我们认为，虽然打电话这一日常活动每天发生频率很高，人们对手机的依赖性也比以往要大很多，但电话属于生活工具的一种，应当归属于 IADL，而不是 ADL。为了尽可能不损失 CLASS 数据中 ADL 状况测量指标的信息量，同时兼顾 ADL 指标的科学性和可比性，权衡之后，我们认为 Barthel 指数评定量表更适合用来分析老年人的 ADL。

如图 3-4 所示，在 Barthel 指数评定量表的 10 项 ADL 中，2014 年失能比例最高的三项为上下楼梯、洗澡和小便控制。不能上下楼梯的老年人有 4.57%，不

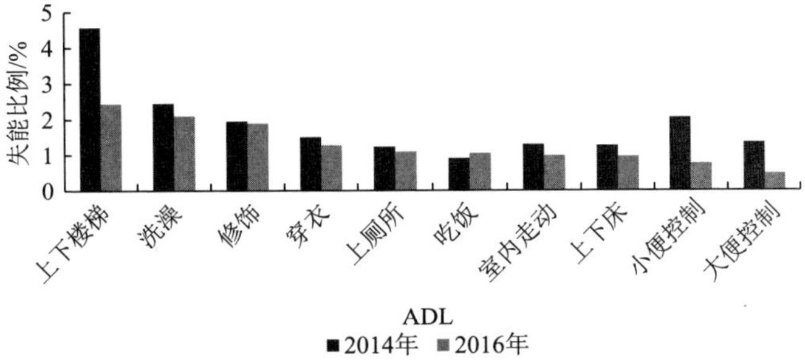

图 3-4　Barthel 指数评定量表下 10 项 ADL 的失能情况

资料来源：2014 年与 2016 年 CLASS 数据

能自己洗澡的老年人占 2.45%，经常小便失禁的老年人占 2.05%。仅有 0.9%的老年人不能够自己吃饭。2016 年，失能比例最高的三项为上下楼梯、洗澡和修饰，除吃饭存在困难的老年人比例上升外，其余各项 ADL 的失能比例均下降，特别是大小便控制存在障碍的老年人比重大幅下降。

三、特征分析

为了更加简洁清晰地呈现中国老年人 ADL 状况在户籍、年龄、性别、教育、婚姻等方面的差异性特征，本节使用 2016 年 CLASS 数据，基于 Katz 量表将老年人的 ADL 状况划分为完全自理、部分自理和失能三类，分别与户籍、性别、年龄、文化程度、婚姻状况、居住安排、经济状况等变量进行交叉列联表分析，并做了卡方检验，检验结果均显著，结果如下。

（一）户籍差异

分户籍来看，城镇老年人的 ADL 状况优于农村老年人。表 3-2 中数据显示，城镇 90.87%的老年人的基本日常生活可以完全自理，仅 1.76%的老年人处于失能状态；农村老年人完全自理的比例不到九成，为 88.99%，失能老年人占 3.11%，比城镇高出近一倍。

表 3-2　2016 年分户籍老年人 ADL 状况

户籍	完全自理	部分自理	失能	合计
农村	88.99%	7.91%	3.11%	100%
城镇	90.87%	7.37%	1.76%	100%
总体	89.83%	7.67%	2.51%	100%
卡方值 = 22.6805　$p = 0.000$				

资料来源：2016 年 CLASS 数据

注：本表中数据进行过修约，可能存在合计不等于 100%的情况

（二）性别差异

从性别来看，男性老年人和女性老年人的 ADL 状况差别不大，男性略高于女性。表 3-3 的统计结果显示，男性老年人中完全自理的比例为 90.56%，而女性老年人完全自理的比例略低于男性，为 89.07%；女性老年人部分自理的比例为 8.17%，略高于男性的 7.18%；男性、女性失能老年人的比重也相差不大，男性为 2.26%，女性稍高一些，为 2.76%。

表 3-3 2016 年分性别老年人 ADL 状况

性别	完全自理	部分自理	失能	合计
男性	90.56%	7.18%	2.26%	100%
女性	89.07%	8.17%	2.76%	100%
总体	89.83%	7.67%	2.51%	100%
卡方值 =7.2752 $p = 0.026$				

资料来源：2016 年 CLASS 数据

注：本表中数据进行过修约，可能存在合计不等于 100%的情况

（三）年龄差异

随着年龄增长，老年人的各项身体机能也在不断老化，ADL 状况也会随之下降，表 3-4 的统计结果也证实了这一点。60～69 岁的低龄老年人中完全自理的比例达到 95.14%，然而，80 岁及以上的高龄老年人中仅有 75.02%可以完全自理。8.33%的高龄老年人存在失能，失能比例是低龄老年人的 9 倍多，说明年龄越高，老年人在吃饭、穿衣、洗澡、上厕所、行走等日常基本活动中至少有一项完全无法独立完成，需要他人照料的可能性越大。

表 3-4 2016 年分年龄老年人 ADL 状况

年龄	完全自理	部分自理	失能	合计
60～69 岁	95.14%	3.94%	0.92%	100%
70～79 岁	87.08%	10.18%	2.74%	100%
80 岁及以上	75.02%	16.66%	8.33%	100%
总体	89.83%	7.67%	2.51%	100%
卡方值 =635.3617 $p = 0.000$				

资料来源：2016 年 CLASS 数据

注：本表中数据进行过修约，可能存在合计不等于 100%的情况

（四）文化程度差异

从表 3-5 的统计结果来看，老年人 ADL 状况在文化程度上的分布特征并不是很明显，文化程度与老年人是否失能直接相关，但是对老年人日常生活自理程度的影响并不是很显著。首先，从完全自理情况来看，不识字的老年人完全自理比例最低，为 85.07%，初中文化水平的老年人完全自理比例最高为 94.58%，部分自理情况和完全自理情况正好相反，不识字老年人的部分自理比例最高，为 10.92%，初中文化水平的老年人部分自理比例最低，为 4.83%。从失能情况来看，

文化程度和 ADL 状况的关系比较清晰，总体大致表现为老年人的文化程度越高，失能比例越低。

表 3-5　2016 年分文化程度老年人 ADL 状况

文化程度	完全自理	部分自理	失能	合计
不识字	85.07%	10.92%	4.02%	100%
私塾/扫盲班	90.34%	6.90%	2.76%	100%
小学	91.74%	6.93%	1.33%	100%
初中	94.58%	4.83%	0.59%	100%
高中/中专	93.57%	5.81%	0.62%	100%
大专及以上	90.38%	9.62%	0.00%	100%
总体	89.83%	7.67%	2.51%	100%
卡方值 ＝89.8819　$p = 0.000$				

资料来源：2016 年 CLASS 数据

注：本表中数据进行过修约，可能存在合计不等于 100%的情况

（五）婚姻状况差异

从婚姻状况来看，已婚有配偶的老年人 ADL 状况明显优于丧偶、离婚和未婚的老年人，其完全自理比例高达 92.56%，其次是离婚老年人和未婚老年人，丧偶老年人的 ADL 状况最差，4.77%的丧偶老年人存在失能，高出总体比例（2.51%）2.26 个百分点，82.77%的丧偶老年人生活完全自理，也远低于总体比例（89.83%）（表 3-6）。丧偶老年人在晚年生活中面临身体衰老和心理落差的双重打击，表现为 ADL 状况的下降，需要特别关注。

表 3-6　2016 年分婚姻状况老年人 ADL 状况

婚姻状况	完全自理	部分自理	失能	合计
已婚有配偶	92.56%	5.80%	1.64%	100%
丧偶	82.77%	12.46%	4.77%	100%
离婚	91.67%	7.14%	1.19%	100%
未婚	88.24%	9.41%	2.35%	100%
总体	89.83%	7.67%	2.51%	100%
卡方值 ＝246.2276　$p = 0.000$				

资料来源：2016 年 CLASS 数据

注：本表中数据进行过修约，可能存在合计不等于 100%的情况

（六）居住安排差异

从居住安排来看，表 3-7 表明不与子女同住的老年人完全自理的比例（为 91.95%）高于与子女同住的老年人。从失能情况来看，与子女同住的老年人有 3.91%存在失能，远高于不与子女同住的老年人的失能比例 1.65%。这并不能说明与子女同住不利于老年人的身体健康，而可能是因为 ADL 状况差的老年人更加需要人照料，所以会选择跟子女同住。

表 3-7　2016 年分居住安排老年人 ADL 状况

居住安排	完全自理	部分自理	失能	合计
不与子女同住	91.95%	6.40%	1.65%	100%
与子女同住	86.31%	9.79%	3.91%	100%
总体	89.83%	7.67%	2.51%	100%
卡方值 = 104.7223　$p = 0.000$				

资料来源：2016 年 CLASS 数据

注：本表中数据进行过修约，可能存在合计不等于 100%的情况

（七）经济状况差异

从经济状况来看，经济状况越好的老年人 ADL 状况越好。表 3-8 的统计结果显示，当年收入水平从 3000 元以下增长到 30 000 元以上时，老年人的完全自理比例从 86.36%上升到了 91.73%，失能比例从 3.89%下降到了 1.80%。

表 3-8　2016 年分经济状况老年人 ADL 状况

经济状况（年收入水平）	完全自理	部分自理	失能	合计
3 000 元以下	86.36%	9.75%	3.89%	100%
3 000～30 000 元	90.78%	7.13%	2.09%	100%
30 000 元以上	91.73%	6.47%	1.80%	100%
总体	89.83%	7.67%	2.51%	100%
卡方值= 60.9060　$p = 0.000$				

资料来源：2016 年 CLASS 数据

注：本表中数据进行过修约，可能存在合计不等于 100%的情况

四、影响因素分析

前面描述了中国老年人 ADL 的状况，并且通过特征分析发现我国老年人 ADL

水平在户籍、性别、年龄、文化程度等变量上存在差异。然而，影响老年人 ADL 的因素是多层次、多维度，甚至相互交叉的。在微观层面上，老年人的健康状况受性别、年龄、文化程度等个体特征因素影响；在宏观层面上，受居住环境、社会保障、社会网络支持的影响。为了进一步分析我国老年人身体健康状况的影响因素，本节将使用 Stata 12.0，构建多元线性回归模型，利用 2016 年 CLASS 数据对影响老年人 ADL 的因素进行回归分析。

（一）变量选取

ADL 的多元线性回归模型选取 Barthel 指数得分作为因变量，其取值范围为 0～100 分，因为前面部分讨论过，认为在评价老年人的 ADL 时 Barthel 指数更优，其分值越大 ADL 状况越强。

在自变量选取方面，除了前面讨论过的户籍、年龄、性别、文化程度、婚姻状况、居住安排、经济状况外，还纳入了两个宏观层面的变量，社会网络支持和养老保险。社会网络支持指的是老年人能够从亲人朋友社会网络关系中获得的物质情感支持，变量为 2016 年 CLASS 问卷中 D15 题（表 3-9），这是一组问题的得分加总后生成的一个数值型变量，其取值为 0～54。养老保险变量来自 CLASS 问卷 D2 题生成的一个二分变量，将没有任何一种养老保险的老年人赋值为“0”，有至少一种养老保险的老年人赋值为“1”。特别地，将婚姻状况中丧偶、离婚和未婚合并归为“无配偶”，赋值为“1”，“已婚有配偶”赋值为“0”。年龄和经济状况均为连续的数值型变量，考虑到收入问题的无应答率较高以及非正态分布的问题，将补充缺失值之后的年收入的自然对数值作为经济状况的指标变量。文化程度是有序变量，既可以将其当作分类变量处理，也可以将其作为数值型变量，本节将其作为数值型变量放入回归模型中。

表 3-9　CLASS 问卷中 D15 题社会支持和社会网络

题项	0 个	1 个	2 个	3～4 个	5～8 个	9 个及以上
1. 您一个月至少能与几个家人/亲戚见面或联系？	0	1	2	3	5	9
2. 您能和几个家人/亲戚放心地谈您的私事？	0	1	2	3	5	9
3. 当您需要时，有几个家人/亲戚可以为您提供帮助？	0	1	2	3	5	9
4. 您一个月至少能与几个朋友见面或联系？	0	1	2	3	5	9
5. 您能和几个朋友放心地谈您的私事？	0	1	2	3	5	9
6. 当您有需要时，有几个朋友可以为您提供帮助？	0	1	2	3	5	9

（二）回归结果

本节前面用列联表对老年人 ADL 分别与户籍、性别、年龄、婚姻状况、文化程度、经济状况、居住安排等进行了差异分析，卡方检验结果显示均是显著的。但是在我们控制其他变量不变的情况下，这些因素的作用是否还会显著呢？回归分析的意义正在于此。表 3-10 报告了 ADL 的回归模型结果。

具体来看，显著影响老年人 ADL 的因素有年龄、婚姻状况、文化程度和社会网络支持。年龄的回归系数约为–0.25，在控制其他变量不变的情况下，老年人每增长 1 岁，其 Barthel 指数得分就会下降 0.25 分，也就是说年龄越高，老年人 ADL 状况就越差。婚姻状况的回归系数约为–1.63，在其他因素不变的情况下，无配偶老年人的 Barthel 指数得分比已婚有配偶老年人低 1.63 分。文化程度和社会网络支持的回归系数为正，说明文化程度越高，得到的社会网络支持越多，老年人 ADL 状况越好。这些回归结果与前述研究比较一致（龙敏，2013）。

表 3-10　老年人 ADL 的回归分析

自变量	回归系数
户籍（农村）	0.376 802 2
性别（男）	–0.024 671 0
年龄	–0.248 008 5***
婚姻状况（有配偶）	–1.633 039***
文化程度	0.299 877 9**
经济状况	0.047 287 2
社会网络支持	0.085 202 5***
养老保险（无）	0.305 883 9
常数项	112.088 600 0***

资料来源：2016 年 CLASS 数据

代表在 0.01 水平上显著，*代表在 0.005 水平上显著

第二节　IADL

IADL 是与 ADL 类似、但内涵有所不同的概念。相对于 ADL 主要用于评估老年人的基本自理能力，IADL 则主要反映老年人在维持家庭和社区活动方面的自主自立性，包括对老年人做饭、理财、乘车、购物等能力的测定。在本节内，我们将基于 CLASS 数据，针对 IADL 做出分析。

一、基本情况

表 3-11 呈现了 CLASS 问卷中有关 IADL 的问题，包括打电话、吃药、乘坐公交、购物、管理财务、做饭、做家务，一共七项。除了管理财务的选项是二分的（“能”或者“不能”），“能”赋值为“ 1 ”，“不能”赋值为“ 2 ”，其他六项均为三个选项，“不需要别人帮助”赋值为“ 1 ”，“需要一些帮助”赋值为“ 2 ”，“完全做不了”赋值为“ 3 ”。参照 ADL 的划分方法，将 IADL 状况划分为三类，能够全部完成的为“完全自理”；至少有一项需要别人帮助，但没有一项是完全做不了的为“部分自理”；至少有一项活动不能完成的为完全不能自理即“失能”。

表 3-11　CLASS 问卷中关于 IADL 状况

问题	选项	赋值
B4-1. 您能自己打电话吗?	不需要别人帮助（包括自己查号和拨号）	1
	需要一些帮助	2
	完全做不了	3
B4-6. 您能自己吃药吗?	不需要别人帮助（在适当的时间服用适当的剂量）	1
	需要一些帮助（如准备药物、提醒服药等）	2
	完全做不了	3
B6-4. 您能自己乘坐公共交通工具（如公交车）吗?	不需要别人帮助	1
	需要一些帮助（至少自己能完成一半）	2
	完全做不了	3
B6-5. 您能自己购物吗?	不需要别人帮助	1
	需要一些帮助（如需要别人陪同）	2
	完全做不了	3
B6-6. 您能管理自己的钱财吗?	能	1
	不能	2
B6-8. 您能自己做饭吗?	不需要别人帮助	1
	需要一些帮助（自己仅能完成部分劳动）	2
	完全做不了	3
B6-9. 您能自己做家务吗?	不需要别人帮助	1
	需要一些帮助（自己能完成较轻的劳动）	2
	完全做不了	3

图 3-5 呈现了 2014 年和 2016 年我国老年人的 IADL 状况。2014 年，我国老年人在 IADL 中，59.76%的老年人能够实现完全自理，即在打电话、吃药、乘坐公交、做饭等 IADL 中不需要别人帮助，18.23%的老年人能够部分自理，22.01%的老年人存在失能，即 IADL 中至少有一项是完全做不了的。相比于 2014 年，2016 年，我国老年人在 IADL 中的完全自理比例明显上升，上升约 12 个百分点，达到 72.39%，部分自理和失能比例均有所下降，部分自理比例下降到 12.71%，失能比例下降到 14.90%。对比 2014 年到 2016 年 ADL 状况的上升幅度，IADL 状况的上升幅度更加显著，这不仅仅体现出我国老年人个人身体健康状况在不断改善，也反映出我国日常生活常用工具的设计使用对老年人越来越友好，特别是智能手机技术的进步。

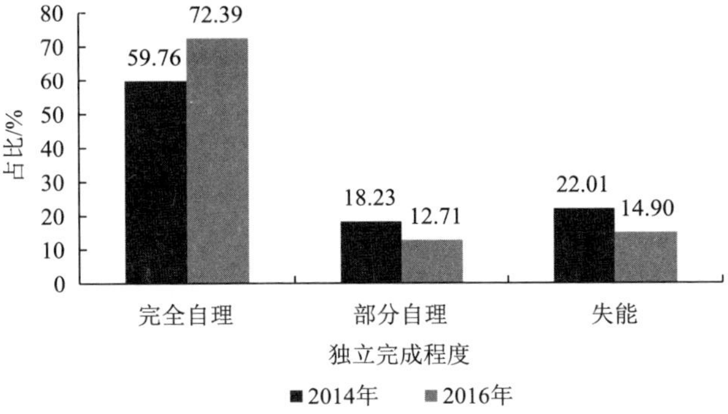

图 3-5　老年人 IADL 状况

资料来源：2014 年与 2016 年 CLASS 数据

图 3-6 呈现了 2014 年和 2016 年我国老年人的 7 项 IADL 的失能情况。从 2014 年的统计结果来看，我国老年人 IADL 失能比例较高的三项是打电话、管理财务和乘坐公交，失能比例分别为 15.89%、9.38%和 9.09%。2016 年我国老年人在 7

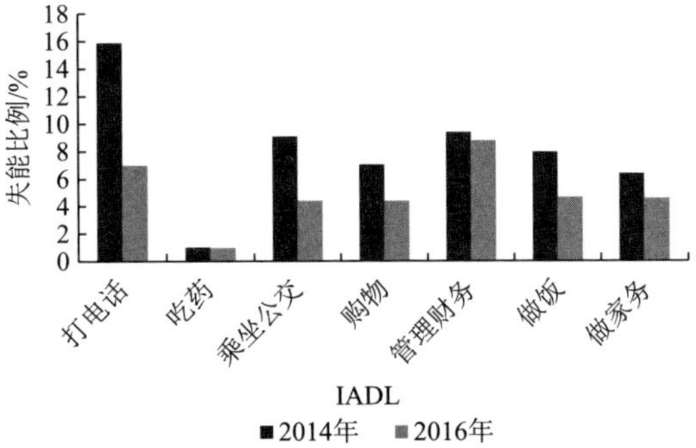

图 3-6　老年人 IADL 失能情况

资料来源：2014 年与 2016 年 CLASS 数据

项 IADL 中的失能比例均有所下降，特别是打电话这一项，失能比例从将近 16%下降到 7%，降幅超过一半，其次是老年人乘坐公交的失能比例，从 9.09%下降到 4%左右。

二、特征分析

本节使用 2016 年 CLASS 数据，采用与老年人 ADL 特征分析的方法相同，基于 Lawton 量表将老年人的 IADL 状况划分为完全自理、部分自理和失能三类，与户籍、性别、年龄、文化程度、婚姻状况、居住安排、经济状况等变量进行交叉列联表分析，并做了卡方检验，检验结果均显著，结果如下。

（一）户籍差异

分户籍来看，城镇老年人的 IADL 状况优于农村老年人。表 3-12 中数据显示，78.78%的城镇老年人的 IADL 可以完全自理，10.05%的老年人处于失能状态；农村老年人完全自理的比例为 67.28%，失能老年人占到 18.79%，比城镇老年人高出 8 个多百分点。

表 3-12　2016 年分户籍老年人 IADL 状况

户籍	完全自理	部分自理	失能	合计
农村	67.28%	13.93%	18.79%	100%
城镇	78.78%	11.17%	10.05%	100%
总体	72.40%	12.70%	14.90%	100%
卡方值 $=214.4624$　$p=0.000$				

资料来源：2016 年 CLASS 数据

（二）性别差异

分性别来看，男性老年人的 IADL 状况要优于女性。74.52%的男性老年人能够实现 IADL 完全自理，12.40%的男性老年人可以部分自理，13.07%的男性老年人存在失能，即在打电话、做饭、乘坐公交、吃药等 IADL 中至少有一项完成不了（表 3-13）。女性老年人中有 70.21%能够在 IADL 状况中完全自理，13.00%的女性老年人能够部分自理，16.79%的女性老年人存在失能问题。

表 3-13　2016 年分性别老年人 IADL 状况

性别	完全自理	部分自理	失能	合计
男性	74.52%	12.40%	13.07%	100%

续表

性别	完全自理	部分自理	失能	合计
女性	70.21%	13.00%	16.79%	100%
总体	72.40%	12.70%	14.90%	100%
卡方值 =34.8641　$p=0.000$				

资料来源：2016 年 CLASS 数据

注：本表中数据进行过修约，可能存在合计不等于 100%的情况

（三）年龄差异

从年龄来看，随着年龄增长，老年人的 IADL 状况呈不断下降的趋势。表 3-14 的统计结果显示，60～69 岁的低龄老年人中有 82.70%可以实现 IADL 完全自理，对比而言，80 岁及以上的高龄老年人中只有 45.41%可以完全自理。从失能情况来看，高龄老年人的失能比例为 36.04%，超过了 1/3，显著高于低龄老年人的 8.06%，也就是说，高龄老年人在生活中使用常用生活工具，如电话、炊具、清洁工具等，存在较大困难。

表 3-14　2016 年分年龄老年人 IADL 状况

年龄	完全自理	部分自理	失能	合计
60～69 岁	82.70%	9.24%	8.06%	100%
70～79 岁	66.43%	16.06%	17.52%	100%
80 岁及以上	45.41%	18.54%	36.04%	100%
总体	72.40%	12.70%	14.90%	100%
卡方值 =1100　$p=0.000$				

资料来源：2016 年 CLASS 数据

注：本表中数据进行过修约，可能存在合计不等于 100%的情况

（四）文化程度差异

从文化程度来看，文化程度越高，老年人的 IADL 状况越强。老年人在 IADL 状况中完全自理比例波动范围从不识字老年人的 57.16%，到大专及以上文化水平老年人的 87.82%。从失能情况来看，结论相同，不识字老年人的失能比例高达 24.51%，是大专及以上文化水平老年人失能比例（4.49%）的 5 倍多（表 3-15）。

表 3-15　2016 年分文化程度老年人 IADL 状况

文化程度	完全自理	部分自理	失能	合计
不识字	57.16%	18.33%	24.51%	100%

续表

文化程度	完全自理	部分自理	失能	合计
私塾/扫盲班	65.52%	16.55%	17.93%	100%
小学	79.21%	11.43%	9.35%	100%
初中	86.41%	8.02%	5.57%	100%
高中/中专	84.65%	9.34%	6.02%	100%
大专及以上	87.82%	7.69%	4.49%	100%
总体	72.40%	12.70%	14.90%	100%
卡方值 =356.6457　$p=0.000$				

资料来源：2016 年 CLASS 数据

注：本表中数据进行过修约，可能存在合计不等于 100%的情况

（五）婚姻状况差异

从婚姻状况来看，统计结果比较令人意外，并不是已婚有配偶的老年人 IADL 状况最好，离婚老年人的 IADL 状况明显优于已婚有配偶、丧偶和未婚的老年人，其完全自理比例高达 84.52%，其次是已婚有配偶的老年人和未婚老年人，丧偶老年人的 IADL 状况最差（表 3-16）。24.47%的丧偶老年人存在失能，高出总体比例（14.90%）近 10 个百分点，只有不到六成的丧偶老年人生活完全自理，也远低于总体比例（72.40%）。

表 3-16　2016 年分婚姻状况老年人 IADL 状况

婚姻状况	完全自理	部分自理	失能	合计
已婚有配偶	77.14%	11.63%	11.23%	100%
丧偶	59.85%	15.68%	24.47%	100%
离婚	84.52%	7.14%	8.33%	100%
未婚	72.94%	9.41%	17.65%	100%
总体	72.40%	12.70%	14.90%	100%
卡方值= 399.0382　$p=0.000$				

资料来源：2016 年 CLASS 数据

注：本表中数据进行过修约，可能存在合计不等于 100%的情况

（六）居住安排差异

从居住安排来看，老年人的 IADL 状况统计结果（表 3-17）与 ADL 统计结

果基本相同（表3-7），不与子女同住的老年人在IADL中完全自理的比例高于与子女同住的老年人，为75.91%，高出近10个百分点。与子女同住的老年人在IADL状况中的失能比例达到20.29%。

表3-17　2016年分居住安排老年人IADL状况

居住安排	完全自理	部分自理	失能	合计
不与子女同住	75.91%	12.48%	11.61%	100%
与子女同住	66.61%	13.10%	20.29%	100%
总体	72.40%	12.70%	14.90%	100%
卡方值 =169.7147　$p=0.000$				

资料来源：2016年CLASS数据

（七）经济状况差异

从经济状况来看，年收入水平越高，老年人在IADL中的自理程度越高、失能比例越低。表3-18的统计结果显示，年收入在3000元以下的老年人在IADL中完全自理的比例为60.20%，失能比例超过20%，然而年收入在30 000元以上的老年人完全自理的比例要高出年收入在3000元以下老年群体近19个百分点，达到78.96%。

表3-18　2016年分经济状况老年人IADL状况

经济状况（年收入水平）	完全自理	部分自理	失能	合计
3 000元以下	60.20%	15.91%	23.89%	100%
3 000～30 000元	75.88%	11.18%	12.94%	100%
30 000元以上	78.96%	12.68%	8.36%	100%
总体	72.40%	12.70%	14.90%	100%
卡方值 =365.5701　$p=0.000$				

资料来源：2016年CLASS数据

三、影响因素分析

在本节我们同样对IADL进行多元影响因素分析。因变量IADL同样是数值型变量，将老年人在打电话、吃药、购物、乘坐公交、做饭、管理财务和做家务这七项IADL的取值加总取相反数作为IADL的衡量指数，其数值越大说明IADL

状况越好。自变量的选取与前面 ADL 的多元线性回归模型一样。

IADL 的多元线性回归模型中显著的变量与 ADL 基本相同（表 3-19），年龄、婚姻状况、文化程度和社会网络支持依旧是显著影响老年人 IADL 状况的因素，年龄越小、文化程度越高、获得社会网络支持越多、婚姻状况为有配偶的老年人在 IADL 状况上表现更优。特别地，户籍因素对老年人 IADL 状况有显著影响，说明用工具性日常生活能力测量的城镇老年人身体健康状况好于农村老年人。

表 3-19 老年人 IADL 的回归分析

自变量	回归系数
户籍（农村）	0.143 941 8*
性别（男）	0.027 069 6
年龄	–0.080 296 7***
婚姻状况（有配偶）	–0.453 983 4***
文化程度	0.134 919 9***
经济状况	0.037 336 8
社会网络支持	0.013 674 6***
养老保险（无）	0.030 077 7
常数项	–3.193 305 0***

资料来源：2016 年 CLASS 数据

*代表在 0.05 水平上显著，***代表在 0.005 水平上显著

第三节 慢 性 病

患有慢性病是老年人身体的一个显著特征。不少老年人甚至同时患有多种慢性病。老年人慢性病患病情况是衡量老年人健康状况的重要维度。在本节内，我们将同样利用 2014 年和 2016 年的 CLASS 数据，来呈现中国老年人的慢性病基本情况。

一、基本情况

在慢性病方面，2014 年我国老年人慢性病患病率高达 73.52%，超过七成的老年人都一定程度患有慢性病。在患有慢性病的老年人中，患有 1 种慢性病的老年人最多，比例占全体老年人近 30%。表 3-20 统计了 2014 年和 2016 年 23 种慢性病的患病率及这两年患病率的变化比例。2014 年我国老年人患病率最高的慢性病为高血压，患病率高达 44.26%。2014 年患病率超过 10%的慢性病除了高血压

外，还有关节炎（23.73%）、颈/腰椎病（22.32%）、心病/冠心病（22.22%）、类风湿（17.17%）、胃肠炎/其他消化系统疾病（11.90%）、脑血管病（含中风）（11.75%）、糖尿病（11.46%）。2016 年我国老年人患病率最高的慢性病仍然是高血压，并且患病率较 2014 年有所上升，达到了 50.57%，也就是说超过一半的老年人患有高血压。2016 年患病率超过 10%的慢性病还有心病/冠心病（22.19%）、颈/腰椎病（21.89%）、关节炎（20.49%）、糖尿病（14.78%）、类风湿（13.48%）、脑血管病（含中风）（10.83%）、慢性支气管炎/其他呼吸道疾病（10.63%）。

表 3-20　老年人患慢性病情况

慢性病种类	患病率		
	2014 年	2016 年	变化比例
高血压	44.26%	50.57%	6.31 个百分点
心病/冠心病	22.22%	22.19%	−0.03 个百分点
糖尿病	11.46%	14.78%	3.32 个百分点
脑血管病（含中风）	11.75%	10.83%	−0.92 个百分点
肾脏疾病	3.42%	1.93%	−1.49 个百分点
肝脏疾病	2.17%	1.46%	−0.71 个百分点
结核病	0.93%	0.70%	−0.23 个百分点
类风湿	17.17%	13.48%	−3.69 个百分点
颈/腰椎病	22.32%	21.89%	−0.43 个百分点
关节炎	23.73%	20.49%	−3.24 个百分点
乳腺疾病	0.46%	0.43%	−0.03 个百分点
生殖系统疾病	0.38%	0.34%	−0.04 个百分点
前列腺疾病	3.28%	2.73%	−0.55 个百分点
泌尿系统疾病	1.93%	0.83%	−1.10 个百分点
青光眼/白内障	9.77%	7.52%	−2.25 个百分点
癌症/恶性肿瘤	0.88%	0.84%	−0.04 个百分点
阿尔茨海默病	1.51%	1.47%	−0.04 个百分点
骨质疏松	8.70%	5.50%	−3.20 个百分点
慢性支气管炎/其他呼吸道疾病	9.05%	10.63%	1.58 个百分点
神经系统疾病	1.48%	0.97%	−0.51 个百分点

续表

慢性病种类	患病率		
	2014 年	2016 年	变化比例
胃肠炎/其他消化系统疾病	11.90%	9.70%	–2.20 个百分点
帕金森病	0.45%	0.41%	–0.04 个百分点
耳聋	9.25%	7.83%	–1.42 个百分点

资料来源：2014 年与 2016 年 CLASS 数据

图 3-7 对比了 2014 年和 2016 年老年人常见慢性病的患病率变化。以上提到的慢性病中有 3 种患病率上升了，糖尿病的患病率上升了 3.32 个百分点，高血压患病率上升 6.31 个百分点，慢性支气管炎/其他呼吸道疾病的患病率上升，患病率超过了 10%。关节炎、颈/腰椎病、心病/冠心病、胃肠炎/其他消化系统疾病、脑血管病（含中风）等的患病率有所下降。

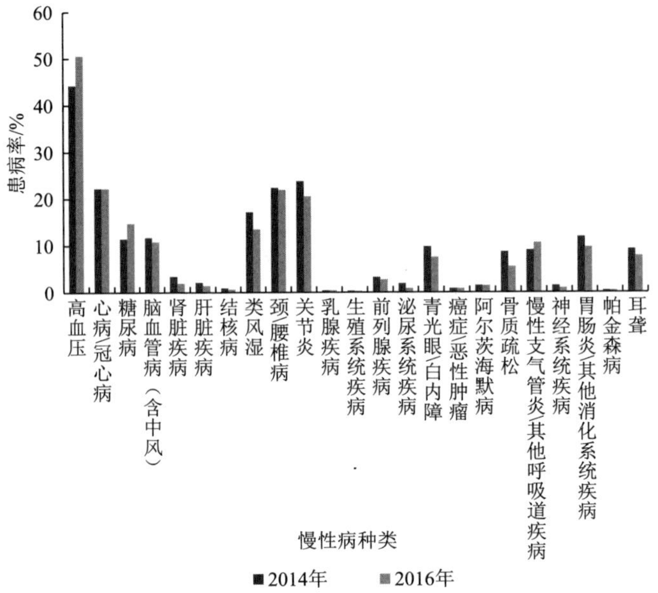

图 3-7 2014 年和 2016 年老年人常见慢性病的患病率

资料来源：2014 年与 2016 年 CLASS 数据

二、特征分析

CLASS 问卷中包括了 23 种慢性病，种类过多，不能一一列举比较，本节只选择了常见的 8 种慢性病[高血压、心病/冠心病、颈/腰椎病、关节炎、糖尿病、类风湿、脑血管病（含中风）、慢性支气管炎/其他呼吸道疾病，2016 年患病率均大于 10%]，在户籍、年龄、性别、经济状况方面进行差异性分析。

（一）户籍差异

分户籍来看，城镇老年人的高血压患病率（55.27%）、心病/冠心病患病率（24.10%）、糖尿病患病率（19.67%）明显高于农村老年人（表 3-21）。这三种慢性病与饮食营养状况高度相关，城镇地区的老年人的生活条件较好，更容易高糖高油饮食，所以患高血压、糖尿病的比例会高于农村地区。农村地区老年人因为大多从事农业体力劳动，工作环境较差，对身体损害较大，所以颈/腰椎病患病率（24.55%）、关节炎患病率（24.57%）、类风湿患病率（17.78%）、脑血管病（含中风）患病率（11.26%）和慢性支气管炎/其他呼吸道疾病患病率（12.68%）要高于城镇老年人。特别是关节炎和类风湿两种慢性病的患病率都高出了 10 个百分点左右。

表 3-21　2016 年分户籍老年人慢性病患病率

慢性病种类	农村	城镇	总体
高血压	46.95%	55.27%	50.57%
心病/冠心病	20.71%	24.10%	22.19%
颈/腰椎病	24.55%	18.45%	21.89%
关节炎	24.57%	15.21%	20.49%
糖尿病	11.00%	19.67%	14.78%
类风湿	17.78%	7.91%	13.48%
脑血管病（含中风）	11.26%	10.26%	10.83%
慢性支气管炎/其他呼吸道疾病	12.68%	7.98%	10.63%

资料来源：2016 年 CLASS 数据

（二）年龄差异

从年龄来看，60～69 岁的低龄老年人患颈/腰椎病（24.30%）、类风湿（14.54%）的比例高于其他年龄段，70～79 岁的中龄老年人患高血压（52.37%）和糖尿病（15.26%）的比例较高，而 80 岁及以上高龄老年人患心病/冠心病（24.00%）、关节炎（22.39%）、脑血管病（含中风）（12.46%）和慢性支气管炎/其他呼吸道疾病（12.99%）的比例相对于其他年龄段较高（表 3-22）。

表 3-22　2016 年分年龄老年人慢性病患病率

慢性病种类	60～69 岁	70～79 岁	80 岁及以上	总体
高血压	48.74%	52.37%	52.30%	50.57%

续表

慢性病种类	60～69岁	70～79岁	80岁及以上	总体
心病/冠心病	20.83%	23.30%	24.00%	22.19%
颈/腰椎病	24.30%	19.98%	18.51%	21.89%
关节炎	20.44%	19.77%	22.39%	20.49%
糖尿病	15.19%	15.26%	12.26%	14.78%
类风湿	14.54%	12.45%	12.47%	13.48%
脑血管病（含中风）	9.55%	11.89%	12.46%	10.83%
慢性支气管炎/其他呼吸道疾病	9.81%	10.78%	12.99%	10.63%

资料来源：2016年CLASS数据

（三）性别差异

分性别来看，表3-23的统计结果显示，在这8种常见慢性病中，男性老年人的脑血管病（含中风）患病率（11.01%）和慢性支气管炎/其他呼吸道疾病患病率（11.68%）超过了女性老年人。女性老年人在总体患病率较高的慢性病中的患病率均高于男性，高血压患病率为52.49%、心病/冠心病患病率23.56%、颈/腰椎病患病率23.91%、关节炎患病率23.03%、糖尿病患病率15.99%、类风湿患病率15.03%。

表3-23 2016年分性别老年人慢性病患病率

慢性病种类	男性	女性	总体
高血压	48.50%	52.49%	50.57%
心病/冠心病	20.71%	23.56%	22.19%
颈/腰椎病	19.69%	23.91%	21.89%
关节炎	17.75%	23.03%	20.49%
糖尿病	13.46%	15.99%	14.78%
类风湿	11.81%	15.03%	13.48%
脑血管病（含中风）	11.01%	10.66%	10.83%
慢性支气管炎/其他呼吸道疾病	11.68%	9.66%	10.63%

资料来源：2016年CLASS数据

（四）经济状况差异

表3-24报告了不同经济状况下的老年人在常见慢性病上的患病率。结果显示，年收入3000元以下的老年人患颈/腰椎病、关节炎、类风湿、脑血管病（含

中风）和慢性支气管炎/其他呼吸道疾病的风险高于经济状况较好的老年人。这是因为年收入比较低的老年人年轻时候往往从事体力劳动，容易颈腰椎或关节受损，到了老年得骨关节疾病的可能性会比较大。年收入比较高（30 000 元以上）的老年人患高血压、心病/冠心病、糖尿病这类循环系统疾病和代谢疾病的风险更高，特别是高血压患病率达到了近 60%，高于总体水平（50.57%）将近 9 个百分点，糖尿病患病率也接近 20%。随着生活水平的提高，年收入比较高的老年人群在饮食方面比以往生活条件艰苦时期或者年收入比较低的老年群体更容易摄入过量的糖和油脂，再加上工作中久坐不动或作息不规律等导致身体代谢紊乱，年收入比较高的老年人患高血压、糖尿病、冠心病等“富贵病”的越来越多。

表 3-24　2016 年分经济状况（年收入水平）老年人慢性病患病率

慢性病种类	3 000 元以下	3 000～30 000 元	30 000 元以上	总体
高血压	43.81%	51.23%	59.50%	50.57%
心病/冠心病	21.71%	21.18%	25.51%	22.19%
颈/腰椎病	29.81%	18.69%	17.59%	21.89%
关节炎	28.71%	17.65%	14.86%	20.49%
糖尿病	11.43%	14.96%	19.55%	14.78%
类风湿	22.47%	11.06%	5.56%	13.48%
脑血管病（含中风）	12.43%	10.00%	10.41%	10.83%
慢性支气管炎/其他呼吸道疾病	14.03%	9.89%	7.20%	10.63%

资料来源：2016 年 CLASS 数据

三、影响因素分析

对慢性病进行多元回归分析，我们所采用的因变量为老年人患慢性病的总个数。自变量与 ADL 和 IADL 模型所采用的自变量保持一致。

如表 3-25 所示，模型中所有自变量在统计意义上均高度显著。户籍变量的回归系数约为–0.15，在其他因素不变的情况下，城镇老年人患慢性病种数比农村老年人少；性别变量的回归系数约为 0.17，女性老年人患慢性病种数比男性老年人多 0.17 种；年龄的回归系数约为 0.02，年龄每增长一岁，得慢性病种数会增加 0.02 种；婚姻状况的回归系数约为 0.16，相比于有配偶的老年人，无配偶老年人患慢性病的种数要更多；文化程度越高，有养老保险的老年人患慢性病种数越多，这并不一定意味着文化程度越高及有养老保险的老年人身体健康状况越差，极有可能是因为文化程度高和有保险的老年人健康知识获取更容易、更科学，并且能进行专业精准的慢性病诊断，所以他们在调查中能够清楚地判断自己有哪些慢性病，没有哪些慢性病。同时，个体的文化程度对死亡具有很强的选择性，也就是说那些文化程度更高的个体，即便患有慢性病也更有可能通过医疗手段活下来，而文化程度低的个体患有慢性病后死亡率更高。此外，社会网络支持越多的老年人患慢性病种数越少，说明家人朋友的情感关怀通过促进老年人心理健康，进而促进了老年人身体健康。

表 3-25　老年人慢性病种数的回归分析

自变量	回归系数
户籍（农村）	–0.148 293 2***
性别（男）	0.174 144 7***
年龄	0.020 874***
婚姻状况（有配偶）	0.163 006 3***
文化程度	0.065 014 1***
经济状况	–0.102 675 6***
社会网络支持	–0.003 083 3***
养老保险（无）	0.161 919 5***
常数项	0.282 092 9

资料来源：2016 年 CLASS 数据

***代表在 0.005 水平上显著

四、结论与讨论

由于本章前三节均是根据 2014 年和 2016 年的 CLASS 数据，从 ADL、IADL 和慢性病三个方面对我国老年人身体健康情况进行了描述性与多元回归分析，其内容模式比较接近，我们将在这一部分对前面的研究做一个总结。

（一）研究结论

在 ADL 测量方面，有三个量表可以使用，Katz 量表、Barthel 指数评定量表和 CLASS 问卷量表。由于不同量表包括的测量项目数量和内容不同，对老年人 ADL 的评价结果也有一定差异，Katz 量表仅包括 6 项日常生活活动，调查和计算都比较方便，应用较为广泛，根据 Katz 量表的统计结果，2016 年我国老年人日常生活完全自理的比例为 89.81%，较 2014 年略微下降（2014 年完全自理比例为 90.73%），失能比例为 2.51%，较 2014 年也有所下降（2014 年失能比例为 2.96%）。杜鹏和武超（2006）利用 2004 年全国人口变动抽样调查数据测量我国老年人失能比例为 8.9%。潘金洪等（2012）利用 2010 年第六次全国人口普查数据测算出我国老年人口的失能比例为 2.95%。《中国城乡老年人生活状况调查报告（2018）》中，利用 2015 年第四次中国城乡老年人生活状况抽样调查的数据，测算出中国老年人失能比例为 4.1%。丁华和严杰（2018）利用 2015 年中国健康与养老追踪调查（China Health and Retirement Longitudinal Study，CHARLS）的面板数据，测算出的中国老年人失能比例为 10.26%。与其他学者的测算结果相比，基于 CLASS 数据测算的我国老年人失能比例比较低，其中不仅涉及老年人个体健康状况改善，还掺杂着调查统计时点地点人群、测算量表的选取计算及人口年龄时期队列等多重因素的影响，不同老年人 ADL 的测量结果之间是否可比还有待进一步研究。具体来看，2014 年和 2016 年我国老年人在上下楼梯和洗澡两项日常活动中的失能比例始终最高，小便控制在 2014 年失能比例排第三，至 2016 年有大幅度下降，修饰在 2016 年失能比例排第三。此外，第一节对老年人 ADL 在户籍、性别、年龄、文化程度、婚姻状况、居住安排和经济状况的差异性特征的描述性分析结果表明：年龄低、文化程度高、已婚有配偶、不与子女同住、经济状况好的城镇男性老年人的日常生活自理程度较高。

在 IADL 方面，常用 Lawton 量表，共有 8 项测量内容。CLASS 问卷量表包括了其中 7 项，不包括洗衣服这一项，其他分别为打电话、吃药、购物、乘坐公交、做饭、管理财务、做家务。2016 年我国老年人在 IADL 中的完全自理比例明显上升，达到 72.39%，相比于 2014 年上升约 12 个百分点（2014 年完全自理比例为 59.76%），部分自理和失能比例均有所下降，部分自理比例下降到 12.71%，失能比例下降到 14.90%。与 ADL 测量结果相比（Katz 量表 2016 年 ADL 测量的失能比例为 2.51%，2014 年失能比例为 2.96%），IADL 测量结果显示的失能比例 2016 年比 2014 年要低很多。2014 年到 2016 年的 IADL 测量的失能比例变化幅度（下降 7.11 个百分点）明显高于 ADL 测量结果（Katz 量表中下降幅度不足 1 个百分点）。这一方面说明了我国老年人在 IADL 中存在较大的改善空间，但也体现出我国老年人这两年间在打电话、乘坐公交、做家务等方面得到了更多外在环境的帮助和支持，提升老年人的 IADL 状况要比 ADL 状况更容易，因为后者更加依赖于老年人本身的身体健康状况。具体来看，在 7 项 IADL 项目中，打电话、管理财务和乘坐公交上的失能比例排在前三，社会科技进步给老年人的生活带来便利的同时也带来了障碍，不会使用智能手机严重影响了老年人的生活质量。但庆幸的是，老年人与时俱进及老年友好型智能手机的开发进步推动了老年人打电话失能比例的大幅下降，从 2014 年的将近 16%下降到 2016 年的 7%，降幅超过一半。老年人 IADL 状况在户籍、性别、年龄、文化程度、居住安排和经济状况上的特征性差异与 ADL 状况类似，年龄越小、文化程度越高、经济状况越好、不与子女同住的城镇老年人的 IADL 状况越好。与基本 ADL 状况不同的是，离婚老年人的 IADL 状况优于已婚有配偶、丧偶和未婚的老年人，而在 ADL 与婚姻状况的列联表分析中，已婚有配偶的老年人日常生活自理能力更优。不同婚姻状况下分析老年人的身体健康状况差异，无论是 ADL 还是 IADL，丧偶老年人的健康状况都是最差的。

我国老年人患病率最高的慢性病是高血压，并且 2016 年高血压患病率较 2014 年有所上升，达到了 50.57%，也就是说超过一半的老年人患有高血压。2016 年患病率超过 10%的慢性病还有心病/冠心病、颈/腰椎病、关节炎、糖尿病、类风湿、脑血管病（含中风）、慢性支气管炎/其他呼吸道疾病。对比 2014 年和 2016 年老年人常见慢性病的患病率变化，糖尿病的患病率、高血压的患病率和慢性支气管炎/其他呼吸道疾病的患病率上升，关节炎、颈/腰椎病、心病/冠心病、胃肠炎/其他消化系统疾病、脑血管病（含中风）的患病率有所下降。分户籍来看，城镇老年人的高血压患病率、心病/冠心病患病率、糖尿病患病率明显高于农村老年人，农村老年人在颈/腰椎病患病率、关节炎患病率、类风湿患病率、脑血管病（含中风）患病率和慢性支气管炎/其他呼吸道疾病患病率上要高于城镇老年人。60～69 岁的低龄老年人患颈/腰椎病、类风湿的比例较高，80 岁及以上高龄老年人患心病/冠心病、关节炎、脑血管病（含中风）和慢性支气管炎/其他呼吸道疾病的比例比较高。男性老年人的脑血管病（含中风）患病率和慢性支气管炎/其他呼吸道疾病患病率超过了女性老年人；女性老年人在总体患病率较高的几种慢性病（高血压、心病/冠心病、颈/腰椎病、关节炎、糖尿病和类风湿）中的患病率均高于男性。低收入老年人患颈/腰椎病、关节炎、类风湿、脑血管病（含中风）和慢性支气管炎/其他呼吸道疾病的风险高于经济状况较好的老年人，年收入比较高的老年人患高血压、心病/冠心病、糖尿病这类循环系统疾病和代谢疾病的风险更高。

回归分析结果表明，年龄、婚姻状况、文化程度和社会网络支持对老年人的 ADL、IADL、慢性病种数均有显著性影响，年龄越小、社会网络支持越多的老年人在 ADL 和 IADL 状况中自理能力越强，患慢性病种数越少。相比于无配偶老年人，有配偶老年人的自理能力和患病情况较好。特别地，文化程度越高的老年人反而患慢性病种数越多，我们认为这是由于文化程度高的老年人有更加丰富科学的健康知识，更加清楚准确地了解自身疾病状况导致的统计误差以及选择性生存的作用，并不能说明文化程度越高，老年人健康状况越差。

（二）对策建议

人类实现对美好生活的追求需要有健康的身体，改善老年人的健康状况是推动健康老龄化和积极老龄化的基础与核心，根据对我国老年人身体健康状况、特征和影响因素分析的研究结论，我们提出关于改善我国老年人身体健康状况的几点政策建议。

1. 关注农村女性老年人身体健康

研究发现，女性老年人的 ADL 状况和 IADL 状况都不如男性老年人，并且女性老年人患慢性病种数多于男性老年人。此外，相对于城镇老年人，健康状况的这种性别差异在农村表现得更为明显，农村老年人的健康状况与城镇老年人的差距更大，因此应重点关注农村女性老年人的健康。关于女性老年人的健康劣势的形成原因，有学者认为女性老年人早期生命历程中卫生资源的可及性、教育资源的可得性、家庭资源分配的“被边缘化”、劳动就业市场的性别歧视与隔离等多方面要素随时间推移发生作用，这一过程对其健康本身以及健康资源的保障产生影响，不断以累积的方式作用于女性老年人，最终导致其健康劣势的地位。为了切实改善当前和未来女性老年人的健康状况，健康保障必须着眼于全程性与全局性发展。对于当前生活存在困难的农村女性老年人进行直接帮扶，医疗卫生资源向农村倾斜，缩小城乡之间医疗卫生水平的差距。同时，倡导健康保障政策应该体现生命历程视角，从早期生命阶段开始，将社会性别纳入健康保障政策主流，充分关注女性老年人的特殊需求。通过弱化公共政策、社会制度与传统文化习惯对性别观念的维系与重构作用，在生命历程全过程中逐渐缩小女性之于男性的差异，以消除未来女性老年人的健康劣势。

2. 健全照护支持体系，重点改善高龄老年人的健康状况

研究发现，年龄因素对老年人的 ADL、IADL 和慢性病患病情况均有显著的消极影响。年龄越大，老年人的身体活动能力越差，越容易患慢性病。80 岁及以上的高龄老年人 ADL 失能比例是低龄老年人的 9 倍多，IADL 失能比例高出低龄老年人约 28 个百分点。因此，要想提升老年人整体的健康状况，应当重点关注高龄老年人。与低龄老年人相比，高龄老年人更需要他人的日常生活照料和疾病护理。与 IADL 相比，虽然通过政策干预对改善基本生活自理能力的作用较小，但是因此产生的照料服务需求并不会持续快速增长。在人口老龄化不断加剧，高龄化趋势日益显现的社会背景下，家庭、政府和社会应该以更加乐观的心态来审视失能老年人的照料问题。应当明确政府主体责任，建立多方共担机制，推动落实医养结合的社区居家养老模式，保障失能高龄老年人基本日常生活需求和疾病护理，提升他们的老年生活质量和幸福感。

3. 加强老年人的健康教育和慢性病管理

在研究不同文化程度和慢性病患病情况时，我们发现文化程度越高，老年人患慢性病种数越多，这与文化程度越高，老年人身体健康状况越好的普遍认知是矛盾的。我们认为这是由被调查者的健康认知不同导致的统计谬误，这一统计结果的悖论反映出文化程度低的老年人对自身身体健康关注度不高，缺乏正确的健康知识，生病时没有及时就医诊断，不清楚自己到底患有哪些慢性病。因此，我们提出加强健康教育，重视老年人的慢性病管理。政府应当加强健康教育，帮助

老年人及其亲属了解健康知识、树立正确的健康观念。医保政策的范围不应当仅限于患病之后的治疗救助，还应当提前到预防诊断环节。家庭医生制度就是一个很好的实现途径，政府牵线搭桥，在老年人家庭与卫生医疗机构之间建立长期健康服务协议，保证每个家庭签约一位家庭医生，向老年人普及基本的健康知识，提供健康咨询和慢性病诊断治疗服务。通过这种方式，一方面，让老年人对自身健康有更加准确的认知，做到早知道早治疗；另一方面，避免了老年人在疾病末期才治疗的高额费用和公共医疗资源浪费。

4. 家庭和社会共同参与，构建多层次养老保障体系

研究表明，丧偶老年人和未婚老年人的 ADL 状况和 IADL 状况均不如已婚有配偶的老年人，说明家庭因素对老年人的健康状况有显著影响。此外，研究发现，老年人得到的社会网络支持对老年人的身体健康有着显著的正向影响，老年人从亲人朋友等社会网络关系中得到的情感支持越多，老年人的身体健康状况越好。当老年人失去配偶时，身心遭受较大冲击，发生老年抑郁、精神失常等疾病的风险增大，心理创伤进而有可能引发生理疾病。因此，提高老年人的健康水平，单纯依靠个人和家庭是远远不够的，还需要社区和社会力量的介入。近些年，居家养老服务模式发展迅速，以社区为单位开展的上门服务在一定程度上弥补了家庭照料的不足，但效果远没有达到预期目标。后续应该大力加强社区凝聚力和服务体系的建设，加大社区养老和照料资源的投入，同时也要动员和利用好社区已有的社会支持网络，将老年人整合进家庭–社区的共同支持系统中，以求达到事半功倍的效果。

第四节　死亡与预期寿命

在本节我们将重点讨论中国老年人的死亡率和预期寿命的水平及其变化趋势。相对来说本节内容比较独立，我们主要利用人口普查和 1%人口抽样调查数据来研究该问题。

死亡率下降、生存曲线的矩形化及平均预期寿命的延长是三个紧密联系的概念。在人口转变和流行病学转变的过程中，死亡率逐渐下降，生存曲线随之向右上方移动，其结果是平均预期寿命的延长。死亡率或死亡水平是平均预期寿命的基础。多数研究发现了死亡率转变的特征是从“U”形分布曲线到“J”形分布曲线，但对转变到“J”形分布曲线之后的状况缺乏探讨。生物学家 Pearl 和 Doering（1923）在 20 世纪二三十年代首先研究了生存曲线的形状，随后 Comfort（1956）在五六十年代提出了“生存曲线的矩形化”这一概念；之后，Fries（1980）在 80 年代将这一概念普及开来。Fries（1980）认为，固定的基因限制决定了 85 岁时的平均预期寿命的上限，因此在死亡率下降的过程中，人类的生存曲线会变得矩形化。生存曲线的矩形化在许多国家和地区得到了检验，然而目前针对中国的分析仍然较少。

一、中国人口生存曲线的矩形化

研究中国在死亡率下降的过程中生存曲线的矩形化以及平均预期寿命延长对于老年学学科建设乃至对于当下火热的老龄化国情教育都具有重要的意义。基于此，本节将对我国 20 世纪 80 年代以来的死亡率下降、生存曲线的矩形化及平均预期寿命延长三者之间的联动关系进行初步分析。

（一）中国分年龄死亡率的变动特点

为了突出我国分年龄死亡率变动的特点，本节将之与同处东亚的日本进行对比。图 3-8 拟合了中国和日本在 1981 年、1989 年、2000 年、2010 年、2015 年等 5 个年份分年龄（0～99 岁）死亡率的变化情况。其中，图 3-8（a）为中国死亡率的变化情况，图 3-8（b）为日本死亡率的变化情况。除 1989 年中国的死亡率数据之外，其他年份中国的死亡率数据开口组均为 100 岁，而日本死亡率数据的开口组均为 110 岁，为了便于比较，本节统一使用 99 岁作为最后一个分析年龄。

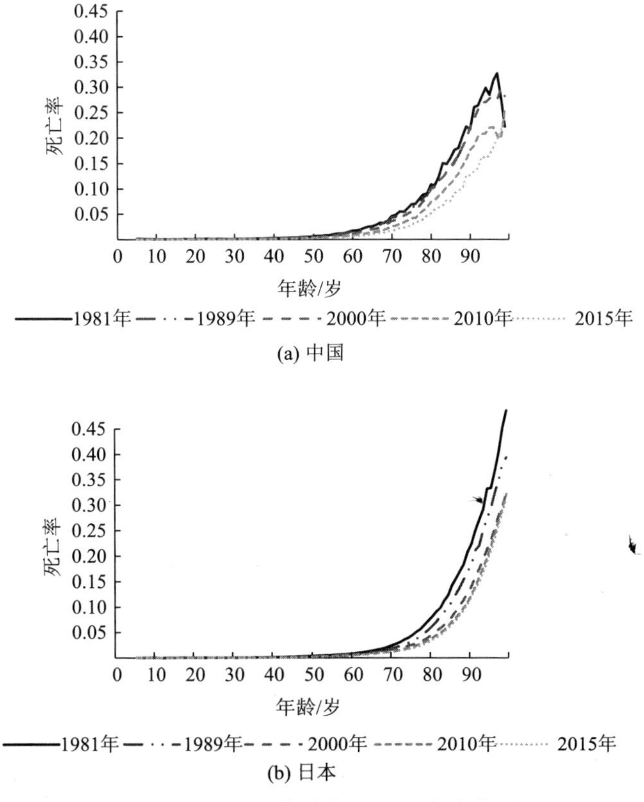

(a) 中国

(b) 日本

图 3-8　中国、日本分年龄死亡率变化对比

资料来源：1982 年、1990 年、2000 年、2010 年全国人口普查及 2015 年全国 1%人口抽样调查资料，人类死亡率数据库

从图中可以看出，中国和日本的死亡率"J"形曲线在 20 世纪 80 年代后均发生了向右下方的移动，这意味着两国的分年龄死亡率（特别是 50 岁之后的死亡率）都在下降；而且年龄越大，死亡率的下降幅度越明显。有所不同的是两国在不同时期的死亡率曲线移动速度不同；不仅如此，同一个国家在不同时期的死亡率曲线移动速度也不同。具体来说，中国从 1981～1989 年（20 世纪 80 年代）以及 1989～2000 年（20 世纪 90 年代）的死亡率下降相对较小，而 2000 年之后的下降更为明显：2000～2010 年这 10 年的死亡率下降幅度很大，而 2010～2015 年这 5 年的下降则更加明显。与此形成鲜明对比的是，日本在 2000 年之前（20 世纪八九十年代）的死亡率下降比 2000 年之后的死亡率下降更加明显，特别是日本的死亡率在 1989～2000 年这 10 年下降幅度特别大。中国与日本在死亡率的下降进程方面的差异说明两国处在人口转变的不同阶段。

（二）中国死亡人口的年龄分布变化趋势

中国死亡人口的年龄分布变化趋势和中国人口生存曲线的变动趋势分别依赖于生命表中的 lx 和 dx 函数，下文分析均为依据 1981 年、1989 年、2000 年、2010 年、2015 年这 5 个年份的单岁年龄的死亡率绘制的生命表（完全生命表）。

图 3-9 为基于生命表技术构建的 dx 函数拟合的中国死亡人口在 1981 年、1989 年、2000 年、2010 年、2015 年等 5 个年份的年龄分布变化趋势。

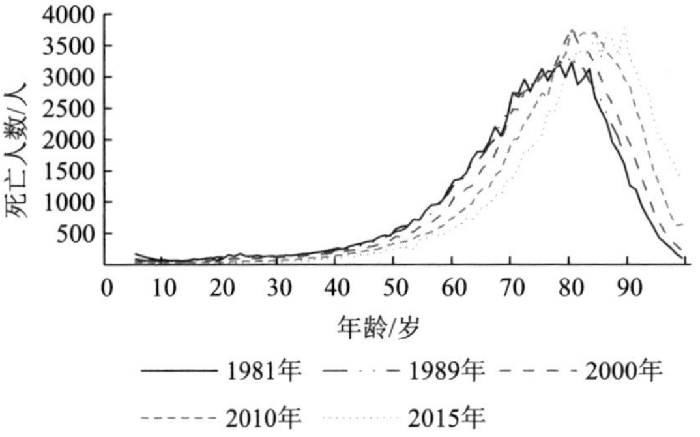

图 3-9　中国死亡人口的年龄分布变化趋势

资料来源：1982 年、1990 年、2000 年、2010 年全国人口普查及 2015 年全国 1%人口抽样调查资料

从中可以看出，各年份死亡人数年龄分布拟合曲线右侧部分较为接近正态分布。在剔除掉 0 岁组和开口组的死亡之后，死亡的众数年龄（即图中峰值处对应的死亡年龄）在逐年后移。具体来说，1981 年死亡的众数年龄在 80 岁左右，随后逐年递增，到 2015 年已经超过了 85 岁。这预示着随着死亡率的下降，人口的寿命越来越长。

（三）中国人口生存曲线的变动趋势

图 3-10 基于生命表技术构建的 lx 函数拟合了中国人口生存曲线在 1981 年、1989 年、2000 年、2010 年、2015 年这 5 个年份的变动趋势。由于 1989 年死亡数据的开口组为 90 岁，因此该年份的拟合曲线比其他年份要短。

从中可以看出，20 世纪 80 年代以后，我国人口的生存曲线在逐渐往右上方移动，这种现象被称为“生存曲线的矩形化”。随着生存曲线逐渐往右上方移动，死亡率被大大削减。值得注意的是，生存曲线的移动速度在不同时期也不同。具体来说，从 1981～1989 年生存曲线在各年龄段都有较大的移动；而从 1989～2000 年生存曲线仅从 45 岁开始才发生明显的移动，在 45 岁以下移动不明显；从 2000～2010 年存活曲线有较大的移动，这与死亡率的下降特征一致；从 2010～2015 年存活曲线依然只在 45 岁之后才发生明显的移动。

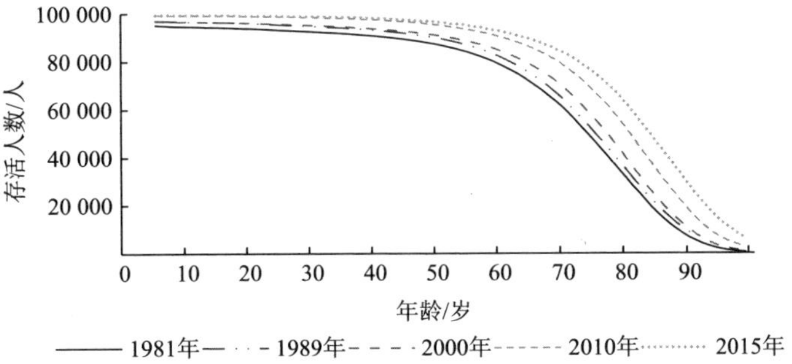

图 3-10　中国人口生存曲线的变动趋势

资料来源：1982 年、1990 年、2000 年、2010 年全国人口普查及 2015 年全国 1%人口抽样调查资料

二、中国老年人口平均预期寿命的变动趋势

（一）老年人口平均预期寿命变化的总体趋势

从整体趋势来看，老年人口的平均预期寿命在 1953 年后经历了一个上升的过程，但在个别年份有波动（图 3-11）。

以 60 岁人口的平均预期寿命为例，60 岁的男性和女性人口的平均预期寿命分别从 1953 年的 10.03 岁和 11.98 岁增加到 1957 年的 11.86 岁和 13.62 岁。三年困难时期，平均预期寿命跌至谷底：60 岁的男性和女性人口在 1960 年的平均预期寿命分别为 6.81 岁和 10.21 岁，随后逐渐恢复。20 世纪 60 年代中期至 70 年代中期，60 岁的男性和女性人口的平均预期寿命又经历了一次波动，随后又逐渐恢复。到 1981 年时，60 岁的男性和女性人口的平均预期寿命分别达到了 15.62 岁和 17.73 岁。1953～1981 年，60 岁的男性和女性人口的平均预期寿命平均每年分别增加 0.20 岁和 0.21 岁。

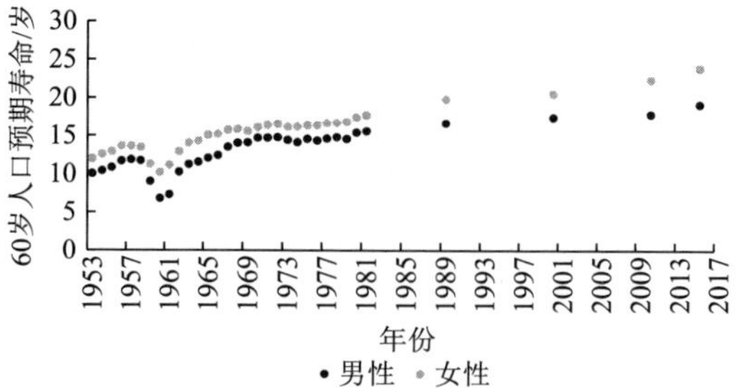

图 3-11　1953～2015 年 60 岁人口的平均预期寿命

资料来源：1953～1981 年数据来源于 Luo（1988），1989 年、2000 年、2010 年、2015 年数据为使用 Brass Logit 模型调整后的计算结果

根据第四、第五、第六次全国人口普查数据，1989 年时，60 岁的男性和女性人口的平均预期寿命分别为 16.67 岁和 19.82 岁；2000 年时，60 岁的男性和女性人口的平均预期寿命分别为 17.45 岁和 20.54 岁；2010 年时，60 岁的男性和女性人口的平均预期寿命分别为 17.87 岁和 22.36 岁；2015 年时，60 岁的男性和女性人口的平均预期寿命分别为 19.17 岁和 23.88 岁。1981～2015 年，60 岁的男性和女性人口的平均预期寿命平均每年分别增加 0.10 岁和 0.18 岁。

（二）老年人口平均预期寿命变化的性别差异

自 1953 年以来，60 岁人口的平均预期寿命的性别差异始终存在，但不同阶段的性别差异大小不同。60 岁人口的平均预期寿命的性别差异自 1954 年的 2.14 岁开始下降，到 1958 年时为 1.74 岁；三年困难时期，60 岁人口的平均预期寿命的性别差异不断升高，到 1962 年时已达到 2.65 岁；20 世纪 60 年代中期开始，60 岁人口的平均预期寿命的性别差异逐渐缩小，1970 年时仅为 1.38 岁；但 1970 年之后 60 岁人口的平均预期寿命的性别差异转而扩大，1976 年时为 2.02 岁（图 3-12）。

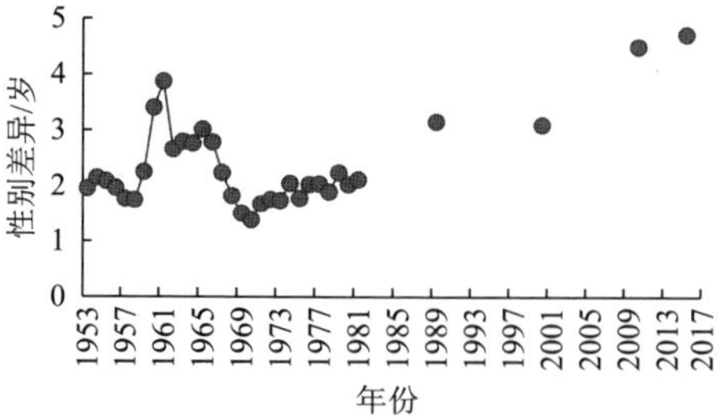

图 3-12　1953～2015 年 60 岁人口的平均预期寿命的性别差异

资料来源：1953～1981 年数据引自于 Luo（1988），1989 年、2000 年、2010 年、2015 年数据为使用 Brass Logit 模型调整后的计算结果

根据第三、第四、第五、第六次全国人口普查及2015年全国1%人口抽样调查数据，1981年、1989年、2000年、2010年和2015年60岁人口的平均预期寿命的性别差异分别为2.11岁、3.15岁、3.09岁、4.49岁和4.71岁，整体呈持续扩大趋势。

男性、女性老年人口平均预期寿命的增长的不同发生在各个年龄（表3-26）。例如，1989年60岁、70岁和80岁老年人口平均预期寿命的性别差异分别为3.15岁、2.30岁和1.32岁。1989～2015年，60岁男性和女性老年人口的平均预期寿命分别增加了2.50岁和4.06岁，70岁男性和女性老年人口的平均预期寿命分别增加了1.54岁和2.82岁，80岁男性和女性老年人口的平均预期寿命分别增加了0.69岁和1.47岁，这就导致男女两性老年人口平均预期寿命的差异越来越大。2015年60岁、70岁和80岁老年人口平均预期寿命的性别差异分别扩大到4.71岁、3.58岁和2.10岁。

表3-26　分年龄的老年人口平均预期寿命的性别差异（单位：岁）

年份	60岁		70岁		80岁	
	男性	女性	男性	女性	男性	女性
1989	16.67	19.82	10.34	12.64	5.99	7.31
2000	17.45	20.54	10.90	13.01	6.34	7.38
2010	17.87	22.36	10.96	14.29	6.14	8.05
2015	19.17	23.88	11.88	15.46	6.68	8.78

资料来源：1990年、2000年、2010年全国人口普查及2015年全国1%人口抽样调查资料

（三）老年人口平均预期寿命变化的城乡差异

整体而言，改革开放以来，由于城乡老年人口死亡率下降速度和平均预期寿命增长速度的不同，60岁老年人口平均预期寿命的城乡差异在1981～2010年扩大（表3-27）。具体而言，1981年时，居住在市和县的男性60岁老年人口的平均预期寿命分别为16.43岁和15.99岁，二者差异为0.44岁；2010年时，该差异达到3.63岁。1981年时，居住在市和县的女性60岁老年人口的平均预期寿命分别为19.23岁和18.37岁，二者差异为0.86岁；2010年时，该差异达到3.39岁。

表3-27　60岁老年人口平均预期寿命的城乡差异（单位：岁）

年份	男性			女性		
	市	县	差异	市	县	差异
1981	16.43	15.99	0.44	19.23	18.37	0.86

续表

年份	男性			女性		
	市	县	差异	市	县	差异
1989	16.81	16.21	0.60	20.04	19.04	1.00
2000	19.14	16.93	2.21	22.18	19.83	2.35
2010	22.49	18.86	3.63	25.36	21.97	3.39
2015	25.07	21.29	3.78	28.15	24.91	3.24

资料来源：1982 年、1990 年、2000 年、2010 年全国人口普查及 2015 年全国 1%人口抽样调查资料

在 2000 年之前，男性 60 岁老年人口平均预期寿命的城乡差异始终小于女性 60 岁老年人口平均预期寿命的城乡差异；然而，这种情况在 2010 年及之后的年份发生了逆转。此外，与男性 60 岁老年人口平均预期寿命的城乡差异在 2010 年之后持续扩大的趋势不同，女性 60 岁老年人口平均预期寿命的城乡差异在 2010 年之后逐渐缩小。到 2015 年时，男性和女性 60 岁老年人口平均预期寿命的城乡差异分别为 3.78 岁和 3.24 岁。

三、结论与讨论

本节首先对比中国和日本在 1981 年、1989 年、2000 年、2010 年、2015 年 5 个年份的分年龄死亡率，在此基础上分析了中国死亡率变动的特点；其次，利用 1981 年、1989 年、2000 年、2010 年、2015 年分年龄死亡率数据构建了生命表，并基于生命表技术分析了死亡人口的年龄分布在不同时期的变化有何不同以及观察了中国人口是否存在生存曲线的矩形化特征；最后，分析了 20 世纪 80 年代以来，我国各年龄人口平均预期寿命的变化趋势。通过前文的分析结果，本节可以得出以下结论。

首先，我国人口的死亡率下降进程与日本有所不同，日本在 2000 年之前下降快但之后下降减速，而我国在 20 世纪八九十年代下降慢、2000 年之后下降快。而且，死亡率的下降主要得益于老年阶段死亡率的下降。在 60 岁之后，随着年龄的增加，分年龄的死亡率越加明显，这意味着老年人的存活率大大提高。在人口基数和年龄结构不变的情况下，未来的老年人特别是高龄老年人（包括百岁老人）的数量和比例将会有较大的提升。可以预见，在这种形势下，未来围绕高龄老年人，特别是对百岁老人照料负担的研究将会越来越多。

其次，20 世纪 80 年代之后，我国死亡众数年龄逐年后移，到 2015 年时死亡的众数年龄已经超过了 85 岁。与之相对应，我国人口的生存曲线也是在 2000 年之后往右上方移动的速度较快，呈现出存活曲线矩形化的特征，且在 70 岁之后有较明显的存活曲线平行现象。按照这种趋势，人口的死亡将主要集中在高龄老年阶段，过早死亡现象会越来越少。死亡年龄的推迟可能会对老年的死亡质量及其

晚年的生活质量构成影响。对此，还需要更多地集中探究死亡年龄推迟对老年人及其家庭和整个社会产生的影响，从而能为医疗服务和临终关怀服务提供参考意见与建议。

最后，作为死亡率下降和存活曲线矩形化的结果，我国的平均预期寿命也在整体增加。1981～2015 年，我国人口的平均预期寿命一直保持增长的态势。其中，2000 年之后的增长比 2000 年之前（20 世纪八九十年代）更加明显；而且越低的年龄段增长越明显，而老年阶段平均预期寿命的增长相对不那么明显。尽管如此，老年阶段平均预期寿命仍然在 2000 年之后取得了较大的提升，这说明老年人的平均预期寿命与全人口的预期寿命得到了同步提升，这得益于医疗技术的发展。值得注意的是，由于消费能力的不同，未来医疗技术的新一轮创新有可能会拉大老年阶段不同社会阶层之间寿命的差异。

社会主义核心价值观倡导的是“平等、公正”的价值理念。因而，在其指导下的“健康中国”也应该是公平的健康中国。与公平的健康中国对应的应该是城市、镇与乡村之间大致相等的平均预期寿命。本节所揭示的 2000～2010 年仍未被撼动的城乡平均预期寿命的差异格局提示我们：应落实健康服务的均等化、以乡村健康普及为重点，这在《“健康中国 2030”规划纲要》中已有所体现。但是，我们还须关注乡村内部的差异——两性间平均预期寿命的两极分化。在不考虑迁移和流动的情况下，乡村男性与乡村女性的生活环境完全相同，但是男性的生活方式与女性存在相当大的差异：乡村男性抽烟、喝酒的比例高于乡村女性。因而，在优先推进乡村医疗卫生服务的同时，还应当积极倡导健康的生活方式，以促进乡村男性平均预期寿命的提高。而且，健康的生活方式不但能提高平均预期寿命，还能提高健康预期寿命，使健康余寿得以延长，从而促进健康老龄化和积极老龄化的实现。

第四章 老年人的心理健康

1948年世界卫生组织《组织法》的序言中提出，健康不仅为疾病或羸弱之消除，而系体格、精神与社会之完全健康状态（王祖承和林益强，2017）。完整的健康状况包含身体健康、心理健康和社会适应，心理健康是人类健康的重要组成因素，同时老年人心理健康也是老年学和心理学的重要研究领域。中国人口老龄化发展迅速，并呈现出高龄化、失能化、少子化和空巢化的特点，区域差异显著，老年人口的心理健康状况不容乐观。本章将依据CLASS数据，对我国老年人认知能力和抑郁症状两个主要心理健康指标进行分析，以期较全面地呈现我国老年人心理健康的状况。

第一节 老年人的认知能力

一、老年认知能力特点及筛查工具说明

认知能力是老年人日常生活所必需的能力之一，也是测量心理健康的重要指标，老年人认知功能的下降甚至损伤会导致其自理能力下降，这将给生活带来不便，影响生活质量，严重的认知功能衰退将导致家庭护理和照料难度的增加。

老年人认知能力的测量方式有多种，包括综合认知能力测量和认知功能筛查。成人综合认知能力测量基本上都适用于老年人，如《韦氏成人智力量表》《瑞文推理测验》等。随着年龄增长，认知功能不可避免出现一定程度的下降，当下降的速度和程度快于常态时，老年人可能被诊断为失智症，为了甄别正常认知老化和病态的失智，业界发展出一批失智症筛查量表，目前国内外比较通用的老年人认知筛查工具包括简易精神状态量表、蒙特利尔认知评估（Montreal cognitive assessment）和画钟测试，此外国外临床和初期护理机构中常用的评估工具还包括标准简易精神状态量表（standardized mini-mental state examination，SMMSE）、简易智力测试量表（abbreviated mental test，AMT）、全科医生认知功能评估量表（the general practitioner assessment of cognition，GPCOG）等。

CLASS以简易精神状态量表为基础，设计了包括时空定向（5分）、短时记忆（3分）、计算能力（5分）和延时记忆（3分）四部分的老年人认知功能量表，量表总分为16分，部分内容见图4-1。为了提高主观心理感受量表的调查质量，

同时减少调查工作量，2014 年 CLASS 基于被访者对 5 个时空定向问题的回答进行被记筛选。对于无法正常回答 5 个时空定向问题（今天是几月几号？这个小区/村子的名字叫什么？国庆节是哪天？现在的国家主席是谁？今年农历是什么年？）中的 3 个及以上的被访者，将不再进行后续认知功能和心理量表的测查，2014 年调查中，约有 22.5%的被访者无法通过筛查。2016 年要求被访者完成所有认知问题，调查员计算总分，将过滤标准设定为 5 分，认知功能测量得分少于 5 分的被访者不再询问 E 部分的主观问题，直接跳至 F 子女部分，2016 年大约有 5.7%的被访者未通过筛查。2018 年调查不再设定认知功能过滤条件，无论认知量表回答情况如何，均继续询问后续主观心理问题。为了更完整地反映我国老年人认知功能的情况，本节仅将 2016 年和 2018 年调查的数据整合在一起，呈现我国老年人心理健康状况的基本情况及群体差异，同时比较不同群体老年人认知功能随年龄增长的变化情况。

E1. 下面我将问您几个小问题，请您尽力回答。		
问题	对	错
1. 今天是几月几号？	1	2
2. 这个小区/村子的名字叫什么？（居委会或小区/村名）	1	2
3. 国庆节是哪天？（10 月 1 日）	1	2
4. 现在的国家主席是谁？（习近平）	1	2
5. 今年农历是什么年？（马年）[今年属什么？]	1	2
1～5 题如果答错 3 题及以上，→跳问 F1（第 20 页）		
6. 现在我说三个词，您仔细听一下：苹果/桌子/硬币。请您复述出来。（不管顺序只要说对就算，填写重复正确词的个数）	对了[______]个	
7. 假如您有 100 块钱，花掉 7 块，还剩多少？	[___|___]元	
7.1　再花掉 7 块剩多少？	[___|___]元	
7.2　再花掉 7 块剩多少？	[___|___]元	
7.3　再花掉 7 块剩多少？	[___|___]元	
7.4　再花掉 7 块剩多少？	[___|___]元	
8. 请把刚才我告诉您的三个词再说出来。（不管顺序只要说对就算，填写重复正确词的个数）	对了[______]个	

图 4-1　CLASS 认知功能测量项目

二、中国老年人的认知功能

2016 年和 2018 年的调查要求所有被访者对认知测试题进行回答。12 891 名有效被试的总分全距为 0～16 分，其中有 1.0%的被访者得分为 0 分，6.6%的被访者得分小于等于 5 分，有 35.8%的被访者答对了所有题目。认知功能平均分为 12.79 分，标准差为 3.84；时空定向（总分为 5 分）平均得分为 4.30 分，计算能力（总分为 5 分）平均得分为 3.82 分，记忆能力（包括短时记忆和延时记忆，总分为 6 分）平均得分为 4.67 分。基于总分（16 分）将得分转换为百分制，我国老年人的认知功能为 79.94 分。以同样方式对各维度得分进行转换，我国老年人在时空定向方面状态较好，折合得 85.97 分，计算能力和记忆能力折合分别得到 76.44 分和 77.76 分。

（一）老年人认知功能水平的群体差异

1. 性别、城乡与认知功能

中国老年人认知功能表现出明显的性别差异和城乡差异。男性老年人得分高于女性老年人，分别为 13.10 分和 12.48 分。城镇老年人得分高于农村老年人，分别为 13.64 分和 12.01 分。分城乡看性别差异，可以发现农村样本中认知功能的性别差异明显大于城镇样本（图 4-2）。在农村样本中，男性老年人较女性老年人高 0.85 分，而在城镇中的相应差值为 0.49 分。农村女性老年人是认知功能最为弱势的群体。

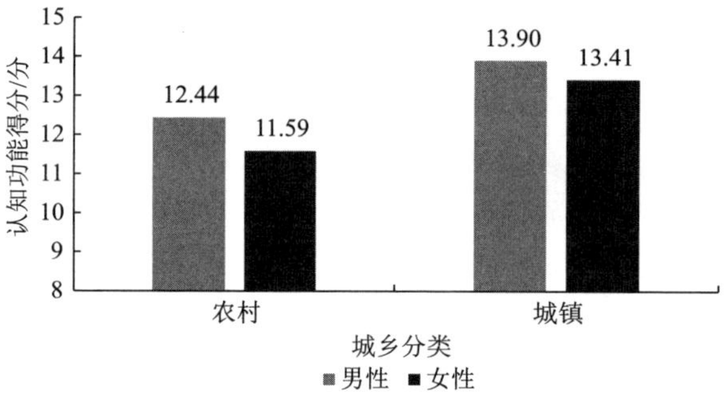

图 4-2　分城乡老年人认知功能性别差异

资料来源：2016 年和 2018 年 CLASS 数据

2. 受教育水平与认知功能

受教育水平与认知能力关系密切，随着受教育水平的上升，老年人认知得分上升（表 4-1）。不识字和只上过私塾/扫盲班的老年人认知得分分别为 10.99 分和 11.65 分；受教育水平为小学的老年人得分平均值为 13.01 分，受教育水平为初中和高中/中专的老年人平均分为 13.92 分和 14.23 分。大专及以上老年人的认知得分只有 14.16 分，不但没有高于受教育水平为高中/中专的老年人，甚至还有微小劣势。教育对老年人的认知功能产生重要作用，上过小学的老年人认知表现显著高于未受过正式教育的群体。但是，随着受教育水平的上升，教育对老年人认知功能的边际效应逐渐下降，接受过初中及以上教育的老年人，认知功能得分在各组之间差异并不明显。

表 4-1　分性别分受教育水平老年人认知功能得分

受教育水平	男性		女性		总体	
	平均分	标准差	平均分	标准差	平均分	标准差
不识字	11.41 分	4.30	10.79 分	4.54	10.99 分	4.47
私塾/扫盲班	11.80 分	4.17	11.52 分	4.16	11.65 分	4.16
小学	13.06 分	3.56	12.96 分	3.55	13.01 分	3.56
初中	13.90 分	2.95	13.95 分	2.92	13.92 分	2.94
高中/中专	14.21 分	2.62	14.26 分	2.81	14.23 分	2.70
大专及以上	14.09 分	2.90	14.25 分	2.75	14.16 分	2.84
小计	13.14 分	3.58	12.52 分	3.99	12.82 分	3.81
样本量/个	6 260		6 631		12 891	

资料来源：2016 年和 2018 年 CLASS 数据

教育对女性老年人认知功能的作用更为明显。在未受过正式教育的群体中，男性老年人认知得分明显高于女性；到小学组，性别差异明显缩小，而到初中组女性实现反超；此后在更高的受教育水平分组中，女性老年人得分均高于男性。

如图 4-3 所示，教育对老年人认知功能的作用在城乡之间也表现出一定差异。对于农村老年人来说，是否接受过某种形式的教育（从而可以识字）和是否上过小学是影响老年人认知功能的重要节点。上过私塾/扫盲班的农村老年人，认知得分比不识字的老年人高 0.7 分，上过小学的农村老年人平均分较前一组高 1.37 分，此后随着受教育水平的提升（除了高中/中专到大专及以上），认知得分有所上升，但斜率明显下降。对城镇老年人来说，是否上过小学和是否上过初中是重要分水岭，只接受过非正式教育的城镇老年人认知得分仅比不识字的城镇老年人高 0.07 分，差异完全可以忽略不计；上过小学的城镇老年人比前两组高近 1.4 分，上过初中的比受教育水平为小学的城镇老年人高 0.94 分，而受教育水平为初中及以上的三组城镇老年人认知得分差异不大。从图 4-3 还可以看到，在各个受教育水平组中，城镇老年人的认知功能均优于农村老年人，说明老年人目前的认知功能不仅受到年轻时所受教育的影响，还受到成年期生活环境的影响。即使接受了相同水平的教育，但农村相对贫乏的智力刺激环境依然不利于老年人维持认知功能。

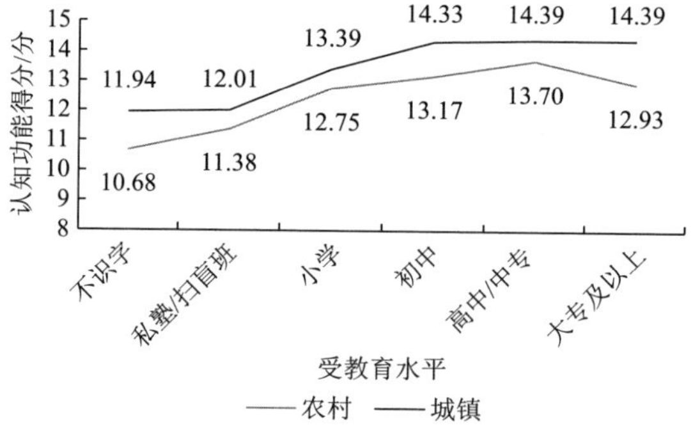

图 4-3　分城乡受教育水平对老年人认知功能的影响

资料来源：2016 年和 2018 年 CLASS 数据

3. 民族、地区与认知功能

完成认知测试的有效样本中，汉族老年人占 93.2%，少数民族老年人占 6.8%，与普查数据相比，汉族抽样比例稍高于少数民族。少数民族老年人有效样本量为 875 个，样本量基本可以支撑以下分析。如表 4-2 所示，汉族老年人认知功能得分平均值为 12.91 分，少数民族老年人认知功能得分平均值为 11.62 分，汉族稍高于少数民族。汉族老年人与少数民族老年人认知功能在城镇样本中的得分稍高于农村样本，在男性样本中的得分稍微高于女性样本。

表 4-2　分民族不同特征老年人认知功能得分

分类	汉族		少数民族	
	平均分	标准差	平均分	标准差
农村	12.14 分	4.05	11.22 分	4.37
城镇	13.71 分	3.23	12.70 分	3.84
男性	13.22 分	3.52	11.94 分	4.11
女性	12.61 分	3.94	11.34 分	4.42
总体	12.91 分	3.76	11.62 分	4.28
样本量/个	12 016		875	

资料来源：2016 年和 2018 年 CLASS 数据

各省级单位老年人的认知功能存在比较明显的差异（表 4-3）。北京老年人认知功能得分最高，为 14.48 分，其次是广东和辽宁，分别为 14.37 分和 14.34 分。此外，天津、青海和吉林的老年人认知功能水平也排在前列，平均值均高于 14。宁夏老年人认知功能得分最低，平均只有 8.55 分，与最高分的北京相差近 6 分。陕西、重庆和山东老年人的认知功能水平相对较差，平均分均未达到 11 分。总体来看，经济发达地区（如北京、广东）和新中国发展较早的地区（辽宁、吉林）老年人认知功能较好；经济相对欠发达地区（如宁夏、陕西、广西等西部地区）的老年人，认知功能衰退较为明显。但 CLASS 在设计之初是希望能了解全国老年人的基本情况，因此在抽样设计中并未考虑省级单位的代表性。目前所看到的地区差异仅能作为参考，并不能完全说明老年人认知功能在地区之间的差异。

表 4-3　分省级单位老年人认知功能得分

省级单位	男性		女性		总体		样本量/个
	平均分/分	标准差	平均分/分	标准差	平均分/分	标准差	
北京	14.26	2.50	14.60	2.15	14.48	2.28	601
天津	14.23	2.30	14.19	2.45	14.21	2.36	448
河北	13.03	3.71	12.60	3.99	12.83	3.84	352
山西	12.93	3.80	11.12	4.60	11.88	4.37	365
内蒙古	14.25	3.15	13.71	3.52	13.97	3.36	156
辽宁	14.49	2.36	14.21	2.94	14.34	2.69	526
吉林	14.12	2.82	14.05	2.84	14.08	2.83	589
黑龙江	13.41	2.97	12.45	3.34	13.06	3.14	695
上海	12.75	3.96	13.18	3.81	13.04	3.86	597
江苏	13.89	3.65	12.45	4.60	13.09	4.26	586
浙江	14.11	2.38	13.34	3.29	13.68	2.94	502
安徽	13.25	3.15	12.54	3.30	12.90	3.24	446
福建	14.01	2.82	13.59	3.64	13.81	3.23	305
江西	13.63	3.31	12.65	3.81	13.07	3.64	545
山东	11.54	4.18	10.13	4.29	10.84	4.29	664
河南	13.17	3.45	11.76	4.07	12.56	3.80	698
湖北	12.50	3.71	11.70	4.15	12.10	3.96	644
湖南	14.46	3.23	13.19	3.93	13.83	3.64	525
广东	14.41	2.00	14.34	2.03	14.37	2.01	557
广西	10.77	4.10	11.96	3.89	11.40	4.03	414
重庆	10.98	4.57	10.41	4.85	10.71	4.71	350
四川	12.39	4.08	11.52	4.22	11.93	4.17	622
贵州	12.88	3.38	11.24	4.41	12.05	4.01	347

续表

省级单位	男性		女性		总体		样本量/个
	平均分/分	标准差	平均分/分	标准差	平均分/分	标准差	
云南	12.52	4.59	10.87	5.07	11.66	4.91	449
陕西	11.18	3.97	9.57	4.36	10.49	4.22	454
甘肃	12.41	3.78	12.41	3.52	12.41	3.62	254
青海	14.23	3.52	14.13	3.26	14.17	3.35	100
宁夏	9.29	2.90	7.78	2.82	8.55	2.95	100

资料来源：2016 年和 2018 年 CLASS 数据

4. 身体健康与认知功能

身体健康与认知功能的关系密切，健康状况越好的老年人认知功能维持得越好。如图 4-4 所示，在对健康的绝对自评（你认为自己的身体健康状况怎样？）的回答中，认为自己很健康和比较健康的老年人认知功能得分分别为 13.50 分和 13.41 分，而认为自己很不健康的老年人得分仅有 9.58 分，差异非常明显。

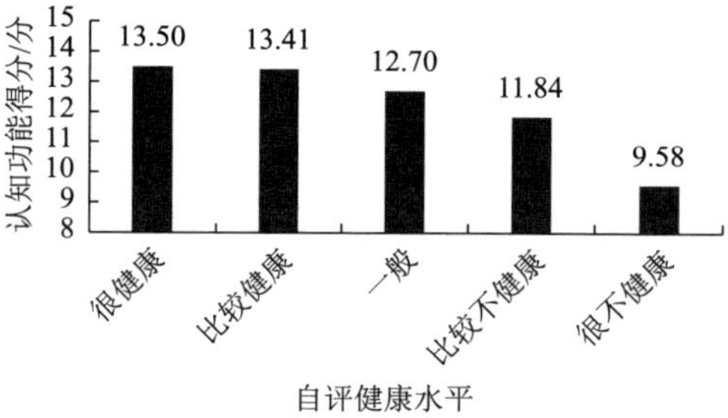

图 4-4　分自评健康水平的老年人认知功能

资料来源：2016 年和 2018 年 CLASS 数据

老年人的横向相对自评健康（与同龄人相比，您觉得自己健康状况怎样？）与认知功能的关系和绝对自评健康与认知功能的关系基本相似，同样作五等评价（横向相对自评健康的回答分为要好很多、要好一些、差不多一样、要差一些、要差很多），在两个问题上做出各评价的老年人认知功能得分差异模式基本一致，即认为自己身体健康状况比同龄人更好的老年人的认知功能更好。但纵向相对自评健康（与去年相比，您觉得自己身体健康状况怎样？）与认知功能的关系稍有别于前两者。如图 4-5 所示，感觉到自己健康状况比去年变好了的老年人认知功能得分并不是最高，感觉到差不多没变化的老年人认知功能最好，而感觉到变差了的老年人认知功能稍差，但与最高分组的差距并不大，相差 1.64 分。

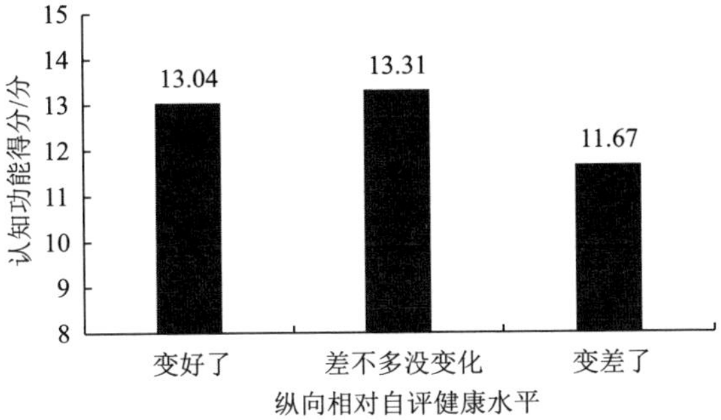

图 4-5　分纵向相对自评健康水平的老年人认知功能

资料来源：2016 年和 2018 年 CLASS 数据

（二）认知功能随年龄增长的变化趋势

从年龄角度观察老年人认知功能的变化趋势，发现随着年龄的增加，老年人的认知能力逐渐下降，60～64 岁得分为 13.86 分，65～69 岁为 13.37 分，70～74 岁为 12.65 分，75～79 岁为 11.87 分，80 岁及以上为 10.46 分。在 75 岁以前，老年人认知功能得分下降相对缓慢，75 岁以后下降速度明显加快，75～79 岁组平均分比 70～74 岁组低 0.78 分，而 80 岁及以上老年人比前一年龄段下降 1.41 分。75 岁是认知功能下降的拐点，该结果与西方已有研究的发现一致。

认知功能不同维度随年龄变化的轨迹基本相似，但稍有差异（图 4-6）。随年龄增加，时空定向、计算能力和记忆能力三个维度正确率都（由于三个指标的总分不一致，为进行更合理的比较，将得分转化为正确率）逐渐下降，到 80 岁及以上组出现明显下降。相对来说，计算能力和记忆能力得分的年龄发展轨迹较为接近，在 80 岁及以上之前的 4 个年龄组中基本都是线性下降，到 80 岁及以上组出现拐点。时空定向能力在 70 岁以前比较稳定，65～69 岁组的正确率只比 60～64 岁组低 0.01，随后下降速度逐渐加快。

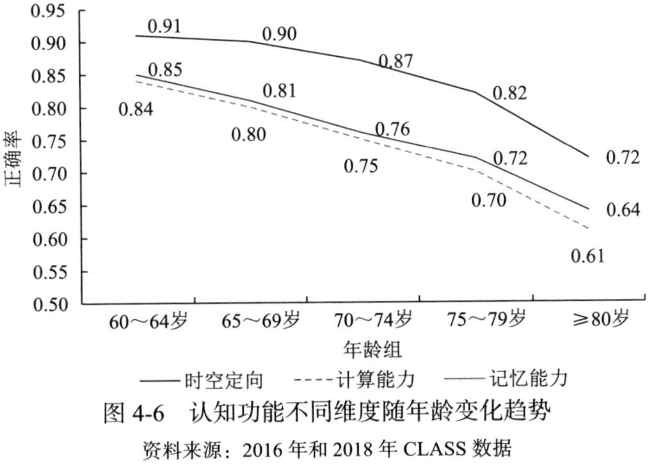

图 4-6　认知功能不同维度随年龄变化趋势

资料来源：2016 年和 2018 年 CLASS 数据

如图 4-7 所示，分性别看，随年龄增长，女性认知功能得分的下降趋势更为明显。男性从 60～64 岁组的 13.98 分下降到 80 岁及以上组的 10.90 分，20 岁年龄差距的认知功能得分差异为 3.08 分；而女性 20 岁年龄差距的认知功能差异达 3.67 分。从图 4-7 中还可以发现，分性别认知功能随年龄的变化趋势是呈喇叭形，越高龄，性别差异越明显。在 60～64 岁组和 65～69 岁组中，认知功能得分的性别差异不明显，性别差距分别为 0.22 分和 0.54 分；而到 80 岁及以上组，两者差距达 0.81 分。这反映的可能是我国老年人认知功能衰退速度的性别差异，但与西方纵向研究结果不完全一致。因此，目前由横断数据呈现的认知功能衰退速度的性别差异，可能还杂糅了自然选择的结果。男性的死亡率高于女性，也就是说在男性老年人中发生了更明显的选择过程，因此高龄男性被访者可能是同年龄人群中更为“优秀”的代表。

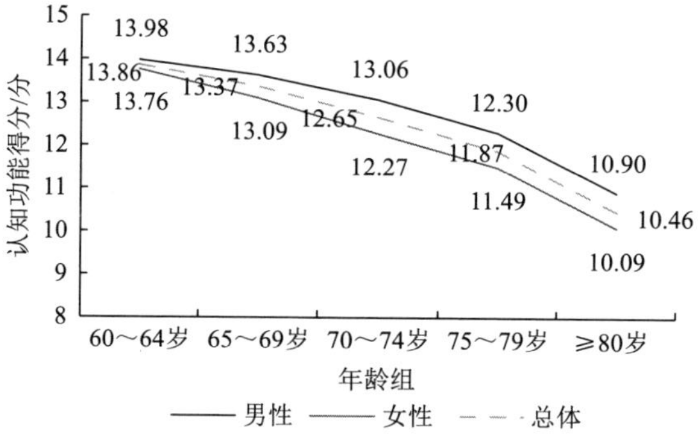

图 4-7　分性别认知功能随年龄变化趋势

资料来源：2016 年和 2018 年 CLASS 数据

认知功能随年龄变化趋势的城乡差异更为明显。如图 4-8 所示，在各个年龄组中城镇老年人认知功能得分均明显高于农村老年人，随着年龄增长这种差异不断扩大。在 60～64 岁组，城乡差异为 1.28 分，此后城乡差距扩大，到 80 岁及以

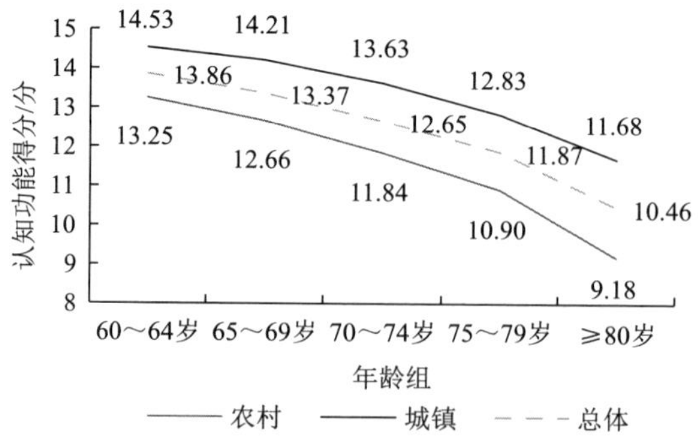

图 4-8　分城乡认知功能随年龄变化趋势

资料来源：2016 年和 2018 年 CLASS 数据

上组，城乡差异扩大至 2.5 分。可见，农村老年人认知功能相对较差，而且随着年龄增长衰退更快，到高龄期遭遇失智症的风险更大。

受教育水平不仅影响老年人认知能力的水平，还影响认知老化的速度。考虑到中国社会的发展特点及对受教育水平与认知功能关系的分析结果，以下将接受过初中及以上教育的老年人视为高教育组，接受过小学及以下教育的老年人视为低教育组。如图 4-9 所示，随着年龄增长，高教育组和低教育组的认知功能得分差异逐渐扩大。在 60～64 岁时两组相差 1.16 分，到 80 岁及以上组差距扩大至 2.81 分。而且对于高教育组，并未出现非常明显的拐点，而低教育组认知得分在 80 岁及以上组出现相当明显的下降。良好的受教育情况不仅可以使老年人有较好的认知资本，并且可有助于缓解认知老化的发生。

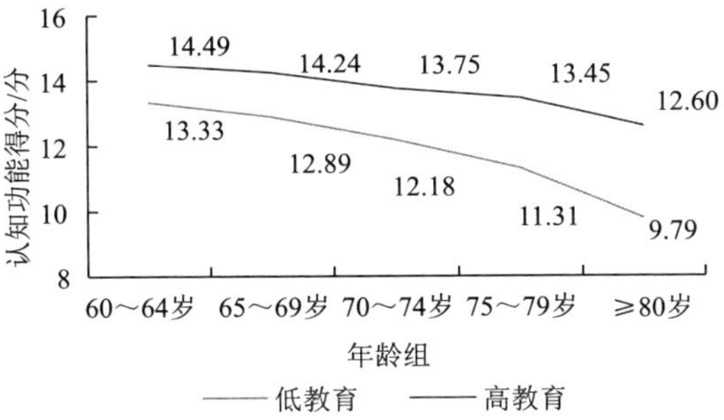

图 4-9　分受教育水平认知功能随年龄变化趋势

资料来源：2016 年和 2018 年 CLASS 数据

第二节　抑郁症状与孤独感

一、CLASS 中老年人情绪状态的测量

认知功能正常和拥有良好的情绪是老年人心理健康的最基本要求，CLASS 采用量表来对被访者的抑郁症状和孤独感进行测量，以了解老年人抑郁和孤独感的状况，从而反映老年人的情绪健康状况。

（一）抑郁症状的测量

“抑郁”一词总是出现在我们聊天打趣或者抱怨发泄的时候，但是关于抑郁，多数人还是一知半解。有的人以为一时的抑郁情绪就是抑郁症，于是急急忙忙就医；而有的人却以为抑郁症离我们太远，低估了它的威力，从而发生了不可挽回的局面。因此需要对抑郁症和抑郁症状或抑郁情绪进行区分。抑郁症是一种精神疾病，需要由精神科临床大夫进行诊断，一旦确诊必须进行正规治疗。抑郁症又称抑郁障碍，以显著而持久的心境低落为主要临床特征，是心理障碍的主要类型。

临床可见心境低落与其处境不相称，情绪的消沉可以从闷闷不乐到悲痛欲绝，自卑抑郁，甚至悲观厌世，可有自杀企图或行为；甚至发生木僵；部分病例有明显的焦虑和运动性激越；严重者可出现幻觉、妄想等精神病性症状。每次发作持续至少两周，长者甚或数年，多数病例有反复发作的倾向，每次发作大多数可以缓解，部分可有残留症状或转为慢性。我们常听到有人在说的“郁闷”“烦躁”“别理我、烦着呢”等语言，实际上都是抑郁情绪或抑郁症状的代名词。抑郁情绪和抑郁症状并不是心理学的专门术语，通常被理解为抑郁症的症状。每个人都或多或少的有抑郁症状，抑郁症状的多少反映了个体的情绪状态。并不是出现了抑郁症状就得了抑郁症，只有当抑郁症状达到一定数量，并持续一段时间后，才能诊断为抑郁症。在大型调查中，由于研究者无法直接见到被访者，又或者研究者不具备进行诊断的能力，通常会使用抑郁量表来测量被访者抑郁症状的水平，从而判断个体的心理健康状况。通过大型调查数据，研究者可以通过抑郁症状水平了解研究对象的抑郁心理健康状况，对不同人群的心理健康状况进行比较，或研究心理健康的影响因素。而用大型调查中抑郁量表的得分对被访者进行抑郁症诊断，或者将被访者归为抑郁症患者，这种做法是不科学和非常冒险的。目前国内研究发现中国人特别是老年人的抑郁症发病率远高于国际水平，这可能与研究方法的误用有关。

CLASS 采用简版 CES-D 量表对老年人抑郁症状进行测量，其包括 9 个项目，部分具体内容如图 4-10 所示。CES-D 量表是美国国家心理健康研究所的学者 Radloff 在 20 世纪 70 年代为研究抑郁症状的相关因素及发展规律而编制的工具，在抑郁的心理学和病理学研究中使用广泛。与贝克抑郁量表（Beck depression inventory，BDI）和自评抑郁量表（self-rating depression scale，SDS）不同，CES-D 量表并不适用于临床目的，无法对治疗过程中抑郁的严重程度变化进行监测。CES-D 量表是特别为评价当前抑郁症状的频度而设计的，着重关注抑郁情感或心境，试图用于不同时点截面调查结果的对比，因此特别适合大型调查。完整的 CES-D 量表包括 20 个条目，代表了抑郁症状的主要方面，是 Radloff 通过对大量临床文献及已有量表做因子分析提取出来的。条目反映了抑郁状况的以下六个侧面：抑郁心情、罪恶感与无价值感、无助与无望感、精神运动性迟滞、食欲丧失、睡眠障碍。但由于临床受测人群具有情绪压力大、部分不熟悉量表作答形式的特点，以及科研中多种工具共同使用的需求，量表仍需简化，以提高作答质量。CES-D 量表目前有多种简版，包括中国健康与养老追踪调查使用的 10 项目简版。CLASS 采用的是美国雪城大学研究者 Silverstein 等（2006）修订的 9 项目简版量表，该量表曾经用于安徽巢湖的老年追踪调查，其信度和效度有良好保证。该量表包括 9 个项目，以 3 点进行测量，总分为 0～18 分（没有=0，有时=1，经常=2），得分越高表示抑郁症状越明显。

E2. 接下来想了解一下最近一周您的心情。			
1. 过去一周您觉得自己心情很好吗？	没有	有时	经常
2. 过去一周您觉得孤单吗？	0	1	2
3. 过去一周您觉得心里很难过吗？	0	1	2
4. 过去一周您觉得自己的日子过得很不错吗？	0	1	2
5. 过去一周您觉得不想吃东西吗？	0	1	2
6. 过去一周您睡眠不好吗？	0	1	2
7. 过去一周您觉得自己不中用了吗？	0	1	2
8. 过去一周您觉得自己没事可做吗？	0	1	2
9. 过去一周您觉得生活中有很多乐趣（有意思的事情）吗？	0	1	2

图 4-10　CLASS 所用简版 CES-D 量表截图

（二）孤独感的测量

随着年龄的增长，社会交往网络不断缩小，这可能导致老年人的社会隔离和产生孤独感。大量研究发现社会隔离和孤独感是老年人身心健康的危险因素，社会隔离和感觉孤独的个体的失能与死亡风险明显高于其对照组。因此，孤独感一直是老年心理学研究中的重要内容。

对老年人孤独感进行研究，测量工具必不可少。关于老年人群的孤独感测量，目前主要分为两派观点：一种观点认为老年是成年期的继续，因此孤独感的测量也等同于成年人，可以用成年人孤独感测量工具进行测量。我国绝大多数学者和一些外国学者都持这种观点。现有研究中使用最多的是 UCLA 量表（UCLA loneliness scale，ULS）。UCLA 量表包含多个版本，常用的标准版本包括 20 个项目（ULS-20），简版包括 8 个项目（ULS-8），还有中国研究者在 ULS-8 基础上删除了 2 个项目，编制了适用于中国城乡老年人的 ULS-6 量表。此外，情绪-社会孤独问卷（emotional-social loneliness inventory，ESLI）量表也是研究者采用较多的测量工具，该量表主要测量老年人对孤独的情绪体验，包含 15 个项目，每个陈述有 4 级评分，前 8 个项目用于评定情绪孤独，后 7 个项目用于评定社交孤独。

这些量表都有较好的信度和效度指标，但是项目数较多，评价方式相对复杂，因此存在一种观点，认为老年人的认知和智力条件与成年人不同，因此孤独感的测量应该符合老年人的特点。他们主张，对于老年人孤独感的测量，应该力求简单，最好用尽可能少的条目去测量其孤独感。特别是在大型的社会调查中，不可能用大量的题目对其中一个心理指标进行测量，国内目前涉及老年人的大型调查（如中国健康与养老追踪调查、中国老年健康影响因素跟踪调查、中国城乡老年人生活状况调查等）中有关孤独感的测量往往都是使用单一项目，如“您是否感觉孤单”或者“您在多大程度上感觉孤单”等。使用单一项目便于老年人回答，但是可能存在答案不稳定，信度和效度不高的问题。同时，单一项目只能获得定类数据，或者是等级较少的定序数据，这限制了研究者对数据的后续开发和使用。

美国的大型社会调查也遇到同样问题，芝加哥大学的心理学教授 Hughes 等（2004）为此设计了三个项目的孤独感量表（three-item loneliness scale，LS-3），用于美国的健康与退休研究（health and retirement study，HRS）等大型老年人社会调查，测量效果良好。后续数据使用者对量表的质量做了进一步讨论，同样认为该量表适用于大型老年调查。CLASS 对量表进行了中文修订，三个项目分别如下：①过去一周您觉得自己没人陪伴吗？②过去一周您觉得自己被别人忽略了吗？③过去一周您觉得自己被别人孤立了吗？CLASS 数据显示中文版三项目孤独感量表有良好的信度和效度指标，认知功能正常的城乡老年人均可以正确理解项目，并做出回答。LS-3 仅有三个项目，每个项目采用 3 点作答，老年人可以在较短时间内完成，适用于大样本调查。

二、中国老年人的抑郁症状

CLASS 三期调查都测量了老年人的抑郁症状，但各年完成量表的被试条件有所变化。2014 年要求在认知功能测量的时空定向问题中得到 3 分及以上（总分为 5 分）的被访者回答，2016 年要求在认知功能测量中得到 5 分及以上（总分为 16 分）的被访者回答，2018 年要求所有被访者回答。正常的认知功能是老年人完成主观心理测量的前提，因此为了更准确反映老年人的主观感受，该部分的数据采用相对严苛的认知功能条件，结果主要来自 2014 年数据，反映的是认知功能正常老年人的抑郁症状水平。

我国老年人抑郁量表总分全距为 0～18 分；其中有约 11.0%的老年人得分为 0 分，即没有任何抑郁症状；有 7.6%的老年人得分超过 10 分（不含），表现出较为明显的抑郁症状，提示它们有罹患抑郁症的风险。

（一）老年人抑郁症状的群体差异

1. 性别、城乡及受教育水平与抑郁症状

中国老年人的抑郁水平的性别差异和城乡差异都相当明显。男性老年人抑郁症状得分为 4.42 分，女性为 4.86 分，男性明显低于女性；城乡差异更为巨大，城镇老年人抑郁症状得分为 4.02 分，而农村老年人平均得分高达 5.38 分。如图 4-11 所示，无论是在城镇还是在农村，性别差异都是存在的，但是农村样本中的性别差异（0.41 分）稍低于城镇样本（0.53 分）。

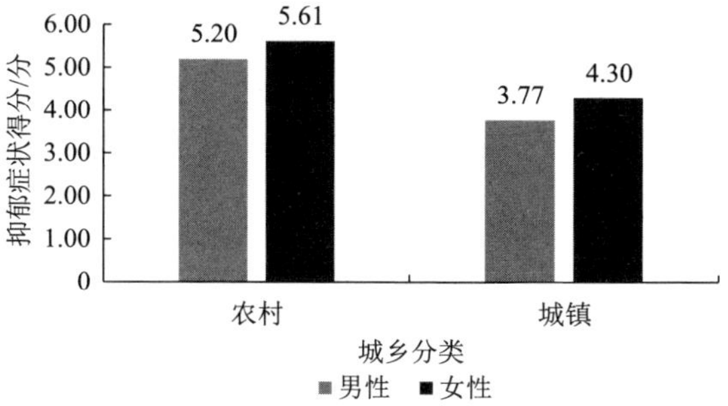

图 4-11　分城乡、分性别的老年人抑郁症状得分

资料来源：2014 年 CLASS 数据

虽然受教育水平与抑郁症状之间的关系不及其与认知功能之间的关系那般密切，但受教育水平反映的不仅是老年人的智力水平，同时也反映其过往的生活环境和职业经历等特征，是相对综合的个体特征指标。对于老年人来说，受教育水平越高，抑郁症状得分越低。该趋势在男性和女性老年人中表现基本一致（图 4-12），只是在女性样本中，受教育水平与抑郁症状得分的线性关系更为明显，折线图几乎成一直线。

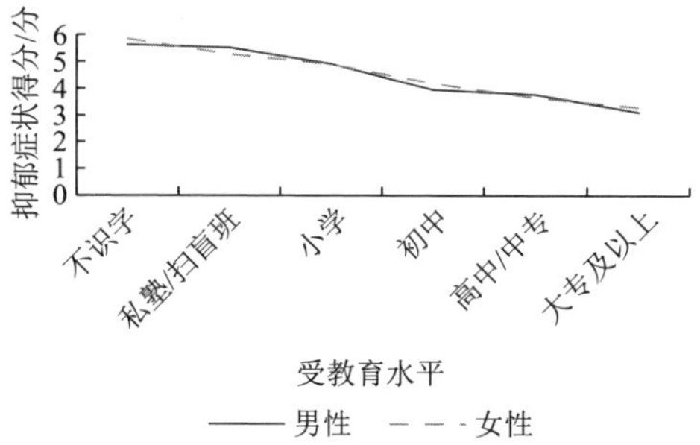

图 4-12　分性别、分受教育水平对老年人抑郁水平的影响

资料来源：2014 年 CLASS 数据

2. 婚姻家庭与抑郁症状

婚姻状况对老年人抑郁症状有重要影响，已婚有配偶老年人的抑郁水平最低，为 4.22 分；其次是离婚老年人，为 4.79 分；丧偶和未婚老年人分别得分为 5.59 分和 6.96 分。同样是失去配偶，离婚是一个自主选择的过程，而丧偶是完全被动的结果，因此丧偶对老年人情绪的消极影响更为明显。在中国的文化背景下，终身不婚是非常特殊的情况，进入老年期依然是未婚的老年人肯定有其特定的成长过程及个体特征，且样本量相对较少，抑郁症状得分显著高于其他老年人也不足为奇。

婚姻状况对抑郁症状的影响作用在男性和女性中存在差异，无配偶（包括离婚、丧偶和未婚）对男性抑郁症状消极作用更加明显。如图 4-13 所示，在有配偶的老年群体中，女性抑郁水平稍高于男性；而在无配偶的老年群体中男性抑郁水平反而稍高于女性。具体看不同婚姻状况，离婚对男性的影响更明显，离婚的男性抑郁症状平均得分较女性高 1.42 分。

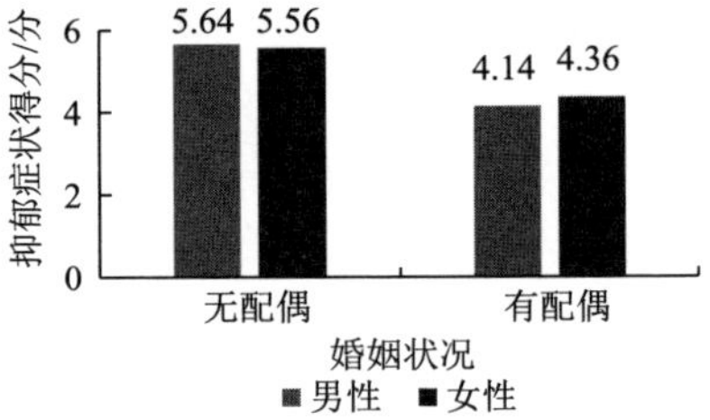

图 4-13　分婚姻状况、分性别的老年人抑郁症状得分

资料来源：2014 年 CLASS 数据

居住安排与抑郁的关系同样密切（表 4-4）。独居老年人的抑郁水平最高，为 6.01 分，与配偶及子女同住的老年人抑郁症状得分最低，为 4.00 分。随着生育水平的下降，人口流动加剧，老年人与子女分开居住的情况越来越普遍，出现了大量的空巢老人。通常认为空巢会对老年人心理健康产生消极影响，事实上只是与子女分开居住并不一定导致老年人抑郁水平的上升。如表 4-4 所示，仅与配偶同住的老年人在五类居住安排中得分为次低，为 4.31 分，较与配偶及子女同住的传统居住模式高 0.31 分。相反，仅与子女同住的老年人抑郁水平明显高于仅与配偶同住的老年人。仅与配偶同住的老年人肯定处于“已婚有配偶”状态，而仅与子女同住的老年人通常是丧偶或离婚，可见对于老年人来说，子女和配偶这两类最重要的家庭成员，配偶对其心理健康产生更重要的支持作用。居住模式对男性和女性老年人抑郁水平的影响机制与总体基本一致。

表 4-4　分性别不同居住安排老年人抑郁症状得分

居住方式	男性		女性		总体		样本量/个
	平均分/分	标准差	平均分/分	标准差	平均分/分	标准差	
独居	5.95	3.95	6.05	4.04	6.01	4.00	1056
仅与配偶同住	4.18	3.35	4.50	3.56	4.31	3.43	3570
仅与子女同住	5.09	3.71	5.20	3.73	5.17	3.72	1677
与配偶及子女同住	3.97	3.29	4.05	3.18	4.00	3.25	2210
其他	5.24	3.63	5.25	3.68	5.25	3.65	216

资料来源：2014 年 CLASS 数据

人口的大规模流动对老年人的生活产生重大影响。大量农村劳动年龄人口外出务工，将老年父母留在家中，使其成为留守老年人。自 2000 年起，家庭化流动趋势加剧，越来越多的老年人与子女一同到城镇生活，成为流动老年人。留守或流动造成老年人生活环境发生巨大改变，进而对其心理健康产生影响。如图 4-14 所示，不考虑其他因素，农村户口老年人中，居住在城镇的农村户口流动老年人抑郁症状得分最低，为 5.16 分；留守老年人得分最高，为 5.83 分；非留守老年人得分居中，为 5.36 分。子女的离开导致农村老年人可获得的照料服务和精神慰藉明显减少，对其心理健康产生消极影响，因此留守老年人的抑郁症状高于一般老年人。到城镇居住的农村户口流动老年人通常与子女一同流动，其可获得的子女支持与一般老年人相近，同时可以迁移到城镇居住的老年人相对年轻，且健康状况相对较好，因此其心理健康水平稍好于一般农村老年人。

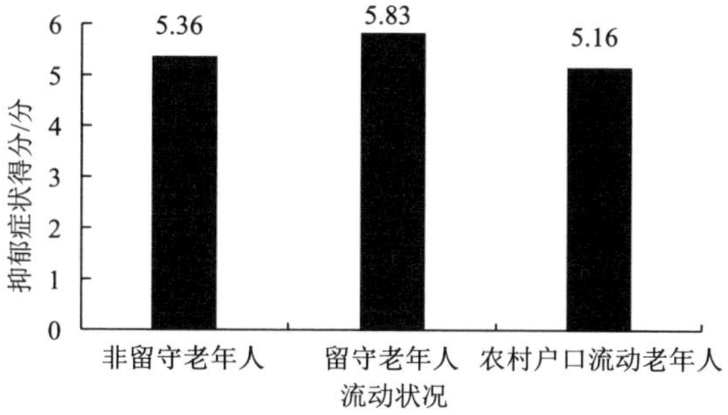

图 4-14　非留守/留守老年人抑郁症状得分

资料来源：2014 年 CLASS 数据

3. 民族、地区与抑郁症状

少数民族老年人的抑郁症状得分总体上稍高于汉族老年人，分别为 4.97 分和 4.60 分，差异主要发生在农村地区，在农村户口老年人中，少数民族老年人抑郁症状得分比汉族老年人高 0.24 分；而非农村户口老年人中，两者几乎没有差异。

表 4-5 展示了抑郁症状得分的地区差异。北京老年人的抑郁症状得分最低，仅为 2.72 分；山西、辽宁和上海老年人的得分紧随其后，分别为 3.39 分、3.49 分和 3.74 分，均低于 4 分；此外，经济发展较好的广东、浙江、山东和福建，老年人的抑郁水平也相对较低。老年人抑郁症状得分最高的是两个内陆省区——甘肃和宁夏，平均值分别为 6.98 分和 6.52 分；此后是陕西、黑龙江、云南和重庆等西部和东北部省市。可见，地区社会经济发展水平对老年人心理健康有重要影响。

表 4-5　分省级单位老年人抑郁症状得分

省级单位	男性		女性		总体		样本量/个
	平均分/分	标准差	平均分/分	标准差	平均分/分	标准差	
北京	2.36	2.74	3.07	3.21	2.72	3.01	486
山西	3.10	3.05	3.61	3.22	3.39	3.15	240
辽宁	3.23	2.57	3.77	3.31	3.49	2.96	353
上海	3.51	3.05	3.99	3.50	3.74	3.29	523
广东	4.20	3.36	4.09	3.05	4.15	3.21	466
河北	3.61	2.96	4.82	3.77	4.16	3.40	232
浙江	3.75	2.85	4.66	3.38	4.22	3.16	391
吉林	4.18	3.50	4.30	3.52	4.24	3.51	418
山东	3.93	3.53	4.56	4.00	4.25	3.79	446
四川	4.24	3.13	4.45	3.18	4.34	3.15	385
福建	4.03	3.72	4.84	3.48	4.35	3.64	255
河南	4.16	2.83	4.85	3.06	4.44	2.94	321
天津	4.04	2.88	4.85	3.48	4.46	3.23	376
江苏	4.70	3.68	4.92	3.73	4.82	3.70	437
广西	4.84	3.67	5.07	3.78	4.93	3.71	233
贵州	5.00	3.59	5.17	3.15	5.07	3.39	217
安徽	4.43	3.61	6.04	4.11	5.18	3.93	296
湖南	5.18	3.44	5.31	3.58	5.24	3.50	343
湖北	5.02	3.46	5.51	3.81	5.25	3.63	419
青海	5.00	3.18	5.62	3.40	5.29	3.28	86
内蒙古	4.74	3.20	6.82	3.92	5.63	3.65	80
江西	5.33	3.76	6.02	3.46	5.64	3.64	358
重庆	5.59	3.56	5.89	3.95	5.72	3.73	198
云南	5.76	3.97	5.69	3.78	5.73	3.88	234
黑龙江	5.63	3.79	6.03	3.83	5.80	3.81	442
陕西	5.65	3.81	6.47	4.00	5.97	3.90	299
宁夏	6.48	3.85	6.63	3.56	6.52	3.74	61
甘肃	6.20	4.19	8.57	3.83	6.98	4.21	134

资料来源：2014 年 CLASS 数据

4. 健康、宗教与抑郁症状

健康和抑郁症状的关系与其和认知功能的关系相似。自评健康和横向相对自评健康与抑郁症状的关系基本一致，自评健康状况越好，抑郁症状越少。以自评健康为例（图 4-15），自评为很健康和比较健康的老年人抑郁症状得分分别为 2.91 分和 3.74 分，认为自己比较不健康的老年人，抑郁症状得分上升到 6.63 分，而认为自己很不健康的老年人抑郁症状得分高达 8.21 分。不同健康状态老年人抑郁症状得分的差异远大于其他变量分组间的差异。

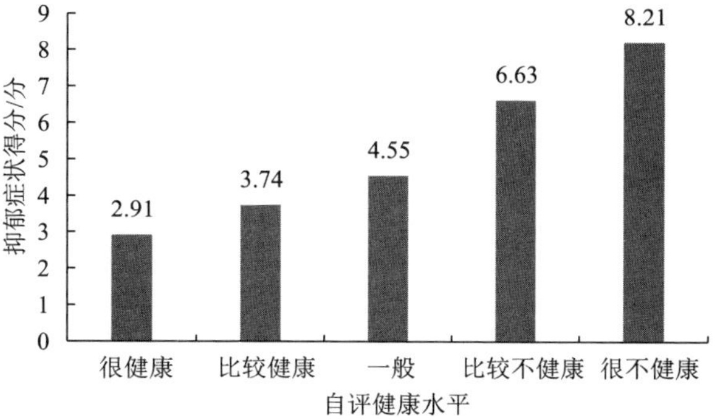

图 4-15　分自评健康水平的老年人抑郁症状得分

资料来源：2014 年 CLASS 数据

纵向相对健康自评与抑郁症状之间的关系为非线性，认为自己健康状况与上年差不多的老年人，抑郁水平最低，为 3.80 分；认为自己健康状况比上年有所好转的，抑郁水平次之，为 4.24 分；感觉到健康状况有所下降的老年人抑郁水平最高，为 5.89 分。三组之间存在差异，但小于不同自评健康组之间的差异。

约有 11%的被访者拥有宗教信仰。有宗教信仰的老年人抑郁症状得分平均为 4.96 分，无宗教信仰的老年人平均得分为 4.58 分。如图 4-16 所示，在男性样本中，无宗教信仰的老年人抑郁症状得分比有宗教信仰老年人低 0.37 分；在女性样本中，两组差异为 0.24 分。

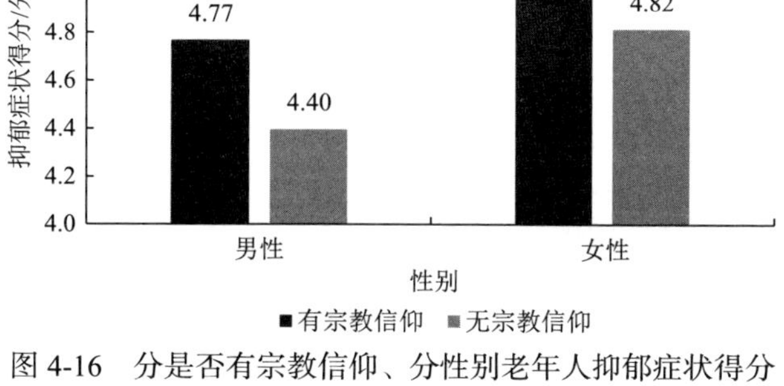

图 4-16　分是否有宗教信仰、分性别老年人抑郁症状得分

资料来源：2014 年 CLASS 数据

（二）抑郁症状与年龄变化趋势

随着年龄增长，老年人的抑郁症状逐渐增多，抑郁量表得分有明显上升趋势。如图 4-17 所示，整体上看，60～64 岁、65～69 岁和 70～74 岁三组间差异相对较小，分别为 4.38 分、4.54 分和 4.66 分；75～79 岁组和 80 岁及以上组较为接近，分别为 4.97 分和 5.05 分。75 岁或是老年期抑郁症状发展的拐点。

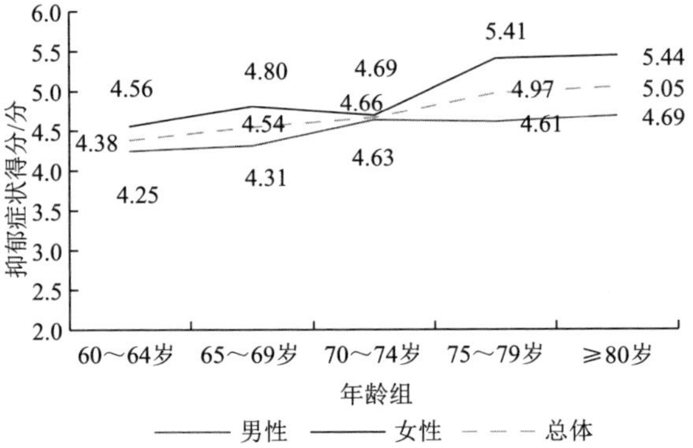

图 4-17　分性别老年人抑郁症状得分随年龄变化趋势

资料来源：2014 年 CLASS 数据

以往中西方研究通常认为抑郁症状与年龄之间并无明显线性关系，在控制受教育水平、健康和收入等因素后，抑郁症状得分随年龄上升的趋势并不明显。这里所呈现的是抑郁症状得分的简单描述结果，所呈现的年龄变化趋势杂糅了控制变量的影响，因此不同群体老年人抑郁水平随年龄发展变化的模式存在比较大的差别。如图 4-17 所示，随年龄增长，男性在 65～69 岁组至 70～74 岁组有比较明显的上升，增长了 0.32 分；而女性在相应的两个年龄段中，反而有所下降，而在 70～74 岁组与 75～79 岁组之间骤然上升了 0.72 岁。

抑郁水平随年龄增长的变化模式在城乡之间也存在一定差异（图 4-18）。从斜率变化上看，城镇和农村老年人的抑郁水平变化都可以分为 3 段，但具体的拐点存在差别。农村老年人在 65～69 岁组后出现比较明显上升，而到 80 岁及以上组却没有明显上升，反而相对 75～79 岁组有所下降。在城镇样本中，65～69 岁组较前一组有较明显上升，但到 70～74 岁组基本持平，而到 75～79 岁组和 80 岁及以上组表现出持续的上升。

如图 4-19 所示，受教育水平低（小学及以下）的老年人抑郁水平随年龄变化幅度较小，从 60～64 岁到 80 岁及以上组的抑郁症状得分在 5.12～5.53 分波动。受教育水平高的老年人相应的变化幅度较大，而且随年龄增长表现出明显的持续增长趋势，60～64 岁组抑郁症状得分为 3.57 分，而 80 岁及以上组抑郁症状得分为 4.49 分，且 80 岁及以上组抑郁症状得分较之前年龄组有大幅度上升。

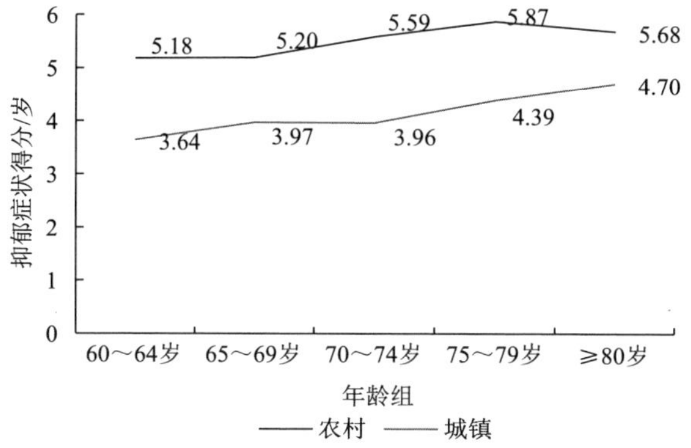

图 4-18　分城乡老年人抑郁症状得分随年龄变化趋势

资料来源：2014 年 CLASS 数据

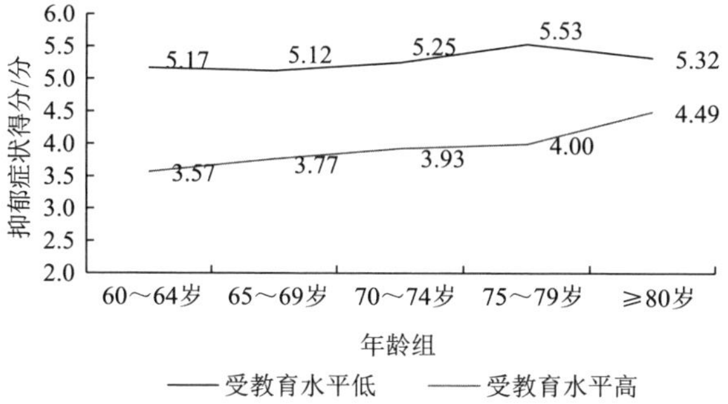

图 4-19　分受教育水平老年人抑郁症状得分随年龄变化趋势

资料来源：2014 年 CLASS 数据

三、中国老年孤独感的群体差异

CLASS 在 2014 年和 2018 年使用三项目孤独感量表测量老年人孤独感，为了与抑郁症状结果相比较，本节内容采用 2014 年 CLASS 数据。孤独感量表得分的全距为 0～6 分，平均值为 0.67 分；72.4%的老年人得分为 0 分，说明大多数老年人没有感到孤独；得分为 6 分的老年人占 1.7%。与此同时，5.1%的老年人经常感觉到孤独；3.7%的老年人经常觉得自己被别人忽略了；2.9%的老年人经常觉得自己被别人孤立了。

（一）老年人孤独感的群体差异

1. 性别、城乡与孤独感

女性老年人的孤独感较男性严重，孤独感量表平均得分分别为 0.72 分和 0.62 分。老年人孤独感的城乡差异比性别差异更为明显，城镇老年人孤独感量表平均值为 0.52 分，而农村老年人为 0.85 分。如图 4-20 所示，城镇样本中孤独感的性别差异大于农村样本中的性别差异。

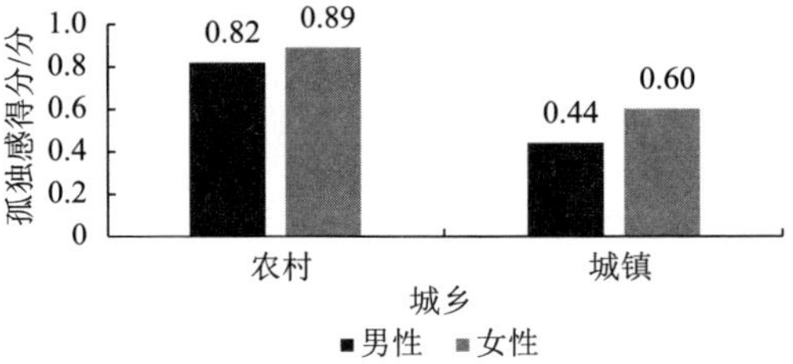

图 4-20　分城乡老年人孤独感得分的性别差异

资料来源：2014 年 CLASS 数据

2. 婚姻家庭与孤独感

婚姻对老年人孤独感有非常重要的影响。已婚有配偶老年人孤独感得分平均为 0.48 分，丧偶和离婚老年人孤独感得分平均为 1.08 分和 1.17 分，而未婚老年人的孤独感得分高达 2.39 分。正所谓“老来伴”，配偶对缓解老年期孤独感具有至关重要的作用。如图 4-21 所示，无论是男性还是女性，无配偶老年人的孤独感得分都高于有配偶老年人，但无配偶男性老年人比无配偶女性老年人的孤独感得分更高。

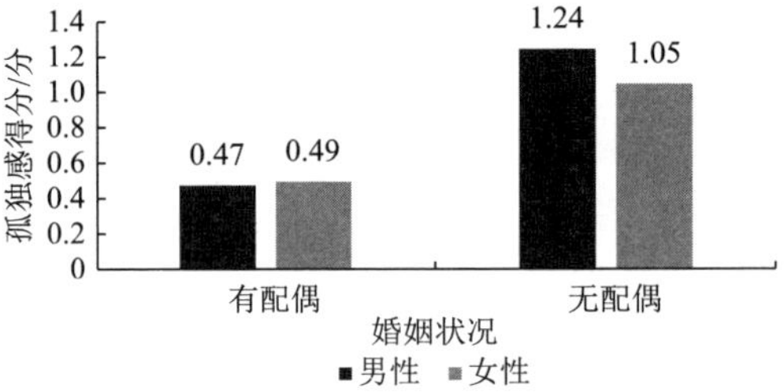

图 4-21　分婚姻状况老年人孤独感得分的性别差异

资料来源：2014 年 CLASS 数据

孤独感受到居住安排的显著影响。如表 4-6 所示，共同居住的人越多，关系越近，老年人的孤独感越轻。在与配偶及子女同住的老年人孤独感得分最低，仅为 0.38 分；仅与配偶同住的老年人孤独感得分明显低于仅与子女同住的老年人，两者得分分别为 0.51 分和 0.89 分；独居老年人孤独感最严重，得分为 1.41 分。

表 4-6　分居住安排老年人孤独感得分

居住方式	男性		女性		总体		样本量/个
	平均分/分	标准差	平均分/分	标准差	平均分/分	标准差	
独居	1.46	1.78	1.37	1.73	1.41	1.75	1056

续表

居住方式	男性		女性		总体		样本量/个
	平均分/分	标准差	平均分/分	标准差	平均分/分	标准差	
仅与配偶同住	0.49	1.13	0.54	1.16	0.51	1.14	3570
仅与子女同住	0.93	1.48	0.87	1.46	0.89	1.46	1677
与配偶及子女同住	0.39	0.99	0.36	1.00	0.38	0.99	2210
其他	1.18	1.78	0.79	1.30	0.95	1.52	216
总体	0.62	1.27	0.72	1.36	0.67	1.31	8729

资料来源：2014 年 CLASS 数据

3. 社会网络与孤独感

社会网络是指社会个体成员之间因为互动而形成的相对稳定的关系体系，对个体身心健康有重要作用。CLASS 中采用 Lubben 社会网络量表对老年人的家庭网络和朋友网络进行测量（Lubben et al.，2006），通过询问老年人每个月可以见面或联系的亲人/朋友人数、可以说心里话的亲人/朋友人数、可以寻求帮助的亲人/朋友人数，评价老年人家庭网络和朋友网络的状况，两个维度的总分均为 15 分，量表总分为 30 分。家庭网络、朋友网络和社会网络与孤独感得分之间存在显著相关，系数分别为–0.181、–0.106 和–1.66，社会网络越大孤独感越低。将家庭网络和朋友网络得分低于 6 分（不含）的老年人定义为“家庭隔离”和“朋友隔离”，如图 4-22 所示，出现隔离的老年人孤独感得分明显高于非隔离的老年人。与西方研究结果不同，家庭隔离对老年人孤独感的影响明显大于朋友隔离。家庭网络依然是保证中国老年人情绪健康的最重要资源。

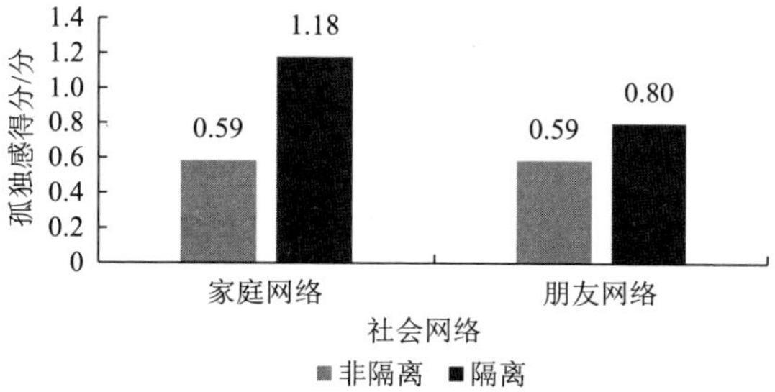

图 4-22　分网络类型社会隔离对老年人孤独感得分的影响

资料来源：2014 年 CLASS 数据

4. 健康与孤独感

健康恶化导致孤独感明显上升，认为自己很健康和比较健康的老年人孤独感得分分别为 0.38 分和 0.52 分；认为自己健康状况一般的老年人得分为 0.63 分；

而认为自己比较不健康和很不健康的老年人，孤独感量表得分分别高达 1.05 分和 1.21 分（图 4-23）。

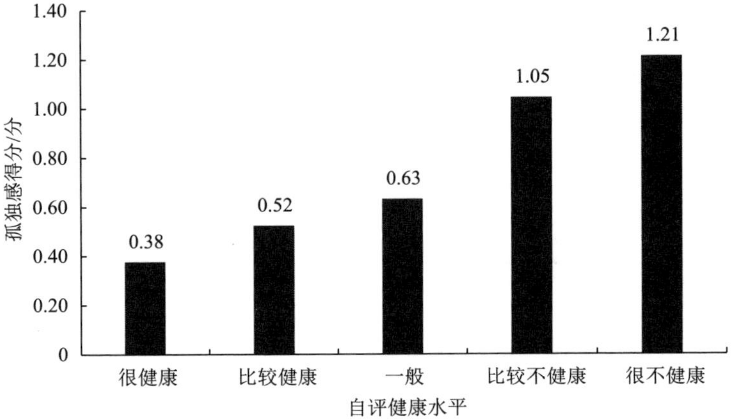

图 4-23　分自评健康水平老年人的孤独感得分

资料来源：2014 年 CLASS 数据

（二）孤独感随年龄变化趋势

随着年龄增长，健康恶化，老年人的社会网络逐渐缩小，使得老年人的孤独感日渐加剧，但上升幅度并不太大，不同年龄段老年人孤独感之间的差异远不及不同健康状况老年人之间的差异。

如图 4-24 所示，女性老年人孤独感得分随年龄增长变化较男性明显，且变化模式有一定差异。男性老年人从 60～64 岁组一直到 75～79 岁组，孤独感得分稳定上升，但变化幅度不大，每 5 岁组孤独感得分约上升 0.05 分，而到 80 岁及以上组反而有所下降。女性老年人 60～64 岁组到 65～69 岁组有明显上升，到 70～74 岁组基本稳定，到 75～79 岁组及以后快速上升，每 5 岁组孤独感得分约上升 0.1 分。年龄对女性老年人孤独感得分的影响更为明显。

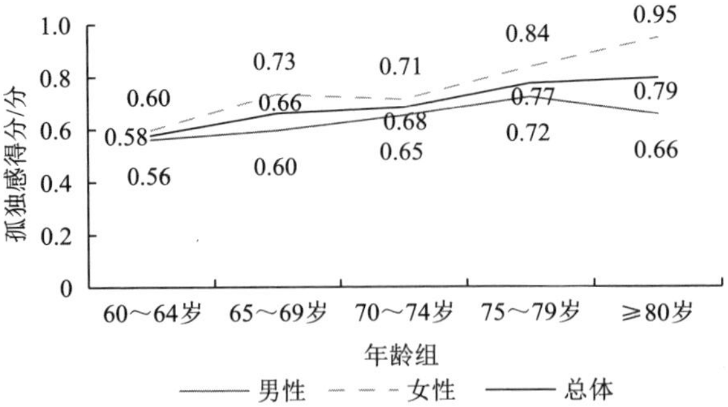

图 4-24　分性别老年人孤独感得分随年龄发展趋势

资料来源：2014 年 CLASS 数据

农村老年人和城镇老年人孤独感得分随年龄发展的规律基本一致，除了城镇老年人在70～74岁组出现一个反方向的变化外，其他年龄段的发展趋势线基本平行（图4-25）。

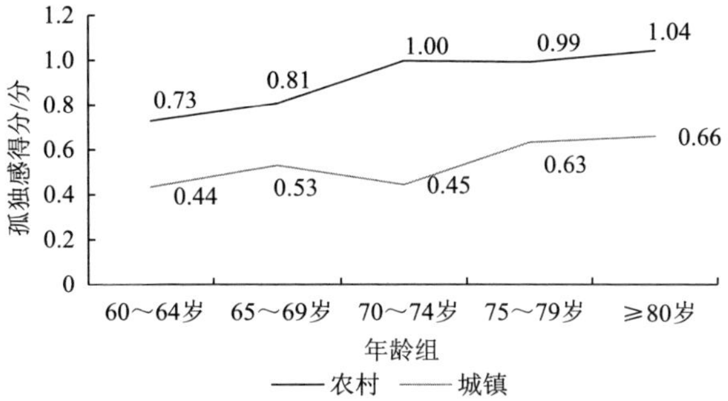

图4-25　分城乡老年人孤独感得分随年龄发展趋势

资料来源：2014年CLASS数据

年龄与孤独感之间的关系可能受到婚姻状况的影响。结合婚姻状况分析年龄与孤独感的影响，结果发现，将婚姻变量考虑进去后，老年人的孤独感随年龄变化的趋势不再明显。对于无配偶的老年人来说，由于随年龄增长，丧偶可能性上升，无配偶成为一种相对正常的现象，因此其孤独感总体反而有所下降。也就是说对于有配偶的人来说，80岁及以上组与60～64岁组的孤独感基本接近；但对于无配偶的老年人来说，80岁及以上组的孤独感反而低于60～64岁组(图4-26)。

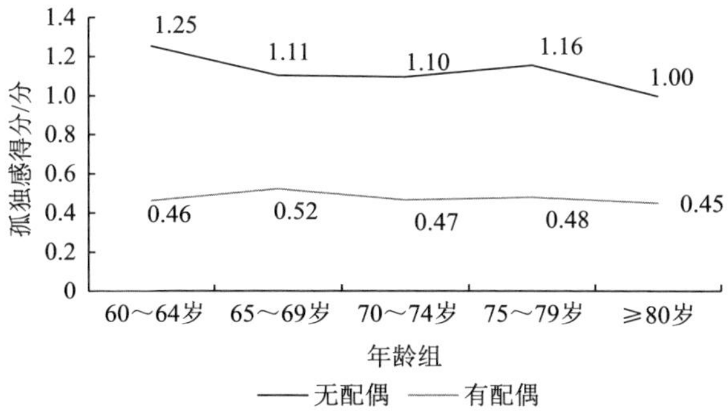

图4-26　分婚姻状况老年人孤独感得分随年龄发展趋势

资料来源：2014年CLASS数据

第五章　老年人的社会适应与生活满意度

第一节　老年人社会适应与压力应对

一、老年人的社会适应

（一）老年人社会适应的测量

社会适应是个体在与社会环境的交互作用中，追求与社会环境维持和谐平衡关系的过程，系统的来说，社会适应包括社会适应的心理机制、心理结构和心理功能三个方面（陈建文和王滔，2003）。个人特定的人格特征对人们解决特定的社会适应问题也起着十分重要的作用，且影响着用于其解决所面临的适应问题的处理策略的使用。个体适应社会环境、达到心理健康和社会适应需要具备以下几方面的人格素质。首先，个体要有理解和控制所处社会环境的心理优势感。这具体表现为控制感、自信心、自主性。有研究表明，具有心理优势感的人更容易体验到成就感、幸福感，更容易与他人建立良好的人际关系，从而容易达到积极的心理状态；而那些缺乏控制性、自信心和自主性的人则更容易情绪低落、成就感低，甚至更容易得抑郁症和焦虑症等心理疾病。其次，个体应该拥有足够的心理资源以应对外在复杂的社会环境。再次，社会适应从根本上来说是人际适应。因此，个体还应该拥有适应人际环境的一些人格特征，如乐群性、合作性、信任感、利他倾向等。最后，个体还必须拥有持续应对外在压力的心理素质，即心理弹性。已有研究发现，积极的应对方式，主客观的适应方式，对促进个体心理健康水平有积极影响（陈勃，2010）。

老年人社会适应是老年个体根据外在和社会环境的要求，调整自身的心理和行为方式，最后达到内在和谐以及个体与外在社会环境的和谐。具体来看，老年人社会适应包括四大方面：①基本生活适应，即老年人在现实的社会生活中能够处理、存活的程度；②人际关系适应，即老年人能够与他人沟通、建立良好关系的程度；③精神文化适应，即老年人能够顺应流动变化中的思想、观念及各种文化现象的程度；④个人发展适应，即老年人在现实社会生活中能够发挥自我潜能、扩展自我价值的程度。如果老年人在以上各方面都处于良好状态，那么年老将不会成为个体生存发展的障碍，而人口老龄化也将不再是社会的问题。CLASS 通过

easy-care 独立量表（Philip et al.，2014）测量了老年人基本生活适应能力，以 Lubben 社会网络量表（Lubben et al.，2006）和三项目孤独感量表（Hughes et al.，2004）测量了人际关系适应状况，此外 CLASS 设计团队在陈勃设计的“老年人社会适应量表”中选择了 8 个项目对老年人的精神文化适应和个人发展适应进行测量。本节利用 2014 年 CLASS 数据对老年人的社会适应和生活满意度展开分析。

如表 5-1 所示，对 8 个项目进行探索性因素分析获得两个因子，共解释 56.3% 的变异，可以发现量表有良好的信度。被调查者对每个项目从“非常符合”到“非常不符合”进行 1～5 分判断，量表总分为 8～40 分。在计分时需对精神文化适应的 4 个项目进行转向，维度得分越高，表明老年人在这个方面的适应情况越好。

表 5-1　社会适应量表探索性因素分析

项目	个人发展适应	精神文化适应
如果有机会，我乐意参加村/居委会的某些工作	0.749	
我常常想再为社会做点什么事	0.850	
我现在喜欢学习	0.642	
我觉得，我还是个对社会有用的人	0.743	
社会变化太快，我很难适应这种变化		0.705
现在，越来越多的观点让我难以接受		0.806
当今越来越多新的社会政策让我难以接受		0.805
现在的社会变化越来越不利于老年人		0.638
变异解释百分比	28.25%	28.03%
克龙巴赫α系数	0.741	0.727

资料来源：2014 年 CLASS 数据

（二）中国老年人社会适应的群体差异

老年人社会适应得分的全距为 8～40 分，平均值为 26.11 分。其中，个人发展适应得分全距为 4～20 分，平均值为 11.87 分；精神文化适应得分全距为 4～20 分，平均值为 14.12 分。两个分维度得分相关系数为 0.131，相关显著但只是低度相关，说明两个维度测量的是个体不同方面的观念。精神文化适应得分明显高于个人发展适应得分，也就是说老年人对目前社会中的思想、观念及各种文化现象的接受程度要优于对自己在现实社会生活中发挥自我潜能、扩展自我价值的认识。

1. 性别、城乡与社会适应

如图 5-1 所示，男性老年人社会适应量表总分高于女性，两类老年人社会适应得分平均值分别为 26.77 分和 25.34 分。在两个维度上，男性得分均高于女性，但在精神文化适应维度上，性别差异相对较小。这说明男性老年人有更多机会参与社会活动，并且在现实生活中发挥潜能、实现价值方面有更好的主观体验；这可能与男性拥有的社会资源更多，在老年期参与社会建设的可能性更大有关。男性和女性老年人对社会变化发展的认识与接受度差别不大。

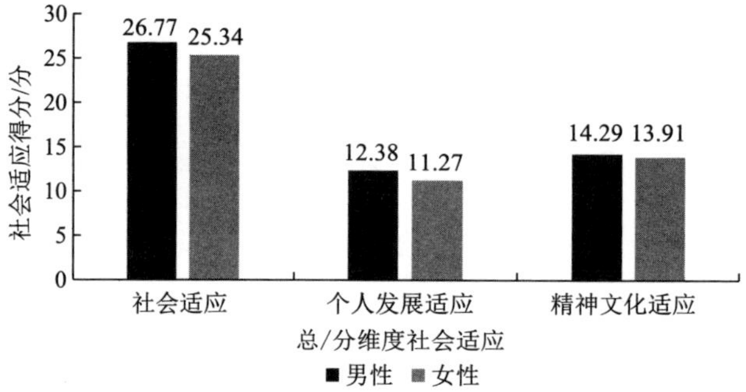

图 5-1　分性别老年人社会适应

资料来源：2014 年 CLASS 数据

城乡差异模式与性别差异模式相似（图 5-2），整体上看，城镇老年人社会适应量表得分平均值高于农村老年人，城镇老年人和农村老年人的社会适应得分分别为 26.63 分和 25.45 分。主要差异出现在个人发展适应维度上，城镇老年人显著高于农村老年人；而在精神文化适应维度，城乡之间基本不存在差异。城镇老年人认为自己可以更好地发挥自我潜力，而对社会变化的接受度与农村老年人相近。

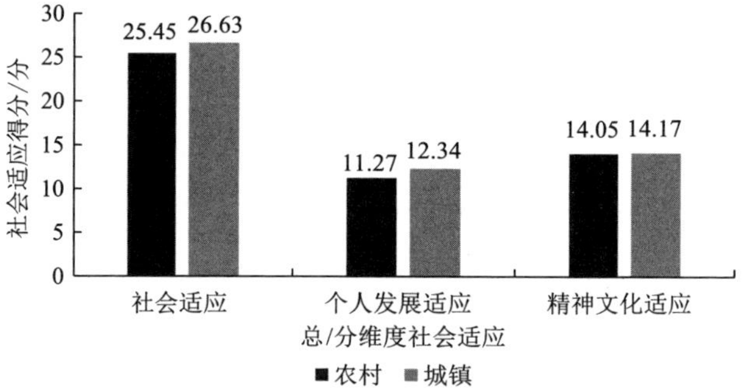

图 5-2　分城乡老年人社会适应

资料来源：2014 年 CLASS 数据

2. 受教育水平与社会适应

较好的受教育水平有助于老年人适应社会，这特别表现在个人发展适应方面（图 5-3）。随着受教育水平的提高，老年人个人发展适应逐渐上升，特别是只要受过正式教育，老年人的个人发展适应得分会得到明显提升。在精神文化适应维度，不同受教育水平老年人的得分差别不明显，受教育水平为大专及以上的老年人得分最高，但仅比不识字的老年人高不到1分。也就是说，老年人在年轻时所接受的教育，对其晚年对社会变化等方面的适应上作用不明显，但可以帮助他们在晚年时参与社会建设，从而提高他们在晚年时期的价值感。

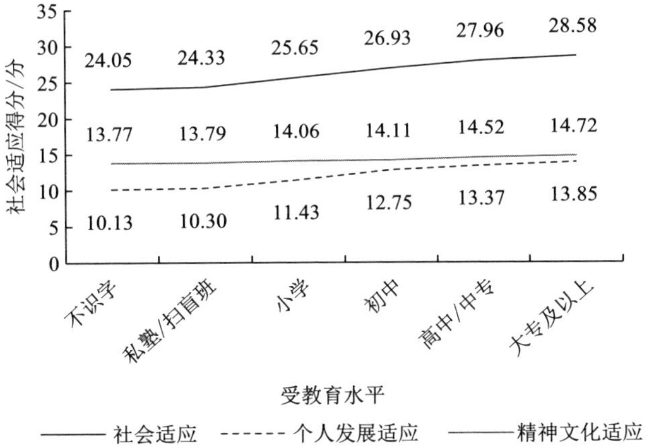

图 5-3　分受教育水平老年人社会适应

资料来源：2014 年 CLASS 数据

3. 健康与社会适应

如图 5-4 所示，健康状况好的老年人社会适应水平较高，健康与社会适应、个人发展适应、精神文化适应的关系，与教育和心理健康的几个变量之间的关系相似。健康状况与社会适应和个人发展适应之间呈正相关；健康状况与精神文化适应之间也呈正相关，但斜率非常小。健康状况对老年人实现自我价值的作用更明显。

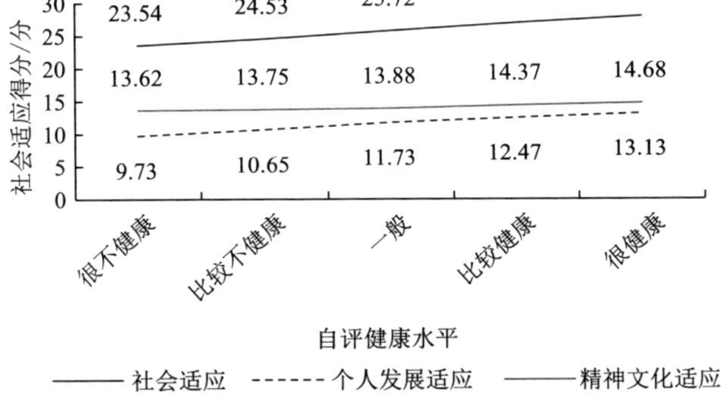

图 5-4　分健康状况老年人社会适应

资料来源：2014 年 CLASS 数据

（三）社会适应随年龄变化

如图 5-5 所示，随着年龄的增长，老年人社会适应得分和个体发展适应得分逐渐下降。年龄越大，得分下降越明显，75～79 岁组社会适应量表总分平均值比前一组低 0.71 分；80 岁及以上组比前一组低 0.8 分；而 60～64 岁组、65～69 岁组及 70～74 岁组之间相差较小。精神文化适应随年龄增长变化不大，最高分出现在 70～74 岁组。

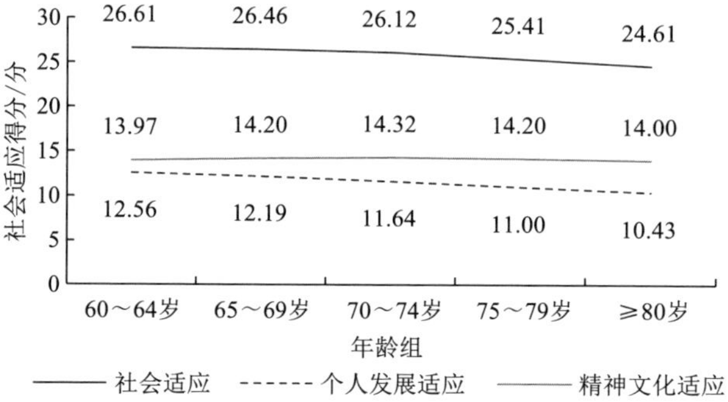

图 5-5 老年人社会适应随年龄发展变化

资料来源：2014 年 CLASS 数据

男性和女性老年人社会适应总分及分维度得分随年龄增长的变化模式基本一致（表 5-2）。随着年龄增长，男性和女性老年人社会适应的总分及个人发展适应得分总体下降；而精神文化适应得分的变化不明显，且均有先上升再下降的趋势。

表 5-2 分年龄、分性别老年人社会适应（单位：分）

年龄组	社会适应		个人发展适应		精神文化适应	
	男性	女性	男性	女性	男性	女性
60～64 岁	27.20	25.85	12.97	12.05	14.17	13.71
65～69 岁	27.23	25.58	12.71	11.59	14.44	13.92
70～74 岁	26.67	25.57	12.19	11.08	14.35	14.28
75～79 岁	26.02	24.67	11.49	10.41	14.32	14.05
≥80 岁	25.44	23.65	11.14	9.63	14.25	13.70

资料来源：2014 年 CLASS 数据

如表 5-3 所示，老年人社会适应水平随年龄增长的变化模式在城镇样本和农村样本中基本一致，只是社会适应和个人发展适应的斜率在两个样本中稍有区别，在城镇样本中下降幅度较大；分年龄组看城乡差异，可以发现社会适应和个人发展适应在高龄组中的城乡差异小于低龄组。以个人发展适应为例，60～64 岁组中，城镇老年人的得分平均值比农村老年人高 1.29 分，而在 80 岁及以上组的相应差异为 0.59 分。

表 5-3　分城乡、分年龄老年人社会适应（单位：分）

年龄组	社会适应		个人发展适应		精神文化适应	
	农村	城镇	农村	城镇	农村	城镇
60～64 岁	25.92	27.26	11.90	13.19	13.95	13.99
65～69 岁	25.65	27.15	11.49	12.80	14.11	14.26
70～74 岁	25.22	26.79	10.86	12.21	14.16	14.43
75～79 岁	24.86	25.75	10.30	11.44	14.30	14.14
≥80 岁	24.03	24.93	10.05	10.64	13.73	14.14

资料来源：2014 年 CLASS 数据

二、老年人的应对方式

（一）应对方式的测量

Lazarus 和 Folkman（1987）将“应对”定义为当一个人判断个人与环境的交互作用可能会给自己带来负担，甚至超出自己拥有的资源时，个体为处理（减低、最小化或忍耐）这种交互作用的内、外需求而采取的认知和行为上的努力。在应对过程中，个体的应对资源扮演着重要角色，对最终的结果（如身心健康）有关键作用。具体来说，应对资源可分为内在资源（如应对方式、自我效能、乐观等）和外在资源（如家庭支持、朋友支持、健康专业指导等），内在资源和外在资源均对老年人心理健康起到积极的保护作用，其对老年人的精神心理健康都存在直接的正向效应。

应对方式（coping style），是指个体在面对挫折和压力时所惯常采用的认知和行为方式，又可称作应对策略或应对风格，其体现的是应对过程的倾向性。个体的应对方式影响着应对反应的性质与强度，对应对结果有重要作用，适当的应对方式可以有效缓解负性事件给个人带来的心理压力，从而减少心理问题的产生，是压力应对的重要内在资源之一。心理学通常采用量表对应对方式进行测量，常用的量表包括应对方式问卷（ways of coping questionnaire，WCQ）、特质应对方式问卷、简易应对方式量表等。其中简易应对方式量表在国内使用最为广泛，该量表根据我国文化特点，对国外应对方式量表进行简化和修改，根据应对行为与心理健康的关系将应对方式分为积极应对和消极应对两个维度。积极应对方式主要包括积极主动处理所遇到的困难，从而减少压力源，如求支持、力图改变，积极应对得分通常与心理健康正相关；而消极应对方式主要包括被动或以非理性的方式处理所遇到的困难，如回避、发泄等，消极应对得分通常与心理健康负相关。已有研究证明应对方式与老年人心理健康之间的密切关系，解决问题的应对方式与抑郁、焦虑等心理健康因子呈负相关关系，积极的应对方式利于老年人的心理健康，消极的应对方式不利于老年人的心理健康（贺斌，2013）。通常来说，积极的应对方式有助于老年人缓解环境和人际压力，提高老年人的心理健康。

根据老年人的情况和调查的实际需要，CLASS 问卷设计团队通过多次预试，从简易应对方式量表项目中选择了部分项目形成适用于城乡老年人的简版应对量表，其包括 6 个项目，以 4 点计分。探索性因素分析表明量表可分为两因子，共解释 55.75%的变异，两因子可分别命名为积极应对和消极应对。积极应对指老年人以积极的方法面对所遇到的困难，主动采取行动改变状况，三个项目为“与人交谈，倾诉内心烦恼”“改变自己原来的一些做法来克服困难”“借鉴别人处理类似困难的方法来解决问题”。消极应对指老年人以消极回避的方法面对困难，采取被动的方式等待问题解决，三个项目为“事情无法解决，于是试图忘记整个事情”“自己没有办法，等着依靠别人解决问题”“不做努力，接受现实”。积极应对和消极应对这两个维度各包含 3 个项目，维度得分为 3～12 分，维度克龙巴赫α系数分别为 0.580 和 0.595[①]。

（二）老年人应对方式的群体差异

老年人积极应对得分全距为 3～12 分，平均值为 7.51 分，有 7.7%老年人得分为 3 分，也就是基本不使用积极方式解决问题。消极应对得分全距同样为 3～12 分，平均值为 5.50 分，有 27.5%的老年人得分为 3 分，也就是说有超过 1/4 的老年人基本不使用消极方式解决问题。积极应对得分高于消极应对得分，说明在面临压力情境时我国老年人更倾向于采取积极的应对方式，包括借鉴他人的处理方法、寻求他人的帮助及询问他人的建议等。

根据两个应对维度上的得分，进行聚类分析，将老年人的应对模式分为四类：消极型（积极应对低-消极应对高），占 9.87%；回避型（积极应对低-消极应对低），占 27.95%；焦虑型（积极应对高-消极应对高），占 17.12%；积极型（积极应对高-消极应对低），占 45.05%。各类型老年人得分特点如表 5-4 所示。

表 5-4　分应对类型、分老年人应对方式量表得分

应对方式	消极型	回避型	焦虑型	积极型
积极应对/分	4.75	4.79	9.13	8.87

① 心理测量学认为量表内部一致性系数大于 0.7 为比较优秀。考虑该量表的分维度仅有 3 个项目，该内部一致性系数已在可接受范围内（Chen and Short, 2008）。

续表

应对方式	消极型	回避型	焦虑型	积极型
消极应对/分	8.56	4.08	8.19	4.24
百分比	9.87%	27.95%	17.12%	45.05%

资料来源：2014 年 CLASS 数据

注：表中数据进行过修约，可能存在合计不等于 100%的情况

1. 性别、城镇与应对方式

女性老年人积极应对和消极应对的得分均高于男性老年人，消极应对得分的性别差异稍大于积极应对。女性积极应对和消极应对的得分平均值分别为 7.57 分和 5.68 分；男性积极应对和消极应对的相应得分分别为 7.46 分和 5.35 分。这种性别差异体现的可能是一种表现倾向，女性更愿意表达自己的感受，对于同一个问题，同一种状态，女性更愿意做“高强度”的表达。也就是说，在应对方式上，性别差异可能并不明显。

图 5-6 展示了应对方式得分的城乡差异。农村老年人消极应对得分高于城镇老年人，分别为 5.72 分和 5.34 分；而积极应对得分农村老年人则低于城镇老年人，分别为 7.49 分和 7.53 分。积极应对的城乡差异不大，但与消极应对相比，方向发生了变化，农村老年人使用消极应对方式的情况更为常见。

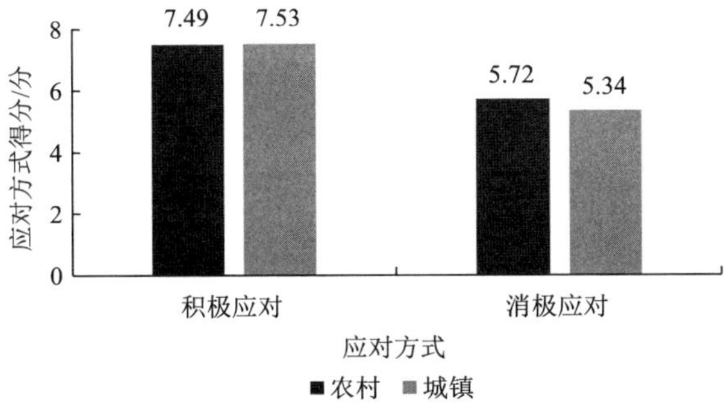

图 5-6　分城乡老年人应对方式

资料来源：2014 年 CLASS 数据

2. 受教育水平与应对方式

总体来说，受教育水平越高，老年人积极应对得分越高，消极应对得分越低（图 5-7）。一方面，教育可能改变人们对待问题的态度和应对方式；另一方面，教育也可能增加个体的社会网络资源，因此受教育水平高的老年人可能有更大、质量更高的社会网络，因此更有可能通过求助得到相应的帮助。对于受教育水平低的老年人来说，周围的他人境遇相似，并不能提供所需要的帮助，于是索性采取回避和忽略的方法，让事情逐渐被淡忘。

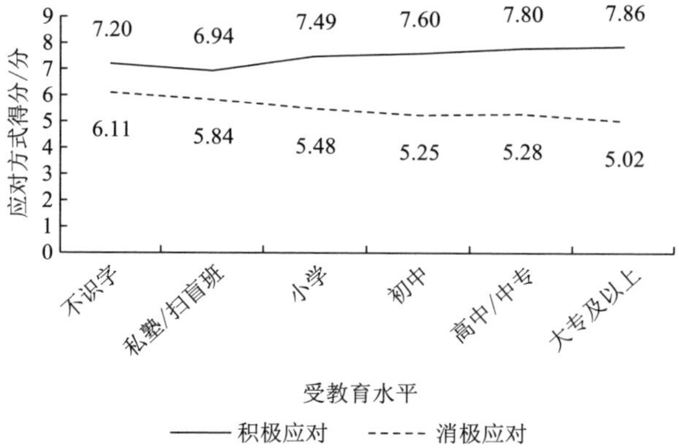

图 5-7　分受教育水平老年人应对方式

资料来源：2014 年 CLASS 数据

3. 健康状况与应对方式

健康状况与应对方式的关系类似于受教育水平与应对方式的关系，健康状况越好，老年人积极应对方式得分越高，而消极应对方式得分越低（图 5-8）。所以对于健康状况好的老年人来说，其积极应对和消极应对的得分相差较大，如自评健康为很健康的老年人，两者相差 2.74 分；而对于健康状况差的老年人来说，两者差距较小，自评健康为很不健康的老年人，两者只差 0.18 分。健康状况差，老年人的应对方式越倾向于消极，但消极的应对方式有可能进一步导致身心健康的恶化。

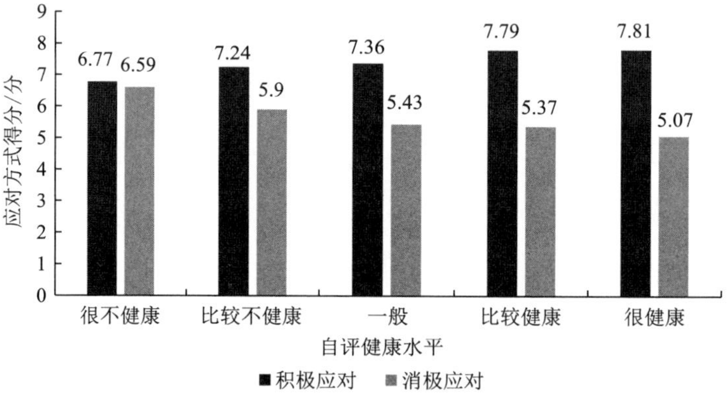

图 5-8　分自评健康状况老年人应对方式

资料来源：2014 年 CLASS 数据

4. 民族、宗教信仰与应对方式

少数民族老年人积极应对和消极应对的得分都高于汉族老年人（图 5-9），少数民族老年人积极应对和消极应对的得分分别为 7.99 分和 5.75 分，而汉族老年人的相应得分分别为 7.47 分和 5.49 分。宗教信仰对老年人应对方式也有一定影响，有宗教信仰的老年人积极应对和消极应对的得分都较高，分别为 7.67 分和 5.74 分；无宗教信仰的老年人两个维度得分分别为 7.48 分和 5.47 分。在应对方式上表现出的民族差异和宗教差异，其原因可能与性别差异有相似之处，少数民族老年人、有宗教信仰的老年人可能更愿意做"高强度"评价。

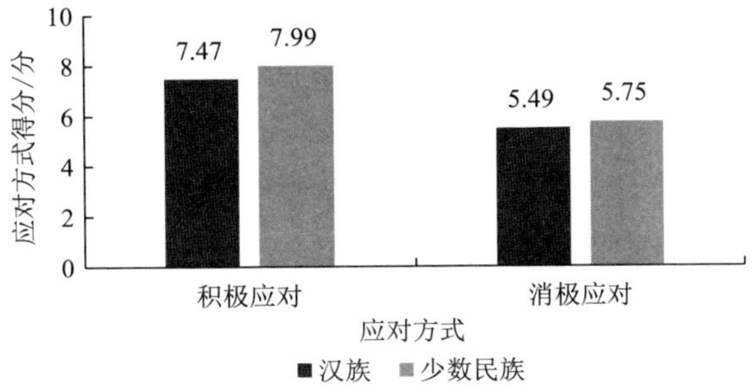

图 5-9　分民族老年人应对方式

资料来源：2014 年 CLASS 数据

（三）老年人应对方式其他方面

1. 应对方式随年龄发展趋势

随着年龄的增长，老年人的应对方式有所改变，总体来看，表现为积极应对得分逐渐下降，而消极应对得分上升（图 5-10）。年龄增长以后，老年人通过寻求他人帮助来应对压力的行为倾向会稍有减少，而通过幻想和忽略等方式来减轻压力的做法会增加。但与受教育水平、健康状况相比，年龄对老年人应对方式的影响相对较小，积极应对得分的平均值从 60～64 岁组的 7.70 分下降到 80 岁及以上组的 7.07 分，而消极应对得分从 5.35 分上升为 5.62 分。应对方式同时具有人格特质和情境影响两种属性，作为人格特质之一，并不会随年龄增长而发生明显的变化。

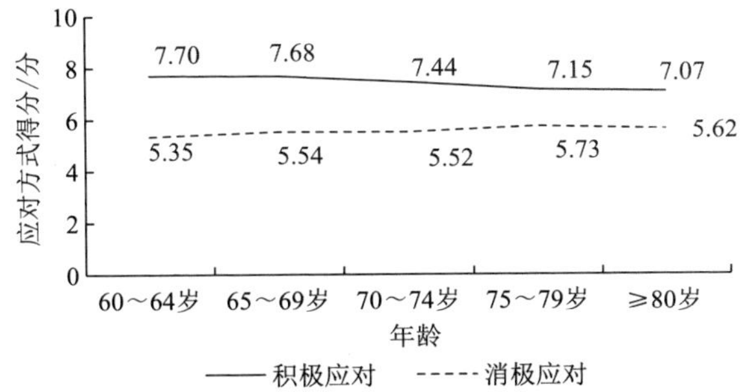

图 5-10　老年人的应对方式随年龄增长的发展变化趋势

资料来源：2014 年 CLASS 数据

如表 5-5 所示，应对方式随年龄增长的发展变化趋势不存在明显的性别差异，随着年龄的增长，男性和女性老年人应对方式的两个维度都表现出一致的发展模式，而在各年龄段中（80 岁及以上的积极应对维度除外），女性在两个维度上得分高于男性。

表 5-5　分性别、分年龄老年人社会适应（单位：分）

年龄组	积极应对		消极应对	
	男性	女性	男性	女性
60～64 岁	7.61	7.81	5.24	5.49
65～69 岁	7.62	7.75	5.38	5.72
70～74 岁	7.42	7.47	5.29	5.76
75～79 岁	7.10	7.22	5.60	5.89
≥80 岁	7.11	7.01	5.43	5.84

资料来源：2014 年 CLASS 数据

2. 应对方式对留守老年人社会网络及抑郁

应对方式对老年人身心健康有重要影响，特别是当个体处于压力环境之中时。由于子女的离开，留守老年人的社会支持网络受到严重影响，来自子女的服务照料和精神慰藉明显减少，留守老年人必须对此压力情境予以应对。事实上，留守老年人在应对方式两个维度上的得分稍高于非留守老年人，但并不存在显著差异（图 5-11）。这再次体现出应对方式作为人格特质的属性，其并不会随情境变化而发生明显变化，特别是对于人格发展越趋稳定的老年人来说更是如此。

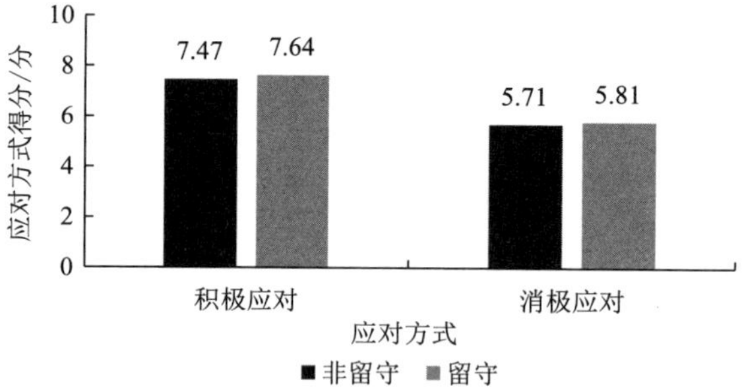

图 5-11　分留守状态老年人的应对方式

资料来源：2014 年 CLASS 数据

如表 5-6 所示，除消极应对与家庭网络以外，留守老年人应对方式和社会网络及抑郁症状之间的相关系数均显著。积极应对与家庭网络、朋友网络呈正相关，与抑郁症状呈负相关，积极应对可扩展老年人的家庭和朋友交往网络，减少抑郁症状；消极应对与朋友网络呈负相关，与抑郁症状呈正相关，消极应对会缩小老年人的朋友交往网络，增加抑郁症状，但对家庭网络没有显著影响。进一步的分析发现（图 5-12），对于留守老年人，家庭网络在积极应对与抑郁症状之间起完全中介作用，也就是说，老年人的积极应对方式可以有效提高其家庭网络，从而保护心理健康。

表 5-6　老年人应对方式、社会网络与抑郁症状的相关矩阵

类别	积极应对	消极应对	家庭网络	朋友网络	抑郁症状
积极应对	1	0.038**	0.143***	0.218***	–0.145***
消极应对		1	–0.012	–0.044***	0.221***
家庭网络			1	0.333***	–0.209***
朋友网络				1	–0.189***
抑郁症状					1

资料来源：2014 年 CLASS 数据

代表在 0.01 水平上显著，*代表在 0.005 水平上显著

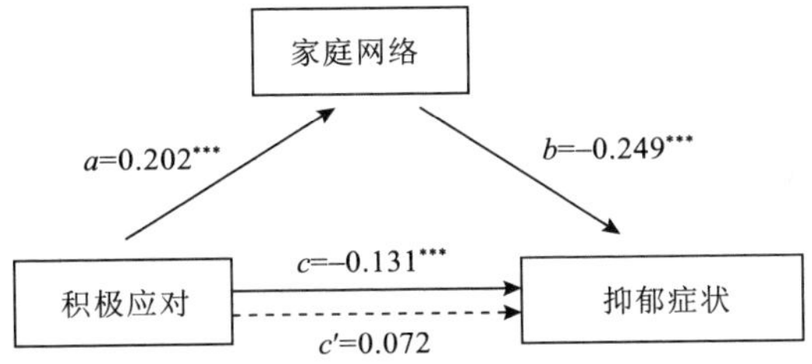

图 5-12　家庭网络在留守老年人积极应对与抑郁症状之间的中介效应

***代表在 0.005 水平上显著

资料来源：2014 年 CLASS 数据

第二节　老化态度与生活满意度

一、中国老年人的老化态度

（一）老化态度的基本概念与测量

1. 老化态度的基本概念

老化态度是人们对变老过程及年老的体验和评价，是一个较为复杂的心理结构，从不同的角度其可分为多个层面。首先，根据内容的性质可分为消极和积极两方向，老化的消极方面是指对由年龄增长带来的生理、心理和社会等方面的丧

失，从而产生的负面感受和体验；积极方面是指一些有关老年期的正面感受和体验，如健康良好、坚持运动锻炼和由年龄增长带来的智慧或成长等。其次，从评价视角，老化态度可分为一般老化态度和自我老化态度，一般老化态度是个体指向老年群体的态度；自我老化态度是个体指向自身老化过程的态度。老年人个人所持有的老化态度对身心健康有重要影响，且老化态度中的不同层面对老年人心理健康的影响作用存在差异。持有积极老化态度的老年人比持有消极老化态度的老年人有更好的记忆成绩；对变老的消极体验能够显著预测老年人的孤独和焦虑情绪，而积极体验不能起预测作用；指向老年人自我的评价越积极，其心理幸福感就越高，而指向一般老年人群的评价则与老年人的幸福感关系较小。同时，老年人的老化态度受内外多种因素的影响：内在因素包括自身健康状况、个性特点等；外在因素包括社会环境、社会支持等，其中社会环境是影响老年人老化态度的重要外在因素，人们对年老所持有的消极评价会影响他们与老年人的交往方式，进而影响老年人的老化态度。

2. 老化态度的测量

老化态度有多种测量方式，主要包括老年人觉得自己现在是多少岁的主观年龄判断、对“老年”年龄标准的认识，以及老化态度量表的测定等。

老化态度量表（attitudes to aging questionnaire，AAQ）是目前心理学界最为认可的老化态度测量工具。AAQ 由 Laidlaw 等（2007）使用 15 个地区（包括爱丁堡、哥本哈根、西雅图等）的样本编制而成。其编制过程中充分考虑了跨地域文化，是专门为老年人设计的心理测量量表，可用来衡量与衰老相关的刻板印象，并有效评估与衰老相关的损失和收益，多用于评估老年人主观经验和对自身衰老过程的主观态度。该量表包括三个维度：心理社会丧失、生理变化和心理成长，共 24 个条目，其内在一致性系数分别为 0.807、0.809、0.738。该工具也为研究人员、临床医生和政策制定者提供了独特的尺度来衡量成功的老龄化干预措施的影响，同时其还可用于不同文化、经济、政治和社会环境下的年龄态度比较。黄一帆等（2010）对该量表进行汉化后将其在我国使用，其问卷信度、效度良好，具有很好的文化适应性，适合开展跨文化研究，在国内，该量表常作为老年人老化态度调查及干预性研究中老化态度的测评工具。

CLASS 对 AAQ 进行简化，选取其中 7 个项目作为调查中的老化态度量表，分为两个维度，分别为自我老化态度和一般老化态度。其中，自我老化态度包括第 1～4 题，测量的是老年人对自身老化过程，以及老化对自身生活影响的感受和认知，其内部一致性系数为 0.683，总分为 4～20 分，得分越高表示老化态度越积极；而一般老化态度包括第 5～7 题，用来测量老年人对老年人群的普遍认识，其内部一致性系数为 0.602，总分为 3～15 分。量表项目如图 5-13 所示。

E4. 您同意下面这些观点吗?	完全不同意	有点不同意	无所谓	有点同意	完全同意
1. 我觉得我已经老了	1	2	3	4	5
2. 在我看来，变老就是一个不断失去的过程（如失去健康、失去朋友亲人、失去能力等）	1	2	3	4	5
3. 老了以后，我发觉更难交到新朋友了	1	2	3	4	5
4. 因为我的年龄，我感到我被排斥在一边	1	2	3	4	5
5. 年龄越大的人，处理生活问题的能力越强	1	2	3	4	5
6. 智慧随年龄而增长	1	2	3	4	5
7. 变老也有许多令人愉快的事	1	2	3	4	5

图 5-13　CLASS 中老化态度量表项目

（二）老年人老化态度的群体差异

由于两个维度的项目数不一致，以项目平均分来比较老年人的总体老化态度及其在两个分维度上的表现。自我老化态度和一般老化态度的项目平均分均在2.76分左右，且自我老化态度与一般老化态度的相关系数为0.204，显著性达0.001。可见，老年人对自己和对一般老年群体老化过程的认知与感受，在接下来的分析中将只针对老化态度量表 7 个项目的总分情况进行分析。老化态度量表总分全距为7～35分，平均值为19.4分。以每个项目都取中间值3分计算，总分值应为21分，但目前平均值明显小于21分，说明我国老年人的老化态度总体上偏向消极。

1. 性别、城乡与老化态度

老化态度的性别差异不明显，男性老年人的平均值稍高于女性，两组老年人老化态度量表的平均值分别为 19.47 分和 19.31 分。城乡之间的差异显著，城镇老年人老化态度量表平均值为 20.30 分，而农村老年人仅为 18.26 分，两者相差超过2分。城镇老年人对“变老”的认知和感受明显比农村老年人积极。城乡与性别之间不存在交互作用，无论是在城镇还是在农村，均表现为男性量表得分稍高于女性，但差异不大（图 5-14）。

2. 受教育水平与老化态度

良好的受教育水平可能提升老年人的老化态度得分。如表 5-7 所示，受教育水平为大专及以上的老年人老化态度量表总分平均值为 21.24 分，比不识字的老年人高 3.35 分，对于总分为 35 分的量表来说，这是一个相当大的差值。与在其他变量中能发现受教育水平的拐点效应不同，老化态度与受教育水平之间的关系基本是线性的，随着受教育水平的上升，老年人老化态度得分逐渐提高。

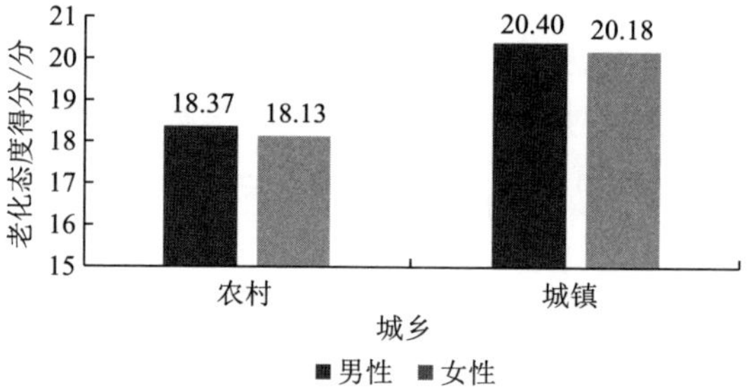

图 5-14　分城乡、分性别老年人的老化态度得分

资料来源：2014 年 CLASS 数据

表 5-7　分受教育水平、分性别老年人老化态度得分

受教育水平	男性		女性		总体	
	平均分/分	标准差	平均分/分	标准差	平均分/分	标准差
不识字	17.78	4.98	17.95	5.27	17.89	5.18
私塾/扫盲班	18.37	5.00	18.97	5.77	18.67	5.40
小学	18.63	5.23	19.07	5.18	18.82	5.22
初中	20.27	5.43	20.31	5.44	20.29	5.43
高中/中专	20.64	5.57	21.07	5.22	20.82	5.43
大专及以上	20.99	5.93	21.78	5.52	21.24	5.81
总体	19.47	5.48	19.31	5.43	19.40	5.46

资料来源：2014 年 CLASS 数据

在表 5-7 中还发现一个有意思的现象，分受教育水平看，在每一个受教育层次上，女性老化态度的得分都稍高于男性，但女性总体平均值却低于男性，这与受教育水平的性别差异有关。受教育水平低的老年人老化态度得分低，而女性老年人中受教育水平低的人数占比明显高于男性，使得女性老年人老化态度得分稍低于男性。

3. 健康状况与老化态度

健康状况与老化态度的关系非常密切，健康状况好的老年人老化态度量表得分高，对变老过程的感受明显比健康状况差的老年人要积极。自评健康为很健康的老年人老化量表总分平均值为 22.00 分，而自评健康为很不健康的老年人仅有 15.70 分。

将自我老化态度和一般老化态度区分开，会发现健康状况与老化态度不同方面的关系存在差别（图 5-15）。健康状况与老年人的自我老化态度关系更为密切，自我老化态度得分随健康状况恶化下降的斜率明显大于一般老化态度得分的下降斜率。说明健康的恶化使得老年人对自己变老的过程产生了更明显的消极感受，而且这种健康恶化对老年人对于一般老年人变老的认识影响相对小一些。从而也说明自我老化态度确实有别于一般老化态度，在研究中应区别对待，分别讨论。

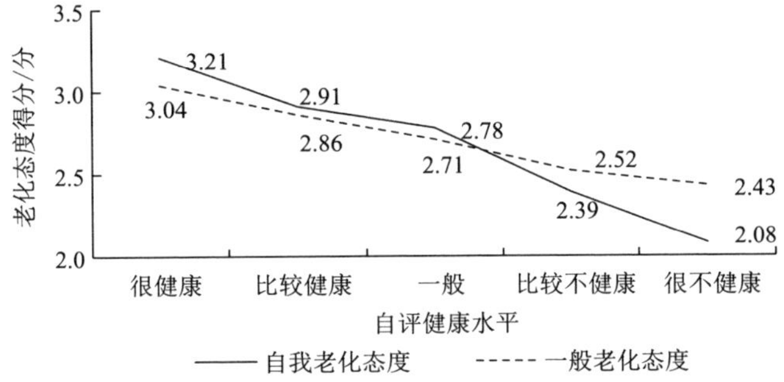

图 5-15　老年人自我老化态度和一般老化态度随健康状况的变化（项目平均分）

资料来源：2014 年 CLASS 数据

4. 老化态度的民族及地区差异

汉族老年人老化态度得分平均值为 19.43 分，少数民族老年人的相应值为 18.87 分。分维度看，在自我老化态度上，汉族老年人得分稍高于少数民族老年人，分别为 2.79 分和 2.57 分；而在一般老化态度上，汉族老年人得分反而稍低于少数民族老年人，分别为 2.75 分和 2.85 分。换一个比较方向可以看到，少数民族老年人一般老化态度得分高于自我老化态度。也就是说，少数民族老年人对一般老年群体的认识比对自己“变老”过程中的体验要积极。

如表 5-8 所示，分省区市看，老化态度得分平均值超过 21 分的有 4 个省市，分别是山西（21.75 分）、辽宁（21.73 分）、天津（21.58 分）和北京（21.25 分）；最低的 4 个省区平均值不到 17 分，分别是甘肃（14.75 分）、内蒙古（15.35 分）、陕西（16.10 分）和宁夏（16.28 分）。社会经济发展好的地区，老年人老化态度较积极，而在相对欠发达地区生活的老年人老化态度较为消极。

表 5-8　分省区市、分性别老年人老化态度得分

省区市	男性		女性		总体	
	平均分/分	标准差	平均分/分	标准差	平均分/分	标准差
北京	21.10	6.25	21.39	5.80	21.25	6.02
天津	22.03	5.10	21.15	5.20	21.58	5.16
河北	21.01	5.61	19.15	5.02	20.17	5.42
山西	22.61	5.79	21.05	5.26	21.75	5.54

续表

省区市	男性		女性		总体	
	平均分/分	标准差	平均分/分	标准差	平均分/分	标准差
内蒙古	15.67	5.16	14.91	5.62	15.35	5.34
辽宁	21.82	5.15	21.62	4.92	21.73	5.03
吉林	17.22	5.00	18.11	5.78	17.62	5.38
黑龙江	18.74	5.10	19.31	5.43	18.98	5.24
上海	21.45	5.52	20.10	5.29	20.80	5.45
江苏	19.19	5.00	19.40	5.02	19.30	5.01
浙江	19.92	5.35	18.67	5.39	19.28	5.40
安徽	18.61	4.89	18.02	4.35	18.34	4.65
福建	18.56	6.36	17.57	5.46	18.17	6.02
江西	18.72	5.76	18.07	5.69	18.43	5.73
山东	19.34	6.03	19.64	6.13	19.49	6.08
河南	20.55	4.54	20.55	5.14	20.55	4.78
湖北	19.85	5.03	18.76	4.61	19.33	4.86
湖南	18.65	4.98	18.80	5.75	18.72	5.33
广东	19.55	4.96	19.48	4.89	19.52	4.92
广西	18.31	5.06	17.57	4.78	18.03	4.96
重庆	17.60	4.71	17.89	5.26	17.72	4.94
四川	20.03	4.66	20.00	4.63	20.02	4.64
贵州	20.79	3.88	20.94	4.10	20.85	3.97
云南	19.66	4.44	20.53	3.91	20.04	4.23
陕西	16.61	5.45	15.27	5.58	16.10	5.53
甘肃	15.14	5.02	13.95	4.90	14.75	4.99
青海	17.54	4.55	16.93	4.38	17.26	4.46
宁夏	16.50	5.28	15.79	4.30	16.28	4.97
总体	19.47	5.48	19.31	5.43	19.40	5.46

资料来源：2014 年 CLASS 数据

（三）老化态度随年龄变化

随年龄增长，老年人老化态度逐渐变得消极。60～64 岁组的老年人老化态度得分的平均值为 20.11 分，65～69 岁组下降至 19.40 分，70～74 岁组和 75～79 岁组的平均值分别为 19.05 分和 18.71 分，80 岁及以上组的平均值为 18.54 分。

男性和女性老年人老化态度随年龄增长的变化都表现出“两段式”，但两者的拐点存在差别（图 5-16）。男性老年人在 60～64 岁组到 65～69 岁组之间下降明显，两组的老化态度得分相差达 0.82 分，此后几个年龄组之间两两相差较小，变化拐点发生在 65～69 岁组，此后下降速度放慢。女性老年人从 60～64 岁组到 75～79 岁组，每组间的差异较大，而 75～79 岁组与此后的 80 岁及以上组只相差 0.13 分，变化拐点发生在 75～79 岁组。

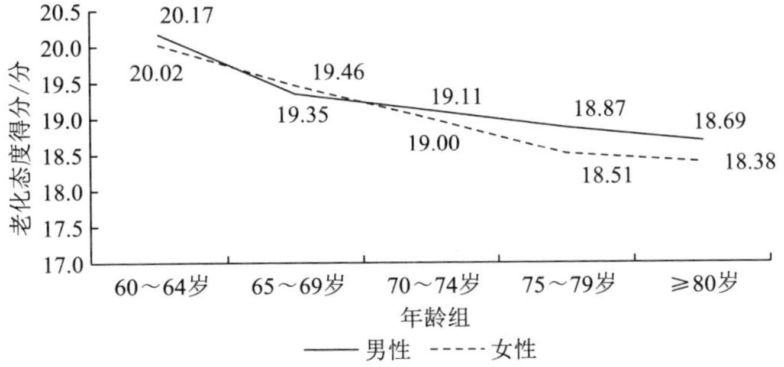

图 5-16　分性别老年人老化态度得分随年龄增长的变化

资料来源：2014 年 CLASS 数据

如图 5-17 所示，农村老年人和城镇老年人老化态度得分随年龄变化的规律基本一致，但农村老年人老化态度得分的下降斜率相对较小。在城镇老年人中，60～64 岁组的得分比 80 岁及以上组高 2.26 分；在农村老年人中，这两组之间差异为 1.19 分。

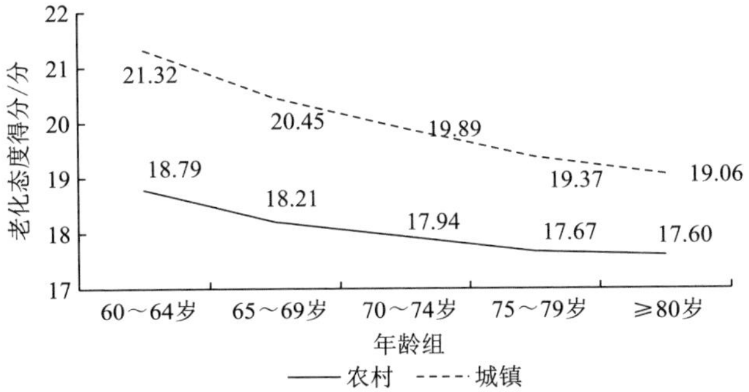

图 5-17　分城乡老年人老化态度得分随年龄增长的变化

资料来源：2014 年 CLASS 数据

一般老化态度和自我老化态度随年龄变化的模式也存在差异：自我老化态度受年龄影响更大，随年龄增长明显下降，而一般老化态度下降速度相对较慢（图 5-18）。

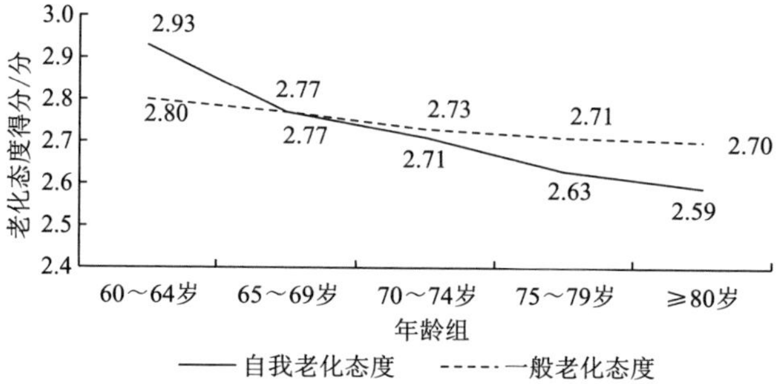

图 5-18　老年人自我老化态度和一般老化态度得分随年龄增长的变化

资料来源：2014 年 CLASS 数据

二、中国老年人的生活满意度

（一）生活满意度的测量

老年人对生活满意度的主观判断是衡量老年人生活质量的重要指标。在调查中通常有两类测量方式可以用来了解老年人的生活满意度：一是使用生活满意度、生活质量或主观幸福感量表，常用的测量工具包括纽芬兰纪念大学主观幸福感量表、费城老年信心量表及生活满意度量表等。由于不同年龄的个体面临的生活事件存在差异，因此生活满意度量表通常有年龄适用性。二是受制于容量，大型调查中较少使用量表来测量老年人的生活满意度，而通常只使用一两个问题来反映老年人对生活状态的主观评价。中国老龄科学研究中心的城乡老年人生活状况调查、北京大学的中国健康与养老追踪调查和中国老年健康影响因素跟踪调查等大型的老年人群调查都采用了这种方法。CLASS 中对被访者询问了两个问题——“总的来说，您对您目前生活感到满意吗？”和“在您目前的生活中，最让您感到不满意的方面是什么？”,通过这两个问题来了解老年人对目前生活状态的主观评价。

（二）生活满意度的群体差异

总的来说，老年人普遍对目前的生活感觉满意，35.3%的老年人对目前生活感到很满意，39.9%表示比较满意，18.8%的老年人认为一般，另有 4.6%和 1.4%的老年人表示对目前的生活比较不满意或者很不满意。

1. 性别、城乡与生活满意度

生活满意度几乎不存在性别差异，男性老年人中对生活感觉很满意和比较满意的比例为 75.2%，而女性中的相应比例为 75.3%；男性对生活比较不满意和很不满意的比例分别为 4.5%和 1.3%，女性当中的相应比例分别为 4.7%和 1.5%，差异极小。

如图 5-19 所示，城镇老年人中对生活感觉很满意和比较满意的比例明显高于农村老年人，特别是在选择很满意的比例上，两者相差 4.3 个百分点；而感到一般、比较不满意和很不满意的人数比例低于农村老年人。受制于我国长期以来的城乡二元体制，农村老年人在经济、医疗、住房及出行等方方面面获得的保障都明显滞后于城镇老年人，农村老年人生活满意度较低完全在意料之中。

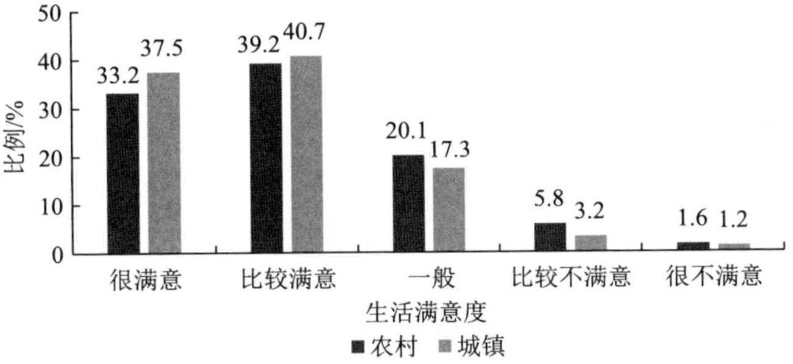

图 5-19　分城乡老年人生活满意度

资料来源：2014 年 CLASS 数据

2. 家庭与生活满意度

婚姻状况影响生活满意度，目前处于离婚和未婚状态的老年人生活满意度明显较已婚有配偶和丧偶的老年人差（表 5-9）。目前处于离婚状态的老年人，对生活感到很满意和比较满意的比例分别为 29.2%和 28.3%，较总体水平分别低 6.1 个百分点和 11.6 个百分点；未婚的老年人在这两类上的比例较总体分别低 13.9 个百分点和 4.2 个百分点。丧偶老年人的生活满意度与已婚有配偶的老年人差别不大，丧偶是老年期的常发事件，可以看作人生发展的正常过程，因此对老年人生活满意度并未产生严重影响。

表 5-9　分婚姻状况老年人的生活满意度

生活满意度	已婚有配偶	丧偶	离婚	未婚	总体
很满意	34.9%	36.5%	29.2%	21.4%	35.3%
比较满意	41.1%	38.0%	28.3%	35.7%	39.9%
一般	18.3%	19.1%	30.1%	31.4%	18.8%
比较不满意	4.3%	5.0%	6.2%	8.6%	4.6%
很不满意	1.3%	1.4%	6.2%	2.9%	1.4%
合计	100%	100%	100%	100%	100%
样本量/个	7 248	3 707	113	70	11 138

资料来源：2014 年 CLASS 数据

注：本表中数据进行过修约，可能存在合计不等于 100%的情况

居住安排与生活满意度也存在一定关系。如表 5-10 所示，目前独居及其他居住模式的老年人生活满意度较低，这两类老年人中对自己目前的生活评价为一般及以下的比例分别为 29.2%和 31.5%，均高于总体老年人的 24.8%。仅与配偶同住的老年人生活满意度最好，这类老年人中对自己目前生活表示很满意和比较满意的比例均高于全体水平。

表 5-10　分居住安排老年人的生活满意度

生活满意度	独居	仅与配偶同住	仅与子女同住	与子女及配偶同住	其他	总体
很满意	33.4%	36.6%	36.9%	33.0%	34.9%	35.3%
比较满意	37.5%	40.9%	38.7%	41.9%	33.6%	39.9%
一般	21.9%	17.1%	17.9%	19.7%	24.8%	18.8%
比较不满意	5.5%	4.4%	4.9%	4.0%	5.2%	4.6%
很不满意	1.8%	1.1%	1.6%	1.4%	1.5%	1.4%
合计	100%	100%	100%	100%	100%	100%
样本量/个	1 481	4 193	2 544	2 593	327	11 138

资料来源：2014 年 CLASS 数据

注：本表中数据进行过修约，可能存在合计不等于 100%的情况

3. 受教育水平、收入状况与生活满意度

老年人受教育水平越高，生活满意度越高。如图 5-20 所示，觉得生活很满意/比较满意的不识字的老年人的比例为 71.8%（文化程度为私塾/扫盲班的老年人生活满意度有一异常上升，这可能是由样本量过小导致的），而受教育水平为小学的老年人的很满意和比较满意的比例为 74.1%，受教育水平为大专及以上的老年人对生活表示满意的比例为 81.7%。

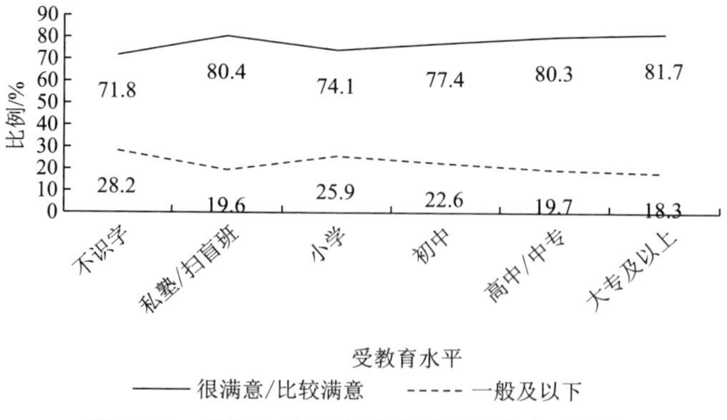

图 5-20　老年人生活满意度随受教育水平变化

资料来源：2014 年 CLASS 数据

4. 健康与生活满意度

健康对个人的生活感受非常重要，这种重要性对老年人来说更为突显，健康状况对老年人的生活满意度产生直接影响。如表 5-11 所示，自我感觉很健康的老年人中有 62.6%表示对目前生活很满意，27.4%感觉比较满意，认为比较不满意和很不满意的只占 0.9%和 0.5%。反观自评身体很不健康的老年人，表示对生活很满意的只占 26.4%，而有 11.1%认为比较不满意，8.5%认为很不满意。自评健康状况与主观幸福感之间的关联可能与这两个变量的测量方式有关，都是单一的主观评价，被访者对这两个问题可能采取相似的回答倾向。

表 5-11　分健康状况老年人的生活满意度

生活满意度	很健康	比较健康	一般	比较不健康	很不健康	总体
很满意	62.6%	38.8%	29.2%	25.2%	26.4%	35.3%
比较满意	27.4%	46.4%	42.1%	37.6%	32.8%	40.0%
一般	8.6%	12.4%	24.9%	24.3%	21.2%	18.8%
比较不满意	0.9%	1.9%	3.2%	10.4%	11.1%	4.6%
很不满意	0.5%	0.5%	0.5%	2.4%	8.5%	1.4%
合计	100%	100%	100%	100%	100%	100%
样本量/个	1 420	3 333	3 277	2 423	685	11 138

资料来源：2014 年 CLASS 数据

注：本表中数据进行过修约，可能存在合计不等于 100%的情况

5. 年龄与生活满意度

整体来看，老年人的生活满意度随年龄增长有所上升。如表 5-12 所示，在 60～64 岁组中，认为对目前生活很满意的比例为 30.1%，65～69 岁组上升为 36.2%，而到 80 岁及以上组上升为 39.2%。相应地，对生活觉得不满意的比例随年龄上升而下降，在 60～64 岁组中觉得比较不满意和很不满意的占 7.5%，而到 80 岁及以上组相应比例为 5.2%。社会情绪选择理论认为由于老年人感觉未来有限，因此会改变生活目标，从个体成长转化为情绪调节，他们会更多地专注于让自己感觉到情绪好的事件和人际关系，因此年龄增长导致健康状况下降、亲人丧失并不一定会导致老年人生活满意度下降。

表 5-12　分年龄老年人的生活满意度

生活满意度	60～64 岁	65～69 岁	70～74 岁	75～79 岁	≥80 岁	总体
很满意	30.1%	36.2%	37.8%	38.2%	39.2%	35.3%

续表

生活满意度	60～64岁	65～69岁	70～74岁	75～79岁	≥80岁	总体
比较满意	41.0%	39.2%	40.8%	39.3%	38.5%	40.0%
一般	21.4%	19.2%	16.9%	16.4%	17.0%	18.8%
比较不满意	5.7%	4.4%	3.1%	4.8%	3.9%	4.6%
很不满意	1.8%	1.0%	1.3%	1.3%	1.3%	1.4%
合计	100%	100%	100%	100%	100%	100%
样本量/个	3 545	2 342	1 899	1 631	1 721	11 138

资料来源：2014年CLASS数据

注：本表中数据进行过修约，可能存在合计不等于100%的情况

（三）对生活不满意的方面

相当比例的老年人表示对目前生活没有感觉不满意的方面，占比为60.2%。认为经济上有困难，钱不够用是生活中不满意的方面的老年人占11.4%；有10.0%的老年人认为身体健康状况不好是不满意的方面；除此以外有2.3%的老年人对住房条件太差感到不满意，2.2%的老年人对子女离得太远感到不满意。

1. 性别、城乡与生活中不满意的方面

分性别看，老年人对生活感到不满意的方面差别不大。男性中表示没有不满意的占60.3%，女性的相应比例为60.1%。女性老年人中认为身体健康状况不好是生活中不满意的方面的比例比男性中的相应比例高，分别为11.9%和7.8%，而男性老年人更多提到了其他事件方面（表5-13）。分城乡看，农村老年人更多地报告了生活中不满意的方面，农村老年人中有13.3%觉得钱不够用是生活中不满意的方面，另外有11.9%对身体健康状况不好表示不满意，城镇老年人在这两个选项的相应比例为9.3%和7.8%（表5-13）。

表5-13　分性别、分城乡老年人对生活感到不满意的方面

对生活感到不满意的方面	性别		城乡		总体
	男性	女性	农村	城镇	
没有不满意	60.3%	60.1%	59.2%	61.4%	60.2%
子女不孝顺	0.6%	0.9%	1.1%	0.4%	0.8%
子女离得太远	2.2%	2.2%	2.1%	2.2%	2.2%
与配偶关系不好	0.2%	0.1%	0.1%	0.2%	0.2%
与邻里/朋友有纠纷	0.3%	0.2%	0.4%	0.2%	0.3%

续表

对生活感到不满意的方面	性别		城乡		总体
	男性	女性	农村	城镇	
钱不够用	11.7%	11.1%	13.3%	9.3%	11.4%
身体健康状况不好	7.8%	11.9%	11.9%	7.8%	10.0%
住房条件太差	2.7%	2.0%	1.6%	3.1%	2.3%
生活起居无人照料	0.3%	0.6%	0.5%	0.5%	0.5%
生活太寂寞	1.2%	1.2%	1.1%	1.2%	1.2%
照料他人负担过重	0.3%	0.6%	0.4%	0.5%	0.5%
其他事件	12.4%	9.1%	8.3%	13.3%	10.7%
合计	100%	100%	100%	100%	100%
样本量/个	5 109	5 564	5 567	5 106	10 673

资料来源：2014 年 CLASS 数据

注：本表中数据进行过修约，可能存在合计不等于 100%的情况

2. 居住安排与生活中不满意的方面

如表 5-14 所示，目前独自一人居住的老年人在生活中感觉到更多不满意的方面，有 4.9%对子女离得太远感觉不满意，4.2%对生活太寂寞感到不满意，分别还有 1.5%认为生活起居无人照料和子女不孝顺是生活中不满意的方面，独居老年人选择这几个选项的比例都高于其他几类老年人。目前与子女和配偶同住的老年人中，认为住房条件太差是生活中不满意的方面的比例为 3.3%，高于其他老年人。

表 5-14　分居住安排老年人对生活感到不满意的方面

对生活感到不满意的方面	独居	仅与配偶同住	仅与子女同住	与子女和配偶同住	其他	总体
没有不满意	56.8%	60.0%	62.6%	60.0%	61.6%	60.2%
子女不孝顺	1.5%	0.6%	0.7%	0.7%	1.0%	0.8%
子女离得太远	4.9%	2.9%	0.6%	0.6%	4.2%	2.1%
与配偶关系不好	0.3%	0.2%	0.1%	0.0%	0.3%	0.2%
与邻里/朋友有纠纷	0.2%	0.3%	0.2%	0.2%	0.7%	0.3%
钱不够用	10.9%	10.9%	11.1%	13.1%	9.1%	11.4%
身体健康状况不好	11.0%	9.1%	12.5%	8.3%	10.1%	10.0%
住房条件太差	1.9%	2.1%	2.1%	3.3%	2.0%	2.3%

续表

对生活感到不满意的方面	独居	仅与配偶同住	仅与子女同住	与子女和配偶同住	其他	总体
生活起居无人照料	1.5%	0.4%	0.4%	0.1%	0.3%	0.5%
生活太寂寞	4.2%	0.4%	1.2%	0.5%	1.6%	1.2%
照料他人负担过重	0.1%	0.4%	0.3%	0.9%	0.7%	0.5%
其他事件	6.8%	12.7%	8.3%	12.3%	8.5%	10.7%
合计	100%	100%	100%	100%	100%	100%
样本量/个	1 434	4 026	2 424	2 482	307	10 673

资料来源：2014 年 CLASS 数据

注：本表中数据进行过修约，可能存在合计不等于 100%的情况

3. 年龄与生活不满意的方面

如表 5-15 所示，随着年龄增长，老年人觉得生活中没有不满意的方面的比例有所上升，60～64 岁组的老年人中有 56.8%觉得生活中没有不满意的地方，到 75～79 岁组和 80 岁及以上组上升为 64.3%和 63.8%。认为钱不够用是生活中最不满意的方面的比例随年龄增长而逐渐下降，从 60～64 岁组的 14.8%下降至 80 岁及以上组的 6.5%；相反，认为身体健康状况不好是生活中最不满意的方面的比例随年龄增长持续上升，从 60～64 岁组的 7.9%上升到 80 岁及以上组的 14.4%。随着年龄增长，健康状况不佳越来越成为困扰老年人的因素，同时老年人对经济的重视程度会有所下降。

表 5-15　分年龄老年人对生活感到不满意的方面

对生活感到不满意的方面	60～64 岁	65～69 岁	70～74 岁	75～79 岁	≥80 岁	总体
没有不满意	56.8%	59.5%	60.6%	64.3%	63.8%	60.2%
子女不孝顺	0.4%	0.9%	0.8%	0.8%	1.2%	0.8%
子女离得太远	2.0%	1.5%	2.9%	2.3%	2.4%	2.1%
与配偶关系不好	0.2%	0.2%	0.1%	0.1%	0.1%	0.2%
与邻里/朋友有纠纷	0.3%	0.4%	0.2%	0.2%	0.1%	0.3%
钱不够用	14.8%	13.2%	9.9%	8.2%	6.5%	11.4%
身体健康状况不好	7.9%	8.8%	10.0%	11.4%	14.4%	10.0%
住房条件太差	2.7%	2.5%	2.2%	2.0%	2.0%	2.3%
生活起居无人照料	0.2%	0.3%	0.5%	0.4%	1.2%	0.5%
生活太寂寞	0.9%	1.3%	1.1%	1.1%	1.7%	1.2%

续表

对生活感到不满意的方面	60～64 岁	65～69 岁	70～74 岁	75～79 岁	≥80 岁	总体
照料他人负担过重	0.7%	0.4%	0.4%	0.3%	0.2%	0.5%
其他事件	13.1%	10.9%	11.4%	8.9%	6.4%	10.7%
合计	100%	100%	100%	100%	100%	100%
样本量/个	3 377	2 266	1 829	1 567	1 634	10 673

资料来源：2014 年 CLASS 数据

注：本表中数据进行过修约，可能存在合计不等于 100%的情况

第六章　老年人的经济状况

老年人的经济状况是老龄问题研究的重要领域。老年人的经济状况直接影响老年人的生活质量。根据《中华人民共和国2017年国民经济和社会发展统计公报》数据①，2017年末，我国60周岁及以上的老年人口数量已经达到2.4亿人，占总人口的比例为17.3%，相较于上一年度提高了3.5个百分点，说明我国已经进入快速老龄化阶段。从老年人的生活来源、经济收入与支出、社会保障范围和水平对老年人的经济状况进行准确、全面的描述，将有助于推进老年人经济政策和社会保障政策的进一步完善与实施，有助于提高老年人的整体经济状况和生活质量。本章将利用CLASS 2014年的基线数据和2016年追踪调查数据，从生活来源、消费与支出、财富和社会保障四个方面对我国老年人的经济状况进行全面的描述、分析与比较，为老年经济领域的政策和研究提供坚实的事实依据。

第一节　生 活 来 源

2016年CLASS数据对老年人最主要的两项生活来源进行了调查，结果显示老年人自己的离/退休金、养老金和子女的资助为老年人最主要的两项生活来源，超过半数的老年人生活来源主要是自己的离/退休金、养老金（54.87%）和子女的资助（50.79%）。另外，有超过20%的老年人以自己劳动或工作所得（23.89%）和配偶的收入（28.24%）为主要生活来源（表6-1）。

表6-1　2016年分性别、户口类型老年人主要生活来源情况

生活来源	总体	性别		户口类型			
		男性	女性	农业户口	非农业户口	农业转居民户口	非农业转居民户口
自己的离/退休金、养老金	54.87%	54.97%	54.76%	34.36%	77.90%	71.79%	66.18%
自己劳动或工作所得	23.89%	28.14%	19.50%	35.28%	11.28%	12.57%	14.71%

① 《中华人民共和国2017年国民经济和社会发展统计公报》，http://www.stats.gov.cn/tjsj/zxfb/201802/t20180228_1585631.html[2019-02-28]。

续表

生活来源	总体	性别		户口类型			
		男性	女性	农业户口	非农业户口	农业转居民户口	非农业转居民户口
配偶的收入	28.24%	26.30%	30.23%	15.69%	42.91%	31.28%	30.88%
子女的资助	50.79%	45.73%	56.04%	60.85%	38.68%	51.68%	57.35%
其他亲属的资助	1.63%	1.66%	1.60%	2.12%	0.97%	1.96%	5.88%
政府/社团的补贴/资助	14.16%	13.63%	14.71%	20.72%	6.86%	8.94%	4.41%
以前的积蓄	16.58%	18.43%	14.67%	17.19%	15.89%	16.48%	14.71%
房屋、土地等租赁收入	5.74%	6.57%	4.88%	9.45%	1.57%	2.51%	4.41%
其他	0.71%	0.65%	0.78%	0.73%	0.71%	0.56%	0.00%

资料来源：2016 年 CLASS 数据

注：表中展示选择某生活来源为最主要的两项生活来源的老年人数量占样本量的比例，此题目为多选题，因此各项百分比总和不为 100%

在生活来源的性别比较上，男性依靠自己劳动或工作所得（28.14%）、以前的积蓄（18.43%）以及房屋、土地等租赁收入（6.57%）作为主要生活来源的比例明显高于女性，女性依靠配偶的收入（30.23%）、子女的资助（56.04%）、政府/社团的补贴/资助（14.71%）作为主要生活来源的比例明显高于男性。需要注意的是，有 56.04%的女性老年人以子女的资助作为主要生活来源，这一比重超过自己的离/退休金、养老金的占比，其已成为女性老年人最主要的生活来源（表 6-1）。

在生活来源的城乡比较上，农业户口老年人以子女的资助（60.85%）和自己劳动或工作所得（35.28%）作为主要生活来源，非农业户口老年人以自己的离/退休金、养老金（77.90%）和配偶的收入（42.91%）作为主要生活来源。农业户口的老年人依靠自己劳动或工作所得（35.28%）、子女的资助（60.85%）、其他亲属的资助（2.12%）、政府/社团的补贴/资助（20.72%）、以前的积蓄（17.19%）以及房屋、土地等租赁收入（9.45%）的比例高于非农业户口老年人。非农业户口老年人生活依靠自己的离/退休金、养老金（77.90%）和配偶的收入（42.91%）的比例高于农业户口老年人（表 6-1）。

如图 6-1 所示，主要依靠子女的资助的老年人比例随年龄增长而增长，依靠自己的离/退休金、养老金的比例随年龄增长而出现波动趋势。自己的离/退休金、养老金是处于 60～70 岁阶段的老年人最主要的生活来源。但当老年人步入 70 岁之后，子女的资助逐渐代替自己的离/退休金、养老金成为老年人最主要的生活来源。在其他生活来源上，主要依靠配偶的收入、自己劳动或工作所得、以前的积蓄的老年人比例随年龄增长而总体降低，依靠政府/社团的补贴/资助的比例则随年龄增长有所上升。

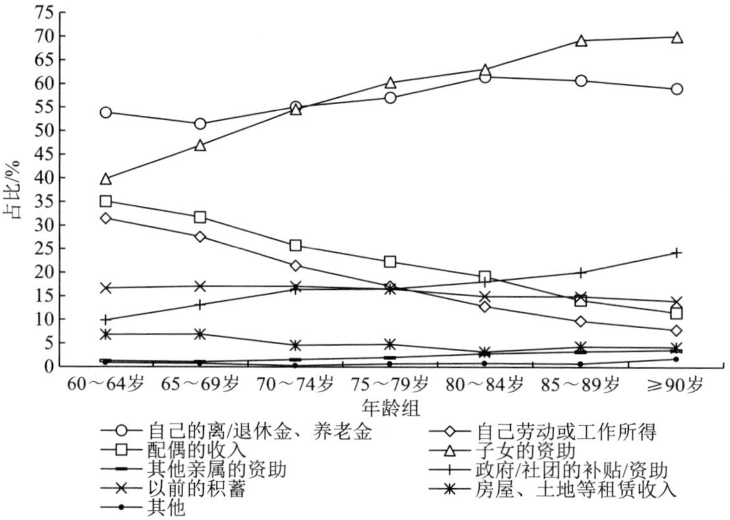

图 6-1　各生活来源占比随年龄变化折线图

资料来源：2016 年 CLASS 数据

对不同民族老年人主要生活来源的比较如表 6-2 所示。以自己的离/退休金、养老金和子女的资助作为主要生活来源的汉族和少数民族老年人的比例均较高。汉族老年人依靠自己的离/退休金、养老金的比例（55.1%）略高于少数民族老年人（54.7%），以子女的资助为主要生活来源的少数民族老年人比例（54.2%）高于汉族老年人（45.8%）。在其余生活来源中，主要依靠配偶的收入（32.4%）、以前的积蓄（17.7%）以及房屋、土地等租赁收入（6.5%）的汉族老年人比例高于少数民族老年人；少数民族老年人主要依靠政府/社团的补贴/资助的比例（15.6%）高于汉族老年人（12.1%）。

表 6-2　2016 年汉族和少数民族老年人主要生活来源情况

生活来源	民族	
	少数民族	汉族
自己的离/退休金、养老金	54.7%	55.1%
自己劳动或工作所得	23.9%	23.8%
配偶的收入	25.4%	32.4%
子女的资助	54.2%	45.8%
其他亲属的资助	1.6%	1.6%

续表

生活来源	民族	
	少数民族	汉族
政府/社团的补贴/资助	15.6%	12.1%
以前的积蓄	15.8%	17.7%
房屋、土地等租赁收入	5.2%	6.5%
其他	0.7%	0.8%

资料来源：2016 年 CLASS 数据

利用 2014 年 CLASS 基线数据，调查发现不同文化程度老年人的主要生活来源有明显差异。六成以上不识字的老年人以子女的资助（62.5%）为主要的生活来源，政府/社团的补贴/资助（35.9%）为不识字老年人的第二大生活来源。文化程度为私塾或小学的老年人以子女的资助（48.0%）和自己的离/退休金、养老金（47.8%）为主要生活来源的居多。具有初中以上文化程度的老年人主要依靠自己的离/退休金、养老金生活，其中 72.3%的初中学历老年人、88.9%的高中/中专学历老年人、98.2%的大专及以上学历老年人以自己的离/退休金、养老金为主要生活来源。子女的资助不再成为多数具有初中及以上文化程度老年人的主要生活来源。绝大多数具有大专及以上学历的老年人（98.2%）可以依靠自己的离/退休金、养老金满足自己的生活需求（表 6-3）。

表 6-3　2014 年不同文化程度老年人生活来源情况

生活来源	文化程度				
	不识字	私塾或小学	初中	高中/中专	大专及以上
自己的离/退休金、养老金	34.8%	47.8%	72.3%	88.9%	98.2%
自己劳动或工作所得	23.2%	28.2%	20.9%	10.2%	7.5%
配偶的收入	12.4%	14.8%	27.7%	29.9%	43.0%
子女的资助	62.5%	48.0%	29.4%	22.9%	13.1%
其他亲属的资助	1.6%	1.2%	0.3%	0.2%	0.4%
政府/社团的补贴/资助	35.9%	23.5%	11.3%	7.1%	1.2%
以前的积蓄	5.0%	6.7%	6.5%	7.1%	6.6%
房屋、土地等租赁收入	2.9%	6.6%	3.5%	0.8%	0.5%
其他	1.4%	1.5%	1.6%	0.8%	0.5%

资料来源：2014 年 CLASS 数据

如表 6-3 所示，随着老年人文化程度的提高，依靠自己的离/退休金、养老金和配偶的收入的老年人比例增加，依靠子女的资助和政府/社团的补贴/资助的比例下降。依靠其他亲属的资助的老年人在不识字老年人中的占比最高（1.6%）。依靠自己劳动或工作所得和房屋、土地等租赁收入的老年人比例随文化程度的提高呈现先上升后下降的趋势（其他这一类别通常包含的是不便分类的非典型性的人群，本章中我们不对其进行讨论），其中具有私塾或小学学历的老年人依靠自己劳动或工作所得和房屋、土地等租赁收入的比例在所有文化程度中最高（分别为 28.2%和 6.6%）。从以上数据分析中可知，拥有初中及以上学历的老年人具有单一且稳定的生活来源，并以自己的离/退休金、养老金为主，初中以下学历的老年人主要生活来源较为广泛，遍及自己劳动或工作所得、子女的资助、政府/社团的补贴/资助等多个类型。

不同婚姻状况老年人主要生活来源的比较结果如表 6-4 所示。有配偶的老年人中主要依靠自己的离/退休金、养老金的比例最高，为 55.3%；无配偶老年人中主要依靠子女的资助的比例最高，为 68.6%，比有配偶的老年人高 25.1 个百分点。在其余生活来源中，无配偶老年人依靠其他亲属的资助、政府/社团的补贴/资助、以前的积蓄的比例明显高于有配偶老年人，分别高出 1.9 个百分点、8.5 个百分点、3.8 个百分点，依靠自己劳动或工作所得的无配偶老年人（18.2%）较有配偶老年人（26.2%）低 8 个百分点。另外有 5.0%的无配偶老年人主要依靠配偶的收入生活，对其进行详细分析后发现，这一部分无配偶老年人的婚姻状况多数为丧偶（98%），推测这些老年人主要依靠配偶留下的遗产生活。

表 6-4　2016 年有无配偶老年人主要生活来源情况

生活来源	婚姻状况	
	无配偶	有配偶
自己的离/退休金、养老金	53.9%	55.3%
自己劳动或工作所得	18.2%	26.2%
配偶的收入	5.0%	37.7%
子女的资助	68.6%	43.5%
其他亲属的资助	3.0%	1.1%
政府/社团的补贴/资助	20.2%	11.7%
以前的积蓄	19.3%	15.5%
房屋、土地等租赁收入	5.9%	5.7%
其他	0.8%	0.7%

资料来源：2016 年 CLASS 数据

是否独居的老年人主要生活来源比较结果如表 6-5 所示。独居老年人最主要的生活来源是子女的资助，有 59.6%的独居老年人依靠子女的资助生活。有 54.3%的独居老年人将自己的离/退休金、养老金作为主要生活来源之一。独居老年人主要依靠子女的资助、其他亲属的资助、政府/社团的补贴/资助、以前的积蓄的比例较非独居老年人高，分别高出 10.1 个百分点、1.9 个百分点、7.7 个百分点和 6 个百分点，依靠自己劳动或工作所得的比例比非独居老年人低 1.9 个百分点。

表 6-5　2016 年是否独居老年人主要生活来源比较

生活来源	是否独居	
	非独居	独居
自己的离/退休金、养老金	55.0%	54.3%
自己劳动或工作所得	24.1%	22.2%
配偶的收入	31.4%	5.9%
子女的资助	49.5%	59.6%
其他亲属的资助	1.4%	3.3%
政府/社团的补贴/资助	13.2%	20.9%
以前的积蓄	15.8%	21.8%
房屋、土地等租赁收入	5.8%	5.3%
其他	0.7%	0.8%

资料来源：2016 年 CLASS 数据

由于经济发展水平的差异，不同区域老年人的经济状况和享受的社会保障情况也会有所差异，了解、比较、分析不同区域老年人的实际经济状况，有利于制定符合区域经济发展实际的老年经济政策。

2016 年 CLASS 数据发现三大地区（东部、中部、西部）均以老年人自己的离/退休金、养老金和子女的资助为最主要的生活来源，但不同地区两项主要生活来源的比例和排位不同：自己的离/退休金、养老金是东部地区老年人最为主要的生活来源之一，有约六成（60.8%）东部地区老年人主要生活来源为自己的离/退休金、养老金，比排位第二的子女的资助高 12.8 个百分点，而西部和中部地区老年人以自己的离/退休金、养老金作为主要生活来源的比例则相对较低，分别为 56.6%和 46.6%，子女的资助仍然是西部和中部地区老年人最主要的生活来源，分别有 57.1%的西部老年人和 50.6%的中部老年人主要依靠子女的资助维持生活（图 6-2）。

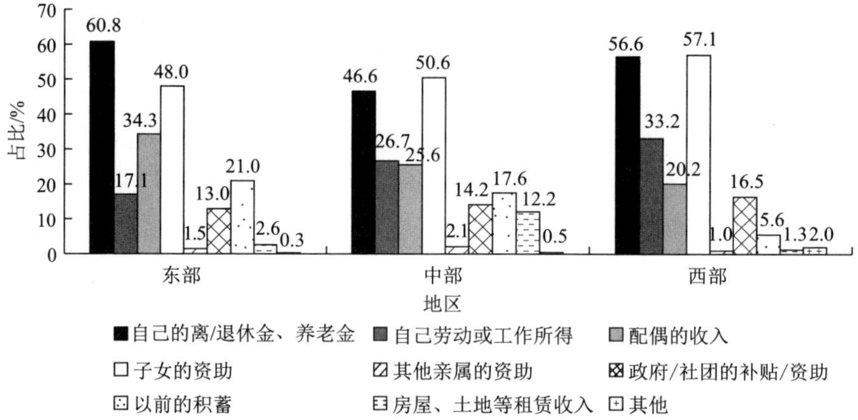

图 6-2 不同地区老年人主要生活来源分布条形图

资料来源：2016 年 CLASS 数据

对不同地区老年人其他主要生活来源的分布进行比较后发现，第一，老年人自己劳动或工作所得在中部、西部地区老年人主要生活来源中的占比较高，分别有 33.2%的西部地区老年人和 26.7%的中部地区老年人主要依靠自己劳动或工作所得生活，自己劳动或工作所得在中部、西部地区是仅次于自己的离/退休金、养老金和子女的资助后的第三大老年人生活来源。东部地区依靠自己劳动或工作所得维持生活的老年人比例仅为 17.1%，远低于中部、西部地区。第二，西部地区老年人主要依靠政府/社团的补贴/资助的比例为 16.5%，比中部地区高 2.3 个百分点，比东部地区高 3.5 个百分点。第三，依靠配偶的收入的老年人在东部地区占比最高（34.3%），这一比例比中部地区高 8.7 个百分点，比西部地区高 14.1 个百分点。第四，东部和中部地区老年人依靠以前的积蓄的比例分别为 21%和 17.6%，远高于西部地区（5.6%）。第五，中部地区老年人主要依靠房屋、土地等租赁收入的比例较高（12.2%），分别比东部和西部地区高 9.6 个百分点和 10.9 个百分点，房屋、土地等租赁收入是中部地区老年人的特色主要生活来源（图 6-2）。

第二节 消费与支出

2016 年 CLASS 数据显示老年人在调查时点的（2016 年 11 月）前 12 个月中家庭平均每月支出的中位数为 1500 元（800～2600 元①），比 2014 年调查时下降 9.09%（2014 年中位数为 1650 元）。农村（农业户口）老年人家庭每月总支出中位数为 1000 元（500～2000 元），城镇（非农业户口）老年人家庭每月总支出中

① 括号中为“上四分位数～下四分位数”。

位数为 2000 元（1500～3000 元），城镇（非农业户口）老年人家庭每月总支出中位数是农村（农业户口）老年人家庭的 2 倍。

城镇（非农业户口）老年人方面，城镇男性老年人家庭每月总支出中位数以“U”形曲线随年龄变化：65 岁前月支出随年龄下降，65～75 岁支出较为稳定，75 岁以上老年人月支出随年龄上升。城镇女性老年人家庭月支出中位数随年龄的变化较小。在所有年龄段中，城镇男性老年人支出中位数均不低于城镇女性老年人（图 6-3）。

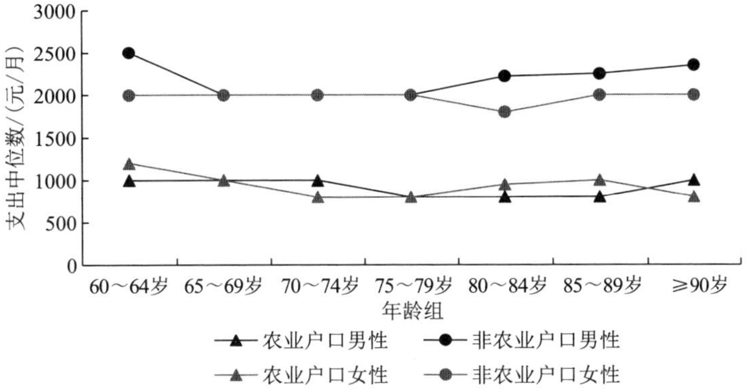

图 6-3　分性别、分户口类型家庭平均月支出中位数随年龄变化折线图

资料来源：2016 年 CLASS 数据

农村（农业户口）老年人家庭月支出中位数的性别和年龄差异较小，不同性别、不同年龄段农村（农业户口）老年人家庭月支出均在 1000 元左右。家庭月支出中位数的性别和年龄差异较小，不同性别、不同年龄段农村（农业户口）老年人家庭月支出均在 1000 元左右（图 6-3）。

在老年人家庭月支出的城乡差异上，各年龄段男性和女性城镇（非农业户口）老年人的家庭月支出中位数均分别高于同年龄段、同性别的农村（农业户口）老年人（图 6-3）。

在各支出项目方面，2016 年调查时老年人家庭平均每月日常饮食费用中位数为 800 元（400～1500 元），占总支出比重的中位数为 62.5%（50%～75%），在三个主要消费项目（日常饮食费用、医疗费用和水电气等杂费）中占比最高。医疗费用和水电气等杂费占比中位数均为 10%（上下四分位数范围分别为 6.25%～15% 和 4%～20%）。

在各支出项目的性别比较上，女性老年人家庭每月日常饮食费用中位数为 900 元（400～1500 元），比男性高 100 元，在女性老年人家庭总支出的占比中位数为 63.3%（50%～75%），高于男性（62.5%）。女性老年人每月水电气等杂费支出中位数为 150 元（80～270 元），高于男性（100 元），每月医疗费用支出中位数为 120 元（50～300 元），低于男性（140 元）（图 6-4）。

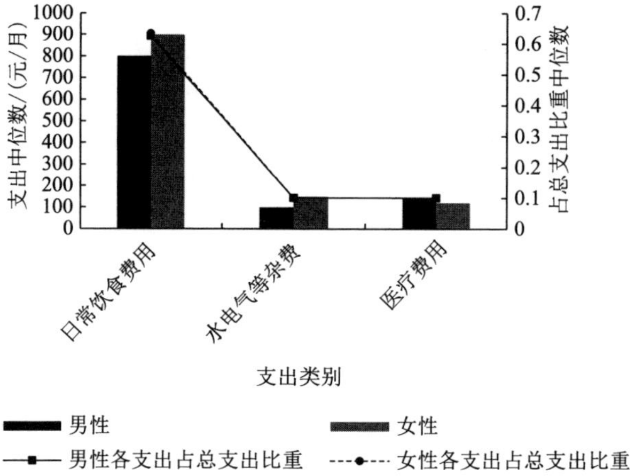

图 6-4　分性别老年人各项目支出及占总支出比重

资料来源：2016 年 CLASS 数据

各支出项目的城乡比较上，城镇（非农业户口）老年人每月家庭日常饮食支出中位数为 1300 元（800～2000 元），是农村（农业户口）老年人的 2.6 倍，但城乡老年人家庭日常饮食费用在总支出的占比差距不大，城镇（非农业户口）老年人略高于农村（农业户口）老年人。城镇（非农业户口）老年人每月水电气等杂费和医疗费用中位数均为 200 元（上下四分位数范围分别为 100～300 元和 100～400 元），高于农村（农业户口）老年人（图 6-5）。

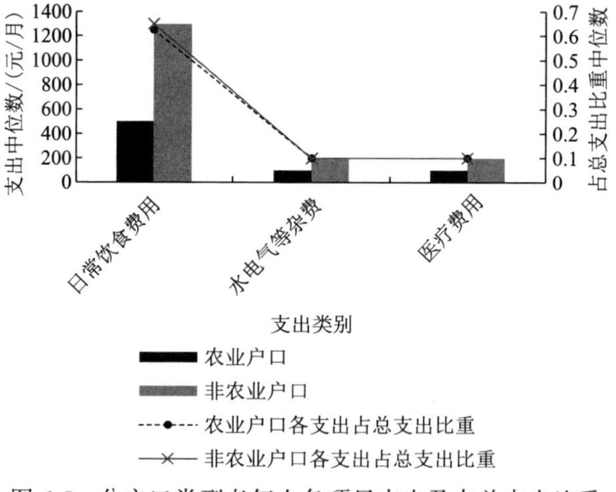

图 6-5　分户口类型老年人各项目支出及占总支出比重

资料来源：2016 年 CLASS 数据

各支出项目的年龄比较上，老年人每月家庭医疗支出及占总支出的比重总体随年龄增加而增加，80 岁及以上老年人每月家庭医疗支出中位数维持在 200 元左右，占总支出比重的中位数达到 12.5%。随着老年人年龄增长，各种老年慢性病和退行性疾病患病率上升，老年人医疗卫生服务需求随年龄增长而增加，从而提高老年人的日常医疗费用支出（图 6-6）。

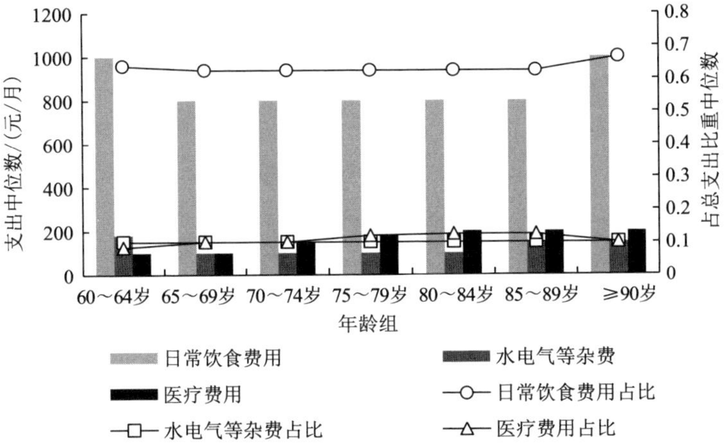

图 6-6　老年人各项目支出及占总支出比重随年龄变化折线图

资料来源：2016 年 CLASS 数据

对不同文化程度老年人的家庭月支出进行比较后发现，如图 6-7 所示，2014 年的基线调查结果表明，老年人家庭月支出中位数随其文化程度的提高而提高。大专及以上文化程度的老年人家庭月支出中位数为 3000 元（2000～4500 元），而不识字老年人家庭月支出中位数仅为 1100 元（500～2000 元）。

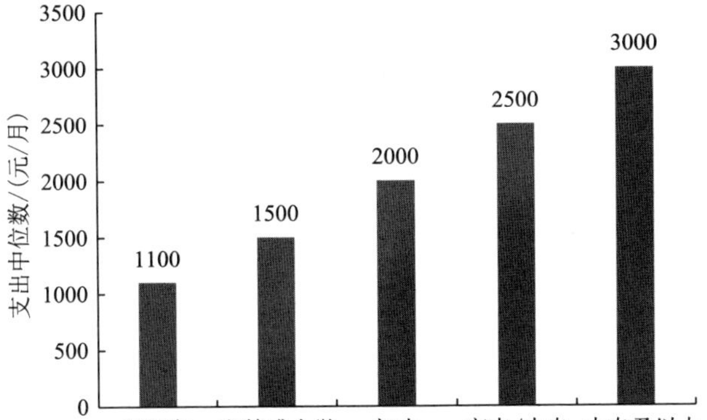

图 6-7　不同文化程度老年人家庭月支出中位数条形图

资料来源：2014 年 CLASS 数据

具体到各项支出上，2014年基线调查数据显示，日常饮食费用、水电气等杂费、医疗费用等三项主要消费支出均随老年人文化程度的提高而增加，其中大专及以上文化程度的老年人家庭日常饮食月支出中位数为1700元（1000～2303元），是不识字老年人（500元）的3.4倍，水电气等杂费和医疗费用月均支出中位数均为300元（上下四分位数分别为100～618元和200～500元），是不识字老年人的3倍和1.5倍。值得注意的是，虽然不同文化程度老年人家庭月均医疗费用支出中位数差距较小，但医疗费用占家庭总支出的比重却随老年人文化程度提高而有明显下降。不识字老年人医疗费用支出在总支出的占比为18%，比大专及以上老年人高了8个百分点。随着国民寿命和老年慢性病患病率的提高，医疗服务已经成为多数老年人的刚性需求，而文化程度较低的老年人由于经济收入和接受的医疗保障水平普遍较低，因此将会面对更大的由医疗需求带来的经济压力（图6-8）。

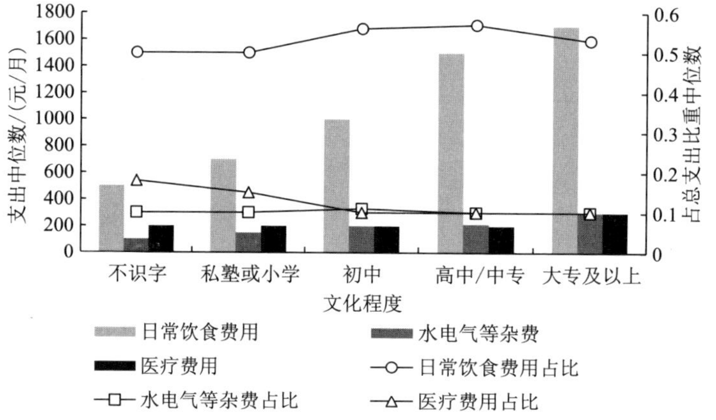

图6-8　不同文化程度老年人各项支出中位数及占总支出比重

资料来源：2014年CLASS数据

分民族老年人支出比较结果如表6-6所示。汉族和少数民族老年人家庭总支出中位数均为1500元/月，其中汉族四分位数为800～2725元/月，少数民族为700～2600元/月。分项目支出来看，汉族老年人日常饮食费用中位数为1000元/月（400～1500元/月），占总消费比重的中位数为66.7%（50%～77.8%），略高于少数民族老年人（800元/月；62.1%），少数民族老年人医疗费用支出中位数为150元/月（50～300元/月），高于汉族老年人（100元/月）；少数民族老年人水电气等杂费支出中位数为120元/月（50～250元/月），低于汉族老年人（150元/月）。

表 6-6 分民族老年人支出情况

民族	总支出中位数/（元/月）	日常饮食费用中位数/（元/月）	日常饮食费用占比中位数	水电气等杂费费用中位数/（元/月）	水电气等杂费费用占比中位数	医疗费用中位数/（元/月）	医疗费用占比中位数
汉族	1500	1000	66.7%	150	10%	100	10%
少数民族	1500	800	62.1%	120	10%	150	10%

资料来源：2016 年 CLASS 数据

分婚姻状况老年人支出比较结果如表 6-7 所示。无配偶老年人家庭总支出中位数为 1300 元/月（547.5～2300 元/月），低于有配偶老年人（1700 元/月），其中日常饮食、医疗费用和水电气等杂费支出中位数分别为 700 元/月（300～1500 元/月）、100 元/月（50～300 元/月）、100 元/月（50～200 元/月），均不高于有配偶的老年人。

表 6-7 分婚姻状况老年人支出情况

婚姻状况	总支出中位数/（元/月）	日常饮食费用中位数/（元/月）	日常饮食费用占比中位数	水电气等杂费费用中位数/（元/月）	水电气等杂费费用占比中位数	医疗费用中位数/（元/月）	医疗费用占比中位数
无配偶	1300	700	62.5%	100	10%	100	10%
有配偶	1700	1000	62.5%	150	10%	100	10%

资料来源：2016 年 CLASS 数据

分居住状况老年人支出比较结果如表 6-8 所示。独居老年人家庭支出中位数为 800 元/月（400～1500 元/月），低于非独居老年人（1800 元/月），其中日常饮食费用、医疗费用和水电气等杂费的月支出中位数均低于非独居老年人。独居老年人医疗费用占总消费的比重中位数为 12.5%（3.8%～25%），高于非独居老年人，说明医疗支出给独居老年人带来的经济压力更大。

表 6-8 分居住状况老年人支出情况

居住状况	总支出中位数/（元/月）	日常饮食费用中位数/（元/月）	日常饮食费用占比中位数	水电气等杂费费用中位数/（元/月）	水电气等杂费费用占比中位数	医疗费用中位数/（元/月）	医疗费用占比中位数
非独居	1800	1000	63.3%	150	10%	150	10.0%
独居	800	500	60.0%	100	10%	100	12.5%

资料来源：2016 年 CLASS 数据

对不同地区老年人的支出情况进行比较，结果如表 6-9 所示。经济状况相对较好的东部地区老年人家庭平均月支出中位数为 2000 元（1000～3000 元），经济发展相对较差的中部地区和西部地区分别为 1100 元（500～2000 元）和 1300 元（700～2000 元）。

表 6-9　分地区老年人支出情况

地区	总支出中位数/（元/月）	日常饮食费用中位数/（元/月）	日常饮食费用占比中位数	水电气等杂费费用中位数/（元/月）	水电气等杂费费用占比中位数	医疗费用中位数/（元/月）	医疗费用占比中位数
东部地区	2000	1000	62.9%	200	10%	200	10.0%
中部地区	1100	700	65.2%	100	10%	100	10.0%
西部地区	1300	700	60.0%	100	10%	150	11.1%

资料来源：2016 年 CLASS 数据

分支出项目比较，东部地区老年人日常饮食费用、水电气等杂费和医疗费用在三个地区中均为最高，各项支出中位数分别为 1000 元/月（500～2000 元/月）、200 元/月（100～300 元/月）和 200 元/月（100～300 元/月），其中，东部地区老年人日常饮食费用占家庭总消费比重的中位数为 62.9%（50%～75%），低于中部地区（65.2%），高于西部地区（60.0%）；水电气等杂费和医疗费用支出的比重在三个地区均为 10%左右。

为反映老年人基本经济状况，本节根据 2016 年民政部《2016 年社会服务发展统计公报》[①]提供的城乡最低生活保障标准（城镇每人低保平均标准为 494.6 元/月，农村每人低保平均标准为 312 元/月）计算 2016 年 CLASS 数据中老年人的贫困率。

一般经济学家更倾向于利用支出代替收入进行贫困率的计算，而且支出的贫困率更接近于老年人实际情况。为了便于比较，以下分析利用老年人家庭人均支出计算贫困率。2016 年 CLASS 结果表明，老年人基于家庭个人平均月支出的贫困率为 28.3%，比 2014 年 CLASS 基线调查水平（30.5%）[②]低 7.21%[③]。其中城镇（非农业户口）老年人贫困率为 16.8%，比 2014 年下降 10.3 个百分点[2014 年城镇（非农业户口）老年人贫困率为 27.1%]，农村（农业户口）老年人贫困率为 39.3%，较 2014 年上升 1.3 个百分点[2014 年农村（农业户口）老年人贫困率为 38.0%]。

分性别比较，与 2014 年基线调查时男性老年人贫困率（28.8%）低于女性老年人（34.1%）不同，2016 年调查结果显示男性老年人贫困率为 29.1%，女性贫困率为 27.5%，女性老年人贫困率相较于 2014 年基线水平下降 6.6 个百分点，且略低于男性。

从年龄趋势上看，90 岁以下的老年人中，农村（农业户口）老年人贫困率随年龄增长总体有上升趋势，而城镇（非农业户口）老年人贫困率没有随年龄变化呈现出明显的上升或下降趋势，见图 6-9。

---

① 《2016 年社会服务发展统计公报》, http://www.mca.gov.cn/article/sj/tjgb/201708/20170815005382.shtml [2019-11-01]。

② 2014 年基于支出的贫困率是基于 2013 年民政部《2013 年社会服务发展统计公报》最低生活保障标准计算的，数据来源于《2014 年中国老年社会追踪调查报告》，以下有关 2014 年各类别老年人贫困率数据均源于此。

③ （30.5%–28.3%）/30.5%=7.21%。

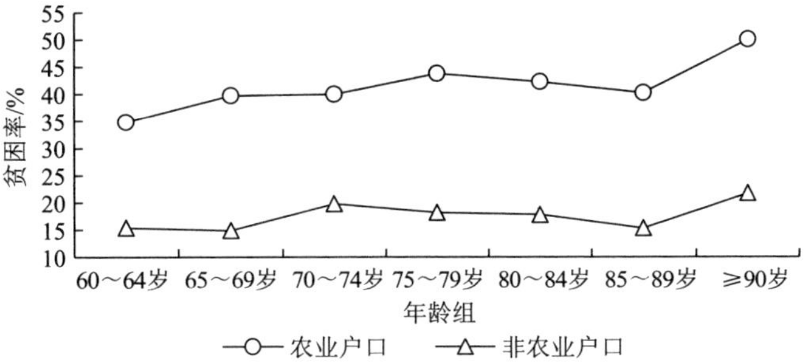

图 6-9　分户口老年人贫困率随年龄变化折线图

资料来源：2016 年 CLASS 数据

文化程度越低的老年人越容易陷入贫困。2014 年 CLASS 基线调查数据表明，30.7%的不识字老年人家庭人均月支出在贫困线以下，这一比重是具有大专及以上文化程度的老年人（3.6%）的 8.5 倍（图 6-10）。

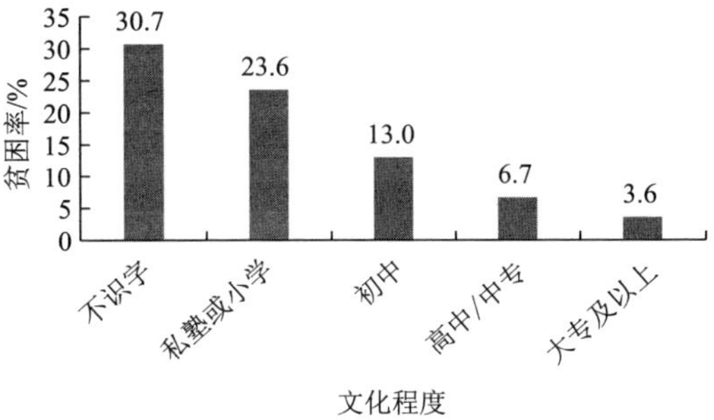

图 6-10　不同文化程度老年人贫困率条形图

资料来源：2014 年 CLASS 数据

在其他方面，少数民族老年人贫困率为 29%，略高于汉族老年人（27.2%）；独居老年人贫困率为 22.6%，低于非独居老年人（29.2%）；有配偶老年人贫困率为 28.5%，略高于无配偶老年人（27.9%）；中部地区老年人贫困率最高，为 36.2%，西部地区次之（30.3%），东部地区最低（21.6%）。

第三节　财　　富

2016 年老年人在调查时点（2016 年 11 月）前 12 个月总收入中位数为 12 000 元（2000～20 000 元），较 2014 年基线数据（10 000 元）提高 20%。其中，男性老年人年总收入中位数为 13 000 元（2600～33 600 元），比 2014 年基线调查时（16 800 元）降低 22.6%；女性老年人年总收入中位数为 10 000 元（2000～30 000 元），比 2014 年基线调查时（6760 元）提高 47.9%。城镇（非农业户口）老年人年收入中位数 30 000 元（14 265～40 000 元），比 2014 年调查时（24 000 元）提高 25%；农村（农业户口）老年人年收入中位数为 3400 元（1140～12 000 元），比 2014 年（3360 元）提高 1.19%，城镇（非农业户口）老年人年收入水平高于农村（农业户口）老年人，且收入增长速度比农村（农业户口）老年人快。图 6-11 为分性别及户口类型老年人年收入中位数随年龄的变化情况。各年龄段男性城镇（非农业户口）老年人收入中位数均高于同年龄段女性城镇（非农业户口）老年人，且男性城镇（非农业户口）老年人年收入中位数总体有随年龄上升的趋势。农村（农业户口）老年人年收入中位数随年龄总体呈下降趋势，各年龄段女性年收入中位数均略低于男性。

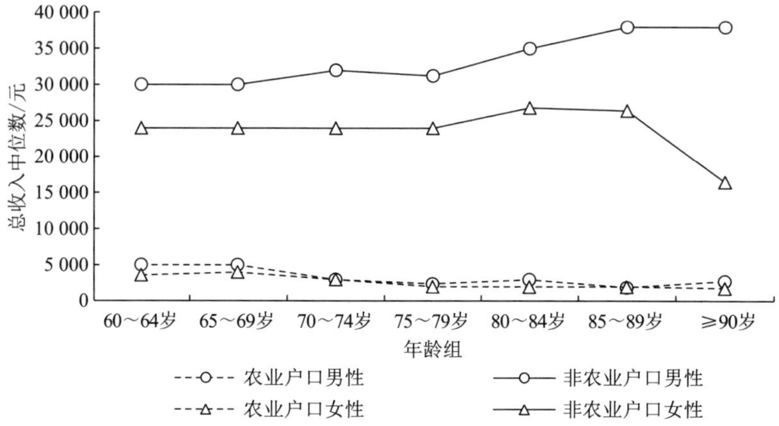

图 6-11　分性别、分户口类型老年人总收入中位数随年龄变化折线图

资料来源：2016 年 CLASS 数据

不同地区老年人个人年收入具有明显差异，东部地区老年人年收入中位数为 25 000 元（5000～40 000 元），中部和西部地区老年人年收入中位数仅为 5000 元（上下四分位数分别为 2000～20 000 元和 1200～19 000 元）。汉族老年人年收入中位数为 15 000 元（3000～30 000 元），高于少数民族老年人（10 000 元）。无配偶的老年人个人年收入中位数为 6000 元（1500～27 000 元），远低于有配偶老年人（14 200 元）。独居的老年人个人年收入中位数为 6000 元（1500～28 000 元），是非独居老年人（12 000 元）的 1/2。

41.9%的老年人有现金储蓄，其中 58.5%的城镇（非农业户口）老年人及配偶有现金储蓄，而这一比例在农村（农业户口）老年人中仅为 28.5%。男性有现金储蓄的比例为 43.7%，女性为 40%，男性略高于女性。如图 6-12 所示，城镇（非农业户口）老年人现金储蓄拥有率的性别差异较大，除 90 岁及以上外，各年龄段城镇男性现金储蓄率高于女性，农村各年龄段现金储蓄拥有率的性别差异较小。城镇男性、城镇女性、农村男性、农村女性现金储蓄拥有率均具有随年龄增长而下降的趋势。汉族老年人现金储蓄率为 43%，略高于少数民族老年人（41.1%）。

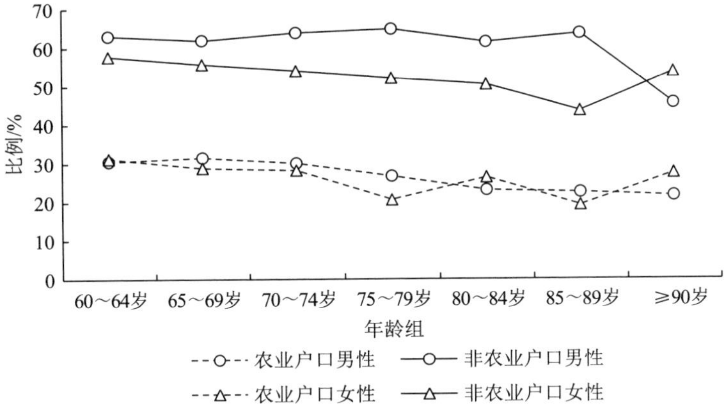

图 6-12　分性别、分户口类型老年人拥有现金储蓄的比例随年龄变化折线图

资料来源：2016 年 CLASS 数据

34.2%的无配偶老年人有现金储蓄，比有配偶老年人（45.1%）低 10.9 个百分点。独居老年人有现金储蓄的比例为 35.1%，比非独居老年人（42.9%）低 7.8 个百分点。分地区比较发现，东部地区有现金储蓄的老年人比例最高，为 59.6%，分别比中部地区和西部地区高 28.1 个百分点和 37.1 个百分点。

2016 年调查发现有 8.95%的老年人没有自己的住房，没有住房的老年人比例较 2014 年基线调查（16.6%）时降低了 7.65 个百分点。有 86.44%的老年人有 1 套住房，而有 2 套和 3 套及以上住房的老年人比例较低，分别为 4.03%和 0.58%。

如表 6-10 所示，分性别来看，有 10.29%的女性老年人没有住房，远高于男性老年人（7.66%），而有 12.19%的农村（农业户口）老年人没有住房，高于城镇（非农业户口）老年人（4.86%）。图 6-13 对户口和性别进行细分，可以发现农村（农业户口）女性老年人没有住房的比例最高，为 14.43%，比占比最低的城镇（非农业户口）男性老年人（4.46%）高 9.97 个百分点。女性农村（农业户口）老年人的住房安全不甚乐观。

表 6-10　分性别、分户口类型的老年人住房数构成

住房数	总体	性别		户口类型			
		男性	女性	农业户口	非农业户口	农业转居民户口	非农业转居民户口
0 套	8.95%	7.66%	10.29%	12.19%	4.86%	11.73%	13.24%
1 套	86.44%	87.55%	85.28%	85.65%	87.85%	82.12%	75.00%
2 套	4.03%	4.21%	3.84%	1.75%	6.68%	4.75%	4.41%
3 套及以上	0.58%	0.58%	0.59%	0.41%	0.61%	1.40%	7.35%

资料来源：2016 年 CLASS 数据

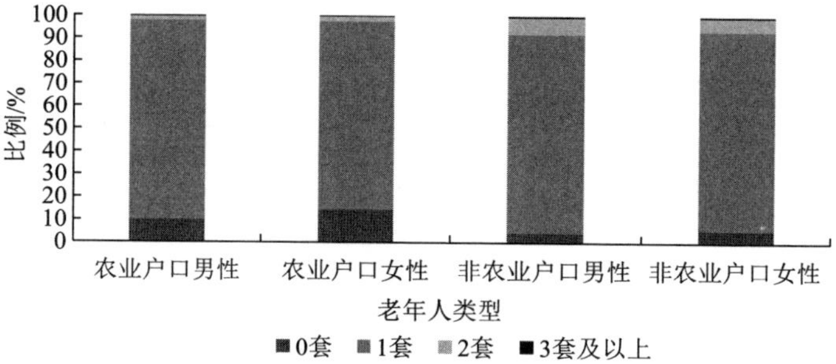

图 6-13 分性别、分户口类型老年人住房数分布

资料来源：2016 年 CLASS 数据

如图 6-14 所示，随着老年人年龄增加，拥有 1 套、2 套、3 套及以上住房的老年人比例明显下降，没有住房的老年人比例明显上升，60～64 岁组中 6.24%的老年人没有住房，而 90 岁及以上年龄组则有近两成（18.9%）的老年人没有住房。

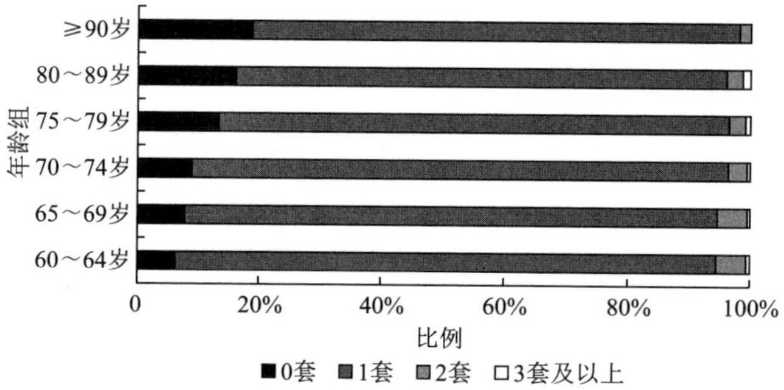

图 6-14 老年人住房数分布随年龄变化累计条形图

资料来源：2016 年 CLASS 数据

对汉族和少数民族老年人的住房状况进行比较的结果如表 6-11 所示，9.8%的少数民族老年人没有住房，比汉族老年人高 2.1 个百分点，其中 85.3%的少数民族老年人拥有 1 套住房，比汉族老年人低 2.8 个百分点；拥有 2 套住房的少数民族老年人比例为 4.1%，比汉族高 0.2 个百分点；拥有 3 套及以上住房的为 0.8%，比汉族老年人高 0.5 个百分点。少数民族老年人拥有较多住房和没有住房的比例均比汉族老年人高。

表 6-11 分民族老年人住房数构成

住房数	民族	
	少数民族	汉族
0 套	9.8%	7.7%
1 套	85.3%	88.1%

续表

住房数	民族	
	少数民族	汉族
2 套	4.1%	3.9%
3 套及以上	0.8%	0.3%

资料来源：2016 年 CLASS 数据

对不同文化程度老年人的住房数量进行比较的结果如表 6-12 所示。2014 年的调查结果表明个人住房拥有率随老年人文化程度提高而上升，具有大专及以上、高中、初中、私塾或小学、不识字文化程度的老年人的个人住房拥有率分别为 95.1%、90.7%、90.6%、86.1%和 75.5%，有近 1/4 不识字的老年人没有住房。同时，随着文化程度的提高，老年人拥有住房的数量有所增加，2.9%的大专及以上文化程度的老年人拥有 3 套及以上的住房，是不识字老年人的 4.83 倍。

表 6-12　分文化程度老年人住房数构成

住房数	文化程度				
	不识字	私塾或小学	初中	高中	大专及以上
0 套	24.5%	13.9%	9.4%	9.3%	4.9%
1 套	72.7%	80.3%	82.3%	80.3%	80.0%
2 套	2.2%	4.8%	6.8%	9.4%	12.3%
3 套及以上	0.6%	1.0%	1.4%	0.9%	2.9%

资料来源：2014 年 CLASS 数据

对不同婚姻状况的老年人的住房数量进行比较的结果见表 6-13。没有配偶的老年人无个人住房的比例为 13.7%，高于有配偶的老年人（7.0%）。其中，拥有 1 套住房的无配偶老年人比例为 83.5%，比有配偶老年人低 4.2 个百分点；有 2 套住房的无配偶老年人比例为 2.2%，比有配偶老年人低 2.6 个百分点。

表 6-13　分婚姻状况老年人的住房数构成

住房数	婚姻状况	
	无配偶	有配偶
0 套	13.7%	7.0%
1 套	83.5%	87.7%
2 套	2.2%	4.8%
3 套及以上	0.6%	0.6%

资料来源：2016 年 CLASS 数据

对不同居住状况的老年人的住房数量进行比较后发现，独居老年人没有个人住房的比例为 9.6%，比非独居老年人（8.9%）高 0.7 个百分点。其中，独居老年人拥有 2 套和 3 套及以上住房的比例分别为 1.7%和 0.3%，分别低于非独居老年人 2.7 个百分点和 0.3 个百分点（表 6-14）。

表 6-14　分居住状况老年人住房数构成

住房数	居住状况	
	非独居	独居
0 套	8.9%	9.6%
1 套	86.2%	88.4%
2 套	4.4%	1.7%
3 套及以上	0.6%	0.3%

资料来源：2016 年 CLASS 数据

分地区比较老年人的住房拥有情况，如表 6-15 所示，中部地区和西部地区老年人目前仍没有住房的比例分别为 10.6%和 15.4%，远高于东部地区（4.6%），东部地区拥有 1 套、2 套和 3 套及以上住房的老年人总体比例（95.4%）均高于中部和西部地区，分别为 87.4%、7.0%和 1.0%。

表 6-15　分地区老年人住房数构成

住房数	地区		
	东部地区	中部地区	西部地区
0 套	4.6%	10.6%	15.4%
1 套	87.4%	87.2%	83.1%
2 套	7.0%	2.0%	1.3%
3 套及以上	1.0%	0.2%	0.2%

资料来源：2016 年 CLASS 数据

44%的老年人没有包括储蓄、土地、黄金、理财产品、古董等各项资产中的任何一项。其中，女性无资产老年人（46.9%）的比例高于男性（41.2%），农村（农业户口）老年人（48.4%）高于城镇（非农业户口）老年人（38.6%）。老年人没有资产的比例随年龄增长而上升，60～64 岁组有 41.6%的老年人没有资产，而 90 岁及以上的老年人则半数以上（54.3%）均没有资产（表 6-16）。

表 6-16　分性别、分户口类型和分年龄老年人无资产比例

项目		无资产比例	项目		无资产比例
总体		44.0%	年龄组	65～69 岁	43.0%
性别	男性	41.2%		70～74 岁	44.7%
	女性	46.9%		75～79 岁	45.5%
户口	农业户口	48.4%		80～84 岁	47.9%
	非农业户口	38.6%		85～89 岁	47.7%
年龄组	60～64 岁	41.6%		≥90 岁	54.3%

45%的汉族老年人没有任何资产，少数民族老年人为 43.4%，汉族老年人没有任何资产的比例高于少数民族老年人。无配偶老年人没有任何资产的比例为 50.9%，比有配偶的老年人高 7.9 个百分点。独居老年人没有任何资产的比例为 52.3%，比非独居老年人高 9.4 个百分点。56%的西部地区老年人没有任何资产，高于中部地区（49.4%）和东部地区（33.9%）。

除土地外，老年人在储蓄以外的其他资产拥有率均较少。18.9%的老年人拥有土地，其中多数为农村（农业户口）老年人。31%的农村（农业户口）老年人拥有土地，是城镇（非农业户口）老年人的近 10 倍。如图 6-15 所示，农村男性老年人土地拥有率（32%）最高，高于农村女性老年人（29%）3 个百分点。其他资产中，老年人拥有黄金、股票等理财产品和古董的比例分别为 3.3%、1.8%和 0.2%。

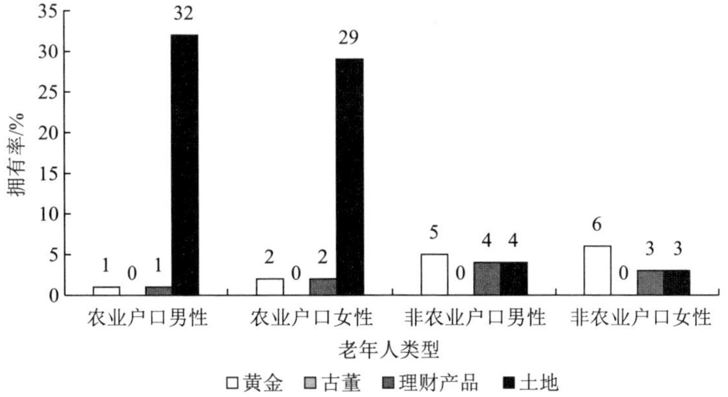

图 6-15　分性别、分户口类型老年人各种资产拥有率

资料来源：2016 年 CLASS 数据

汉族和少数民族老年人拥有各种资产的构成差别较小，少数民族老年人拥有土地（20.9%）的比例高于汉族老年人（16.0%）（表 6-17）。

表 6-17　分民族老年人各种资产拥有率

资产	汉族	少数民族
黄金	3.2%	3.4%
古董	0.3%	0.2%
理财产品	1.7%	1.8%
土地	16.0%	20.9%

资料来源：2016 年 CLASS 数据

无配偶老年人黄金拥有率为 2.6%，比有配偶老年人低 1 个百分点，理财产品拥有率为 0.7%，比有配偶老年人低 1.5 个百分点，土地拥有率为 18.4%，比有配偶老年人低 0.8 个百分点（表 6-18）。

表 6-18　分婚姻状况老年人各种资产拥有率

资产	无配偶	有配偶
黄金	2.6%	3.6%
古董	0.2%	0.3%
理财产品	0.7%	2.2%
土地	18.4%	19.2%

资料来源：2016 年 CLASS 数据

独居老年人黄金拥有率为 1.7%，比非独居老年人低 1.9 个百分点；理财产品的拥有率为 0.7%，比非独居老年人低 1.2 个百分点，土地拥有率为 15.1%，比非独居老年人低 4.4 个百分点（表 6-19）。

表 6-19　分居住安排老年人各种资产拥有率

资产	非独居	独居
黄金	3.6%	1.7%
古董	0.3%	0.1%
理财产品	1.9%	0.7%
土地	19.5%	15.1%

资料来源：2016 年 CLASS 数据

对不同地区老年人四种资产拥有率进行比较，如表 6-20 所示，东部地区老年人黄金拥有率为 5.3%，高于中部地区（1.6%）和西部地区（2.1%）老年人。中部地区（24.2%）和西部地区（28.6%）老年人土地拥有率明显高于东部地区（10.1%）。东部地区老年人持有理财产品的比例为2.9%，分别较中部地区和西部地区老年人高1.6个百分点和2.7个百分点（表6-20）。

表6-20　分地区老年人各种资产拥有率

资产	东部地区	中部地区	西部地区
黄金	5.3%	1.6%	2.1%
古董	0.4%	0.1%	0.1%
理财产品	2.9%	1.3%	0.2%
土地	10.1%	24.2%	28.6%

资料来源：2016年CLASS数据

第四节　社会保障

2016年调查发现27.16%的老年人没有城乡居民基本养老金（包括城镇居民社会养老金和农村社会养老金）、企业职工基本养老金和机关事业单位基本养老金（机关事业单位离/退休金、养老金）中的任何一种，这一部分老年人的养老难以得到充足的社会保障，其中没有以上三项社会保障的老年人比例在男性中为26.9%，女性中为27.4%；农村（农业户口）老年人中为35.5%，城镇（非农业户口）老年人中为16.8%；东部地区老年人中为26.1%，中部地区老年人中为27.9%，西部地区老年人中为19.3%。

农村（农业户口）老年人以城乡居民基本养老金为主，57.6%的农村（农业户口）老年人享受城乡居民基本养老金，其中农村男性老年人享受城乡居民基本养老金的比例为56.32%，女性老年人为57.76%（图6-16）。农村（农业户口）老年人拥有企业职工基本养老金和机关事业单位基本养老金的比例较少，分别有6.1%和1.8%的农村（农业户口）老年人享受企业职工基本养老金和机关事业单位基本养老金。

城镇（非农业户口）老年人以企业职工基本养老金为主，55.6%的城镇（非农业户口）老年人享受企业职工基本养老金，其中城镇（非农业户口）男性老年人享受企业职工基本养老金的比例为55.6%，城镇（非农业户口）女性老年人为52.63%（图6-16）。19.1%的城镇（非农业户口）老年人享受城乡居民基本养老金，其中城镇男性老年人享受城乡居民基本养老金的比例为15.51%，城镇女性老年人为21.61%（图6-16）。

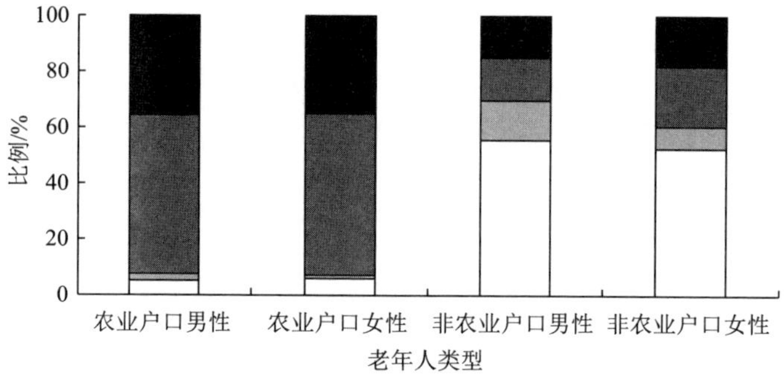

图 6-16　分性别、分户口类型老年人基本养老金拥有比例

资料来源：2016 年 CLASS 数据

在养老金方面，企业职工基本养老金中位数为 2800 元/月，比 2014 年调查时（2400 元/月）增长 16.7%；机关事业单位基本养老金中位数为 3500 元/月，较 2014 年（2693 元/月）增长 30.0%。城乡居民基本养老金中位数为 90 元/月，其中城镇（非农业户口）老年人获得城乡居民基本养老金中位数为 300 元/月，占享受该项保障家庭月总支出的比重中位数为 79%，但作为农村主要的老年人养老金来源，城乡居民基本养老金在农村（农业户口）老年人中的中位数为 80 元/月，仅为城镇（非农业户口）老年人的 26.7%，且实际获得金额占农村（农业户口）老年人家庭人均月支出比例的中位数仅为 27%。城乡居民基本养老金在保障水平上体现出的城乡差距表明基本养老金城乡“并轨”实践并没有较好地缩减城乡养老保障水平的差距。从城镇保障水平也可以发现，作为城镇（非农业户口）老年人主要的养老金类型，企业职工基本养老金和机关事业单位基本养老金中位数分别为 2800 元/月（2000～3500 元/月）和 3500 元/月（2500～5000 元/月），分别比农村高 30.2%和 16.7%，且分别是城镇（非农业户口）老年人人均家庭月支出的 2.69 倍和 3.20 倍，这再次体现了我国老年人基本养老金补助力度的城乡差距（表 6-21）。

表 6-21　三种主要社会养老保险金及占总支出的比重

基本养老金	总体/（元/月）	占人均支出比例的中位数	中位数（城镇）/（元/月）	占人均支出比例的中位数（城镇）	中位数（农村）/（元/月）	占人均支出比例的中位数（农村）
企业职工基本养老金	2800	270%	2800	269%	2150	278%
机关事业单位基本养老金	3500	320%	3500	320%	3000	345%

续表

基本养老金	总体/（元/月）	占人均支出比例的中位数	中位数（城镇）/（元/月）	占人均支出比例的中位数（城镇）	中位数（农村）/（元/月）	占人均支出比例的中位数（农村）
城乡居民基本养老金	90	32%	300	79%	80	27%

资料来源：2016 年 CLASS 数据

年龄趋势方面，调查发现企业职工基本养老金参保率和城乡居民基本养老金参保率随年龄增加没有明显的上升或下降趋势，而机关事业单位基本养老金参保率在 90 岁以前随年龄增加有上升趋势（图 6-17）。

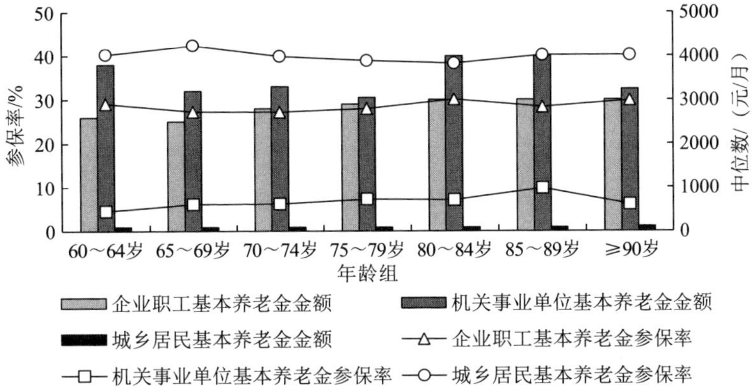

图 6-17　三种基本养老金中位数及参保率随年龄变化情况

资料来源：2016 年 CLASS 数据

利用 2014 年基线调查数据对不同文化程度老年人享受的主要基本养老金类型进行比较。其中，文化程度在小学及以下的老年人以农村社会养老金为主（40%以上），可以推测文化程度为小学及以下的老年人多居住在农村；初中和高中/中专文化程度的老年人以企业职工基本养老金和机关事业单位基本养老金为主，分别有 61.4%和 83.8%的初中和高中/中专文化程度的老年人享受这两项基本养老金的一种；具有大专及以上文化程度的老年人则以机关事业单位基本养老金为主，56.7%的大专及以上文化程度的老年人享受机关事业单位基本养老金（图 6-18）。

企业职工基本养老金、城镇居民社会养老金和机关事业单位基本养老金享受比例主要随老年人文化程度提高而总体呈现上升态势，农村社会养老金则随老年人文化程度提高而下降。2014 年调查还对城乡无社会保障老年居民养老金的拥有情况进行了调查，结果显示 5.2%的不识字老年人拥有此项养老金，随着老年人文化程度的提高，这项养老金的参保率下降（图 6-18）。企业职工基本养老金、机关

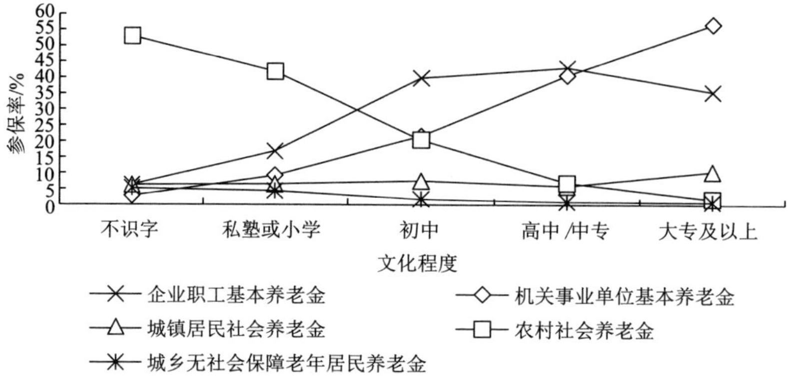

图 6-18　分文化程度老年人基本养老金参保率

资料来源：2014 年 CLASS 数据

事业单位基本养老金和城镇居民社会养老金的中位数均随老年人文化程度提高有增加的趋势（图 6-19）。

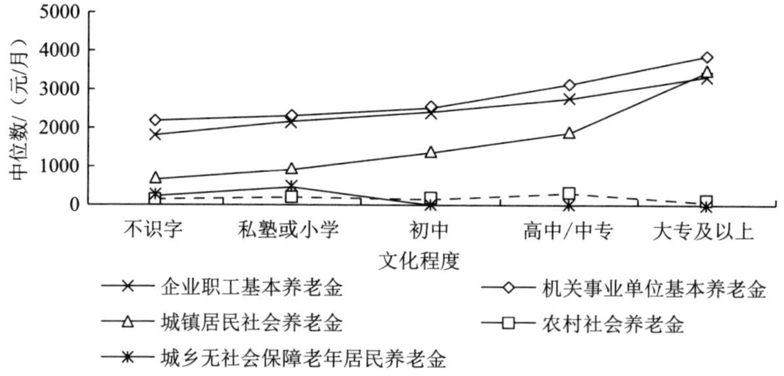

图 6-19　分文化程度老年人基本养老金中位数

资料来源：2014 年 CLASS 数据

享受三项基本养老金的汉族老年人比例为 76.1%，少数民族老年人为 73.7%，汉族老年人享受基本养老金的比例高于少数民族老年人。在具体三项基本养老金上，汉族老年人享受企业职工基本养老金和机关事业单位基本养老金的比例分别为 32.4%和 7.3%，高于少数民族老年人（25.3%和 5.2%），少数民族老年人享受城乡居民基本养老金的比例（43.2%）高于汉族老年人（36.4%）。调查发现少数民族老年人三项基本养老金的中位数均高于汉族老年人。其中，少数民族老年人企业职工基本养老金中位数为 3000 元/月（2000～3525 元/月），比汉族老年人提高 20%，机关事业单位基本养老金中位数为 3600 元/月（2600～5000 元/月），比汉族老年人提高 16.1%，城乡居民基本养老金中位数为 95 元/月（75～500 元/月），比汉族老年人（88 元/月）提高 7.95%（图 6-20）。

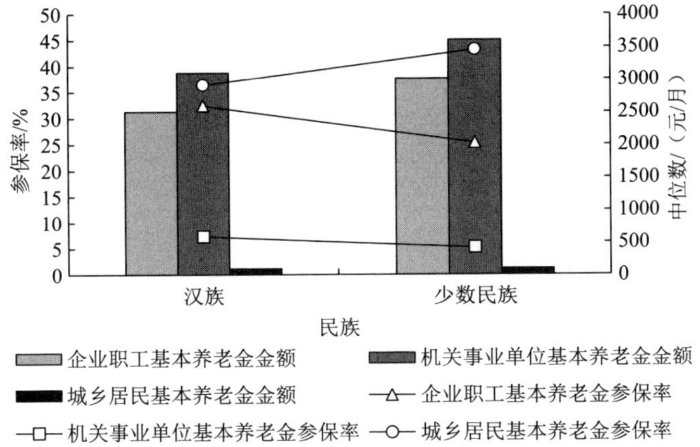

图 6-20　分民族老年人基本养老金参保率及中位数

资料来源：2016 年 CLASS 数据

44.5%的无配偶老年人享受城乡居民基本养老金，比有配偶老年人高 5.7 个百分点，其中位数为 85 元/月（75～300 元/月），比有配偶老年人低 10 元/月。分别有 24.9%和 4.9%的无配偶老年人享受企业职工基本养老金和机关事业单位基本养老金，中位数分别为 2600 元/月（2000～3500 元/月）和 3650 元/月（2475～5000 元/月），前者低于有配偶的老年人，后者高于有配偶老年人（图 6-21）。

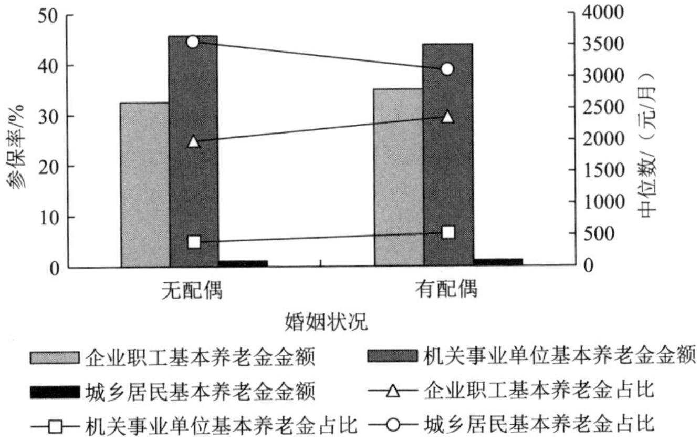

图 6-21　分婚姻状况老年人三种基本养老金参保率及中位数

资料来源：2016 年 CLASS 数据

独居老年人享受城乡居民基本养老金的比例为 43.2%，比非独居老年人高 3.2 个百分点，24.2%的独居老年人享受企业职工基本养老金，比非独居老年人低 4.5 个百分点；机关事业单位基本养老金的比例为 5%，比非独居老年人低 1.2 个百分点（图 6-22）。

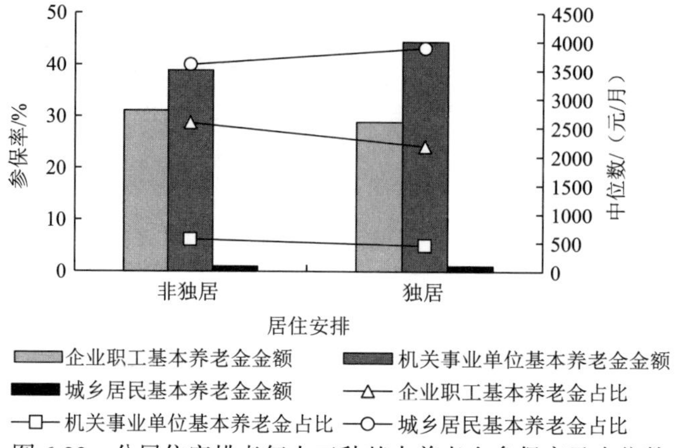

图 6-22　分居住安排老年人三种基本养老金参保率及中位数

资料来源：2016 年 CLASS 数据

对不同地区老年人三种基本养老金的构成及金额进行比较，如图 6-23 所示。东部地区老年人基本养老金以企业职工基本养老金为主（39%），所占比例较西部地区（19.1%）高近 20 个百分点，较中部地区（20.2%）高 18.8 个百分点。中部地区老年人以城乡居民基本养老金为主，44.9%的中部地区老年人享受城乡居民基本养老金。东部地区和中部地区老年人享受机关事业单位基本养老金的比例分别为 6.9%和 7%，较西部地区（2.7%）高 4 个多百分点。58.9%的西部地区老年人享受城乡居民基本养老金，高于中部地区（44.9%）和东部地区（28%）。从具体的金额来看，三项基本养老金的中位数在三个地区间的排位均为东部地区>西部地区>中部地区。三个地区的三种养老金中位数排位均为机关事业单位基本养老金>企业职工基本养老金>城乡居民基本养老金。结合各地区老年人养老金构成的分析可以发现基本养老保障水平在不同地区间具有巨大差距，东部地区老年人基本养老保障水平高于中部地区、西部地区。

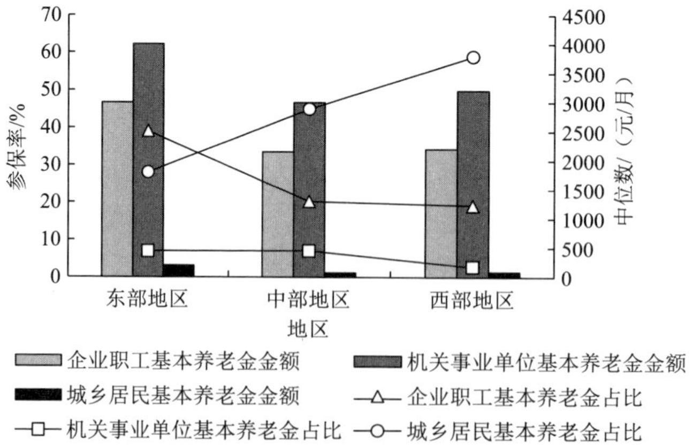

图 6-23　分地区老年人基本养老金参保率及中位数

资料来源：2016 年 CLASS 数据

除了社会基本养老保险，2016 年 CLASS 项目还调查了老年人其他社会保障及救助的拥有率及金额。调查发现农村（农业户口）老年人获得最低生活保障金和高龄津贴的比例较城镇（非农业户口）老年人高，这与农村中处于相对贫困状态的老年人比例较大以及津贴（保障金）的覆盖标准具有地域和城乡差异有关。其中，农村和城镇享受最低生活保障金的老年人占比分别为 10%和 4%，远低于调查得到的城乡贫困率（城镇 16.8%，农村 39.3%），同时调查发现城乡老年人最低生活保障金中位数分别为 485 元/月和 248 元/月，略低于 2016 年民政部公布的每人最低生活保障标准（城镇 494.6 元/月；农村 312 元/月），最低生活保障金金额占获得救助家庭人均月支出的比例中位数为 72%，其中城镇为 98.9%，农村为 67%，说明当时贫困老年人最低生活保障金拥有率和平均保障水平不足以满足当时贫困老年人的基本需要，尤其是农村最低生活保障金发放水平较低，难以满足农村（农业户口）老年人的家庭基本需求。居家养老服务补贴在城乡的覆盖率较小，说明该项补贴没有在全国范围内全面铺开，没有实现其应有的政策目标（表 6-22 和图 6-24）。

表 6-22　其他社会保障及补助中位数及占比

其他社会保障及救助	总体/（元/月）	占人均支出比例的中位数	中位数（城镇）/（元/月）	占人均支出比例的中位数（城镇）	中位数（农村）/（元/月）	占人均支出比例的中位数（农村）
最低生活保障金	280	72%	485	98.9%	248	67%
高龄津贴	80	27%	100	12.0%	80	32%
居家养老服务补贴	100	19%	100	14.0%	135	20%
农村部分计划生育家庭奖励扶助金	80	34%	320	40.0%	100	30%
政府其他救助金	80	40%	120	23.0%	85	47%

资料来源：2016 年 CLASS 数据

从年龄趋势上看，高龄津贴拥有率随老年人年龄增加而增加，80 岁及以上老年人高龄津贴拥有率激增，并维持在 30%以上水平（图 6-25）。最低生活保障金拥有率随老年人年龄增加有小幅度增加，如图 6-26 所示，与各年龄段老年人贫困率相比仍有较大差距。

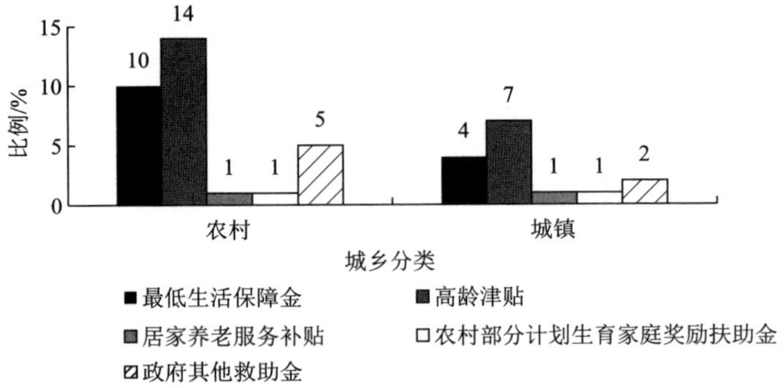

图 6-24　其他社会保障及救助覆盖率

资料来源：2016 年 CLASS 数据

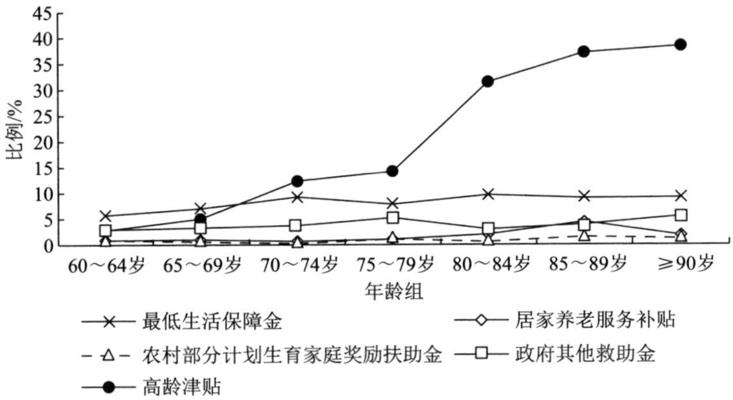

图 6-25　其他社会保障及救助获得比例随年龄变化折线图

资料来源：2016 年 CLASS 数据

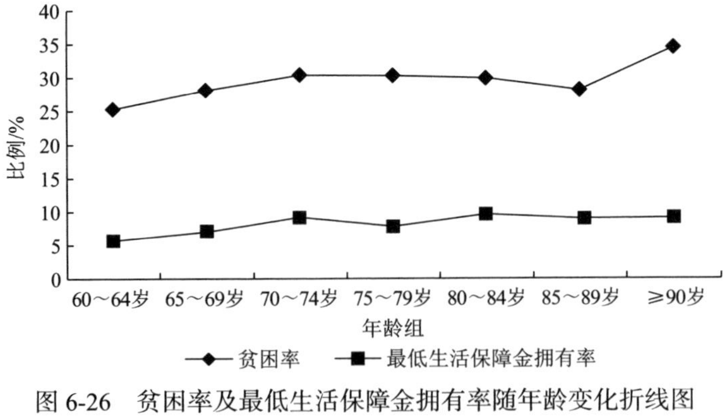

图 6-26　贫困率及最低生活保障金拥有率随年龄变化折线图

资料来源：2016 年 CLASS 数据

少数民族老年人享受最低生活保障金（8.8%）、高龄津贴（11.7%）、居家养老服务补贴（1.3%）、政府其他救助金（4%）的比例高于汉族老年人。少数民族老年人最低生活保障金中位数为287元/月(168～520元/月),高于汉族老年人(275元/月);居家养老服务补贴中位数为100元/月(60～135元/月),高于汉族老年人(70元/月);农村部分计划生育家庭奖励扶助金中位数为100元/月(80～250元/月),高于汉族老年人(80元/月)(图6-27)。

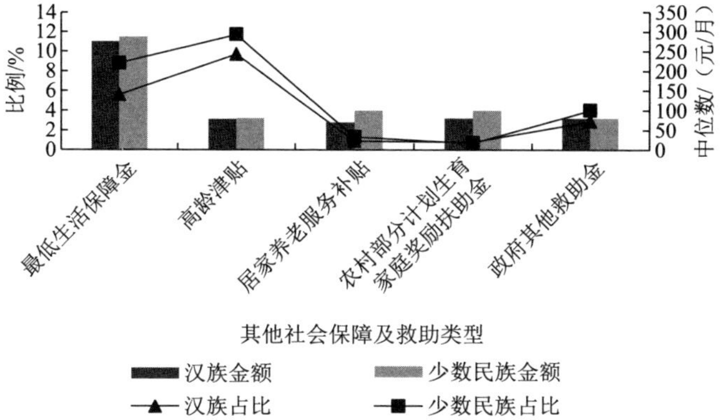

图6-27　分民族老年人其他社会保障及救助拥有率及中位数

资料来源：2016年CLASS数据

无配偶老年人享受最低保障金的比例为10.7%，比有配偶的老年人(6.2%)高4.5个百分点，每月获得最低生活保障金中位数为260元/月(164～460元/月)，比有配偶老年人少32元/月。16.5%的无配偶老年人享受高龄津贴，比有配偶老年人高7.9个百分点，这与无配偶老年人中一部分属于高龄丧偶老年人有关。4.2%的无配偶老年人享受政府其他救助金，比有配偶老年人高0.9个百分点(图6-28)。

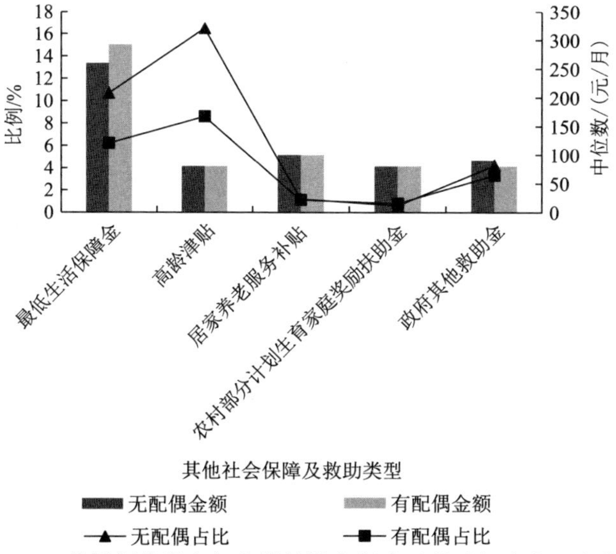

图6-28　分婚姻状况老年人其他社会保障及救助拥有率及中位数

资料来源：2016年CLASS数据

独居老年人享受最低保障金的比例为 12.6%，比非独居的老年人高 5.8 个百分点，每月获得最低生活保障金中位数为 250 元/月（140～335 元/月），比非独居老年人少 40 多元/月。15.1%的独居老年人享受高龄津贴，比非独居老年人高 4.8 个百分点，与婚姻状况相似，这与独居老年人中一部分属于高龄独居老年人有关。4.3%的独居老年人享受政府其他救助金，比非独居老年人高 0.9 个百分点（图 6-29）。

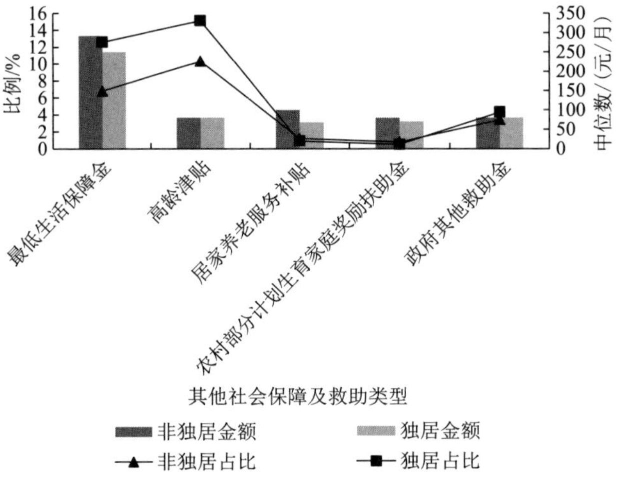

图 6-29　分居住安排老年人其他社会保障及救助拥有率及中位数

资料来源：2016 年 CLASS 数据

不同地区老年人获得各项社会救助和其他补贴的情况如表 6-23 所示。第一，在最低生活保障金方面，东部、中部、西部三个地区获得最低生活保障金的老年人比例分别为 7.7%、6.5%和 8.8%，均低于各地区老年人实际贫困率[①]。在获得金额方面，东部地区的老年人获得最低保障金的中位数为 460 元/月（275～880 元/月），高于中部地区老年人（260 元/月）和西部地区（178 元/月）。第二，高龄津贴方面，中部和西部地区享受高龄津贴的老年人占比分别为 15.1%和 13.2%，高于东部地区（6.4%），但中部、西部地区老年人所获高龄津贴中位数分别为 80 元/月（70～97.5 元/月）和 50 元/月（50～100 元/月），低于东部地区（100 元/月）。第三，东部地区获得居家养老服务补贴的比例相对较高，有 1.6%的东部地区老年人享受居家养老服务补贴，高于中部、西部地区。第四，中部地区老年人享受政府其他救助金的比例相对较高，有 5.3%的中部地区老年人享受政府其他救助金，中位数为 78 元/月（70～165 元/月）。东部和西部地区分别

① 根据本章第二节统计结果，2016 年各地区贫困率分别为东部地区 21.6%、中部地区 36.2%、西部地区 30.3%。

有 2.8%和 2.1%的老年人获得此类补助，比例较中部地区低，但补助水平略高于中部地区，东部地区老年人获得政府其他救助金中位数为 132.5 元/月（80～400 元/月），西部地区为 105 元/月（50～400 元/月）。

表 6-23　分地区其他社会保障拥有率及中位数

社会保障类别	东部地区		中部地区		西部地区	
	中位数/（元/月）	拥有率	中位数/（元/月）	拥有率	中位数/（元/月）	拥有率
最低生活保障金	460	7.7%	260	6.5%	178	8.8%
高龄津贴	100	6.4%	80	15.1%	50	13.2%
居家养老服务补贴	135	1.6%	80	0.6%	60	1.1%
农村部分计划生育家庭奖励扶助金	350	1.0%	80	0.4%	100	0.7%
政府其他救助金	132.5	2.8%	78	5.3%	105	2.1%

资料来源：2016 年 CLASS 数据

第五节　主 要 发 现

1. 离/退休金、养老金和子女的资助仍然是老年人的主要生活来源

老年人的主要生活来源为离/退休金、养老金和子女的资助。女性、农业户口、无配偶、独居、中西部地区老年人主要依靠子女的资助的比重分别高于男性、非农业户口、有配偶、非独居和东部地区老年人；而主要依靠离/退休金、养老金生活的老年人比例则分别低于上述老年群体。随着年龄的增长，子女的资助在老年人的生活来源上占据越加重要的地位，子女的资助成为 70 岁及以上老年人最为主要的生活来源。随着文化程度的提高，依靠离/退休金、养老金和配偶的收入的老年人比重有所提升——超过九成的大专及以上老年人主要依靠离/退休金、养老金生活，依靠子女的资助的比例下降，六成不识字的老年人主要依靠子女的资助生活，而在大专及以上的老年群体中，这一比例降到仅有一成多。

2. 老年人年家庭支出有所下降，不同类别老年人各项目支出水平及占总支出比重存在较大差异

2016 年调查数据显示老年人家庭月支出中位数为 1500 元，相比基线调查下降 9.09%，其中日常饮食费用中位数为 800 元/月，占总支出比重的中位数为 62.5%。城乡方面，城镇（非农业户口）老年人月支出是乡村老年人的 2 倍。性别方面，女性日常饮食费用、水电气等杂费支出均高于男性，医疗费用低于男性。年龄趋势方面，家庭医疗支出随老年人年龄增长而增加。文化程度方面，高文化程度老年人的家庭月支出及日常饮食费用、水电气等杂费和医疗费用高于低文化程度老年人，但医疗费用支出占总支出比重却少于低文化程度的老年人，说明低文化程度老年人在接受拥有的医疗资源的同时可能面临更大的医疗经济负担。无配偶、独居、中西部地区老年人的家庭月支出分别低于有配偶、非独居、东部地区老年人。

3. 要加强农村、男性、高龄、低文化程度老年人返贫致贫人口监测，让脱贫成果更加稳固，成效更可持续

在党中央的领导下，经过全党全国各族人民共同努力，2021 年我国脱贫攻坚战取得了全面胜利，“现行标准下 9899 万农村贫困人口全部脱贫，832 个贫困县全部摘帽，12.8 万个贫困村全部出列，区域性整体贫困得到解决，完成了消除绝对贫困的艰巨任务”[①]。全国脱贫工作取得彪炳史册的成绩，但巩固脱贫成果仍旧任重道远。习近平总书记在全国脱贫攻坚总结表彰大会上指出，“对易返贫致贫人口要加强监测，做到早发现、早干预、早帮扶”[①]。通过调查数据发现，在老年群体中，农村、男性、高龄、低文化程度老年群体在 2016 年调查时点贫困率仍旧较高，最终实现脱贫的难度较大，属于易返贫致贫群体，应加强对这部分老年群体的监测力度，做到早发现、早干预、早帮扶，不断巩固老年群体的脱贫成效。

4. 老年人年收入有所上升，女性、城镇（非农业户口）老年人年收入增长较快，不同地区老年人存在较大收入差距

调查发现 2016 年老年人年收入中位数比 2014 年基线数据时提高 20%，其中女性老年人年收入中位数提高 47.9%；城镇（非农业户口）老年人提高 25%。不同地区老年人的收入水平差异较大，东部地区老年人年收入中位数明显高于中部、西部地区。

5. 老年人住房拥有率大幅上升，不同类别老年人住房情况具有差异

2016 年调查时有 91.05%的老年人有自己的住房，高于 2014 年基线水平，女性、农村、高龄、低文化程度、无配偶、少数民族、独居、中西部地区老年人住房拥有率分别低于男性、城镇、低龄、高文化程度、有配偶、汉族、非独居和东部地区老年人。

6. 基本养老社会保障覆盖范围仍有较大增长空间，女性、农村、西部地区老年人基本养老保障水平较低

2016 年，仍有 27.16%的受调查老年人没有城乡居民基本养老金、企业职工基本养老金和机关事业单位基本养老金中的任何一项，其中女性没有这三项基本

①《习近平：在全国脱贫攻坚总结表彰大会上的讲话》，https://www.ccps.gov.cn/xtt/202102/t20210225_147575.shtml[2021-03-24]。

养老保障的比例高于男性，农村高于城镇，中部地区高于东部、西部地区。基本养老金的覆盖范围有较大增长空间。

7. 老年人基本养老保障水平具有较大城乡差距

调查发现被半数以上农村（农业户口）老年人享受的城乡居民基本养老金中位数为 80 元/月，仅占农村（农业户口）老年人家庭人均月支出比例的中位数的 27%，被半数以上城镇（非农业户口）老年人享受的城镇企业职工基本养老金中位数为 2800 元/月，是城镇（非农业户口）老年人人均家庭月支出的 2.69 倍。通过以上比较可以发现，农村（农业户口）老年人基本养老保障水平较低，与城镇（非农业户口）老年人的差距较大，难以满足其基本生活需要。亟须扩大农村（农业户口）老年人的基本养老保障范围，提高农村（农业户口）老年人的基本养老保障水平，缩小基本养老保障的城乡差距。

8. 最低生活保障金水平较低，难以满足老年人最低生活需要

2016 年调查发现农村和城镇享受最低生活保障金的老年人占比分别为 10% 和 4%，远低于调查得到的城乡贫困率（城镇 16.8%；农村 39.3%），同时调查发现城乡老年人每人最低生活保障金中位数分别为 485 元/月和 248 元/月，略低于 2016 年民政部公布的最低生活保障标准，最低生活保障金占获得救助家庭的人均月支出的 72%，其中城镇为 98.9%，农村为 67%，说明城镇（非农业户口）老年人最低生活保障金拥有率和平均保障水平不足以满足贫困老年人的基本需要，尤其是农村最低生活保障金发放水平较低，难以满足农村（农业户口）老年人的家庭基本需求。

第七章　老年人的家庭养老资源

家庭作为社会的基本单元，是基于血缘和亲缘关系组建起来的生活共同体。对于老年人来说，家庭是获得支持的重要支柱，在我国，家庭养老是传统的养老方式，家庭成员对于满足老年人经济、照料、精神等多方面的需求具有难以替代的作用。在快速城镇化和现代化进程中，家庭的变化是显而易见的。家庭规模、结构、形态和功能的变化都关系到家庭养老资源的多寡与可及性。

费孝通（1985）提出传统家庭中的父母对成年子女拥有强有力的支配权，因此子女对父母产生强烈的感情依附，对赡养老年父母尽心尽责，以及人们对扩大家庭存在偏好。长者权力的维持很大程度上取决于他们对家庭财产的控制、农村家庭作为消费和生产单位的一体性以及儒家道德伦理的强化。陈皆明（1998）和石智雷（2015）提出中国20世纪的政治与社会再组织、迅速的工业化和城市化，以及政府为建立公民意识所做的努力在客观上打破了产生与维持以“长老统治”为特点的旧式家庭秩序的社会条件，家庭中长者的权力和权威被大大削弱了。但在社会化养老还不足以完全保障老年人晚年生活的前提下，家庭养老在我国依然扮演着非常重要的角色。

老年人家庭成员构成、居住安排、子女状况和代际支持等情况是了解老年人家庭养老资源的重要信息。通过对老年人家庭养老资源情况的分析能够掌握老年人生活在什么样的家庭中、老年人子女的人口和社会经济特征怎样、子女与老年人之间的代际互动与支持情况如何等信息，特别是在高龄化和人口流动背景下，非常有必要把成年子女的迁移流动状况以及老年人照料高龄父母的情况等纳入研究视野，本章采用2014年CLASS数据，对我国老年人的家庭进行分析，以探讨老年人家庭养老资源状况。

第一节　总体家庭状况

一、老年人的家庭规模

与老年人同吃同住的家庭成员数反映了老年人的家庭规模情况。2014 年 CLASS 数据显示，与被访老年人同吃同住在一起的家庭成员平均有 3.3 个人。老年人与 1 人同吃同住的占 9.8%，与 2 人同吃同住的占 40.9%，与 3 人同吃同住的占 11.8%，与 4 人同吃同住的占 11.3%，与 5 人及以上同吃同住的占 26.2%（表 7-1）。

表 7-1 不同类别老年人的家庭规模

类别		与老年人常住（同吃同住）在一起的人数及比例					
		1 人	2 人	3 人	4 人	5 人及以上	合计
总体		9.8%	40.9%	11.8%	11.3%	26.2%	100%
5%年龄组	60～64 岁	4.9%	38.9%	15.4%	11.2%	29.6%	100%
	65～69 岁	7.4%	46.6%	10.7%	9.4%	25.9%	100%
	70～74 岁	10.9%	46.5%	8.7%	9.7%	24.2%	100%
	75～79 岁	15.3%	39.7%	9.1%	13.8%	22.1%	100%
	80～84 岁	19.9%	33.1%	11.2%	12.5%	23.3%	100%
	85～89 岁	16.0%	29.3%	13.3%	15.1%	26.3%	100%
	≥90 岁	7.1%	16.1%	18.4%	20.1%	38.3%	100%
性别	男性	7.4%	43.9%	12.6%	9.3%	26.8%	100%
	女性	12.1%	38.2%	11.0%	13.2%	25.5%	100%
城乡属性	城市	9.3%	43.9%	12.9%	11.4%	22.5%	100%
	农村	10.5%	37.7%	10.5%	11.1%	30.2%	100%

资料来源：2014 年 CLASS 数据

总体而言，我国老年人同吃同住的家庭成员数以 2 人为主，约为四成。男性老年人与 2 人同吃同住的比例较高，女性老年人与 1 人同吃同住的比例明显高于男性。从不同年龄组的对比来看，随着年龄的增长，仅与 1 人同吃同住的比例在 85 岁之前显著增加，而随后呈下降趋势；与 2 人同吃同住的比例在进入 80 岁后明显降低，与 5 人及以上同吃同住的比例除 90 岁及以上年龄组外在其他年龄组的老年人中差异不大（表 7-1）。

按照城乡属性不同来划分，发现农村与城市的老年人之间在同吃同住的人数上有明显差异。城市老年人与 2～3 人同吃同住的比例高于农村老年人，城市老年人与 2 人同吃同住的比例为 43.9%，农村老年人是 37.7%。与 5 人及以上同吃同住的比例农村老年人高于城市老年人，农村该比例达到 30.2%，而城市老年人中这一比例为 22.5%，可见农业户口老年人的家庭规模更大。

二、老年人家庭同住成员构成

老年人和哪些人一起同吃同住反映了老年人的居住方式。对于“和您同吃同住的都有哪些人？”这一多项选择题，同吃同住者为配偶的占 36.4%，是选择人次最高的选项；其次是儿子占 17.7%；同吃同住者为孙子女或其配偶、儿媳的比例也比较高，分别占 17.6%和 14.9%。女儿的比例仅为 4.5%，外孙子女或其配偶的仅占 3.1%，远低于孙子女或其配偶同吃同住的比例。其他成员所占比例更低（表 7-2）。

表 7-2　与老年人同吃同住的成员构成

同吃同住者	人数/人	百分比
配偶	8 200	36.4%
未婚伴侣	13	0.1%
儿子	3 993	17.7%
女儿	1 023	4.5%
父母	157	0.7%
配偶的父母	45	0.2%
兄弟姐妹	49	0.2%
女婿	575	2.6%
儿媳	3 349	14.9%
孙子女或其配偶	3 960	17.6%
外孙子女或其配偶	707	3.1%
曾孙子女或其配偶	217	1.0%
外曾子女或其配偶	65	0.3%
保姆	59	0.3%
其他	126	0.5%
总计	22 538	100%

资料来源：2014 年 CLASS 数据

注：本表中数据进行过修约，可能存在合计不等于 100%的情况

三、老年人的子女状况分析

（一）子女数及子女性别

被访老年人平均曾生子女数为 3.1 个，其中儿子 1.6 个，女儿 1.5 个。曾生子女包括亲生的、领养的、抱养的及已经去世的。健在子女数平均为 3.0 个，

其中儿子 1.6 个，女儿 1.4 个，平均每个老年人的儿子数略多于女儿数。健在儿子数的分布为有 1 个健在儿子的老年人占 41.7%，有 2 个健在儿子的占 29.5%，有 3 个健在儿子的占 11.2%，没有健在儿子的老年人为 13.0%；而有 1 个健在女儿的老年人占 39.3%，有 2 个健在女儿的占 23.7%，有 3 个健在女儿的占 11.1%，没有健在女儿的老年人为 19.8%，没有健在女儿的老年人比例高于没有健在儿子的老年人。由此可见，被调查老年人平均有 3 个子女，儿子和女儿的数量相当，但没有健在女儿的老年人占 19.8%（表 7-3）。

表 7-3　被访老年人曾生子女数及健在子女数分布与均值

类别	子女数分布						均值/个
	0 个	1 个	2 个	3 个	4 个	5 个及以上	
曾生儿子数	12.8%	40.7%	29.3%	11.7%	3.7%	1.8%	1.6
曾生女儿数	20.1%	38.5%	23.5%	11.3%	4.6%	2.1%	1.5
健在儿子数	13.0%	41.7%	29.5%	11.2%	3.27%	1.4%	1.6
健在女儿数	19.8%	39.3%	23.7%	11.1%	4.20%	1.9%	1.4

资料来源：2014 年 CLASS 数据

（二）健在子女的人口与社会经济特征

1. 子女的性别和年龄

在获得的 32 091 个有效子女信息中，子女的性别构成为男性占 51.9%、女性 48.1%。子女的平均年龄为 44.1 岁，中位年龄为 44 岁。按年龄分组，老年人子女的年龄构成如下：0～9 岁（0.1%）、10～19 岁（0.1%）、20～29 岁（3.4%）、30～39 岁（26.3%）、40～49 岁（44.4%）、50～59 岁（20.7%）、60 岁及以上（5.0%）。老年人儿子和女儿的年龄构成相当，均以 30～59 岁为主体（表 7-4）。

表 7-4　老年人子女的性别和年龄分布

类型		年龄组							总体
		0～9 岁	10～19 岁	20～29 岁	30～39 岁	40～49 岁	50～59 岁	≥60 岁	
儿子	数量/个	3	9	510	4 507	7 438	3 408	841	16 716
	比例	0.0%	0.1%	3.1%	27.0%	44.5%	20.4%	5.0%	100%
女儿	数量/个	13	32	573	3 934	6 826	3 235	762	15 375
	比例	0.1%	0.2%	3.7%	25.6%	44.4%	21.0%	5.0%	100%

续表

类型		年龄组							总体
		0～9 岁	10～19 岁	20～29 岁	30～39 岁	40～49 岁	50～59 岁	≥60 岁	
总体	数量/个	16	41	1 083	8 441	14 264	6 643	1 603	32 091
	比例	0.0%	0.1%	3.4%	26.3%	44.4%	20.7%	5.0%	100%

资料来源：2014 年 CLASS 数据

注：本表中数据进行过修约，可能存在合计不等于 100%的情况

2. 婚姻状况与文化程度

在这次调查中，老年人子女的婚姻类型分为五类：已婚且和配偶同住、离婚或因婚姻问题分居、已婚但因其他原因分居（如工作）、丧偶、未婚。从子女总体婚姻状况来看，总体来说子女已婚且和配偶同住是绝对主体，占 91.8%，离婚或因婚姻问题分居的占 1.7%，已婚但因其他原因分居的占 1.8%，丧偶的占 0.7%，而未婚的占 3.9%。儿子与女儿相比，儿子已婚且和配偶同住的比例略低于女儿，而离婚、分居的比例略高于女儿，丧偶在老年人的儿子和女儿中比例均很低，分别为 0.5%和 0.9%。此外，受年龄构成的影响，被调查老年人子女中未婚的比例都比较低，但是儿子的未婚率相对较高，为 5.2%，女儿为 2.7%。

从子女的文化程度来看，老年人子女所接受的教育以初中、小学和高中/中专或技校教育为主，其中达到初中文化程度的比例最高，为 35.2%，其次是小学（23.3%），高中/中专或技校的占 20.2%，还有 16.2%的老年人子女受过大专及以上教育，而未上过学的比例为 5.2%。儿子与女儿在文化程度方面有明显差别，整体来看，儿子的文化程度高于女儿（表 7-5）。

表 7-5　分性别子女文化程度情况

文化程度	数量与比例	儿子	女儿	总计
未上过学	数量/个	533	1 147	1 680
	比例	3.2%	7.3%	5.2%
小学	数量/个	3 652	3 950	7 602
	比例	21.6%	25.2%	23.3%
初中	数量/个	6 384	5 085	11 469
	比例	37.7%	32.4%	35.2%
高中/中专或技校	数量/个	3 517	3 075	6 592
	比例	20.8%	19.6%	20.2%

续表

文化程度	数量与比例	儿子	女儿	总计
大专及以上	数量/个	2 828	2 447	5 275
	比例	16.7%	15.6%	16.2%
总计	数量/个	16 914	15 704	32 618
	比例	100%	100%	100%

资料来源：2014 年 CLASS 数据
注：本表中数据进行过修约，可能存在合计不等于 100%的情况

3. 就业状况与职业类型

据调查，在老年人的子女中，有工作的占 78.1%，没有工作的占 21.9%，可见近八成的子女处于就业状态。从老年人子女的职业分布来看，商业/服务业/制造业一般职工所占比例最高，为 30.2%，农牧渔民的比例为 24.7%，比例较高的个体户、自由职业者占 13.8%，此外还有 9.7%的人从事专业技术工作，办公室一般工作人员、国家企事业单位领导人员分别占 7.6%和 6.7%，而其他职业者为 6.1%（表 7-6）。

表 7-6　老年人子女的主要职业构成

职业类别	数量/个	比例
国家企事业单位领导人员	1 757	6.7%
专业技术人员	2 525	9.7%
办公室一般工作人员	1 978	7.6%
商业/服务业/制造业一般职工	7 849	30.2%
个体户、自由职业者	3 591	13.8%
农牧渔民	6 437	24.7%
无业	311	1.2%
其他	1 582	6.1%
总计	26 030	100%

资料来源：2014 年 CLASS 数据

4. 子女的住房情况与同住者

子女的住房情况能在一定程度上反映子女居住的独立程度，对家庭内部的代际支持产生影响。被访老年人子女的住房情况分布比较统一，有 78.9%的子女住在自己或配偶的住房中，10.0%的人居住在父母或配偶的父母的住房里，有 9.2%的人租/借房居住。分性别看，绝大部分老年人的儿子和女儿均有自己或配偶的住房，女儿比例更高；而居住在父母和配偶的父母住房里的儿子（13.1%）比例明

显高于女儿，说明儿子更有可能住在父母的房里，这与我国的家庭传统文化有关（表 7-7）。

表 7-7　老年人子女的住房状况

类型		自己或配偶	父母	配偶的父母	联合产权	租/借房	其他
儿子	数量/个	12 617	2 116	94	139	1 723	231
	比例	74.6%	12.5%	0.6%	0.8%	10.2%	1.4%
女儿	数量/个	13 119	693	355	71	1 289	152
	比例	83.7%	4.4%	2.3%	0.5%	8.2%	1.0%
总计	数量/个	25 736	2 809	449	210	3 012	383
	比例	78.9%	8.6%	1.4%	0.6%	9.2%	1.2%

资料来源：2014 年 CLASS 数据

从子女的同住成员构成来看，其中与配偶同住的所占比例最大，占到 44.8%；其次是和子女同住，占 39.7%；与父母同住的比例有 8.1%，排在第三位；与配偶父母同住的比例是 3.3%；同时，还有 1.8%的人为独居；其他形式总计不超过 3%。

5. 子女的流动迁移情况

此次调查了解了老年人子女的流动迁移情况，结果发现，在老年人的子女中，在调查时已离开家半年以上的子女占 30.6%，而其余 69.4%的子女则是未流动外出。对于流动子女的流向，在本市其他县的比例最高，达到 42.2%，其次是外省，为 36.6%，流向本省其他市的占 19.2%，境外最少，仅占总人数的 2.1%。由此可见，虽然六成左右的老年人子女是在省内流动，但有近四成的子女是跨省流动。远距离流动的子女往往会因为与老年父母较长时间的分离影响对父母的照料支持。

第二节　居 住 安 排

老年人居住方式状况及变化对代际关系、照料方式都会产生影响，了解当前老年人口居住安排的基本特点对分析我国老年人口生活状况具有重要意义。不同居住方式下的老年人对于各种养老资源的需求也会有所差异，并对社会保障、福利和服务等都会产生影响。

在低生育水平和大量人口流动的背景下，随着人口老龄化、高龄化加剧，我国老年人的居住方式是否发生了变化？呈现怎样的特点？对此本节首先利用 2010 年第六次全国人口普查数据分析老年人居住方式的最新情况及特点，并结合 2000 年第五次人口普查数据对老年人居住方式的变动进行探讨，进而结合 2014 年 CLASS 数据探讨当前我国老年人的居住方式情况。

老年人的居住方式通常按照单身户、夫妻户、二代户、三代及以上户进行划分。在对第六次全国人口普查数据的整理分析中，我们对以上居住类型进行了如下细分：①一代户包括仅老年人单独居住的单身户、仅有夫妻二人居住的夫妻户、其他一代户（如老年人与兄弟姐妹构成的家庭户）；②二代户包括仅与子女同住（核心家庭）、仅与孙子女同住（隔代家庭）、仅与父母同住、其他二代户；③三代户包括与子女和孙子女同住、与子女和父母同住、与父母和孙子女同住、其他三代户；④四代及以上户由于所占比例不大，不再进行细分。

根据以上划分方式，总的来说，2010 年我国生活在一代户中的老年人为 39.0%，生活在二代户中的老年人为 22.6%，生活在三代及以上户的老年人为 37.1%。我国老年人的居住方式呈现以下特点。

第一，我国老年空巢家庭比例高，但地区差异大，空巢家庭中的夫妻户和单身户老年人呈现两极化倾向。

第六次全国人口普查结果显示，老年人居住方式中仅由夫妻二人组成的空巢家庭占 28.9%，仅由一个老年人单独居住的单身家庭占 9.4%，如果把单身户也作为空巢家庭的话，那么我国老年空巢家庭已达到 38.3%。为了更好地进行比较，我们把老年空巢家庭的比例划分为 10%～<20%、20%～<30%、30%～<40%、40%～<50%、50%及以上五个区间。从各省区市的情况看各地区老年空巢家庭的比例差异较大，内蒙古、山东、浙江三个省区的老年空巢家庭已超过 50%，其中内蒙古高达 55.45%；而北京、上海、天津、东北三省及安徽、江苏、山西、河北、重庆等 11 个省市的老年空巢家庭超过 40%而未达到 50%；中西部的四川、贵州、河南、湖北、陕西、湖南、海南、福建、宁夏、新疆等 10 个省区老年空巢家庭比例在 30%～<40%；青海、云南、甘肃、广东、江西、广西等 6 个省区的老年空巢家庭比例在 20%～<30%；最低的西藏老年空巢家庭的比例仅为 11.4%。虽然基本趋势是经济发达程度越高的地区老年空巢家庭的比例越高，但广东、江西等省的老年空巢家庭比例却低于经济发达程度相当的其他省区市。

空巢老人一直是社会政策关注的重点，但空巢家庭中的单身户老年人和纯夫妻户中的老年人表现出两极化的特点。从表 7-8 中可以看出，夫妻户中的老年人相对条件较好，城市老年人、文化程度较高的老年人、有离/退休金、养老金和财产性收入的老年人生活在夫妻户中的比例很高，这些老年人经济条件相对较好，如文化程度为大学及以上的老年人中夫妻户的比例为 43.2%，高于文化程度在大学以下的老年人。表 7-8 中的交叉分析显示那些没有配偶、不健康、以最低生活保障金为主要收入来源的老年人独居比例很高，如以最低生活保障金为主要收入来源的老年人中有 31.2%为独居。可见虽然同是空巢家庭，独居的空巢老人比夫妻户中的空巢老人更需要得到社会支持。从总体状况来看，夫妻同住的空巢家庭在经济条件、身体健康状况等方面甚至要好于非夫妻户中的老年人，他们的需求更需要进一步上升到精神慰藉、价值实现方面。

表 7-8　中国不同特征老年人的居住方式

类型		单身户	夫妻户	一代户	二代户	隔代户	三代及以上户	其他	总计
居住地	市	9.5%	33.2%	1.0%	19.0%	3.6%	32.2%	1.5%	100%
	镇	10.1%	30.5%	0.8%	15.8%	4.6%	36.8%	1.4%	100%
	县	9.2%	26.5%	0.5%	18.3%	4.8%	39.5%	1.2%	100%
性别	男性	8.9%	32.1%	0.8%	17.7%	4.8%	34.0%	1.7%	100%
	女性	9.9%	25.9%	0.6%	18.5%	4.2%	40.1%	0.8%	100%
婚姻状况	未婚	55.4%	0.1%	7.9%	8.5%	1.0%	10.2%	16.9%	100%
	有配偶	1.8%	40.9%	0.6%	16.9%	5.2%	33.8%	0.8%	100%
	离婚	38.8%	1.1%	2.1%	22.4%	2.5%	29.2%	3.9%	100%
	丧偶	25.7%	0.1%	0.5%	21.7%	2.6%	47.9%	1.5%	100%
文化程度	不识字	12.4%	20.6%	0.7%	19.3%	3.6%	41.8%	1.6%	100%
	小学	9.0%	29.0%	0.6%	16.9%	4.9%	38.3%	1.3%	100%
	初中	7.1%	35.3%	0.8%	18.3%	4.7%	32.5%	1.3%	100%
	高中	7.3%	38.8%	1.0%	19.7%	4.2%	27.7%	1.3%	100%
	中专	6.8%	42.8%	1.2%	20.9%	3.7%	23.5%	1.1%	100%
	大学及以上	6.8%	43.2%	1.3%	22.9%	3.3%	21.4%	1.1%	100%
健康状况	健康	7.3%	31.7%	0.7%	17.8%	4.9%	36.5%	1.1%	100%
	基本健康	10.1%	28.6%	0.7%	17.9%	4.4%	37.1%	1.2%	100%
	不健康，但生活能自理	13.9%	22.9%	0.7%	19.1%	3.3%	38.5%	1.6%	100%
	生活不能自理	10.8%	19.5%	1.5%	22.0%	2.5%	40.8%	2.9%	100%
收入来源	劳动收入	6.6%	32.0%	0.8%	18.3%	6.4%	34.6%	1.3%	100%
	离/退休金、养老金	9.3%	38.0%	0.9%	18.8%	3.9%	27.9%	1.2%	100%
	最低生活保障金	31.2%	24.8%	1.6%	15.9%	3.0%	20.1%	3.4%	100%
	财产性收入	12.2%	36.7%	1.0%	15.9%	3.6%	29.6%	1.0%	100%
	家庭其他成员供养	8.8%	21.3%	0.4%	18.0%	3.6%	46.7%	1.1%	100%
	其他	22.5%	33.4%	1.5%	12.8%	3.4%	23.0%	3.4%	100%
总体		9.4%	28.9%	0.7%	18.1%	4.5%	37.1%	1.3%	100%

资料来源：2010 年全国人口普查数据

注：为了更加明确地显示老年人的主要居住方式，我们将单身户、夫妻户与一代户进行了分离，因此表中的一代户是除单身户与夫妻户之外的一代户；将隔代户与二代户进行了分离，因此表中的二代户是除去隔代户之外的仅由两代人组成的家庭。本表中数据进行过修约，可能存在合计不等于 100%的情况

第二，传统的三代同堂家庭依然是中国老年人最主要的居住方式，但这种居住方式下的老年人相对更加弱势。

37.1%的老年人居住在三代以上的扩展家庭中，其中仅与子女和孙子女同住的三代户是主体，占35.9%，可见传统中国家庭的居住方式在当今中国老年人中依然普遍，代际居住的近距离和亲密性有助于家庭成员提供养老支持。

但通过对人口及社会经济指标的交叉分析发现，农村老年人、女性老年人、丧偶老年人、小学及以下文化程度的老年人、不健康特别是生活不能自理的老年人、以家庭其他成员供养为主要收入来源的老年人更有可能生活在三代及以上的家庭中，而这些老年群体多是处于弱势的群体，这在一定程度上说明三代共同居住的方式有可能是由于老年人在经济上、健康上独立性较差而选择的一种居住方式。特别是在农村地区，由于老年人资源匮乏，社会支持网络单一，满足老年人的需要是与子女同住的主要原因。第六次全国人口普查数据结果也反映出老年人三代以上共同居住的方式与地区经济发达程度密切相关，经济越发达的地区三代共居的比例越低，如上海市仅有25.4%的老年人生活在三代以上的家庭中，而甘肃、云南、西藏、青海这类家庭的比例超过50%。但也有少数地区例外，如广东虽然是我国经济较发达的地区之一，但其老年人居住在三代及以上家庭中的比例达到46.1%，可见劳动力外流情况、文化观念等因素也会影响老年人传统多代共居的方式。

第三，与子女共同居住的核心家庭在老年人中的比例并不高，而老年隔代家庭在有大量劳动力外出的农村地区比较显著。

在老年人的各种居住方式中仅与子女同住的核心家庭为10.2%，核心家庭在老年人中的比例并不高，与第五次全国人口普查相比还呈现下降趋势。随着未来我国老年人子女数量的减少以及生活方式的转变，老年人居住在核心家庭中的比例还将逐渐降低。这种居住方式的转变意味着老年空巢家庭的规模和比例将进一步提升。

隔代家庭作为一种较为特殊的居住方式在老年人中尤其是农村老年人中较为常见。隔代家庭虽然可分为多种，但对于老年人来说，与孙子女同住的方式是主体，在这类家庭中老年人更多的是作为照料提供者的角色照料孙子女。第六次全国人口普查发现我国农村中的隔代家庭比例为4.8%，在一些有大量劳动力输出的中西部地区老年隔代家庭的比例更高，如重庆、贵州、安徽、四川的老年隔代家庭比例分别达到8.6%、7.2%、7.1%和6.8%。隔代家庭中由于中青年一代的流动而使得老年祖父母成为照管孙辈的主要角色，不但要照料孙子女的日常生活，还承担着教育的重要职责，需要投入大量的经济资源、时间和精力，对老年一代和青少年儿童一代都有深刻影响，农村隔代家庭更是集中体现了留守老年人和留守儿童的双重问题，在我国城镇化进程中引发的农村隔代家庭问题值得引起有关部门的重视。

第四，不健康的老年人、未婚和离婚的老年人、以最低生活保障金为主要收入来源的老年人在居住方式上的独特性表明这些类别的老年人还需要得到更多的社会支持。

健康状况和收入状况往往是老年人能否独立生活的决定因素，而第六次全国人口普查数据反映出我国有相当一部分的不健康老年人和以最低生活保障金为主要收入来源的老年人处于独居状态。不健康但生活能自理老年人、生活不能自理老年人的独居率分别达到 13.9%和 10.8%。根据第六次全国人口普查长表数据中的不健康和不能自理老年人数量，按照 10%的抽样比例，可大致推算出我国约有 342 万不健康但生活能自理的老年人和 56.3 万生活不能自理老年人处于独居状态。另外还有 562 万不健康但生活能自理的老年人和 101 万生活不能自理的老年人生活在空巢家庭中。

未婚老年人在居住方式上也具有独特性，2010 年 55.4%的未婚老年人独居，还有高达 16.9%的未婚老年人属于以机构养老为主的其他居住状态，远远高于其他类别的老年人。尽管我国未婚老年人比例不高，但呈现逐步上升的趋势，从第四次全国人口普查、第五次全国人口普查中的 1.3%、1.66%上升到第六次全国人口普查的 1.8%。我国持续多年较高的出生人口性别比会使得今后的老年人中未婚者的比例进一步提升，从而加大对机构养老、社会化养老的需求。

按照单身户、夫妻户、除单身户和夫妻户外的一代户、二代户、三代及以上户的基本划分方式，我们结合 2014 年 CLASS 数据，为了更清楚地反映老年人的居住方式，在笼统的居住类型基础上进行了如下细分：①一代户包括仅老年人单独居住的单身户、仅有夫妻二人居住的夫妻户、其他一代户（如老年人与兄弟姐妹构成的家庭户）；②二代户包括仅与子女同住（核心家庭）、仅与孙子女同住（隔代户）、仅与父母同住、其他二代户；③三代户包括与子女和孙子女同住、与子女和父母同住、与父母和孙子女同住、其他三代户；④四代及以上户由于所占比例不大，不再进行细分。

根据这一划分，CLASS 结果表明，我国生活在一代户中的老年人为 48.0%，二代户中的为 17.5%，三代及以上户中的老年人为 32.8%。2010 年我国生活在一代户中的老年人为 39.0%，二代户中的为 22.6%，三代及以上户中的老年人为 37.1%，本次调查数据与 2010 年人口普查数据相比，一代户比例有所上升，二代及三代户比例有所下降。进一步比较发现夫妻户、二代户和三代户的规模相比于 2010 年第六次全国人口普查数据变化最为显著，其中夫妻户比例上升 9 个百分点，二代户和三代户分别下降 5.1 个百分点和 4.3 个百分点。从这两次数据的比较中可以看出我国老年人空巢化的程度加剧，空巢化趋势明显（表 7-9）。

表 7-9　被调查老年人的居住方式

居住方式	样本量/个	CLASS 数据百分比	第六次全国人口普查数据百分比
单身户	1 109	9.6%	9.4%
夫妻户	4 363	37.9%	28.9%
除单身户和夫妻户外的一代户	62	0.5%	0.7%
除隔代户外的二代户	1 261	11.0%	18.1%
隔代户	749	6.5%	4.5%
三代及以上户	3 884	32.8%	37.1%
其他	183	1.7%	1.3%
合计	11 611	100%	100%

资料来源：2014 年 CLASS 数据；2010 年第六次全国人口普查数据

第三节　照 料 承 担

家庭成员是为老年人提供照料帮助的主要角色，特别是对于健康状况不佳甚至是失能失智的老年人来说，家庭照料更为至关重要。因此有必要了解家庭在满足老年人照料需求方面的资源情况如何。另外，在很多家庭中老年人不仅不需要他人照料，还承担了照料孙子女等的重要照料职责。本节以老年人照料孙子女为重点进行分析，并对老年人照料其高龄父母的情况进行探讨。

一、家庭成员的照料承担情况

很长时间以来由于社会照料资源的匮乏，照料老年人的职责主要由家庭成员承担。此次调查发现我国有 7.7%的老年人有照料需求，而对于这些有照料需求的老年人，93.9%的老年人的首要照料者是家庭成员，依次为配偶（39.5%）、儿子（23.8%）、女儿（15.2%）和儿媳（12.2%）、（外）孙子女或其配偶（1.6%）、其他亲属（1.3%）、女婿（0.3%）。其中配偶在照料老年人方面具有特别重要的作用，在城市地区甚至高达 43.9%。首要照料者中，对于农村老年人而言儿子和儿媳占了较高比例，而在城市这一比例则明显较低，城市老年人的首要照料者中女儿和女婿的比例高于农村（表 7-10）。

表 7-10　需要照料的老年人的首要照料者分布

首要照料者	全国	城市	农村
配偶	39.5%	43.9%	34.9%

续表

首要照料者	全国	城市	农村
儿子	23.8%	18.8%	29.1%
儿媳	12.2%	9.3%	15.4%
女儿	15.2%	15.8%	14.6%
女婿	0.3%	0.6%	0.1%
（外）孙子女或其配偶	1.6%	1.5%	1.6%
其他亲属	1.3%	1.0%	1.5%
志愿者或非营利机构人员	0.1%	0.1%	0.1%
保姆/小时工	5.4%	8.3%	2.3%
其他人	0.6%	0.7%	0.4%
合计	100%	100%	100%
样本量/人	846	436	410

资料来源：2014 年 CLASS 数据

通过交叉分析还发现，高龄老年人需要别人照料的比例（24.4%）远高出老年人总体水平（7.7%）。增龄所带来的丧偶率提高使得年龄越大的老年人越依赖子女的照料，子女或子女的配偶作为老年人首要照料者的比例从 60～69 岁的 23.3%提高到 80 岁及以上的 71.9%。随着高龄化的发展，老年人需要照料的数量和比例将越来越高，这必将加剧家庭照料负担，如何为家庭成员提供照料支持已刻不容缓。

二、老年人照料孙子女的情况

在很多中国家庭中，老年人帮助照料孙子女的现象大量存在。主要由老年祖父母提供的隔代照料是一种体现血缘关系和家庭代际互助的行为。照料孙子女需要老年人付出时间、劳动、物质、金钱，会影响老年人及子女、孙子女的生活质量。

2014 年 CLASS 结果表明，在有孙子女的老年人中，除了很少或没有照料孙子女的老年人，我国有约 34%的老年人在照料孙子女。每天从早到晚照料孙子女的达到 9.7%、每天均有一段时间照料的为 10.4%，即 20.1%的老年人每天都承担了照料孙子女的责任。每周至少一次、每月几次、大约每月一次照料孙辈的分别为 6.5%、4.1%、3.4%。可见我国照料孙子女的老年人约占 1/3，且这些照料者中绝大部分是每天都照料孙辈（表 7-11）。

表 7-11　老年人照料孙子女的不同时间强度分布

变量		每天从早到晚	每天有段时间	每周至少一次	每月几次	大约每月一次	很少或没有
总体		9.7%	10.4%	6.5%	4.1%	3.4%	66.0%
性别	男性	9.8%	10.2%	6.9%	3.6%	3.4%	66.1%
	女性	9.6%	10.7%	5.8%	4.8%	3.3%	65.8%
年龄	60～64 岁	14.9%	13.0%	8.5%	4.8%	3.5%	55.3%
	65～69 岁	8.6%	10.0%	5.7%	4.5%	3.4%	67.8%
	70～74 岁	5.1%	8.7%	6.0%	2.9%	3.4%	74.0%
	75～79 岁	4.7%	7.2%	3.7%	3.7%	2.8%	77.9%
	≥80 岁	2.1%	5.2%	2.7%	2.1%	3.0%	84.8%
婚姻状况	有配偶	11.1%	10.5%	7.3%	4.4%	3.4%	63.2%
	无配偶	5.4%	9.9%	3.8%	3.4%	3.2%	74.3%
受教育水平	不识字	7.1%	7.2%	3.7%	3.3%	2.8%	75.9%
	小学	7.5%	8.8%	5.4%	3.7%	3.1%	71.5%
	中学	13.7%	12.3%	8.2%	5.1%	3.6%	57.1%
	高中及以上	12.0%	14.4%	9.3%	4.5%	4.2%	55.7%
城乡	城镇	11.7%	13.0%	8.0%	4.7%	3.3%	59.3%
	农村	6.5%	6.2%	4.0%	3.2%	3.5%	76.6%
自评健康	健康	10.0%	11.3%	7.1%	4.6%	4.0%	62.9%
	不健康	9.4%	9.6%	5.9%	3.7%	2.8%	68.6%

资料来源：2014 年 CLASS 数据

注：本表中数据进行过修约，可能存在合计不等于 100%的情况

从不同特征的老年人照料情况来看，总的来说，女性老年人、年龄越低的老年人、有配偶的老年人、受教育水平越高的老年人、城镇老年人、健康的老年人照料孙子女的比例更高。女性老年人的照料比例略高于男性。老年人年龄越低承担照料的比例越高，60～64 岁老年人中照料孙子女的比例达到 44.7%。有配偶的老年人在不同的照料时间强度上均高于无配偶的老年人比例。随着老年人受教育水平的升高，提供照料的老年人比例呈现增加趋势。城镇老年人照料孙辈的比例高于农村老年人，但在较低强度的照料中农村老年人的比例高于城镇老年人。此外，自评健康的老年人提供孙子女照料的比例明显高于自评不健康的老年人。通过数据结果可以发现，较年轻的、有配偶、受教育水平较高、城镇、健康的老年

人更有可能承担照料孙子女的职责（表 7-11）。

在社会迅速发展时期，越来越多的女性参与社会劳动，结构性的制约及社会支持在育幼方面的不足加剧了中青年一代在工作与家庭之间的矛盾，来自祖父母的帮助越发重要，在很多家庭中孙子女的照料重任落到了祖父母肩上。他们的劳动和贡献说明老年人并非被动的照料接受者，在家庭中他们依然积极地扮演着照料提供者的角色。老年人通过照料孙子女，使子女从照料幼儿的繁重劳动中解放出来，为家庭财富的增加做出了贡献，子女的工作为社会增加了劳动力资源，为社会财富的增加做出了贡献。但在现实中祖父母照料孙辈作为我国的一种家庭互助传统，其所发挥的作用和价值却常常被“隐性化”，在很多家庭中老年祖父母的需求也容易被忽视。但是，如果没有老年人提供照料孙子女的帮助，那么社会与中青年一代将付出巨大的时间成本与经济成本来养育未成年子女。因此应重视老年人在家庭中的价值，为承担孙子女照料的老年人提供必要的支持。

照料孙子女是一项对老年人的身体健康水平、知识水平都有一定要求的活动。数据结果显示从老年照料者的特征来看，年龄越低的、健康的、受教育水平越高的老年人照料孙子女的比例更高；有配偶的老年人、城镇老年人照料孙子女的比例也更高，这与以往的研究结果基本一致。照料孙子女这种代际支持体现了家庭资源的最优化配置，使最有能力和条件的老年祖父母承担照料孙辈的责任，从而使孙子女得到较高的照料质量。

其中值得注意的是，研究结果显示城市老年人照料孙子女的比例高于农村老年人，这与农村人口流动的家庭化趋势有关。农村的孩子大多随其父母离开农村到外地，而老年人则多留守在农村老家，从而削弱了农村老年人照料孙子女的可能性。此外，研究还发现老年人在照料孙子女的参与率方面并没有体现出明显的性别差异。男性老年人与女性老年人照料孙子女的比例几乎同等。照料孙子女的活动不仅仅是时间的付出和生活的照料，同时是一项对体力有较高要求的活动，特别是照料强度较高时，男性老年人在照料孙子女的活动中具有不可替代的优势。

三、老年人照料父母的状况

一般人们所说的家庭照料承担，大多数是指成年子女照料老年父母、照料未成年人或是老年人照料孙子女，而常常忽视已经是老年人的家庭成员对比自己更年长的父母的照料。实际上，随着预期寿命的增加，老年人照料更老的老年父母的比例在逐年上升。

随着我国人口高龄化的发展，有很多老年人的父母也依然健在，照料高龄父母是越来越多的老年人家庭面临的现实问题。调查研究老年人照料其父母或配偶父母的情况对于探讨高龄化趋势下老年人家庭养老负担具有重要意义和价值。调查结果显示，虽然 90.1%的被调查老年人不需要照料自己或配偶的父母，但其余

9.9%的老年人要承担高龄父母的照料职责，其中6.4%的老年人要照料自己的父母，2.9%的老年人要照料配偶的父母，还有0.6%的老年人是要照料双方的父母。

除了高龄父母是否需要照料这一基本信息外，照料强度也是了解老年人照料父母负担程度的重要信息。对于过去1个月老年人（和配偶）每周平均花费多长时间来照料这些老年人，图7-1表明，按小时计算，在有父母需要照料的老年群体中，每周照料时间在20小时及以下的占56.9%，每周照料时间在40小时及以下的占72.4%，每周照料父母达到80小时以上的老年人占13.4%。

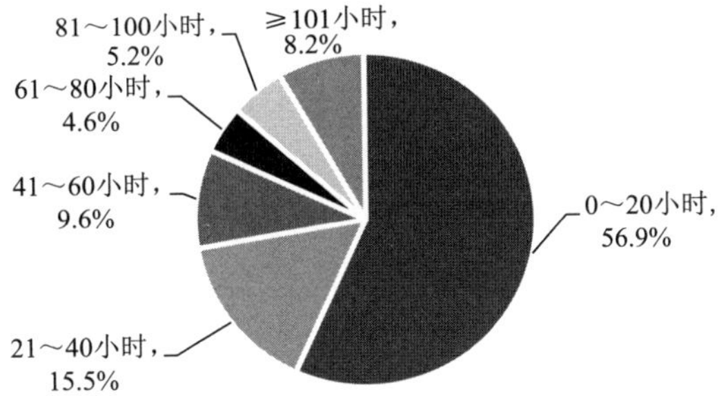

图7-1 老年人每周照料父母平均花费的时间

资料来源：2014年CLASS数据

在照料高龄父母方面，子女是老年人的照料者，由于自身年事已高往往会比年轻的照料者面临更多困难。尽管有31.1%的被调查老年人认为自己和配偶在照料老年人方面没有困难，但其余均表达出各种照料困难，其中居于首位的困难是身体吃不消，占22.1%；距离太远是一个主要困难，占到15.4%；时间不够、开支过大、自己不太会照料也是主要困难，分别占11.9%、8.7%和3.3%；另外有7.4%的老年人认为照料父母有其他困难。从这些困难可以看出，老年人在照料高龄父母方面会面临体力精力、交通和经济等多方面的困难，为有高龄老年人的家庭提供社会支持很有必要。

应针对不同照料困难的老年人制订不同的帮扶计划，以提升其照料的满意度及满足感。例如，对于经济状况差和社会支持网络较少的老年人，应加大社会扶持力度，通过评估为其提供必要的资金支持或喘息服务等帮助，让老年照料者得到经济上的援助或照料喘息。

第四节 代际互动

本节主要从代际经济支持、代际家务帮助、代际联系与交流、老年人对代际支持的评价几个方面来探讨老年人家庭中的代际支持和互动情况。

一、代际经济支持

老年人和子女之间的代际经济支持是家庭内部经济资源流动的重要形式，子女对老年父母的经济资助是很多中国老年人的主要经济来源。图 7-2 是老年人和子女相互之间的经济支持情况。对于子女给父母的经济支持，调查中主要询问在调查时点的前 12 个月中子女有没有给过老年人及其同住配偶钱财、食品或礼物的情况，在得到的有效样本中，有 80.1%的子女给老年父母提供经济支持（包括各类实物的折合），只有 19.9%的子女没有给老年人钱财。图 7-2 也展现了子女给老年人钱财的数额分布情况，200～3999 元的比例比较集中，说明子女给予经济的钱财支持基本上集中于此区间，其中每年给 1000～1999 元的子女最多，为 19.1%。每年给 4000 元及以上的比例约为 8%，说明老年人从子女那里获得的资金支持并不多。

对于老年人给子女的钱财情况，绝大多数表示没有给过，占 72.5%。即使在给子女经济支持的老年人中，所给予的钱财数量也相对较低，过去一年给子女 1000 元以上的老年人比例为 10%。这说明虽然老年人与子女之间的钱财是双向流动的，但是基本上是子女流向父母，并且在资金数量上差别很大（图 7-2）。

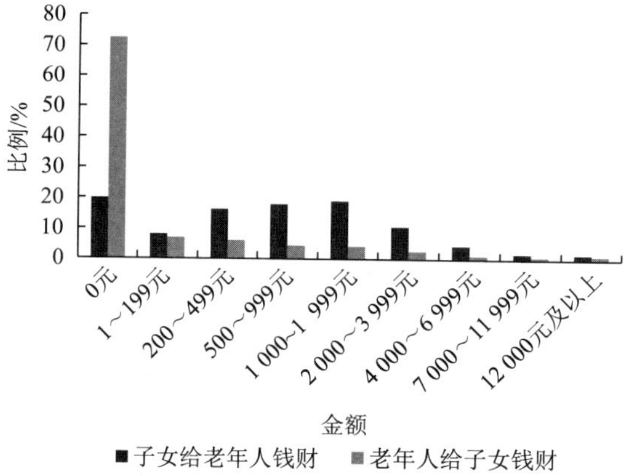

图 7-2　老年人与子女之间的经济支持情况

资料来源：2014 年 CLASS 数据

子女是否给老年人经济支持以及经济支持的力度如何通常与子女的经济状况有关，因此结合子女的经济条件进一步分析子女所提供的经济支持情况。对于子女的经济状况，认为自己子女非常富裕和比较富裕的比例分别为 2.3%与 23.3%，认为一般的比例最高，为 57.5%，认为比较困难和非常困难的为 15.0%与 1.9%。

表 7-12 是子女经济状况与子女给予老年人经济支持的列联表分析，从表中可以很清晰地看出子女富裕程度与对老年父母的经济支持有密切关系。其中在经济比较困难的子女中，没有给父母经济支持的比例为 36.8%，而在经济比较富裕的子女中，这一比例仅为 13.2%；在给予父母经济支持的子女中，经济比较困难子女给予的钱财集中在 1～999 元，比较富裕的子女则集中在 200～3999 元，两者有明显的差距，列联表卡方检验显著，说明子女的富裕程度越高，给予父母经济支持的可能性越大，同时给予父母经济支持的力度也随之增大。图 7-3 则更直观地比较了两者之间的关系。

表 7-12　子女经济条件与给老年人提供经济支持情况交叉分析

经济支持情况		子女经济状况（三等分）		
		比较困难	一般	比较富裕
0 元	数量/个	1 966	3 338	1 034
	比例	36.8%	18.7%	13.2%
1～199 元	数量/个	770	1 589	337
	比例	14.4%	8.9%	4.3%
200～499 元	数量/个	944	3 245	955
	比例	17.7%	18.2%	12.2%
500～999 元	数量/个	764	3 447	1 298
	比例	14.3%	19.4%	16.5%
1 000～1 999 元	数量/个	531	3 478	1 772
	比例	9.9%	19.5%	22.6%
2 000～3 999 元	数量/个	212	1 672	1 259
	比例	4.0%	9.4%	16.0%
4 000～6 999 元	数量/个	78	609	624
	比例	1.5%	3.4%	7.9%
7 000～11 999 元	数量/个	43	229	270
	比例	0.8%	1.3%	3.4%
12 000 元及以上	数量/个	33	197	309
	比例	0.6%	1.1%	3.9%

资料来源：2014 年 CLASS 数据

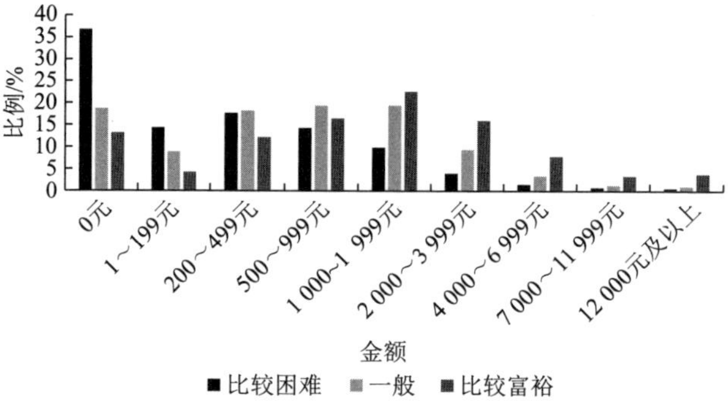

图 7-3　不同经济条件的子女对老年人的经济支持情况

资料来源：2014 年 CLASS 数据

进一步把老年人划分为城市老年人和农村老年人，观察这两个老年群体的代际经济支持差异，结果发现，对城市老年人来说，他们获得的“向上”的经济支持与所提供的“向下”支持相比，以经济资源“向上”的净流动为总体特征。但在老年期的低年龄段和部分高年龄段，城市老年人向子女提供的经济支持均值也不可小觑，在这些年龄段“向下”与“向上”间的净差值很小，说明城市老年人在经济上对子女也有不小的帮助。农村老年人代际经济支持的特点则是从子女处获得的支持远大于提供给子女的支持，这种差距在低年龄段和高年龄段的农村老年人中尤为突出，而在 70～80 岁的农村老年人中子女提供的经济支持相对于低龄老年人在减少，使得他们的经济获得与提供之间的差距也在缩小，但来自子女的经济支持在高龄农村老年人中有逐渐上升的趋势。

城市和农村老年人家庭代际双向经济支持的差异在于：一是城市老年人获得与提供之间的差距远小于农村老年人，低龄城市老年人为子女提供了较高水平的经济资助；二是随年龄增长来自子女的经济支持水平对农村老年人呈现先降低后升高的趋势，而城市老年人的起伏波动较大，但总体随年龄增长下降。总之，无论是城市老年人还是农村老年人，所呈现的结果都反映出我国老年人家庭中的经济资源还是以从子女向老年人的“向上”转移为绝对主体。如果仅从经济上的相互关系来看，我国老年人家庭中老年父母和子女的经济关系总体上表现为父母接受子女的私人转移大于父母给子女的转移，这种关系在农村老年人中表现得更加突出。

通过代际双向经济支持比较，虽然我国老年人家庭中的经济资源还是以从子女向老年人的“向上”转移为绝对主体，但城市老年人对子女经济上的支持比例和程度也不可忽视。子女在经济上对父母的供养或转移可能恰恰是老年人自我经济收入不足而进行弥补的一种体现。对农村老年人来说，子女外出对父母的经济收入有一定的正向影响作用。我国大量的城乡人口流动不但是农村中青年人提高经济收入的主要途径，也使留在农村的老年父母在经济上受益。

二、代际家务帮助

老年人和子女在家务劳动方面的相互帮助是家庭代际支持的重要形式。从表 7-13 的结果来看，总的来说，子女对老年人提供家务帮助的比例要高于老年人对子女的帮助，在过去一年中几乎没有给父母提供过家务帮助的子女占 39.9%，而没有给子女家务帮助的老年人达到 78.5%，可见家务方面的帮助以子女为老年人提供为主。几乎天天帮助老年人做家务的子女占 13.8%，天天帮助子女做家务的老年人占 10.7%，两者比例相当，这也反映出有一成左右的老年人在日常生活中帮助子女打理家务。但从其他帮助频率来看子女所提供的帮助均明显高于老年人。

表 7-13　老年人与子女之间的家务帮助情况

频率	子女对老年人的家务帮助		老年人对子女的家务帮助	
	数量/个	比例	数量/个	比例
几乎天天	4 509	13.8%	3 510	10.7%
每周至少一次	4 598	14.0%	1 043	3.2%
每月至少一次	4 107	12.5%	832	2.5%
一年若干次	6 465	19.8%	1 639	5.0%
几乎没有	13 064	39.9%	25 696	78.5%
合计	32 743	100%	32 720	100%

资料来源：2014 年 CLASS 数据

三、老年人与子女的联系和交流

老年人与子女的联系和交流可以反映出老年人的家庭代际关系。在此次调查中，采用了与子女打电话的频率和与子女见面频率两个问题来了解联系和交流状况。调查结果显示在与子女打电话方面，27.6%的老年人不需要与子女打电话，这主要是由于居住在一起或居住距离较近。几乎天天与子女打电话的老年人占 9.9%，老年人每周至少一次和每月至少一次打电话的比例较高，分别达到 25.7% 和 19.6%，但尚有 9.2%的老年人几乎没有与子女打电话。因此总体而言，绝大部分老年人与子女是经常保持电话沟通的。从老年人与子女见面的频率来看，过去一年中几乎天天见面的比例达到 29.3%，但一年几次见面的比例也占到了 28.1%，几乎没有见面的比例为 4.5%（图 7-4）。

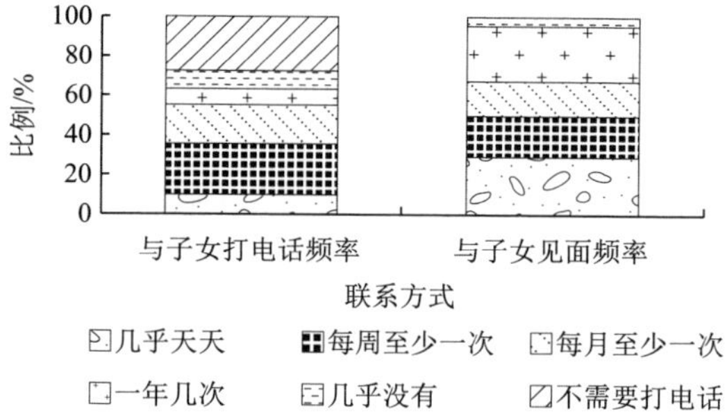

图 7-4　老年人与子女的联系与交流情况

资料来源：2014 年 CLASS 数据

为了进一步衡量老年人与子女的关系如何，调查采用“从各方面考虑，您觉得和这个子女感情上亲近吗？”这一问题来了解老年人对其与子女感情亲近度的评价。调查结果发现 86.8%的老年人觉得与子女的感情亲近，认为一般的占 9.7%，不亲近的仅 1.7%，另外 1.8%的老年人对此问题无法回答。这说明绝大多数老年人与子女之间的关系是比较亲近、融洽的。

四、老年人对代际支持的评价

老年人的评价和感受能够在一定程度上反映代际支持能否满足老年人的需求。调查采用“过去 12 个月，您有没有觉得这个子女向您要求了过多的帮助和支持？如要钱、帮忙干活、照看（外）孙子女或做家务”和“您是否觉得这个子女对您不够关心”两个问题来了解老年人的评价情况。对于子女是否向老年人要求过多的帮助和支持，高达 91.4%的老年父母认为子女从未过多要求自己，觉得子女偶尔、有时、经常向自己要求过多帮助的分别只有 3.0%、1.7%和 1.4%，还有 2.5%表示无法回答，这说明绝大部分老年父母并不认为子女对自己有过多的要求。

就子女是否关心自己的情况，84.0%的老年人认为子女从来没有对自己不够关心，只有 5.2%的老年人评价子女经常对自己不够关心，认为子女偶尔和有时对自己不够关心的分别为 5.8%和 2.6%，还有 2.1%表示无法回答。可见绝大多数老年人认为子女是关心自己的，这也反映出大部分子女与老年人的关系是比较融洽的，老年人对与子女的关系评价积极。

第五节　结论与讨论

通过本章的分析，关于我国老年人家庭养老资源得到以下主要结论及建议。

在老年人家庭规模及同住成员方面，被调查老年人的平均家庭规模 3.3 人，农村老年人的家庭规模大于城市。随着年龄的增长，仅与 1 人同住的空巢家庭比例在 85 岁之前显著增加，而随后呈下降趋势。从同吃同住的家庭成员构成来看，配偶是绝对主体，占 36.4%，与儿子同吃同住达到 17.7%，但与女儿同吃同住的比例仅为 4.5%，可见与老年人共同居住的以配偶为主，与儿子同吃同住的显著高于女儿，老年人更倾向于与儿子同住。

老年人的空巢和独居率较高，与 2010 年相比明显上升。2014 年 CLASS 结果表明，我国生活在一代户中的老年人为 48.0%，其中单身户和夫妻户分别为 9.6%和 37.9%。与第六次全国人口普查数据相比，老年单身户家庭增加了 0.2 个百分点，仅夫妻二人居住的空巢家庭上升了 9.0 个百分点，而二代户和三代及以上户比例则出现明显下降。从这两次数据的比较中可以看出我国老年人空巢化的程度加剧。老年人居住方式状况在一定程度上反映出家庭照料资源的弱化。

被调查老年人平均健在子女数为 3.0 个。由于当前的老年人绝大多数是未受计划生育政策影响的群体，因此独生子女家庭的老年人较少。老年人子女的平均年龄为 44.1 岁，91.8%的子女已婚且和配偶同住是绝对主体。近八成的子女处于就业状态。10.0%的子女居住在父母的房子里，儿子住在父母房子里的比例明显高于女儿。在老年人的子女中，在调查时已离开家半年以上的子女占 30.6%。其中虽然六成左右的子女是在省内流动，但有近四成的子女是跨省流动。远距离流动的子女往往因为与老年父母较长时间的分离影响对父母的照料支持。

在家庭代际支持方面，对于有照料需求的老年人，93.9%的老年人的首要照料者是家庭成员，配偶、儿子、女儿和儿媳在照料中具有至关重要的作用。在过去一年中，80.1%的子女给老年父母提供过经济支持，只有 19.9%的子女没有给过老年人钱财，而 72.5%的老年人没有给过子女经济支持。说明虽然老年人与子女之间的钱财是双向流动的，但是基本上是子女流向父母，并且在支持的资金数量上差别很大。在家务劳动方面，子女对老年人提供家务帮助的比例要高于老年人对子女的帮助。在有 18 岁以下孙子女的老年人中，照料孙子女的老年人占到约 34%，有 9.7%的老年人每天从早到晚照料孙子女。

老年人与子女的代际交流情况总体较好，绝大部分老年人与子女经常保持电话沟通，过去一年中几乎天天见面的比例达到 29.3%。但尚有 9.2%的老年人几乎没有与子女打电话，还有 4.5%的老年人过去一年几乎没有与子女见面。老年人对其与子女感情亲近度的评价比较积极。超过八成的老年人觉得与子女的感情亲近，认为子女关心自己，说明绝大多数老年人与子女之间的关系是比较亲近融洽的。

老年人照料高龄父母已成为一个突出的现实。调查发现 9.9%的老年人要承担高龄父母的照料职责。这些照料高龄父母的老年人面临体力精力不支、交通不便和经济压力等多方面的困难，未来随着老年人需要照料的数量和比例越来越高，家庭照料负担更加沉重，为家庭成员提供照料帮助和社会支持已刻不容缓。如何为有高龄老年人的家庭提供社会支持是我国高龄化背景下亟须关注的现实问题。

第八章　老年人的社会养老资源

“十二五”期间，我国的养老机构迅速发展，养老体系初步形成。《中华人民共和国国民经济和社会发展第十三个五年规划纲要》指出建立以居家为基础、社区为依托、机构为补充的多层次养老服务体系，全面建立针对经济困难高龄、失能老年人的补贴制度。根据养老的场所和居住方式的不同，养老大致可以分为居家养老、社区养老和机构养老三种类型。居家养老是指老年人在家中居住养老，与进入机构养老相对应又与传统的家庭养老相区别，是一种以家庭为主、社会服务为补充的养老模式，它以“居家”为主要形式，社区养老网络为保障，其养老资金的供给不仅依靠家庭还有政府保障，养老服务的提供也建立在个人、家庭、社区和国家的综合基础之上（赵丽宏，2007）。机构养老是指老年人通过入住养老机构安享晚年，是一种集中式的养老。社区养老则是在不脱离家庭的情况下，动用社会资源，给社区中照料老年人的家庭提供喘息服务和日间照料的一种新型养老模式。随着现代社会的不断发展，养老的观念逐渐从“养儿防老”转向社会养老与家庭养老相结合，社会养老资源将会成为未来养老的重要保障。穆光宗（2000）认为：养老主要是为老年人提供经济供养、生活照料和精神的慰藉，家庭养老在长期都会是我国养老的重要模式，同时随着中国传统家庭功能的弱化，未来将对社会养老提出新的要求。陈赛权（2000）提出“现实情况下，更加常见的则是一种混合式的养老，将自我养老、家庭养老和社会养老三种模式混合”。

依据现阶段养老方式的不同，对养老资源的分析主要从机构养老资源和社区养老的设施及服务这两大角度切入。了解现存的社会和社区的养老资源与养老服务对老年人的生活幸福以及公平、和谐的社区建设具有理论指导和现实意义。

随着我国老龄化的不断加剧，中国对老龄化和高龄化的关注度日趋上升，未来庞大的老年人口群体的养老不可避免地成为现实中迫切需要解决的重要问题。从理论上看，通过分析老年人社会资源状况与老龄化发展中存在的问题，有利于预测未来需求将会集中的服务领域，并以此为科学决策提供统计依据。从现实上看，老年人的社会养老资源状况和未来发展已经成为个体、社会和国家都极为重视与关心的问题。对个体来说，养老资源已经不仅仅是老年人所关心的问题，中年甚至青年人都已经对此有了认识。他们从参与职业强制性缴纳养老金到参加商业养老保险，都不同程度参与到了老年人社会养老资源的分享与建设中（乔晓春等，2006）。对家庭来说，核心家庭比例不断升高，不少家庭需要承担赡养四个老年人的义务，照料老年人的负担加重。据《中国家庭发展报告2015》统计，家庭规模小型化，2人、3人家庭成为家庭类型主体，核心家庭占六成以上；且伴随着现代化、工业化、城市化的发展，代际居住分离，家庭养老功能弱化，现代老年人对养老机构和社区养老资源的需求日益增加。对社会来说，发展养老服务不仅关乎社会的和谐稳定，它也将成为带动养老服务市场形成的重要推动器。《社会养老服务体系建设规划（2011—2015年）》就推算过2015年我国老年人护理服务和生活照料的潜在市场规模将超过4500亿元，养老服务就业岗位潜在需求将超过500万个，这会极大地促进社会就业与服务业发展。对国家来说，对养老机构进行规范化管理，是我们积极应对老龄化，保障养老机构、社区养老提供的服务与老年人需求相适应，以及养老机构发展与社会经济发展相协调的必要保证。

第一节　机构养老资源

一、机构养老的内涵及发展背景

《新编老年学词典》将养老机构定义为“为老年人提供养老、医疗、护理、康复、学习和娱乐等服务的机构”。机构养老主要有两个特点：一是养老资源供给区别于子女、亲属、本人提供的居家养老，而主要依赖于企事业单位、国家等，属于一种社会供给；二是从养老的空间来看，机构养老是指老年人脱离了原有的居住地，而在机构中集体居住养老（高岩和李玲，2011）。机构养老形式和名称多样，有老年公寓、敬老所、老年社区等；在性质上又根据创办的主体主要分为公办社会福利养老机构（公益性养老，是一种社会福利再分配的形式）和民办养老机构（主要通过市场运作和管理）。

受中国传统文化的影响，老年人大多需要家人精神上的支持、关心和帮助，大多喜欢居住在家中养老，而不愿选择机构养老。但是随着年龄的增加，老年人的身体机能逐渐损耗，存在不同程度功能障碍的老年人由于在日常生活中部分或完全不能自理，需要得到专业机构的多方面照料，如照护、医疗等服务，从而产生对机构养老的客观需求。根据2018年CLASS数据可知，已有12.49%的老年人现在需要别人在生活起居上（如吃饭、洗澡、穿衣、上厕所）提供帮助。

机构养老有其存在的合理性和独特优势，相对于居家养老更适合身体状况欠佳、生活大部分无法自理、家庭和社区不能够提供合适照料与服务的高龄老年人。机构养老能够作为居家养老的补充：其一，机构对接受服务的老年人个体能够提供更加专业化的服务；其二，对老年人在机构养老的家庭来说，能够缓解家庭赡养老年人的负担。青年一代在面临巨大工作压力的同时常常难以独立照料自己的父母，通过机构提供赡养老年人的帮助，能够大大缓解子女照料父母的负担。特别是对少数父母身体情况较差、需要照料的家庭来说，子女对与之共同生活的父母进行生活照料将会大大增加他们的负担，影响其工作。对 2006 年北京市独生子女父母家庭养老保障的研究证明，39.8%的未婚独生子女家庭中有老年人需要照料，而 72.9%的已婚独生子女家庭中有老年人需要照料；在有需要照料老年人的已婚独生子女家庭中，有 72.1%的受访者认为照料老年人影响了其生活工作（王树新和赵智伟，2007）。照料身体情况较差的老年人将会大大增加年轻人的工作压力和生活负担，使年轻人难以全身心投入劳动市场中，实现家庭与工作的平衡。

二、我国养老机构的发展历程

在我国，养老机构主要是作为一种社会福利机构而运营，其建立、运行与监管主要受到民政部门的管理（周云和陈明灼，2007）。我国养老机构在快速的发展过程中，不断引进市场机制，引导社会力量的参与，丰富养老机构类型（吴玉韶等，2015）。

1999 年民政部颁布的《社会福利机构管理暂行办法》就对养老机构的基本标准和组织管理做出相应规定，“社会福利机构是指国家、社会组织和个人举办的，为老年人、残疾人、孤儿和弃婴提供养护、康复、托管等服务的机构”“社会福利机构应当遵守国家法律、法规和政策，坚持社会福利性质，保障服务对象的合法权益”“国务院民政部门负责指导全国社会福利机构的管理工作。县级以上地方人民政府民政部门是社会福利机构的业务主管部门，对社会福利机构进行管理、监督和检查”。改革开放以来，我国开始发展不同类型的养老机构，从国家包办到国家、社会、个人合办。社会福利事业面向全社会，国家鼓励民间力量参与到养老机构的建设中。2013 年出台的《养老机构设立许可办法》提出了“外国的组织、个人独资或者与中国的组织、个人合资、合作设立养老机构的，香港、澳门、台湾地区的组织、个人以及华侨独资或者与内地（大陆）的组织、个人合资、合作设立养老机构的，由住所地省级人民政府民政部门或者其委托的设区的市级人民政府（行政公署）民政部门实施许可”，更是为养老机构引入国外资本创造了条件，进一步推动了社会各界积极投入养老服务之中。《社会养老服务体系建设规划（2011—2015 年）》强调政府主导、多方参与，发挥市场在资源配置中的基础性作用。在政府的统筹之下，通过政府购买服务、民办公助等多种形式引导和支持社会力量参与，将放开养老服务市场限制，促进有序竞争的格局，引导市场的规范化程度也不断加深。《“十三五”国家老龄事业发展和养老体系建设规划》进一步提出了要实现“市场活力和社会创造力得到充分激发，养老服务和产品供给主体更加多元、内容更加丰富、质量更加优良，以信用为核心的新型市场监管机制建立完善”的目标。习近平总书记在主持我国人口老龄化的形势和对策第三十二次集体学习时强调“落实支持养老服务业发展、促进医疗卫生和养老服务融合发展的政策措施”①，这要求社会进一步开展多层次、多形式的医养结合，推动医疗机构与养老机构签约合作，并在养老机构设立医疗机构。2019 年《国务院办公厅关于推进养老服务发展的意见》提出了要继续深化公办养老机构改革，支持养老机构规模化、连锁化发展，解决养老服务机构融资问题。

我国养老服务从“十二五”的“居家为基础、社区为依托、机构为支撑”转变为“十三五”的“居家为基础、社区为依托、机构为补充、医养相结合”。现阶段更强调发展居家和社区养老，从以硬件设施为中心向更加重视服务质量和服务人员能力转变。在养老机构的建设上，支持鼓励民营部门和社会力量发挥作用。这顺应了全球养老方式从机构养老向居家和社区“在地化”养老的发展趋势，促进了老年人的有效需求和市场的有效供给相结合，有助于提高老年人生活品质，有效解决了个人、家庭和社会负担。

当前，养老机构类型日益多元化，服务的内容日益精细化、专业化，服务水平不断上升。同时对收养老年人的条件也逐渐放宽，由新中国成立初期保障“三无”老年人和农村的“五保”对象发展到普通老年人只要经济允许都可以自费进入养老院，城市的福利机构、农村的敬老院入住率大大提升，养老服务的对象日益多元化。

三、我国养老机构的规模分布和地区差异

据《2019 年民政事业发展统计公报》展示，截至 2019 年底，全国各类养老机构和设施约 20.4 万个，养老床位达 775.0 万张。2010 年以来我国总体上对养老机构的投入呈现不断增长的趋势，2010 年底全国各类老年福利机构约有 4 万个，到 2019 年全国各类养老服务机构和设施发展到 20.4 万个。2019 年末，我国各类养老服务机构的床位已有 775.0 万张，比 2018 年增长 6.6%，与 2010 年相比增长了约 458.9 万张。根据《中国民政统计年鉴：中国社会服务统计资料》的数据可知，2007 年到 2016 年的养老机构床位数增长率总体保持在 10%到 20%，增长床位超过了 2007 年总和床位数（表 8-1）。

表 8-1　2007～2016 年养老机构床位数

项目	2007 年	2008 年	2009 年	2010 年	2011 年	2012 年	2013 年	2014 年	2015 年	2016 年
床位数/万张	242.9	267.4	293.5	316.1	369.2	416.5	493.7	577.7	672.7	730.2
增长率	35.2%	10.1%	9.8%	7.7%	16.8%	12.8%	18.5%	17.0%	16.4%	8.5%
每千老年人口养老床位数/张	15.8	16.7	17.6	17.8	20.0	21.5	24.4	27.2	30.3	31.6

① 《习近平：推动老龄事业全面协调可持续发展》，http://www.xinhuanet.com//politics/2016-05/28/c_1118948763.htm[2021-03-11]。

从提供住宿服务的养老机构地区分布上来看，人口大省和劳动力输出大省——四川的机构数最多，为 2573 个。总体上看，养老机构的数量与地区的社会经济发展水平、人口稠密程度相一致。在青海、西藏等较为偏远且不发达地区，机构单位数量较少，西藏地区的养老机构甚至只有个位数。从 2015～2016 年的变化幅度上看，大多数省区市的发展情况与全国养老机构发展水平保持一致，增长率维持在 3.03%左右。其中吉林、贵州、安徽三省养老机构发展最为迅猛，吉林在 1 年间养老机构数增长了近 1 倍，而天津、陕西、江西、福建、辽宁、宁夏、山西、甘肃、海南、西藏却呈现了负增长，其中西藏最为严重（图 8-1）。

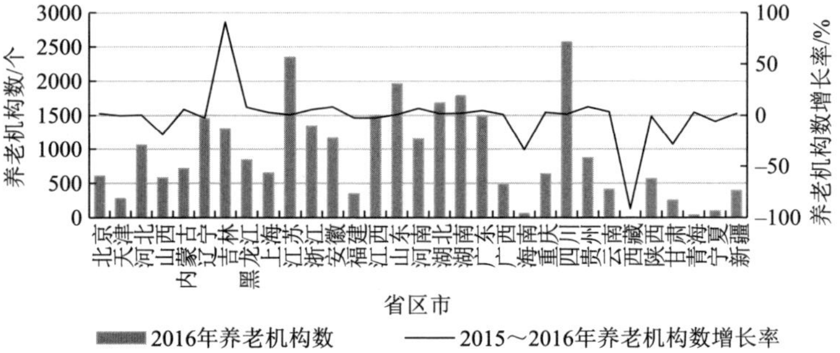

图 8-1　2016 年各省区市养老机构数量及变化幅度

资料来源：2017 年《中国民政统计年鉴：中国社会服务统计资料》

从城乡差距上看，以 2017 年民政部统计年鉴收集数据为例，2016 年在提供住宿服务的养老机构中，农村的养老机构数和床位数都要比城镇高。农村的养老机构数是城镇养老机构数的近两倍（表 8-2）。

表 8-2　2016 年城乡提供住宿服务的养老机构数与年末床位数

地区	养老机构数/个	年末床位数/张
城市	8 891	1 359 493
农村	15 398	1 799 248

资料来源：2017 年《中国民政统计年鉴：中国社会服务统计资料》社会服务当年分省统计资料社会工作部分统计的城乡养老服务机构部分

此外，我们还需要考虑城乡老年人口数、规模不同带来的需求量的不同。根据 2017 年《中国民政统计年鉴：中国社会服务统计资料》，2016 年末，在城市养老机构中，在院老年人为 666 167 人，而农村养老机构的老年人为 1 089 819 人，也大约是城镇的两倍。根据孙鹃娟和沈定（2017）的研究，农村家庭中子女的数量对老年人是否选择机构养老有至关重要的影响，子女数越多，农村老年人去养老机构的可能性越小。近年来，随着社会经济的发展和城乡结构的不断转型，农村的养老方式也由依赖子女照料向自我照料发展，老年人更倾向于选择机构养老。农村更多比例的老年人选择机构养老，他们可以利用的提供住宿服务养老机构的床位数高于城镇，其提供住宿服务的养老机构资源数量更加充足（表 8-2）。从数量上来说，中国的农村地区提供住宿服务的养老机构资源比城镇更加丰富，农村的养老机构和平均老年人所拥有的床位数都比城市要高。一方面，这可能是由于农村土地成本相对低廉的天然优势；另一方面，中央出台的《关于深入推进农村社区建设试点工作的指导意见》《国务院关于加快发展养老服务业的若干意见》也体现出了中央对于农村养老的重视。此外，在养老机构建设和发展上，我们不能够一味追求数量上的单纯增长，还需要提高养老机构服务的质量水平，并充分利用现有的养老资源，以吸引更多老年人入住。

四、我国养老机构的服务

从机构养老服务提供的主体来看,其传统的供给主体主要包括政府和单位(高岩和李玲，2011）。政府养老主要面向城镇的“三无”老年人和农村的“五保”老年人，向困难老年人提供服务以保障其基本生活；单位养老机构则主要面向单位内无子女的退休老年人。

从养老机构提供的服务内容来看。有研究依据老年人的身体健康特征，将老年服务机构根据服务对象的类别划分为自理型养老机构、助养型养老机构和养护型养老机构。其中，自理型养老机构主要针对健康状况良好、生活能够自理的老年人，为其提供辅助性的生活照料和娱乐等服务；助养型养老机构则针对半失能老年人，增设康复护理服务；养护型养老机构针对失能老年人侧重于提供等级更高的康复护理，并增加临终关怀服务（吴玉韶等，2015）。2018 年 CLASS 数据显示，仅有 2.88%的老年人愿意选择机构养老服务。有关研究表明虽然总体上我国老年人入住养老机构的意愿下降，但是失能老年人愿意入住养老机构的比例却有明显的升高。这就说明我国养老机构需要在老年人护理方面更多发挥专业性，提供护理水平较高的养老服务（王莉莉，2014）。

如今，机构养老的主体日益多元化，已经逐渐形成了养老服务多元化格局。有研究按照建设模式将养老机构分为以下四种模式：第一种模式是广义的“公办民营”，主要由“公民合资”（由政府提供公有土地、部分资金，与民间机构投资共建养老院，并由专业民间机构经营管理）、“公建民营”（由政府投资在公地上建立老年人服务机构，招标并委托民间机构管理）以及狭义的“公办民营”（政府将已建成的养老院委托给民间机构和个人管理）这三类构成。第二种模式为“民办公助”，由民间组织或者机构自行购买土地，自建自营养老机构，政府给予一定的补贴。第三种模式为“特许经营”或“项目购买”，通常指政府将规定的老年人服务项目委托给民间机构运营，实际是一种专项服务项目外包。第四种模式为“一院两制”或“公办民助”，指政府在自建自管的老年人福利机构中创建民营部分，政府主要提供公共土地资本并吸引民间资本投资形成股份制，目前这种模式正越来越普遍（杨团，2011）。

公办的政府养老机构主要提供“兜底性”的养老服务，坚持“保基本、保困难、兜底线”的原则，面向特殊困难老年群体开放。民办养老机构在政府的政策鼓励和资本扶持下迅速发展，却面临“用地难、融资难、用人难”三大难题。民办养老机构市场定位的偏差性导致真正符合大多数老年人需求的中档养老机构、小微型养老机构、医护型养老机构发展不足，形成了民间养老机构市场的结构性失衡。因此，在社会养老需求扩大的背景下，养老机构仍然面临养老机构床位空置率居高不下的难题（辜胜阻等，2017）。

我国实际养老服务供给不足，专业照料人员相对匮乏。2017 年的《中国民政统计年鉴：中国社会服务统计资料》显示，2016 年度全国提供住宿的养老机构有 28 592 个，年末床位 378.7751 万张，养老床位总数仅占全国 65 岁及以上老年人口（15 003 万人）的 25.25%。在职年末员工有 338 793 人，助理社会工作师 5191 人，社会工作师 3969 人，合计具有职业资格水平的专业人员只有不到 1 万人。专业人员与床位之比为 1∶413.5，专业人员较少。

第二节　社区养老设施

受中国传统文化的影响，老年人大多需要家人在物质精神上的支持、关心和帮助，大多喜欢居住在家中养老，而不愿意选择机构养老。社区照料这一概念是相对于家庭照料、机构照料提出的，主要指社区给照料老年人的家庭提供辅助照料老年人的喘息服务和日间照料。社区养老既有家庭养老的温馨随意，又有社会服务的专业性和高效性。随着老龄化的不断发展和家庭养老功能的逐渐弱化，社区养老已经成为居家养老的重要依托，承担着部分家庭养老所不具有的功能，是未来养老中不可替代的一个重要环节。

首先，我们需要界定社区养老的概念。社区养老，以家庭为核心，以社区为依托，针对居家养老的老年人提供针对性的服务，集社区服务与家庭养老于一身。然而学界针对社区养老还没有统一的概念界定。史柏年（1997）认为老年社区照料是由社会志愿者、社会网络等运用社区资源为老年人提供帮助，使其能够在熟悉的社区生活，是一种介于家庭照料与机构照料之间的照料方式。谭克俭（2002）提出社区养老是在社会养老和家庭养老发展过程中的一种养老保障模式，主要依靠社区自组织为老年人提供形式多样的服务，社区养老保障机制包括为老年人提供经济支持、帮助老年人寻找合适的养老方式、推动养老服务体系建立和对家庭养老的引导督促四个方面。

其次，我们需要厘清社区养老与其他相似概念。有学者将社区养老、居家养老和机构养老作为三种基本模式进行系统描述，并分析了实践中居家、机构、互助等养老形式与社区养老的紧密交融关系，从而辨清社区养老与其他相近概念。第一，由于社区养老常作为居家养老的辅助支撑，两者常会被一起提起，即社区居家养老。社区居家养老是一种新的居家养老模式，首创于大连，核心是家庭，依托于社区，以提供专业化的服务为依靠，为居住在家的老年人提供专业化且便利的服务，现阶段总体上认为该模式是我国社会转型时期养老方式的最佳发展方式（王伟进，2019）。第二，社区机构养老，是一个处于社区养老和机构养老中间地带的养老方式，如在社区服务中心附近设立老年公寓，建立集体机构养老。互助养老同时具有居家养老、社区养老和机构养老的特点，是一种将老年人纳入养老服务体系的“积极老龄化”养老方式，具有社区性和互助性的明显优势。农村的社区互助养老，是基于在乡邻之间的老年人互助这种较为普遍的现象而发展起来的，主要采用“社区主办、互助服务、群众参与、政府支持”的方式。它通过村委会将社区内闲置的房产改造成社区互助养老服务场所，由政府或村集体承担日常运转费用，老年人自愿申请入住，入住的老年人相互帮助、相互服务。但同时也面临着缺乏法律文件、政策支持、社会环境支持的尴尬局面（金华宝，2014）。

近年来，社区养老取得了一定的发展成果，同时也面临着许多挑战。《“十三五”国家老龄事业发展和养老体系建设规划》对社区养老和服务提出了综合整治运用的要求，支持社区养老机构配备康复护理设施设备，并“鼓励有条件的地方通过委托管理等方式，将社区养老服务设施无偿或低偿交由专业化的居家社区养老服务项目团队运营”。

一、社区养老的内涵及理论背景

在我国，社区带有较浓厚的行政色彩，通常指的是社区居委会和居委会管辖的行政区域，一定程度上可以理解为城市基层政府的延伸（陈友华和吴凯，2008）。社区养老指的是以非制度性的方式对老年人进行服务。社区养老是居家养老的重要支撑，主要是为日间无人照料的社区中老年人提供服务。在城市中，主要结合社区服务设施建设等工程，增设养老社区服务的网点；在农村则以乡镇敬老院为主要依托，为农村留守老年人提供服务。

国外研究对老年人进行社区照料的理念最早源自20世纪50年代的英国“去机构化”的潮流（周沛，2002）。这种理念鼓励家庭养老和社会服务相结合，Stoltz等（2004）指出家庭服务是居家养老服务的主要提供主体，它的存在对于缓解国家负担、促进社会福利发挥着重要作用；但是他们也指出了，在居家养老服务方面，家庭需要来自外界的帮助。很多发达国家（如美国、澳大利亚、日本）很早就采取了这种养老模式，得到了老年人高度的肯定和评价，并迅速得到推广。

我国对社区养老的实践探索是从20世纪90年代后期开始的。近年来，党和国家对养老工作提出了新思想并做出了一系列新的重要指示，努力让更多的老年人享受美好的晚年生活。中共中央政治局第三十二次集体学习时提出：着力完善老龄政策制度，着力发展养老服务业和老龄产业，着力健全老龄工作体制机制[①]。十九大进一步提出了针对养老服务要“完善社会救助、社会福利、慈善事业、优抚安置等制度”“健全药品供应保障制度”“推进医养结合”[②]。《中华人民共和国国民经济和社会发展第十四个五年规划和2035年远景目标纲要》建议中首次提出“实施积极应对人口老龄化国家战略”“支持家庭承担养老功能，构建居家社区机构相协调、医养康养相结合的养老服务体系”“健全养老服务综合监管制度”“培育智慧养老等新业态”。总体上党和国家越发重视社区在养老服务体系中的地位，对社区给予了越来越多的政策扶持。

总体上看，社区养老是一种适合我国国情的新的养老模式。其一，社区养老弥补了家庭养老中遇到的困难与问题，兼顾了中国传统偏好于居家养老的养老模式，同时具备了养老功能的服务性与人际交往的情感性；其二，社区养老可以充分利用老年人原有的住房等物质资源，具有投资少、见效快、收费低的特有优势（张秀萍等，2006）；其三，国外社区养老模式的成功也证明了机构养老的可行性与有效性。

我国社区养老设施主要分为精神慰藉类设施和生活照料及医疗保健类设施两种。精神慰藉类设施主要有老年活动中心、老年之家等，在老年人完全自愿的前提下，为老年人提供一系列全面的服务以满足老年人在社交发展方面的需求。生活照料及医疗保健类设施则主要是老年人日间照护中心，针对身体机能退化或受损、生活无法完全自理的老年人，在白天无人照料的情况下，由社区提供帮助，尽可能协助老年人在家中安享晚年。社区机构需要提供护理、康复训练、膳食服务、洗澡等日常照料和训练，服务人员需要具备专业的照护能力。例如，上海社区机构为老年人提供了“助餐、助浴、助洁、助急、助医、助行”六助式日常生活照料服务、老年人日托服务和针对空巢老人、独居老人的特殊服务（祁峰，2010）。

然而整体来看，现有研究仍存在一些不足和缺憾。国内已有的对社区养老机构的研究主要聚焦于分析社区居家养老模式，对其他社区养老模式（如社会互助养老等）、社区养老机构资源和养老服务资源的分析探讨寥寥无几。

---

① 《习近平：推动老龄事业全面协调可持续发展》，http://www.xinhuanet.com//politics/2016-05/28/c_1118948763.htm[2021-03-11]。

② 《习近平：决胜全面建成小康社会 夺取新时代中国特色社会主义伟大胜利——在中国共产党第十九次全国代表大会上的报告》，http://www.gov.cn/zhuanti/2017-10/27/content_5234876.htm[2021-03-24]。

二、社区养老设施资源状况

（一）社区的基本情况

社区类型能够在一定程度上反映社区养老资源的多寡，反映出老年人可获得的来自社区的养老服务资源。根据表 8-3，大多数的城镇受访者居住在街坊型社区（32.04%）和普通商品房小区（35.54%）；占比为 97.78%的绝大多数农村受访者都居住在农村。

表 8-3　受访者居住社区

社区类型	城镇地区	农村地区	总体
未经改造的老城区（街坊型社区）	32.04%	0.21%	18.61%
单一或混合的单位社区	10.10%	0.00%	5.84%
保障性住房社区	2.03%	0.00%	1.17%
普通商品房小区	35.54%	0.08%	20.59%
别墅区或高级住宅区	0.44%	1.50%	0.88%
新近由农村社区转变过来的城市社区（村改居、村居合并或“城中村”）	15.56%	0.42%	9.17%
农村	4.04%	97.78%	43.58%
其他	0.24%	0.02%	0.15%

资料来源：2018 年 CLASS 数据

注：本表中数据进行过修约，可能存在合计不等于 100%的情况

居民居住的社区类型不同，其获取到的社区服务设施资源也可能存在差异，根据 2018 年 CLASS 数据可知，在街坊型社区、普通商品房小区和单位社区中其各项服务设施的覆盖率相对较高，多数保证了近六成的覆盖率，而农村社区的各项设施的覆盖率均较低，特别是老年活动室和图书室覆盖率明显低于其他类型的社区（表 8-4）。

表 8-4　不同社区类型受访者享受的活动场所或者设施

社区类型	老年活动室	健身室	棋牌（麻将）室	图书室	室外活动场地
未经改造的老城区（街坊型社区）	55.20%	23.67%	45.65%	24.66%	57.22%
单一或混合的单位社区	60.42%	16.94%	37.18%	31.93%	64.47%
保障性住房社区	38.81%	5.97%	38.81%	16.42%	58.21%
普通商品房小区	56.55%	19.02%	36.89%	20.21%	63.06%

续表

社区类型	老年活动室	健身室	棋牌（麻将）室	图书室	室外活动场地
别墅区或高级住宅区	39.60%	15.84%	16.83%	16.83%	43.56%
新近由农村社区转变过来的城市社区	39.83%	24.74%	34.48%	26.07%	53.96%
农村	26.17%	11.10%	18.67%	12.54%	39.84%

资料来源：2018 年 CLASS 数据

（二）城乡社区养老服务设施覆盖率存在较大差异

社区养老设施是衡量社区养老资源的重要指标，也是为老年人提供养老服务的前提。2018 年的 CLASS 数据从社区的角度调查了城乡地区所具备的活动场所或者设施。数据显示，老年活动室、室外活动场地、棋牌（麻将）室较为完备，绝大多数的老年人生活的社区中都有这三类服务设施，而健身室和图书室的建设则相对缺乏。

从城乡差距上来看，总体上城乡养老设施存在较大的差距，城镇在各类设施的建设上均优于乡村。从表 8-5 可知，从老年活动室的覆盖上来看，城镇为 53.48%，而农村仅为 24.78%；城市中为老年人提供身心保障的设施——健身室、棋牌（麻将）室、图书室的覆盖率也是农村的约两倍。虽然农村地区具有地广人稀、土地资源相对充沛的优势，室外活动场地的建设理论上应该更具有优势，但实际上农村的室外活动场地覆盖率远低于城镇，仅为 38.59%。

表 8-5　城乡居民获得的社区养老设施或机构

社区养老设施或机构	城镇	农村	总体
老年活动室	53.48%	24.78%	41.37%
健身室	21.04%	10.57%	16.63%
棋牌（麻将）室	39.49%	17.49%	30.21%
图书室	23.31%	12.67%	18.82%
室外活动场地	59.79%	38.59%	50.85%

资料来源：2018 年 CLASS 数据

（三）社区医疗设施覆盖率较高

医疗卫生需求是老年人的基本需求，我国基层医疗服务能力正在不断提升。《2019 中国卫生健康统计年鉴》显示，我国的社区卫生服务机构与乡镇卫生院机构自 2010 年起数量一直保持平缓增长的趋势，城乡的医疗机构合计数量差距不大（表 8-6）。其中，社区卫生服务机构共有 34 997 个，按性质划分：政府办有 17 715

个，非政府办有 17 282 个。乡镇卫生院机构共有 36 461 个，按性质划分：政府办有 35 973 个，非政府办有 488 个。

表 8-6　2018 年基层医疗卫生机构（单位：个）

基层医疗卫生机构		数量	合计
社区卫生服务机构	社区卫生服务中心	9 352	34 997
	社区卫生服务站	25 645	
乡镇卫生院机构	中心卫生院	10 513	36 461
	乡镇卫生院	25 948	

资料来源：《2019 中国卫生健康统计年鉴》基层医疗卫生服务部分

第三节　社区养老服务

《老龄问题维也纳国际行动计划》指出，社区养老服务是指依靠社区为老年人提供范围广泛的预防性、补助性和发展性方面的服务，以使老年人能够在自己家里和他们的社区尽可能过独立生活，继续成为参加经济活动的有用公民。同时应努力发展家庭照料，提供必要的优质保健和社会服务，以使老年人能够留在他们各自的社区中，尽可能长久地独立生活。在我国，社区养老服务，主要指老年人以居家养老为基础、社区提供服务的一种服务模式。除了在社区内为老年人提供衣食住行方便、医疗护理、心理健康、文娱等方面服务，也包括在社区内开办各种托老机构、老年护理中心等（王海燕，2002）。社区养老服务的对象主要是社区内的健康、低龄、生活能够自理的老年人与不能自理、不能完全自理的老年人（主要依靠康复中心和托老所）（Chou et al.，2007）。从社区养老服务的提供者来说，以政府为主。社区养老服务是一种公共物品，在中国普遍采取政府购买服务、社会参与和非政府组织实体承办的运作方式。政府作为社区服务的主要资金承担者，一方面需要对社区养老制订发展规划、进行政策引导和支持，另一方面也需要在资金上通过公共财政对其给予补贴（章晓懿和刘帮成，2011）。

一、社区养老服务的理论综述

目前国外关于社区养老服务的研究已经十分丰富。从国际上看，随着老龄化的不断发展，老龄群体对养老服务的需求也在不断发生着变化。西方国家的养老服务供给逐渐呈现“去机构化”和“去政府化”的趋势，其机构照护支出比重不断下降的同时，居家、社区照料支出上升。发展社区养老服务不仅可以满足老年人情感需求和精神依托，也能借助社区已有的设施降低政府公共服务的开支（彭希哲等，2017）。在社区居家养老服务的供需方面，Sono 等（2008）证实了在日本，家庭在照料心理疾病患者中扮演重要角色，社区重要性也越发凸显。Herrman 和 Harvey（2005）研究了澳大利亚精神病患者对社区照料服务的需求情况；Lindeman 和 Pedler（2008）则评估了该国当地老年人对社区照料服务的需求，并为服务提供者提出相应的建议。在社区居家养老服务运作机制与管理方面，也有学者探究较为宏观的人员管理问题。例如，Storey 等（2007）就如何准确界定英格兰社区照料从业人员的数量，以及对未来社区照料服务劳动力规划的影响做了研究。尽管国外的相关研究已经十分丰富，但由于中国是在“未富先老”、社会保障体系尚不完善的国情下快速步入老龄化的，因此，国外的研究和理论并不能直接用于中国问题的解决，我们需要从中国的具体国情出发进行本土化的研究。

多数学者认同大力发展社会养老体系是在我国国情条件下解决我国养老问题的新的发展趋势，是适合我国国情的，具有极大的优越性：一是老年人能够在自己熟悉的环境里享受服务；二是充分利用社区资源，有效降低养老成本；三是实施专业化的正规照料，可以为老年人提供多层次服务（沈瑞英和胡晓林，2009；卫小将和何芸，2007；项丽萍，2007；徐祖荣，2008）。目前大多数学者倾向于充分发挥市场与社会组织提供的作用，形成多元竞争的良好局面。

社区养老在我国主要作为一个广义、宽泛的概念，广义的社区养老包括有不同性质的福利性、保障性服务与营利性服务（李学斌，2008）。根据国内外的研究分析,社区养老服务主体性质大致可以分为公益性主体和商业性主体两大类型。

公益性主体提供一种福利性、保障性的服务，主要针对弱势群体和广大居民。除了政府是我国现阶段主要的社区养老服务供给主体，还存在一定数量的非营利组织、社会服务志愿人员和在“互助养老”中发挥重要作用的邻里互助。其他主体提供服务包括政府买单民间组织运作和老年志愿服务。政府买单民间组织运作主要包括政府对服务提供者的财政补贴、对老年群体的养老津贴、对养老服务的配套购买等经济支持，是现阶段解决居家养老服务的一种有效手段。居家养老服务需求的满足，不是仅凭民政部门的力量就能够实现的，需要在政府的统一领导下，通过一系列制度设计和激励政策，引导和动员各类资源和力量，形成政府、社会、市场、家庭等主体协调合作、良性互动的机制，如浙江的政府包护型，就是由政府向困难老人提供资金支持（郅玉玲，2010）。老年志愿服务作为一种社区志愿活动，居民或其他的社会热心人士加入志愿队伍，在组织的规范化的引导之下，通过规范化的管理，为老年人提供持久的、质量高的服务，如协助老年人处理简单的家务、护送老年人，向老年人介绍或传授新知识等，需要结合老年人的实际需求，提供高质量的服务，也是社区为老服务的一支重要力量。

此外商业性的社区养老服务主要是通过民间资本的介入，在政府的支持下，企业组织依托社区的资源，建设民办的养老机构，使老年人能够在社区中享受机构提供的专业化的养老服务（郁建兴等，2012），但是由于利润较为微薄，其发展尚不成熟，主要依赖于政府的政策支持。

从社区养老服务的费用支付来看，养老服务作为一种商品，其本身具有价值，因此也需要支付一定的费用后才能够享受服务。在我国，社区养老服务的费用承担者主要分为政府、家庭、社会和个人四类主体。因此根据费用承担者主要可以分为福利性社区养老服务和市场性社区养老服务两大部分。其中，福利性社区养老服务主要属于政府的责任，由政府通过财政补贴或者是购买服务的方式来保障经济困难的独居、孤寡、高龄老人的服务需求；市场性社区养老服务则是以市场为主导，被服务者在市场上购买服务（陈友华，2012）。

社区养老服务的提供主要依靠政府的公共财政支持，在养老的费用上，张文范（2004）认为社区养老应以社会效益为重，不应该以营利为目的，然而由于经济实力的限制，国家无法为社区养老服务提供全面的资金支持，因此需要开展适当的有偿经营，实现经济效益与社会效益的相互促进。目前多数学者都认同该观点，认为在实践中将社区服务的公益性与经济性相结合，利于在保障困难老人得到救济的同时使其他老人享受福利化低成本的养老服务，两者相互促进，有益于社区养老服务的可持续化发展。

二、社区养老服务状况

从社区养老服务供需状况来看，存在的问题主要有社区服务知晓率低且使用率较低、社区医疗服务相对不足、老龄优待服务覆盖面较窄且地区分配不平衡这三个问题。

（一）社区服务知晓率低且使用率较低

近年来，社区养老服务得到了高度的重视，并取得了迅速发展。目前各个社区提供的种类繁多的居家养老服务大致可归纳为精神慰藉类服务、生活照料类服务及医疗保健类服务三大类。CLASS 2018 年问卷询问被调查者所在的社区是否提供养老相关服务、被调查者是否使用过该项服务，并询问其是否愿意花钱购买该项服务。

首先，服务的供给和知晓是利用服务的前提条件。在 2018 年的调查中，无论是城镇还是农村地区，均有超过半数的老年人并不知晓社区提供养老服务。从服务类型上来看，上门探访、法律援助和老年饭桌或送饭这三项服务是为老年人知晓的供给率最高的三项服务。从城乡差异来看，城镇老年人可使用的养老资源更充沛，城镇各项养老服务的供给率都高于农村。从分项上看，城镇养老服务供给较为全面，除了陪同看病、帮助日常购物和心理咨询这三项服务供给比例较低外，其余各项服务供给率都超过了 10%；而农村地区社会化养老服务资源较为不足，绝大多数服务的供给率不足 5%，仅有上门探访服务的供给状况较好，供给率为 8.54%（表 8-7）。服务的使用不仅与老年人的实际需求有关，也与老年人对服务的认知情况、社区提供的服务设施相关。有学者提出在提供针对性服务的基础上，还需要提高老年人对服务的认知度，并增加服务的可获得性（杜鹏等，2016）。

表 8-7　受访者知晓所在社区提供的服务

知晓所在社区提供的服务	城镇	农村	总体
上门探访	18.48%	8.54%	14.29%
老年人服务热线	11.74%	1.85%	7.57%
陪同看病	5.30%	1.87%	3.85%
帮助日常购物	5.77%	1.79%	4.09%
法律援助	12.44%	3.90%	8.84%
上门做家务	10.12%	1.45%	6.46%
老年饭桌或送饭	12.44%	1.27%	7.73%
日托站或托老所	10.62%	1.74%	6.88%
心理咨询	9.27%	1.74%	6.10%

资料来源：2018 年 CLASS 数据

从服务的使用状况来看，老年人使用社区服务的比例比较低，使用比例最高的上门探访服务占比也仅有 6.82%，其次是老年饭桌或送饭、上门做家务、老年人服务热线，占比分别为 2.41%、1.94%和 1.87%；而老年人几乎没有使用过心理咨询、法律援助这类服务（表 8-8）。同样地，相比于农村地区的受访者，城镇中受访者使用过各项服务的比例也相应更高。

表 8-8　受访者使用过的社区服务

使用过的社区服务	城镇	农村	总体
上门探访	7.42%	6.00%	6.82%
老年人服务热线	2.36%	1.18%	1.87%
陪同看病	1.24%	1.18%	1.22%
帮助日常购物	1.29%	1.04%	1.18%
法律援助	1.36%	0.77%	1.11%
上门做家务	2.85%	0.69%	1.94%
老年饭桌或送饭	3.73%	0.60%	2.41%
日托站或托老所	1.61%	0.56%	1.17%
心理咨询	1.24%	0.69%	1.01%

资料来源：2018 年 CLASS 数据

老年人使用的社区服务常常与自身的身体状况、精神心理需求相关，年龄的异质性是老年人使用社区服务差异的重要原因。由统计可知，总体上 80 岁及以上的高龄老年人使用的服务较多，特别是上门探访、老年人服务热线、老年饭桌或送饭等照料类的服务，80 岁以下的老年人较多使用上门探访服务，对其他服务使用则较少（表 8-9）。从日常生活自理能力来看，完全自理的老年人对养老服务的实际使用相对较少，而重度依赖的老年人使用过养老服务的比例均较高。

表 8-9 使用过的社区服务的受访者年龄差异和日常生活自理能力

使用过的社区服务	年龄			日常生活自理能力			
	60～69 岁	70～79 岁	≥80 岁	完全自理	轻度依赖	中度依赖	重度依赖
上门探访	5.73%	7.03%	9.68%	6.20%	8.82%	16.37%	18.87%
老年人服务热线	1.81%	1.71%	2.39%	1.63%	2.68%	2.92%	8.02%
陪同看病	0.87%	1.39%	1.90%	0.94%	2.30%	4.68%	6.13%
帮助日常购物	0.99%	1.36%	1.36%	0.98%	2.11%	2.34%	5.19%
法律援助	0.98%	1.41%	0.87%	0.91%	1.92%	3.51%	4.72%
上门做家务	1.84%	2.20%	1.63%	1.51%	3.84%	2.34%	12.26%
老年饭桌或送饭	2.46%	2.30%	2.50%	1.89%	4.70%	5.26%	13.21%
日托站或托老所	1.26%	1.06%	1.09%	0.95%	1.82%	3.51%	6.13%
心理咨询	1.16%	0.89%	0.82%	0.83%	1.82%	1.75%	4.72%

资料来源：2018 年 CLASS 数据

从老年人的购买意愿来看（表 8-10），大多数的老年人不愿意花钱购买服务。在愿意花钱购买的服务中，总体上排名前三位的服务分别是老年饭桌或送饭、日托站或托老所和上门做家务，分别占比为 9.30%、8.36%和 8.05%，集中于日常生活照料方面的基本需求。同时老年人愿意购买的服务又存在细微的城乡差异，在城镇中排名前三位的需求分别是老年饭桌或送饭、上门做家务和日托站或托老所，占比分别为 13.74%、12.27%和 11.51%；农村中排名前三位的服务与城镇一致，但比例明显偏低。

表 8-10 受访者愿意花钱购买的服务

愿意花钱购买的服务	城镇	农村	总体
上门探访	2.62%	1.45%	2.13%
老年人服务热线	3.15%	1.10%	2.29%
陪同看病	8.39%	1.81%	5.61%

续表

愿意花钱购买的服务	城镇	农村	总体
帮助日常购物	6.80%	1.83%	4.70%
法律援助	4.38%	1.83%	3.30%
上门做家务	12.27%	2.26%	8.05%
老年饭桌或送饭	13.74%	3.22%	9.30%
日托站或托老所	11.51%	4.03%	8.36%
心理咨询	2.48%	1.06%	1.88%

资料来源：2018 年 CLASS 数据

（二）社区医疗服务相对不足

总体上看，大多数老年人对社区医疗服务的需求较高，而实际使用却相对不足。从老年人对社区医疗机构提供服务的需求来看，对免费体检、建立健康档案、健康讲座这三项服务的需求最高，其比例分别为 46.86%、25.28%和 19.39%，对上门护理、康复训练与康复辅具租用的需求相对较低。这可能与大多数选择社区居家养老的老年人生活自理情况较好的特点相关。此外，从前 12 个月老年人使用过的医疗服务上来看，对康复辅具租用、康复训练、上门护理、上门看病等服务使用相对较少，对免费体检、建立健康档案、健康讲座等健康保健服务使用较多（表 8-11）。

表 8-11　老年人的社区医疗服务需求及使用情况

社区医疗机构提供的服务	需求	前 12 个月使用过
上门护理	12.49%	2.24%
上门看病	18.21%	3.16%
康复训练	8.39%	0.88%
康复辅具租用	7.23%	0.72%
免费体检	46.86%	30.08%
建立健康档案	25.28%	11.83%
健康讲座	19.39%	6.24%

资料来源：2018 年 CLASS 数据

（三）老龄优待服务覆盖面较窄且地区分配不平衡

老龄优待是国家和政府为完善社会保障制度，按照规定给予老年人（年满 60 周岁的老年人）的优惠和照料，在各省的优惠政策有一定差异。在 2018 年 CLASS 中主要指老年人享受免费乘坐公交车、免费游览公园等。根据 2018 年 CLASS 数据统计，在全国超过半数的老年人知晓本地人享有老年优待（53.26%），在知晓该项优待的情况下，有75.81%的老年人享受过老龄优待。从抽取的28个省区市来看，在社会经济较为发达的地区如广东、天津、北京等老龄优待覆盖率较高，绝大多数的老年人都已经享有相应的老龄优待服务。但是对于云南、陕西等较不发达地区，老龄优待的覆盖率较低，在知晓老龄优待的人群中不到一半的老年人享受过老年人优待。故而需要各地完善政策落实，尽可能使大多数符合条件的老年人都能够享受到老龄优待的服务。

三、我国老年人的社会养老资源不足与展望

其一，社区养老人员专业化不足、队伍不稳定。由前面章节的分析可知，全国范围内专业人数与床位比差距悬殊，具有职业资格证书的专业人员人数过少，仅有不到一万人。当前社区的居家养老服务工作者缺乏正规培训，很多是中年失业人员和外来务工人员，缺乏对老年社会及老年人需求的系统认知。这使得服务的有效性不高，老年群体长期需求不满，而照料者本人也会在照料过程中有压力和挫败感，难以维系服务队伍的稳定性。我们可以发展创新型老年产业，引入竞争机制，如引入为在家养老的老年人提供其所需要的生活服务的企业和机构，加大市场上对养老服务人员的需求，从而带动供给的提高。此外，还可以建立标准化居家养老中心，结合各地不同的情况设立统一标准，使得各地的居家养老有结合实情的发展起点示范，同时有一个交流平台，促进各地养老资源提供更加专业化。

其二，资金不足，国家的老年福利普及度不够，机构床位数不足、社区设施服务提供较少。总体上社区养老资源难以满足老年人需求，老年建设服务滞后。目前亟须厘清各主体责任，统筹发展老年服务。养老服务作为一种混合责任的服务，需要政府、社会、市场、家庭都参与其中，因此需要各个主体在厘清各自责任边界的同时统筹协调，整合资源。特别需要政府主体承担公共服务责任，不仅给予财政支持，同时进行土地供给。这将使社区服务成本大幅下降，实现与养老服务需求者的支付能力相对接。同时，可以发展专业养老社区，采取集中式养老社区的建设。例如，乐成老年事业投资有限公司坚持老年人宜居的安全、便利、舒适三大原则，建设集中式养老社区，实现了服务有稳定的客户群；推行医养结合，提供专业化、集中的医疗服务机构，拓展了养老产业发展新思路。

其三，社区服务与老年人实际需求脱节。根据2018年CLASS数据可知，被调查者中享受过社区服务的比例非常低。由前面章节的分析可知市场定位偏差使得真正符合大多数老年人需求的中档养老机构、小微型养老机构、医护型养老机构发展不足，形成了民间养老机构市场的结构性失衡。因此亟须解决社区服务资源整合力度不足的问题，实现行政管理的专业化，供需有效对接。可以通过推动

信息平台整合，重视终端老年人客户的需求，将多平台以服务为中心整合，建立与服务有效的链接，加快规范化、标准化体系建设。如《“十三五”国家老龄事业发展和养老体系建设规划》中提出了未来需要“依托城乡社区公共服务综合信息平台，以失能、独居、空巢老年人为重点，整合建立居家社区养老服务信息平台、呼叫服务系统和应急救援服务机制”。同时针对老年人对医疗类服务需求较大的特点，构建并完善老年人健康服务体系，从健康教育、预防保健、疾病整治、康复护理、长期照护和安宁疗护多方面共同发力。通过健康教育和健康促进预防老年疾病的发生，以完善医疗卫生服务，加强对疾病的护理，将医疗卫生融入养老体系，实现医养结合。并推行“互联网+”养老服务，推动智慧养老，将智慧养老与传统的居家、社区、机构养老有机融合，推出智能出行、大数据健康管理、远程医疗、精神关爱等。同时需要坚持以人为本的原则，考虑老年人的生活习惯和使用能力，不一味追求可穿戴设备等噱头。鼓励老年人积极独立自强，在保障服务质量的同时，提升生命质量。

第九章　老年人的养老规划和养老准备

第一节　城市老年人的退休适应

一、研究背景

退休是人生命周期中一个重要的生命事件（Wetzel et al.，2016），退休前后老年人的社会角色、生活节奏、经济状况、身心状态、社会交往等方面会发生巨大的改变（张焘，2017；纪竞垚，2018），面对这样的变化老年人可能会存在积极和消极的两种截然不同的应对方式，因此，国外学者提出“退休适应”，认为一个人对退休有着积极的经历和态度即为退休适应（Atchley，1999）。若未能实现退休适应，老年人可能会产生消极情绪，有些老年人会整日坐卧不安，无所事事，出现严重的失落感；有些老年人则会出现明显的性格变化，容易急躁和发脾气。对于退休，以往的研究将其简单看作一种由工作到不工作的转变（Kim and Moen，2002），但对于退休适应则更多将其视为一种长期的变化过程（Hetschko et al.，2014；Luhmann et al.，2012），适应过程并非静止单向的，而是一种动态的相互过程，老年人在适应的过程中有着主观能动性（陈勃和牛素枝，2010）。因此如何平稳地实现由工作状态向退休生活的转变，对于提高老年人晚年的生活质量有着重要意义。由于农村老年人的劳动参与以第一产业为主，其退休前后的生活方式与城市老年人相比变化较小，因此，退休给城市老年人带来的挑战和冲击更大。利用全国性的数据分析退休事件给城市老年人带来的影响，了解城市老年人基本的退休适应状况，分析退休适应是否存在群体差异，进而可以针对无法“成功退休”的老年人及时进行干预，帮助他们更好实现角色转变。本节将从老年人退休变化出发，结合老年人退休变化状况，分析不同老年群体中的退休适应情况。

二、退休对老年人的影响

基于2018年CLASS数据发现，83.20%的老年人在退休后其生活会发生变化（表9-1），而变化主要体现在时间安排和经济收入两方面（图9-1），具体而言，有63.97%的城市老年人认为退休后的时间安排发生变化，64.45%的城市老年人认为退休后经济收入存在明显变化。相较于退休前，退休后老年人闲暇时间增多，能够自由支配个人生活，在退休初期突然放缓的生活节奏能够在一定程度上提高其生活满意度（鲁元平和张克中，2014），但是退休时间的延长也许会给老年人的心理状态带来消极影响。退休后老年人收入主要依靠离退休金或养老金（姜向群和郑研辉，2013），收入来源较为单一，且养老金数量取决于缴费基数和缴费年限，与退休前收入相比会存在一个较为明显的变化。老年人退休后的健康状况整体上变化幅度较小，以往的研究表明退休影响老年人的心理健康（何流芳，1998）。老年人往往对身体状况的改变（如疼痛、行动不便等）有着较为直接的感受，但是对于精神状态的改变却往往难以察觉，又或有所察觉却并未引起注意，对自身精神状态的忽视将为其退休后的心理健康埋下隐患。退休对老年人的社会交往影响较小，相较于血缘和居住关系，工作关系变化幅度更大。

表 9-1　城市老年人退休变化分布

变化情况	比例
没有变化	16.80%
有变化	83.20%

资料来源：2018 年 CLASS 数据

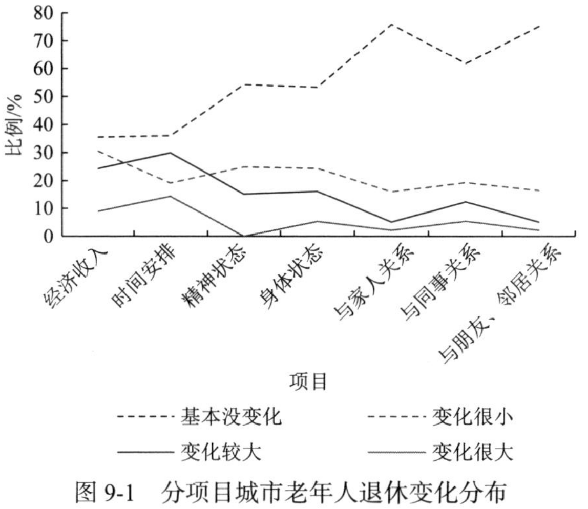

图 9-1　分项目城市老年人退休变化分布

资料来源：2018 年 CLASS 数据

将各项的变化程度进行赋值，加总后取均值，得到变化程度得分，分数范围为 1～4 分，得分越高表示变化幅度越大。从整体来看，退休给城市老年人带来的变化处于中等水平（1.79 分）。变化的主要贡献者是时间变化和经济变化，社会交往变化较小（1.53 分），其中时间变化在城市中的差异性最大（表 9-2）。

表 9-2　分项目平均变化程度

变化情况	平均变化程度/分	标准差
整体变化	1.79	0.64
经济变化	2.09	0.95
时间变化	2.29	1.08
健康变化	1.79	0.79
社会交往变化	1.53	0.68

资料来源：2018 年 CLASS 数据

经过方差检验后发现，不同特征的城市老年群体，包括处于不同婚姻状况、健康状况、工作单位、退休准备和就业状态的老年人退休后的变化存在显著差异。但在不同年龄、性别、文化程度和退休前职位的老年群体之间的差异并不显著。有配偶的老年人退休后生活的变化幅度小于无配偶的老年人，配偶的存在对于退休事件而言，既是一种补充资源又是一种缓冲，可以显著减少退休对老年人产生的影响。在健康方面，健康状况相对较差（一般和不健康）的老年人认为退休后变化幅度较大，不健康老年人的变化得分比健康老年人高 0.09 分，他们退休后的健康下降幅度略高于其他群体。与其他工作单位的老年人相比，退休前在企业工作的老年人其健康变化幅度更大。由于目前我国养老保险双轨制仍未完全消除，事业单位和企业老年人退休待遇存在差距（童素娟等，2015），企业员工的工资多为绩效工资，部分企业的员工的养老保障较低（马双等，2014），从而导致在企业工作的老年人退休后经济变化高于事业单位的老年人。有退休准备的老年人生活变化得分（1.89 分）高于没有退休准备（1.68 分）的老年人，究其原因可能是老年人考虑到退休后生活可能会出现较大的变化而“未雨绸缪”，提前为退休后的生活进行规划。再就业将退休前生活与退休后生活有效联系在一起，这在一定程度上缓解了退休后收入的变化，与没有再就业的老年人相比其时间变化下降 0.31 分，由此可见，再就业作为退休事件的缓冲器，实现了退休前后的过渡，避免老年人直接面对较为强烈的生活转变（表 9-3 和表 9-4）。

表 9-3　城市老年人退休变化得分分布情况

<table>
<tr><th colspan="3">变量</th><th>均值/分（标准差）</th></tr>
<tr><td rowspan="3">个人状况</td><td rowspan="3">年龄</td><td>60～69 岁</td><td>1.78（0.62）</td></tr>
<tr><td>70～79 岁</td><td>1.80（0.64）</td></tr>
<tr><td>80 岁及以上</td><td>1.79（0.66）</td></tr>
</table>

续表

变量			均值/分（标准差）
个人状况	性别	男性	1.78（0.63）
		女性	1.80（0.64）
	文化程度	文盲	1.75（0.61）
		非文盲	1.79（0.64）
	婚姻状况**	无配偶	1.84（0.68）
		有配偶	1.77（0.62）
	健康状况***	健康	1.74（0.63）
		一般	1.84（0.66）
		不健康	1.83（0.67）
职业情况	退休前单位***	机关/事业单位/团体/军队	1.70（0.63）
		企业	1.81（0.63）
		无单位	1.69（0.62）
	退休前职位	管理者	1.76（0.61）
		职员	1.80（0.64）
相关准备	退休准备***	没有	1.68（0.66）
		有	1.89（0.66）
	再就业***	没有	1.80（0.64）
		有	1.60（0.60）

资料来源：2018 年 CLASS 数据

代表在 0.05 水平上显著，*代表在 0.01 水平上显著

表 9-4　城市不同特征老年人群分项目退休变化分布情况

变量			均值/分（标准差）			
			经济	时间	健康	社会交往
个人状况	年龄	60～69 岁	2.11（0.95）	2.33（1.10）	1.75（0.77）	1.53（0.66）
		70～79 岁	2.06（0.94）	2.26（1.06）	1.84（0.81）	1.53（0.70）
		80 岁及以上	2.10（0.96）	2.21（1.07）	1.84（0.84）	1.53（0.73）
	性别	男性	2.07（0.95）	2.28（1.08）	1.77（0.79）	1.52（0.68）
		女性	2.11（0.95）	2.29（1.09）	1.81（0.79）	1.54（0.69）
	文化程度	文盲	2.05（0.94）	2.19（1.01）	1.76（0.79）	1.51（0.65）
		非文盲	2.10（0.95）	2.30（1.09）	1.79（0.79）	1.53（0.69）

续表

变量			均值/分（标准差）			
			经济	时间	健康	社会交往
个人状况	婚姻状况	无配偶	2.16（0.99）	2.28（1.08）	1.85（0.82）	1.57（0.72）
		有配偶	2.07（0.94）	2.29（1.09）	1.77（0.78）	1.52（0.67）
	健康状况	健康	1.99（0.92）	2.25（1.09）	1.69（0.76）	1.50（0.66）
		一般	2.20（0.96）	2.35（1.09）	1.85（0.79）	1.55（0.69）
		不健康	2.13（0.99）	2.24（1.06）	1.96（0.85）	1.58（0.73）
职业情况	退休前单位	机关/事业单位/团体/军队	1.91（0.94）	2.10（1.09）	1.72（0.79）	1.49（0.66）
		企业	2.12（0.95）	2.33（1.08）	1.81（0.79）	1.54（0.69）
		无单位	2.19（0.97）	2.17（1.10）	1.74（0.80）	1.33（0.61）
	退休前职位	管理者	2.04（0.93）	2.25（1.07）	1.74（0.78）	1.51（0.65）
		职员	2.10（0.96）	2.30（1.09）	1.81（0.80）	1.54（0.70）
相关准备	退休准备	没有	2.02（0.98）	2.19（1.13）	1.71（0.81）	1.39（0.62）
		有	2.12（0.93）	2.36（1.06）	1.85（0.78）	1.61（0.69）
	再就业	没有	2.11（0.95）	2.30（1.08）	1.71（0.81）	1.54（0.69）
		有	1.83（0.90）	1.99（1.05）	1.85（0.78）	1.41（0.63）

资料来源：2018 年 CLASS 数据

综上所述，有配偶、健康状况较好、退休前无单位、没有退休准备、退休后再就业的城市老年人退休变化较小。与之相对应，没有配偶、健康状况较差、退休前在企业就职、有退休准备、退休后没有再就业的老年人退休后生活变化较大。

三、老年人的退休适应

基于上文的分析，我们可以发现绝大多数的老年人退休后在多个方面都会发生转变，而这部分老年人的退休适应情况如何，这些转变会对老年人的退休适应产生什么样的影响，不同特征的人群的退休适应状况如何都将在下文进一步展开分析。

2018 年 CLASS 数据显示针对退休后生活的各个方面，均有一半以上的老年人能够适应。具体而言，老年人可以很好地适应与家人的关系，但对于处理同事关系和居住关系存在一定困难，这在一定程度上反映了退休后老年人社会适应能力有所下降（付泽建等，2014）。尽管退休后闲暇时间增多，老年人拥有更多时间同家人相处，能够提高与家庭成员的亲密度。但是，结合其对精神状态变化的适应程度，21.78%的老年人表示他们对退休后的精神状态感到不适，因此退休虽然带给老年人更多自由支配的时间，但是如果老年人未能及时调整心态、转变生活方式，这将不利于老年人实现退休适应。只有 17.62%的城市老年人能够很好适应经济收入的变化，与其他方面相比所占比重较低，自报对目前经济状态很不适应的老年人比例较高（5.81%）。结合老年人退休前后的变化情况可以发现，退休使老年人的时间分配和经济收入都发生了较大变化，有研究表明城镇老年人人均年收入相当于城镇单位就业人员人均年收入的 81.8%（李军和王丽民，2018），面对经济收入的改变老年人需要适时改变其消费方式，但这一过程将较为艰难，因此也对老年人的心理适应提出了挑战（图 9-2）。

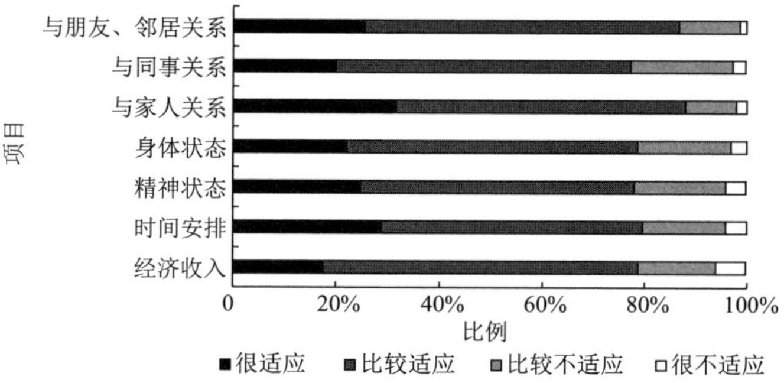

图 9-2　城市老年人分项目退休适应情况

资料来源：2018 年 CLASS 数据

总体来看，尽管面临退休后生活许多方面的转变，但城市老年人可以较好地适应这些变化，这一现象有利于绝大多数的城市老年人实现“成功退休”，但是依然存在一部分老年人较难适应经济收入、时间安排、精神状态及非亲属关系的转变，因此应对这部分人群予以重视，并及时进行干预和指导。

退休适应综合模型是一种分析老年人退休适应影响因素的理论模型，模型主要强调个人因素和环境因素对退休转变、退休决定和退休偏好的影响（Beehr，1986）。已有的研究表明老年人自身的性别、文化程度、收入、职位、健康状况、退休时长及工作单位对退休人员的支持与承诺等方面能够影响老年人的退休适应（纪竞垚，2018；章梦昱等，2011；丁志宏，2012），本节将基于退休适应综合模型和已有的研究，分析退休后存在变化的城市老年人的退休适应程度。因变量为老年人退休适应得分，将老年人在经济、事件、精神和身体健康状况及社会关系中的适应情况进行赋值、加总、取均值后得到范围为 1～4 分的适应性得分，得分越高表明老年人对退休后变化的适应性越差。

自变量分为两部分，个人因素包括老年人年龄、性别、文化程度、婚姻状况、健康状况、再就业和退休准备。环境因素主要为退休前环境，包括退休前单位和退休前职位。整体上来看，老年人的退休适应处于中等水平，基本接近 2 分。通过方差检验，在退休后存在变化的老年群体中，不同年龄和健康状况的老年人的退休适应存在差异。其中，老年人年纪越高，退休适应性越好。年龄可以大致反映老年人的退休时长，有研究表明，“退休综合征”多发生在退休早期（陈心广和邓保成，1988），而低龄老年人正处于这一阶段，因此，应当对这一年龄阶段的老年人的退休适应情况给予关注。在健康状况方面，将老年人的健康状况与退休适应程度进行交叉分析，健康状况越差的老年人其退休适应程度越差（图 9-3），结合退休变化程度分布可以推断，这类老年人退休后的生活发生较大转变，加之其身体健康状况较差，应对变化的能力降低，从而导致其对退休后变化的适应性较差（表 9-5）。

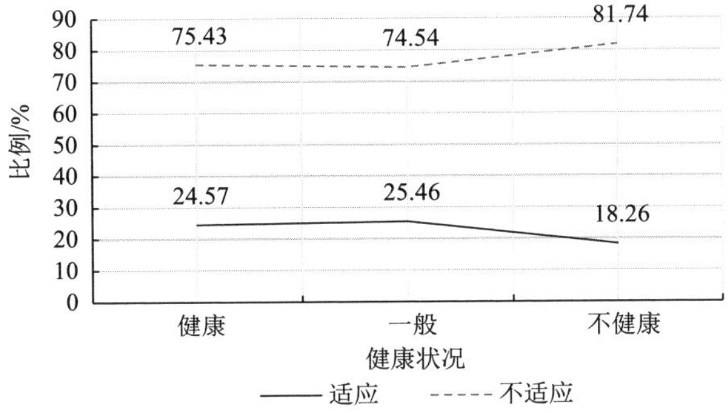

图 9-3　分健康状况退休适应分布情况

资料来源：2018 年 CLASS 数据

表 9-5　城市不同特征老年人群的退休适应得分

变量			均值/分（标准差）
个人状况	年龄*	60～69 岁	1.98（0.55）
		70～79 岁	1.93（0.51）
		80 岁及以上	1.93（0.51）
	性别	男性	1.95（0.52）
		女性	1.96（0.54）
	文化程度	文盲	1.97（0.54）
		非文盲	1.96（0.53）
	婚姻状况	无配偶	1.96（0.52）
		有配偶	1.95（0.53）

续表

变量			均值/分（标准差）
个人状况	健康状况***	健康	1.91（0.53）
		一般	1.98（0.51）
		不健康	2.01（0.57）
	再就业	没有	1.96（0.53）
		有	1.95（0.53）
	退休准备	没有	1.95（0.53）
		有	1.97（0.54）
环境	退休前单位	机关/事业单位/团体/军队	1.97（0.54）
		企业	1.95（0.53）
		无单位	2.09（0.62）
	退休前职位	管理者	1.93（0.52）
		职员	1.96（0.53）

资料来源：2018 年 CLASS 数据

*代表在 0.1 水平上显著，***代表在 0.01 水平上显著

综上所述，退休有变化的城市老年群体的退休适应程度处于中等水平，而不同年龄和健康状况的老年人的社会适应程度存在显著差异。高龄且健康状况较好的老年人的退休适应性更好，但是对于刚刚经历退休事件且身体状况较差的老年人而言，往往较难适应退休后的生活。

四、结论和对策

退休给绝大多数老年人的生活带来变化，但由于退休适应是一个长期而动态的过程，上文分析发现高龄老年人的退休适应性优于低龄老年人，这意味着骤然面对退休事件时，部分老年人可以及时调整心态和生活方式，在短时间内实现角色的转变，但是绝大多数的老年人却需要更长的过渡期。在退休变化中，城市老年人对时间和收入的变化较为敏感，退休后闲暇时间增多，因此如何合理安排和利用退休后的时间至关重要。对于收入的变化，20.96%的老年人不适应收入变化，退休后收入来源减少且考虑到未来可能出现的大项支出，如何合理规划现有资产成为退休老年人所要面对的挑战之一。基于以上结论提出以下对策。

（1）丰富老年人的退休生活，通过社区文体活动及社区邻里之间的互帮互助，丰富老年人的精神世界，充实老年人的退休生活。

（2）已退休的“老人”对“新人”进行心理疏导和不良情绪的排解，发挥朋

辈和邻居的作用，不仅能够帮助老年人适应社会，还可以减少“退休综合征”的产生，帮助低龄老年人更好实现退休适应。

（3）加强对退休老年人的经济支持。用人单位应按照国家有关规定要求足额为员工缴纳养老保险。个人工作期间应当注重进行退休准备，在退休后合理规划现有资产并及时调整消费行为。

第二节　老年人的养老规划

一、研究背景

为了保障自己未来的养老支出，个体可能从中青年时期便开始依靠储蓄、保险或其他投资方式，为老年期的生活保障积累资金。人口转变和健康转变带来人口预期寿命与带病带残存活时间延长，而个体进入老年期后的财富消耗随之增加（乐昕和彭希哲，2016）；同时，受生育率下降的影响，家庭生命周期中的拓展和收缩期压缩，空巢期逐渐提前并延长（赵莉莉，2006）。个体和家庭生命周期的上述变化都将对老年期的经济能力与照料资源提出更高要求。然而，伴随着家庭规模的逐步小型化，家庭养老功能日渐衰弱，老年人的养老意愿逐渐从主要依靠家庭养老的单一模式向依靠政府、自身或三者责任分摊的多元主体养老模式转变。20 世纪 90 年代以来社会对于养老责任的认定由政府转向个体和家庭（青连斌和陈蕾，2014），反映了政府和社会对个体自身经济养老能力的重视，这势必影响到同期社会中生存的个体的养老观念和养老规划。

20 世纪 90 年代以来持续推进的社会保障制度转型也对老年期经济保障模式提出了严峻挑战。近年来基本社会养老金替代率持续下降，从 1997 年的 76.3%下降至 2011 年的 43.3%（袁中美，2013），而对于高收入人群仅达到 20%（杨燕绥和刘懿，2013）。以往人们习惯于称养老金为“退休金”，实际映射出了养老金在人们心目中近似于工资收入的经济支柱地位，但是，持续的物价攀升和通货膨胀对货币购买力的削弱，使得养老金的作用日渐衰微（段迎君，2011）。有研究发现，对于 32%的已退休人群，基于当前的经济储备状况，预计目前的生活水准只能维持 10 年左右（卫一夫等，2015）。显然，养老金在维持老年人的既有生活方式和生活水准方面已经日益捉襟见肘。随着人们寿命的延长，以及社会养老服务业的发展，个体的养老成本逐渐提升，对养老资金的需求更加迫切，养老资金的规划也显得越发重要。那么，我国老年人群的养老规划状况如何？不同队列老年群体由于个体特征、养老观念、理财能力和所经历的社会环境不同，其养老规划有何差异？为此，本节尝试对我国老年人的养老规划状况、群体差异做出总体描述，并在此基础上探究社会转型和经济发展过程中，不同队列老年人群的养老规划状况，以此反映不同队列老年人选择的养老策略。

随后，本节将主要从两个维度测量老年人的养老规划：一是老年人是否为以后的养老做过规划；二是养老规划的方式，包括购买房产、出售房产、现金储蓄、购买商业保险、购买土地使用权、转让土地使用权、投资理财等。

二、中国老年人的养老资金规划

2018 年 CLASS 数据的统计结果显示，全国有 56.90%的老年人没有明确的个人养老资金规划与安排，其余 43.10%的老年人进行过现金储蓄、购买商业保险等养老资金规划（图 9-4）。分析老年人已经采取的具体养老规划方式可以发现，现金储蓄是老年人最主要的养老资金规划方式，32.52%的老年人选择现金储蓄；选择其他养老资金规划方式的老年人比例相对较少，有 1.81%的老年人选择购买商业保险；选择以房养老（包括购买房产和出售房产）的老年人共计有 4.12%；选择以地养老（包括购买土地使用权和转让土地使用权）的老年人共计 1.55%；选择投资理财的老年人有 2.76%；购买长期照护保险的老年人共计 0.22%；选择其他方式的老年人共计 0.12%。总体而言，当前老年人的养老资金规划仍以传统的现金储蓄为主，购买商业保险、长期照护保险、以房养老、以地养老及投资理财的老年人比例比较低。

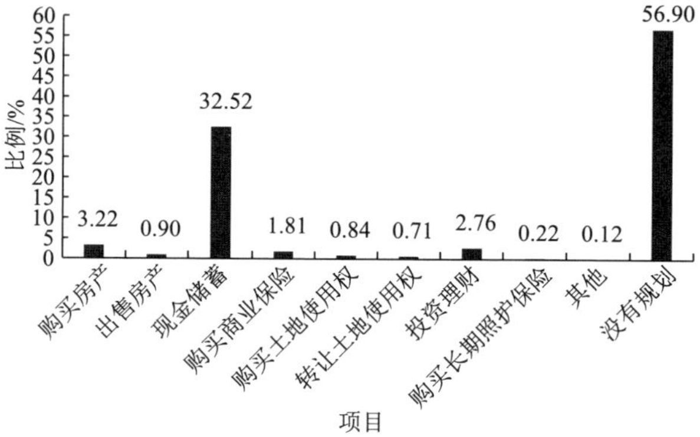

图 9-4　中国老年人的个人养老资金规划

资料来源：2018 年 CLASS 数据

结合中国老年人的主要生活来源（图 9-5）发现，离/退休金、养老金是当前老年人养老资金的最主要来源，子女资助是老年人养老资金的次要来源，劳动或工作所得、政府/社团的补贴/资助、配偶收入也是老年人养老资金的重要来源。相比较而言，依靠以前的积蓄及其他的老年人比例较低。这在一定程度上反映出，当前老年人的养老资金规划，主要以离/退休金、养老金以及子女资助、劳动或工作所得与配偶收入等为基础，并较为积极地进行现金储蓄等其他养老资金积累。虽然当前老年人选择商业保险、以房养老、以地养老及投资理财等的比例还很低，但它反映出了中国老年人养老资金来源和规划的多元化趋势。

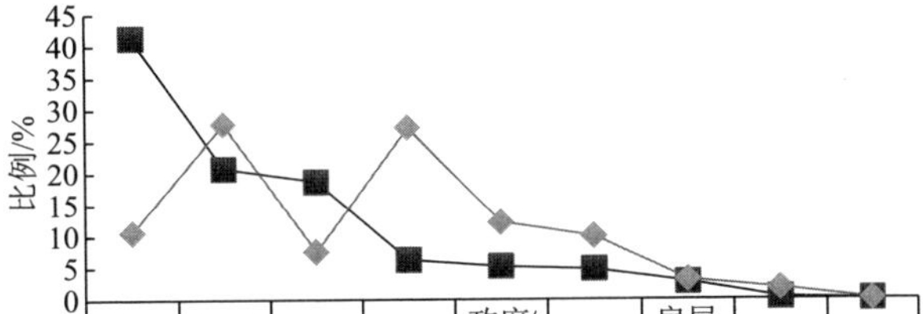

	离/退休金、养老金	子女资助	劳动或工作所得	配偶收入	政府/社团的补贴/资助	以前的积蓄	房屋、土地等租赁收入	其他亲属的资助	其他
首要来源	41.35	20.74	18.65	6.25	5.22	4.75	2.73	0.32	0.00
次要来源	10.61	27.74	7.54	27.13	12.19	9.97	3.08	1.72	0.02

图 9-5　中国老年人的主要生活来源

资料来源：2018 年 CLASS 数据

整体而言，中国老年人养老资金规划方式逐渐呈现多元化趋势。离/退休金、养老金以及子女资助、配偶收入和劳动或工作所得是老年人养老资金的主要来源；现金储蓄是老年人养老资金规划的主要方式；进行商业保险、以房养老、以地养老及投资理财的老年人比例虽低，但总体反映了老年人养老资金来源和规划的多元化趋势。在后续的分析中，我们将发现，老年群体中，城市、男性与低龄老年人的养老资金规划方式更为多样化。

三、老年人养老资金规划的性别差异

在统筹城乡区域发展的背景下，老年人的养老资金规划依然存在明显差异。城市老年人有养老资金规划的比例为 59.94%，比农村老年人有养老资金规划的比例高出 30.73%（表 9-6）。

表 9-6　分城乡老年人的养老资金规划

养老资金规划	城市	农村
现金储蓄	44.30%	22.81%
购买商业保险	3.01%	0.82%
投资理财	5.48%	0.51%
购买房产	5.14%	1.63%

续表

养老资金规划	城市	农村
出售房产	1.19%	0.68%
购买土地使用权	0.14%	1.41%
转让土地使用权	0.16%	1.16%
购买长期照护保险	0.41%	0.06%
其他	0.11%	0.13%
无任何安排	40.06%	70.79%

资料来源：2018 年 CLASS 数据

从具体规划方式来看，现金储蓄是城乡老年人共同的第一选择，且城市老年人选择现金储蓄的比例达到 44.30%，比例几乎是农村老年人的 2 倍。第二位的养老规划存在城乡差异，投资理财是城市老年人的次要选择（5.48%），但农村老年人中只有 0.51%选择投资理财。城市老年人选择购买商业保险的比例有 3.01%，农村老年人的比例仅 0.82%。在其他养老资金规划方面，以地养老和以房养老存在明显的城乡差别，城市老年人偏向于以房养老（包括购买房产和出售房产），比例为 6.33%；农村老年人偏向于以地养老（包括购买土地使用权和转让土地使用权），比例为 2.57%，但农村老年人选择购买房产也占有较大比例（1.63%）。在购买长期照护保险方面，0.41%的城市老年人选择购买，但农村老年人中只有 0.06%的选择购买，整体上比例偏低。

进一步按照分城乡进行性别比较后发现（表 9-7），城市男性老年人有养老资金规划的比例最高，为 63.14%，其次分别为城市女性老年人（56.86%）、农村男性老年人（30.80%）和农村女性老年人（27.49%）。总体而言，在不考虑城乡差异的情况下，男性老年人比女性老年人进行养老资金规划的比例更高。且与前文的分析一致，现金储蓄是不同性别老年人的首要养老资金规划方式，其次城市老年人依靠以房养老，农村老年人依靠以地养老。

表 9-7　分城乡、分性别老年人的养老资金规划

养老资金规划	城市		农村	
	男性	女性	男性	女性
现金储蓄	45.84%	42.82%	23.95%	21.57%
购买商业保险	3.53%	2.51%	0.85%	0.80%
投资理财	5.78%	5.19%	0.65%	0.37%
购买房产	5.74%	4.56%	1.55%	1.72%

续表

养老资金规划	城市		农村	
	男性	女性	男性	女性
出售房产	1.42%	0.98%	0.54%	0.83%
购买土地使用权	0.18%	0.10%	1.61%	1.19%
转让土地使用权	0.18%	0.14%	1.44%	0.86%
购买长期照护保险	0.40%	0.42%	0.11%	0.00%
其他	0.07%	0.14%	0.10%	0.15%
无任何安排	36.86%	43.14%	69.20%	72.51%

资料来源：2018 年 CLASS 数据

四、老年人养老资金规划的队列差异

对于不同队列的老年人来说，年轻一代的老年人相比年长一代的老年人更可能进行养老规划（表 9-8）。例如，1950～1954 年出生队列的老年人做养老规划的可能性是 1929 年及以前出生的老年人的 2.21 倍，1930～1934 年出生的老年人进行养老规划的可能性比 1929 年及以前出生的老年人高 9%。

表 9-8　不同队列老年人养老规划分布

出生队列	样本规模/个	有规划	无规划	发生比
1929 年及以前	247	24.70%	75.30%	参照项
1930～1934 年	603	26.37%	73.63%	1.09 倍
1935～1939 年	1 218	33.33%	66.67%	1.52 倍
1940～1944 年	1 863	35.32%	64.68%	1.67 倍
1945～1949 年	2 636	36.87%	63.13%	1.78 倍
1950～1954 年	3 451	41.99%	58.01%	2.21 倍
总计	10 018	36.98%	63.02%	—

资料来源：2018 年 CLASS 数据

这种队列差异也反映在老年人的养老规划方式中，表 9-9 显示了不同队列老年人养老规划方式的分布状况，可以看出，总体上处于越早出生队列的老年群体越倾向于采取传统的、风险较低的现金储蓄方式进行养老规划，且方式较为趋同；处于越晚出生队列的老年群体越倾向于购买商业保险与投资理财等收益较高的规划方式，但方式的选择表现出更强的异质性和多样性。

表 9-9 不同队列老年人养老规划方式

养老资金规划	1900～1929 年	1930～1934 年	1935～1939 年	1940～1944 年	1945～1949 年	1950～1954 年
购买、出售房产	10.15%	9.64%	10.54%	10.80%	9.18%	8.79%
现金储蓄	78.26%	76.15%	76.07%	74.96%	78.77%	74.85%
购买商业保险与投资理财	10.14%	8.63%	7.91%	9.57%	7.72%	12.41%
购买、转让土地使用权	1.45%	5.07%	4.87%	4.17%	3.46%	3.18%
购买长期照护保险	0.00%	0.00%	0.00%	0.25%	0.52%	0.55%
其他	0.00%	0.51%	0.61%	0.25%	0.35%	0.22%
总计	100%	100%	100%	100%	100%	100%

资料来源：2018 年 CLASS 数据

五、老年人养老资金规划的地区差异

与农村老年人相比，城市的老年人更有可能提前做出养老规划，但这种城乡差异在不同地区中存在区别，东部地区城市老年人多进行养老规划，但在中部地区、西部地区农村进行养老规划的老年人反而高于城市地区。比较这三个区域的老年人群可以发现，东部地区老年人比中部地区、西部地区的老年人更有可能进行养老规划，这种地区差异具有统计显著性（p=0.000<0.05）。图 9-6 反映了不同区域的城乡老年人做养老规划的分布情况，其中东部城市地区提前做养老规划的老年人比例最高，达到 47.43%，超出西部农村地区 34.17 个百分点。这种地区差异是源自区域社会环境的影响，还是这些地区的老年人群在个人特征能力上的差别，还有待后续分析中进一步的考证。

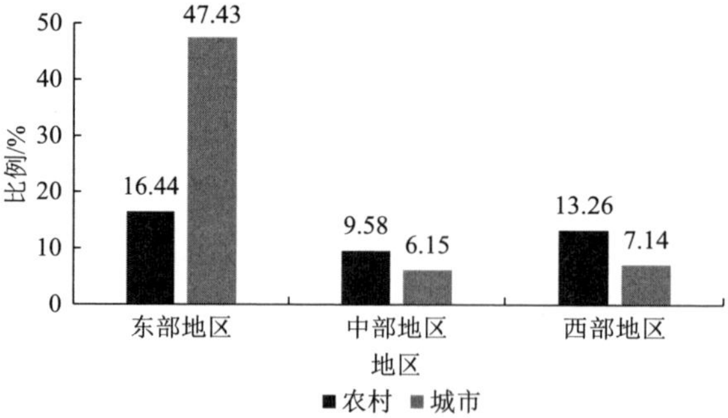

图 9-6 分城乡、分地区老年人养老规划分布

资料来源：2018 年 CLASS 数据

综合以上时间及空间维度的分析，可以发现，出生队列较晚、东部城市地区的老年人更倾向于进行养老规划。这种队列及区域环境的差异反映了不同社会环境对老年群体养老规划行为的影响。例如，1900～1929年的出生队列，其青少年时代处于饥荒和动荡时期，安全感较差，成年期又在计划经济时代渡过，物质积累少，对于新兴的投资和金融手段接受度低；1950～1954年的出生队列在2010～2015年进入老龄期，当时正处于全面建成小康社会的过程中和社会主义市场经济时代，这批人青壮年时代恰逢中国历史上个人财富增长最为迅速、金融工具和投资渠道快速发展的时期。不同队列人群出生、成长、老年期的社会环境的差异性使得其在养老经济资源占有、理财观念等具有异质性，进而使得不同队列老年群体的养老规划行为有所差异。

老年人在养老规划行为上的城乡差异不仅反映为进行规划的可能性上的差距，也体现为养老规划采用的具体方式和途径的不同。表9-10显示了以居住地划分的城乡地区老年人进行养老规划的方式，两类群体存在显著差异（$p<0.05$）。对于城市老年人而言，多数老年人选择现金储蓄、购买商业保险与投资理财及购买、出售房产。在农村老年人中，除了大多数老年人选择了现金储蓄外，购买、转让土地使用权，实现土地流转成为他们养老规划的另一种选择。综上所述，现金储蓄是中国老年人最主要的经济准备手段，而购买、转让土地使用权，购买商业保险与投资理财，购买、出售房产则在农村和城市老年人的养老规划中扮演了重要角色。

表9-10 分城乡老年人的养老规划方式

养老资金规划	城市	农村
购买、出售房产	10.61%	6.42%
现金储蓄	74.10%	79.61%
购买商业保险与投资理财	12.98%	3.32%
购买、转让土地使用权	1.34%	10.42%
购买长期照护保险	0.62%	0.15%
其他	0.35%	0.08%
总计	100%	100%

资料来源：2018年CLASS数据

图9-7显示了不同地区老年人养老规划的具体方式分布状况。从总体来看，东部地区老年人多采取现金储蓄（75.83%）及购买商业保险与投资理财（12.79%）方式进行养老规划，但中部地区老年人比东部地区老年人更加注重现金储蓄。与中部地区、东部地区的老年人相比，西部地区的老年人更倾向于通过购买、转让

土地使用权（7.34%）的方式规划养老，这与西部地区的经济发展和土地政策有关，西部地区基于独特的地理位置和地形结构，形成了主要依赖于第一产业的经济结构，第二、第三产业发展滞后，加之国际环境恶化，对外经济贸易不景气（陈希婕和鲁钊阳，2016），但土地流转不仅可以给老年人带来切实的收益，还可以实现集约用地（吴建强，2009），因此西部地区以地养老的比例较高。

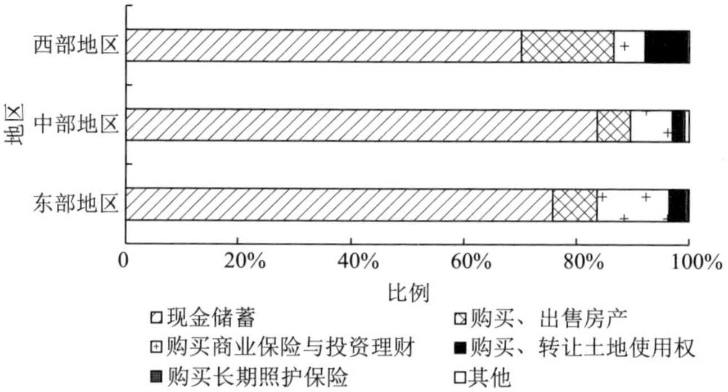

图 9-7　分地区老年人养老规划方式分布

资料来源：2018 年 CLASS 数据

不同队列、区域社会环境下的老年群体的养老规划存在群体差异。这一方面与生活在不同时代和区域的老年人所经历的社会情境（如时代特征、市场环境、社会文化、居住环境等）有关；另一方面，这些社会情境将与老年人个体能力、个体特征相互作用，共同影响老年人的养老规划。但是，究竟是队列效应，还是个体衰老进程上的差距造成了各出生队列老年人群在养老规划上的不同表现，还有待进一步验证。

六、结论

本节主要分析我国老年人养老规划安排的状况、特点，通过队列分析和区域环境的比较来探讨哪些老年人更倾向于提前做出养老规划。从总体上看，中国城乡老年人对他们的老年期普遍缺乏经济规划和准备，总体而言仅有不到一半的老年人做过养老规划。较晚出生队列的老年人更有可能提前进行养老规划，而且他们的养老规划和准备行为表现出更强的异质性和多样性，较早出生队列的老年人则在其养老规划行为中表现出更强的趋同性。这种差别和他们所掌握的物质养老资源有关，也和其对于养老规划的认识与理念及规划渠道的可及性密不可分。对于生活在不同空间的城乡老年人而言，东部、城市地区人群比中西部、农村地区人群更有可能提前进行养老规划。现金储蓄仍是老年人最主要的经济准备手段，但在东部地区及城市老年人群中，购买商业保险与投资理财及购买、出售房产等方式也成为老年人养老规划的另一主要途径。对于西部、农村老年人而言，他们更倾向于购买、转让土地使用权，土地流转在该类人群的经济养老方面发挥了重要作用。

随着社会的发展，人们意识到在更长的时间范围内计划他们的生活消费开支的重要性，理性的群体希望通过这种规划达到他们在整个生命周期内消费的最佳配置，实现一生消费效用最大化。人口预期寿命的延长和社会的发展改变了人们的生命历程，也对整个生命周期的资源分配和调整提出了挑战。然而，目前中国老年群体普遍社会经济能力较弱、金融素养较低（张杰，2015），在老年期纯消费周期不断拓展、消费水平稳步提高、消费需求日趋多样化的背景下，这种消费能力和消费意愿之间的矛盾将进一步激化，个体陷入老年贫困的可能性大大增加。在这样的社会环境下，倡导和鼓励个体为老年期生活进行及时、科学和理性的规划显得尤为必要与迫切。政府和社会需要在政策与实践层面做出多方的努力。

（1）在提升老年群体社会保障水平、经济实力的同时，需要针对该群体进行普惠金融教育，提高其养老规划的能力。对于家庭照料资源较少的老年群体，需要社会和家庭提供养老规划的方式、可能的选择等相关信息，以提高老年人进行养老规划的意愿和可行性。

（2）增加养老基金的经济贡献，建立全生命周期的养老账户。近年来，养老金在老年人经济养老中的作用持续上升（杜鹏和谢立黎，2014），政府也出台了多项政策增强养老金对老年群体经济生活的作用，但是对于养老金的合理分配利用还需要做出更多的努力。

（3）对于目前大多数并未提前进行养老规划的老年群体而言，养老金作为主要收入来源饱受通货膨胀的影响（舒尔茨，2010）。无论是从个人还是政府和社会的渠道，如何有针对性地培育养老金融产品和开拓养老投资市场，增加养老资金投资渠道的多样性，实现养老资金的保值增值需要做出更多的努力。

（4）未来随着中国社会养老体系建设的逐步推进，政府、社会和家庭都需要根据不同群体的特征、能力及所经历的社会环境为个体进入老年期的经济安排做出更多的努力。

第三节　老年人的照料需求和照料意愿

一、研究背景

伴随着工业化、城市化和现代化转型，现阶段中国老年人的照料需求模式正在发生转变（纪竞垚，2016）。社会环境的变化在一定程度上影响着老年人的养老意愿，老年人照料需求“去家庭化”趋势明显（丁志宏，2014）。有研究根据老年人的主观照料意愿将照料需求模式分为三类：①老年人认为应由子女、配偶、老年人自己等家庭成员照料的模式称为传统照料模式；②老年人认为应由政府、社会、社区等正式照料资源承担的模式称为社会化照料模式；③老年人认为应由政府、子女、老年人自己等共同承担的模式称为转型期照料模式（陆杰华和张莉，2018）。研究者借鉴其分类标准将中国老年人的照料需求模式划分为三类，即家庭照料需求模式、社会照料需求模式和转型照料需求模式。其中，家庭照料需求模式是指调查对象认为老年人的照料责任应由子女、老年人自己或配偶承担；社会照料需求模式是指调查对象认为老年人的照料责任应由政府或社会承担；转型照料需求模式是指调查对象认为老年人的照料责任应由政府、子女或老年人共同承担。现阶段中国老年人的主观照料意愿和照料需求模式如何？有无群体差异？这些问题有待进一步分析。

二、老年人的照料意愿和照料需求

2018 年的 CLASS 数据表明，有 36.26%的老年人认为老年人的照料应由子女承担，有 9.72%的老年人认为照料应由自己或配偶承担，但同时也有 44.07%的老年人认为照料应由政府/子女/老人共同承担（图 9-8）。

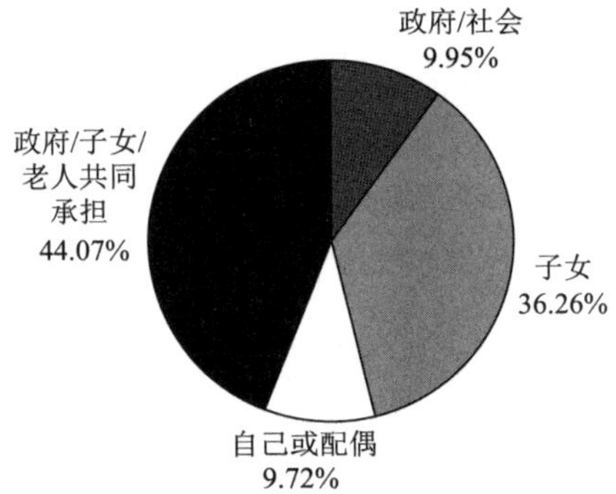

图 9-8　中国老年人主观照料意愿

资料来源：2018 年 CLASS 数据

在照料需求模式方面，现阶段家庭照料需求模式仍然是老年人主要的需求模式，但是通过表 9-11 可以明显看出，处于转型照料需求模式的老年人与家庭照料需求模式的老年人比例比较接近。有 9.95%的老年人认为照料应由政府或社会承担，属于社会照料需求模式。此外，老年人的照料需求模式存在性别和城乡差异。受传统养老观念影响，农村、女性老年人家庭照料需求模式的比例更高。相对农村而言，更多的城市老年人倾向于转型照料需求模式和社会照料需求模式。

表 9-11　分性别、分城乡老年人照料需求模式（N=10 595）

模式	总体	城市		农村	
		男性	女性	男性	女性
社会照料需求模式	9.95%	11.76%	12.70%	9.06%	7.20%
家庭照料需求模式	45.98%	39.25%	41.85%	49.37%	51.03%
转型照料需求模式	44.07%	48.99%	45.45%	41.57%	41.77%

资料来源：2018 年 CLASS 数据

分析不同居住方式下老年人的照料需求模式可以发现，相比于其他居住方式的老年人，独居老年人对社会照料的需求最高。仅与配偶同住的老年人倾向于转型照料需求模式的比例较高，而与子女同住的老年人更倾向于家庭照料需求模式。上述事实表明，随着中国老年人空巢化、独居化，老年人的照料需求模式也将逐渐由家庭照料需求模式向转型照料需求模式和社会照料需求模式转变（表 9-12）。

表 9-12　分居住方式老年人照料需求模式（N=10 595）

模式	独居	仅与配偶同住	仅与子女同住	与配偶子女等其他亲属同住
社会照料需求模式	13.80%	9.93%	10.08%	8.58%
家庭照料需求模式	44.01%	45.03%	53.23%	47.60%
转型照料需求模式	42.19%	45.04%	36.69%	43.82%

资料来源：2018 年 CLASS 数据

三、影响老年人照料需求模式的因素

为了进一步探究老年人照料需求模式的异质性和影响因素，本节利用多分类 Logistic 回归模型分析了不同社会人口特征、经济状况、家庭状况、养老观念对老年人照料需求模式的影响（表 9-13）。该模型以社会照料需求模式作为参照类。回归结果表明，相对于社会照料需求模式，农村老年人更倾向于家庭照料需求模式。健康状况与照料需求模式选择显著相关，健康状况越差的老年人选择社会照料需求模式的可能性越高，值得注意的是，子女养老观念与老年人的照料需求模式显著相关。子女养老观念越传统的老年人更倾向于家庭照料需求模式，但是对子女养老没有明确态度的老年人多为传统的家庭照料需求模式或转型照料需求模式。

表 9-13　中国老年人照料需求模式回归分析

模式	自变量		系数	标准差
家庭照料需求模式	性别（男）		0.14^{+}	0.08
	年龄		0.01^{*}	0.01
	城乡（农村）		-0.66^{***}	0.10
	婚姻状况（无配偶）		0.16^{+}	0.09
	健康状况（好）	一般	-0.32^{***}	0.09
		差	-0.60^{***}	0.11
	受教育年限		–0.01	0.01
	同住人数		0.10^{**}	0.03
	子女数量		0.05	0.03
	Ln（收入+1）		0.05	0.03
	房产数量		-0.30^{**}	0.10
	子女养老观念		0.03^{*}	0.01
	截距		0.34	0.51
转型照料需求模式	性别（男）		0.06	0.08
	年龄		0.01	0.01
	城乡（农村）		-0.25^{**}	0.10
	婚姻状况（无配偶）		0.25^{**}	0.09
	健康状况（好）	一般	0.03	0.09
		差	-0.38^{***}	0.11
	受教育年限		–0.01	0.01
	同住人数		0.09^{**}	0.03
	子女数量		–0.02	0.03
	Ln（收入+1）		-0.05^{+}	0.03
	房产数量		-0.24^{*}	0.10
	子女养老观念		0.02^{+}	0.01
	截距		1.21^{*}	0.51
样本量			8633	
R^2			0.022	

注：参照类是社会照料需求模式，变量后的括号内为参照类

+表示 $p<0.10$；*表示 $p<0.05$；**表示 $p<0.01$；***表示 $p<0.001$

四、健康引发的照料需求和照料方式

健康状况是影响老年人的照料需求和照料方式选择的重要因素（田北海和王彩云，2014；孙鹃娟和冀云，2017），老年人的健康状况可以通过 ADL、IADL 反映。ADL 状况主要反映老年人在日常生活中一般从事的各种活动，如吃饭、穿衣、洗澡等。IADL 状况主要反映老年人在社会中独立生活所需的技能，如上下楼、外出行走、提重物等。依据失能项目数量将 ADL 和 IADL 分为功能完好、轻度失能、中度失能和重度失能 4 类，所有项目皆可自理即为功能完好，存在 1～2 项不能独立完成即为轻度失能，3～4 项无法独立完成即为中度失能，5 项及以上不能完成即为重度失能。之后根据老年人 ADL 和 IADL 的失能程度得到老年人的健康状况。基于 2018 年 CLASS 数据分析发现，需要起居照料的老年人中 81.47% 为失能老年人（表 9-14）。根据老年人的居住地分城乡进一步分析，农村需要照料的老年人中失能比例比城市老年人低 5.04 个百分点。城市中中度失能和重度失能老年人比例均高于农村地区，因此仅从被照料者的健康情况来看城市地区的照料强度高于农村地区。

表 9-14　全国及分城乡的有照料需求老年人的健康状况分布（N=626）

失能情况	全国	城市	农村
功能完好	18.53%	16.39%	21.43%
轻度失能	9.27%	9.17%	9.40%
中度失能	11.50%	13.05%	9.40%
重度失能	60.70%	61.39%	59.77%
总计	100%	100%	100%

资料来源：2018 年 CLASS 数据

在了解有照料需求的老年人的健康状况后，老年人照料需求是否得到满足，照料活动由谁提供需要进行进一步分析。基于 2018 年 CLASS 数据，如表 9-15 所示，在有照料需求的老年人中 14.86%无人照料，将老年人的照料者按照照料人员组成进一步分为单一家庭照料、混合型照料和单一社会照料并按照居住地分为城市和农村后，农村地区老年人照料需求未满足的现象更加严重，并且老年人更加依赖家庭成员为其提供照料，社会照料发挥的作用极小。随着越来越多的农村劳动力流入城市，城乡流动和省际流动日益频繁（邹湘江和吴丹，2013），家庭养老资源将难以为继，加之社会照料在农村地区发展缓慢，因此农村老年人尤其是孤寡老人和留守老人的养老问题将日益严峻。对于居住在城市的老年人，其照料选择更加多元，加之社会照料服务的发展与农村地区相比更加完备（杜鹏等，

2016），因此城市老年人在照料方面拥有更多的选择权。

表 9-15　全国及分城乡的照料类型分布（N=626）

照料类型	全国	城市	农村
无人照料	14.86%	12.78%	17.67%
单一家庭照料	74.92%	71.67%	79.32%
混合型照料	8.79%	13.05%	3.01%
单一社会照料	1.44%	2.50%	0.00%

资料来源：2018 年 CLASS 数据

注：本表中数据进行过修约，可能存在合计不等于 100%的情况

在由他人照料的老年人中，39.21%的老年人选择配偶为最主要的照料者，其次是子女，再次为子女的配偶，仅有 7.51%的老年人选择社会照料（保姆、其他社会人员）。但是，主要照料者的顺序存在城乡差异：在农村地区，老年人主要以单一家庭照料为主，照料者主要依靠配偶和子女（82.19%）；在城市地区，子女是最主要的照料者，其次为配偶，13.70%的老年人选择子女的配偶为最主要的照料者。有超过 10%的城市老年人主要由保姆照料，这在一定程度上可以反映出付费照料在城市地区已经逐渐兴起并为大众所接受（表 9-16）。

表 9-16　全国及分城乡的主要照料者分布（N=626）

照料者	全国	城市	农村
配偶	39.21%	34.71%	45.66%
子女	37.52%	38.22%	36.53%
子女的配偶	13.14%	13.70%	12.33%
保姆	6.94%	10.19%	2.28%
其他社会人员	0.57%	0.96%	—
其他	2.62%	2.22%	3.20%

资料来源：2018 年 CLASS 数据

结合老年人健康状况发现，无论被照料者健康状况如何，家庭照料始终占据重要地位，但家庭成员的照料会随着被照料者健康状况的恶化而发生改变，具体而言，配偶在老年人功能完好时是最主要的照料者，但随着被照料者健康状况逐渐变差，所需的照料强度和专业性渐渐增加，子女及其配偶在照料中的比例迅速增加，如在中度失能的情况下子女及子女的配偶的占比达到 56.46%。与此同时也有少量社会力量加入，如图 9-9 所示，在重度失能时，社会照料所占比例超过 10%。

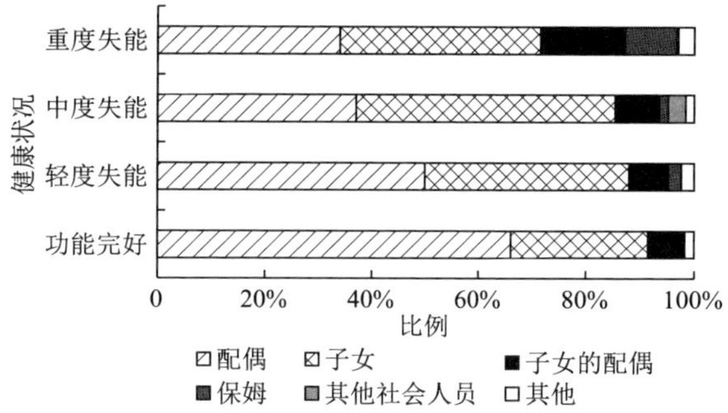

图 9-9　分健康状况主要照料者分布

资料来源：2018 年 CLASS 数据

尽管家庭照料依然是中国社会主流的照料方式（纪竞垚，2019），但受社会角色和社会分工的影响，家庭成员在提供照料时存在性别差异（周云，2003；袁小波，2011；吴帆，2017）。在仅由家庭成员提供照料的家庭中，照料主要由配偶和儿子及其配偶提供，二者在城市和农村中的合计占比均超过 80%，但儿子及其配偶在照料中发挥的作用存在城乡差异，与城市相比农村地区更加依赖儿子及其配偶的照料（44.08%）。对于女儿在照料中的作用，如表 9-17 所示，城市地区主要由女儿及其配偶照料的比例比农村地区高 11.19 个百分点。

表 9-17　全国及分城乡的家庭照料者分布

照料者	全国	城市	农村
配偶	43.07%	40.70%	45.97%
儿子及其配偶	42.01%	40.31%	44.08%
女儿及其配偶	12.79%	17.82%	6.63%
（外）孙子女	0.43%	0.00%	0.95%
其他亲属	1.70%	1.17%	2.37%

资料来源：2018 年 CLASS 数据

不同照料活动在照料性质、照料能力、照料时长方面存在差异，而对于私密性和烦琐性较强的照料主要由同性子女提供。因此进一步考虑提供照料的子女与被照料者的性别差异，如图 9-10 所示，超过一半的老年人主要由同性子女提供起居照料，但男性由同性照料的比例（62.63%）略高于女性（54.97%），由此可以看出“养儿防老”的传统观念对家庭照料模式依然有着较为深远的影响。城市女性老年人由同性照料的比例比农村女性老年人高 24.15 个百分点，因此城市地区中女儿在老年人照料中发挥较大的作用，但由于农村地区的养老观念更加传统且保守，因此农村地区儿子和儿媳在照料活动中占有主导地位。

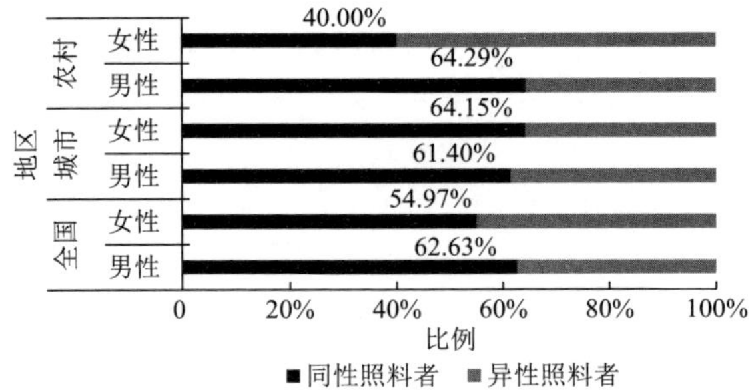

图 9-10　分地区、分性别主要照料者分布

资料来源：2018 年 CLASS 数据

五、老年人的养老照料意愿

提供照料服务的目的是满足老年人的照料需求，提高老年人的生活质量，因此，在了解了现实生活中主要有哪些人在为老年人提供照料的基础上，有必要厘清老年人自己更期望谁来为其提供照料服务，并对比期望与现实的差异。基于 2018 年 CLASS 数据的分析结果发现，总体来看，36.26%的老年人认为照料的主要承担者是子女（纯家庭），认为是老年人自己或配偶承担的占 9.72%，认为是政府/子女/老年人共同承担（混合）的占 44.07%，7.20%的老年人认为照料的主要承担者为政府（社会），只有 2.75%的老年人认为社区（社会）是老年照料的主要承担者（表 9-18）。由此可知，在老年人心中，多方合作共同承担照料责任成为主导；然而，老年人对社会照料角色的认同感较低。

表 9-18　分城乡及全国的老年人认为照料的主要承担者情况

主要承担者	全国	城市	农村
子女（纯家庭）	36.26%	31.45%	43.00%
政府/子女/老年人共同承担（混合）	44.07%	46.60%	40.51%
老年人自己或配偶	9.72%	10.52%	8.61%
政府（社会）	7.20%	8.21%	5.80%
社区（社会）	2.75%	3.22%	2.08%
样本量/个	10 595	6 179	4 416

资料来源：2018 年 CLASS 数据

主要照料责任承担者存在城乡差异，城市老年人希望照料责任由政府、子女和老年人共同承担，但是农村老年人则更多希望子女承担主要的照料责任。43.00%的农村老年人认为子女（纯家庭）应是照料的主要承担者，该比例约超出城市老年人 10 个百分点；相反，城市老年人对自我养老与社会养老的认同感高于农村老年人。这与城乡老年人首要照料者的现实分布情况一致。

虽然大多数老年人认为照料的主要承担者是子女，但不同特殊需求的老年人对于照料者的期待是有差异的。具体来说，80%以上的高龄老年人认为照料应由子女或由政府/子女/老年人共同承担，这可能是因为增龄导致疾病、失能及丧偶的风险提高，老年人自己无力完成自我照料，同时，依靠配偶照料的可能性也大大降低，因此，年龄越大的老年人，越希望子女的照料支持。照料来源多元化可以大大降低家庭养老资源供给不足带来的消极影响，这与现实的主要照料者分布情况相似；一般情况下，失能老年人与高龄老年人具有重合性，因此失能老年人对主要照料者的角色期待与高龄老年人类似，但失能老年人比高龄老年人更加期望多元化的照料；而夫妻户对照料角色的期待则不同，更多地体现为老年人的自养、老两口之间的互养，以及子女的供养，其中有 12.50%的夫妻户认为老年人自己或配偶最应该承担照料责任；在照料责任上，虽然大多数老年人对于政府的期望较低，但与全体老年人相比，独居老年人和低保老年人对于政府的期望更高，分别有 10.33%和 11.93%的独居老年人和低保老年人认为政府最应该承担照料责任。从总体上来看，特殊困难老年人的照料活动对子女的依赖性有所降低，随着家庭养老资源的日益弱化，老年人越发倾向于复合型的照料模式（表 9-19）。

表 9-19　特殊困难老年人认为照料的主要承担者情况

主要承担者	总体	高龄老年人	夫妻户	独居老年人	低保老年人	失能老年人
子女	36.26%	40.27%	32.52%	36.20%	35.97%	35.60%
政府/子女/老年人共同承担	44.07%	43.65%	45.04%	42.19%	36.64%	45.36%
老年人自己或配偶	9.72%	7.71%	12.50%	7.81%	12.10%	8.42%
政府	7.20%	6.47%	7.00%	10.33%	11.93%	6.78%
社区	2.75%	1.90%	2.94%	3.47%	3.36%	3.84%
N	10 595	1 686	5 175	1 268	595	3 466

资料来源：2018 年 CLASS 数据

六、主要结论

通过上述分析可以得知，无论是从老年人照料者的实际分布状况，还是从老年人自身的意愿来看，家庭照料是满足老年人照料需求最有效的形式。然而，不同的老年群体在选择和使用家庭照料资源或社会照料资源时有所不同，具体差异如下。

（1）从照料资源的分布来看，农村老年人更依赖家庭照料资源，社会照料资源对城市老年人的作用更大。

（2）社会照料往往在老年人中重度失能时介入，功能完好或轻度失能时照料活动主要由家庭内部提供。

（3）就不同特殊需求的老年人来说，不同的家庭成员在老年照料中所起的作用并不一样：对于子女不在身边的夫妻户来说，老两口的相互扶持是彼此最主要的照料资源；对独居老年人和高龄老年人而言，子女则成为最重要的照料者；超过四成的失能老年人的首要照料者是子女（35.60%）及老年人自己或配偶（8.42%），而45.36%的失能老年人追求政府/子女/老年人共同承担的混合型照料方式。

（4）就老年人的主观意愿而言，更多老年人选择混合的照料模式，除此之外，子女仍然是老年人最希望的照料者，但农村老年人的这一观念尤为突出，城市老年人则对自我养老与社会养老的认同感较强，这与城乡老年人现实的照料资源分布相一致。

（5）不同特殊需求的老年人对于照料者的期待是有差异的：大多数高龄老年人和独居老年人认为照料的主要承担者应是子女，失能老年人则更期望照料多元化，这与其客观的主要照料者分布情况相似；夫妻户对照料角色的期待则更多地体现为老年人的自养、老两口之间的互养，以及子女的供养；虽然大多数老年人对于政府的期望较低，但与全体老年人相比，独居老年人和低保老年人对于政府的期望更高。

第十章　老年人的社会参与

人口老龄化是世界各国都不可回避的重大问题。在人口老龄化程度不断加深、人口抚养比逐渐上升的趋势下，如何开发和利用好老年人力资源、减轻社会经济压力、提高老年人的生活质量，成为人口老龄化背景下社会可持续发展需要重视的课题。

1999 年是联合国国际老年人年，在这一年世界卫生组织提出了“积极老龄化”的口号。积极老龄化，不仅仅是指身体具备活动能力或参加体力劳动，还包括不断参与社会、经济、文化和公民事务。2002 年，“积极老龄化”被联合国第二届世界老龄大会接受并写进《政治宣言》，成为应对 21 世纪人口老龄化的政策框架。构成这一发展战略政策框架的三要素分别是健康、参与和保障，这三者相互促进、相互制约而形成一个循环体系。其中，参与是关键点，是指在劳动力市场、教育、健康和社会政策等都支持老年人充分参与社会经济、文化和精神生活的条件下，人们年老时就能按照他们的基本人权、能力、需要和爱好，继续以有偿和无偿两种方式为社会做贡献。即便是从工作上退下来的老年人，仍然可以是其家属、亲友、社区和国家的积极贡献者。

“积极老龄化”是对以往老龄观的革命性变革，它肯定老年人的社会价值（张恺悌，2009），承认人们在增龄过程中，在生活的各个方面都享有机会平等的权利，强调应努力创造条件让老年人回归社会，重返包括社会、经济、文化、精神和志愿事务在内的各个实践领域，充分发挥其技能、经验和智慧，从而使老年人从社会的依赖者变为社会的创造者，从社会财富的耗费者变为财富的创造者，从对社会经济的压力变为促进社会发展的动力。

本章将利用 2014 年和 2016 年 CLASS 数据对老年人在劳动与就业、政治活动和志愿活动等领域的社会参与状况进行描述分析，总结出我国老年人社会参与的特点，并对促进我国老年人社会参与提出了对策建议。

第一节　劳动和再就业

老年人继续劳动或者再就业是积极老龄化的重要表现，是老年人参与社会的主要途径。老年就业人口，是指从事一定社会劳动并取得劳动报酬或经营收入的老年人口（邬沧萍等，2006），本节将老年就业人口定义为从事有收入的工作或活动的老年人。根据 CLASS 中的 C1 问题“目前您是否参与有收入的工作/活动？”界定老年人的就业或在业状态，然后与其他人口基本特征、地区等交叉得出老年人在业的基本状况，并且通过 2016 年与 2014 年的数据对比考察老年人就业的变化情况。

一、劳动参与状况

如表 10-1 所示，2016 年参与就业的 60 岁及以上的老年人占调查人口的 12.47%。分性别来看，男性老年人口的就业数量和比例要显著高于女性老年人口。2016 年 CLASS 数据中参与就业的男性老年人的比例为 14.61%，女性老年人的就业比例为 11.40%。从表 10-1 可以看到，从分年龄的角度，低龄组、中龄组和高龄组老年人口中，老年男性劳动参与率均高于同年龄段的老年女性。

表 10-1　CLASS 中就业老年人口的比例

年龄组	总体	男性	女性	城市	农村
60～69 岁	16.57%	19.32%	13.55%	13.99%	18.82%
70～79 岁	8.44%	9.78%	7.11%	9.13%	7.80%
80 岁及以上	5.81%	6.16%	5.49%	7.22%	4.31%
总体	12.47%	14.61%	11.40%	11.42%	13.42%

资料来源：2016 年 CLASS 数据

低龄组（60～69 岁）老年人口是中国老年就业人口的主体力量。低龄组的老年人在就业数量上和比例上都远大于中龄组（70～79 岁）及高龄组（80 岁及以上）。随着年龄的增加，老年人口的就业率迅速下降，这不仅与老年人的体力和健康水平下降有关，我国现有的退休制度也要求职工在达到一定年龄后退出劳动力市场（表 10-1）。

从城乡来看，农村与城市老年人劳动参与率差距明显。2016 年 CLASS 数据显示农村老年人劳动参与率为 13.42%，城市为 11.42%。其原因一方面可能是相比于城市老年人，农村老年人经济水平较差，所以需要继续劳动作为经济来源。另一方面，农村老年人从事农业劳动的可能性很大，不会受到强制退休政策的限制，而城市老年人往往到了 50～60 岁就必须退休（表 10-1）。

从图 10-1 可以看出，无论是城市还是农村，老年人口的劳动参与率都与自评健康水平呈现明显的正相关关系，即健康状况越好的老年人的劳动参与率越高。总体来看，自评为很健康和很不健康的老年人的劳动参与率分别为 20.47%和 5.00%，差异非常明显。我们可以看到，5.00%的自评为很不健康的老年人依然处于工作状态，这可能是因为这部分老年人经济状况十分低下，参加经济活动实属无奈之举。从自评健康水平与老年人就业的情况可以看出，身体素质是决定老年人能否参与劳动的关键因素，老年人想要保持积极的社会参与，就必须关注健康、积极锻炼、治疗等。从图 10-1 我们也可以发现，除自评很不健康的老年人外，各个健康水平的老年人中，农村老年人的劳动参与率都高于城市，这与上文城乡老年人参与劳动的总体趋势一致。城市自评很不健康的老年人劳动参与率较农村高，可能是因为城市高龄老年人从事的工作可能偏向脑力型而不是体力型，对健康的要求相对低。

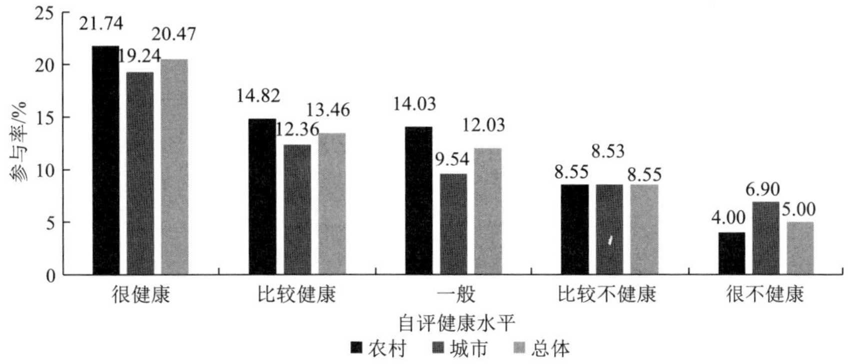

图 10-1　2016 年中国城乡就业老年人口的自评健康水平差异

资料来源：2016 年 CLASS 数据

分文化程度来看（图 10-2），中国老年人口的劳动参与率并非随着文化程度的升高而升高，而是大体表现为两端低、中间高的情况。具体来说，就是私塾/扫盲文化程度的老年人口劳动参与率最高，为 16.54%，其次是小学文化程度的老年人（14.21%），劳动参与率最低的为不识字的老年人，仅为 9.64%。这是因为农村就业老年人的数量较大，而农村老年人的文化程度普遍较低，所以劳动参与率最高的并不是文化程度最高的群体。不识字的老年人接收的信息十分有限，就业的选择机会十分狭窄，只能从事最基本的、门槛较低的体力劳动，而文化程度高的老年人却因为制度性的安排无法继续参与经济活动。

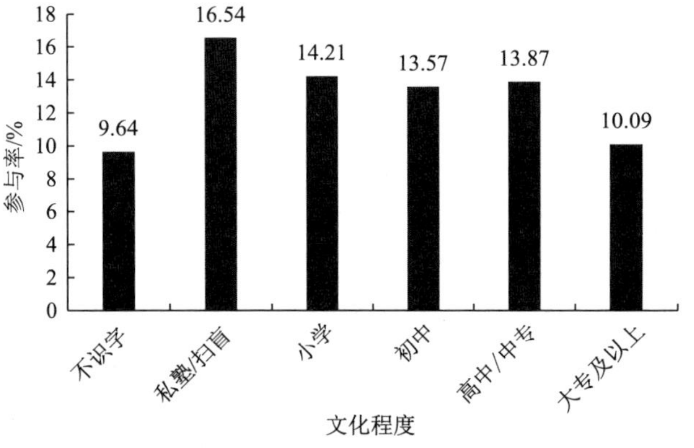

图 10-2　2016 年中国各文化程度老年人劳动参与率

资料来源：2016 年 CLASS 数据

从工作种类来看（表 10-2），我国老年人为农、牧、渔民的比例达 47.06%；其次为个体户/自由职业者（21.96%）；再次为商业/服务业/制造业一般职工，占比为 15.52%。担任国家、企事业单位领导以及专业技术人员，办公室一般工作人员的老年人比例较低。特别是专业技术人员的比例仅为 2.87%。与分文化程度的老年人劳动参与率分布类似，农村老年人就业数量较城市老年人更大，而农村老年人基本集中在农、牧、渔民及个体户/自由职业者类别，因此这两类老年人占比最高，而工作种类为国家、企事业单位领导，以及专业技术人员，办公室一般工作人员的多为城市老年人，且这些工作存在退休年龄要求，因此老年人从事这些工作的比例较低。分城乡来看，城市老年人为个体户/自由职业者类别的比例最高，为 30.24%，其次是商业/服务业/制造业一般职工，为 24.32%，再次为农、牧、渔民，为 15.52%，城市老年人中为国家、企事业单位领导的比例也不低，为 12.48%。农村老年人中，为农、牧、渔民的比例最高，为 71.55%，其次为个体户/自由职业者，为 15.53%，国家、企事业单位领导，以及专业技术人员、办公室一般工作人员的比例都非常低，不足 2%。

表 10-2　2016 年中国城乡各工作种类老年人占比

工作种类	城市	农村	总体
国家、企事业单位领导	12.48%	1.61%	6.36%
专业技术人员	5.44%	0.87%	2.87%
办公室一般工作人员	11.84%	1.61%	6.08%
商业/服务业/制造业一般职工	24.32%	8.70%	15.52%
个体户/自由职业者	30.24%	15.53%	21.96%
农、牧、渔民	15.52%	71.55%	47.06%
其他	0.16%	0.12%	0.14%
总计	100%	100%	100%

资料来源：2016 年 CLASS 数据

注：本表中数据进行过修约，可能存在合计不等于 100%的情况

与上述工作种类相对应，在单位类型占比中（表 10-3），占比最高即 29.06%的就业老年人并不在具体单位中从事劳动，这可能是因为从事农业劳动是个人或者家庭的行为，不属于单位统一组织。其次为企业，占比为 25.10%，然后为自雇/自办（合伙）企业，占比为 20.74%，与上述个体户/自由职业者相对应。再后面为事业单位、社会团体。老年人所在单位类型为党政机关的比例仅为 1.98%，这是因为党政机关往往实行严格规范的退休制度。从老年人在单位中所处的位置来看，超过半数的老年人在单位中为普通职工，随着位置的提升，老年人的比例越来越小。

分城乡来看，城市老年人单位为企业的占比最高，为 32.20%，这与城市第三产业比较发达有关，其次是无单位，占比为 22.92%，这与城市老年人受严格的退休制度影响有关。农村老年人中，无单位的占比最高，为 43.23%，其次为自雇/自办（合伙）企业，占比为 24.45%。

表 10-3　2016 年中国城乡各单位类型老年人占比

所在单位类型	城市	农村	总体
党政机关	1.89%	2.18%	1.98%
企业	32.20%	8.73%	25.10%
事业单位	15.53%	6.99%	12.95%
社会团体	5.30%	5.24%	5.28%
无单位	22.92%	43.23%	29.06%
自雇/自办（合伙）企业	19.13%	24.45%	20.74%
军队	0.38%	0.00%	0.26%
其他	2.65%	9.17%	4.62%
总计	100%	100%	100%

资料来源：2016 年 CLASS 数据

注：本表中数据进行过修约，可能存在合计不等于 100%的情况

二、劳动参与的变化情况

将 2016 年的调查结果与 2014 年相比可以发现（图 10-3），老年人口的劳动参与率总体有所下降，从 2014 年的 19.00%下降为 2016 年的 12.47%，并且这一结果也与其他调查的结果互相印证。这可能是不断完善的社会保障制度（尤其是养老保险的覆盖面扩大）和精准扶贫的不断深入而取得的成果。

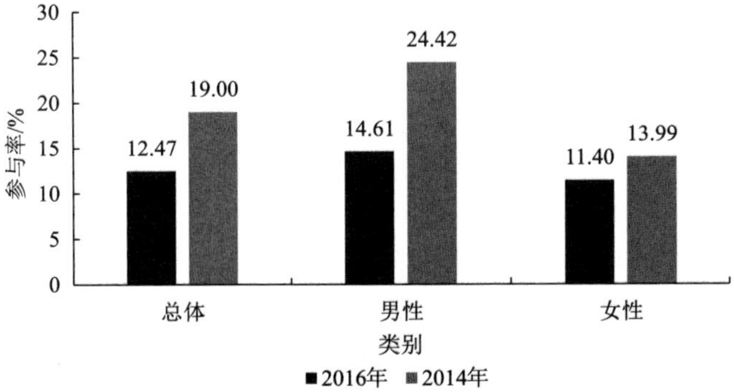

图 10-3　2014 年与 2016 年老年人分性别劳动参与率的变化情况

资料来源：2014 年与 2016 年 CLASS 数据

从劳动力市场的性别差异来看，女性老年人口的劳动参与率一直低于男性，但是这种差异正在逐步缩小。2014 年，女性老年人的劳动参与率为 13.99%，男性为 24.42%，相差大概 10 个百分点；2016 年，女性老年人的劳动参与率为 11.40%，男性为 14.61%，仅相差 3.21 个百分点，这意味着男女老年人口在劳动参与率上的差距越来越小。女性老年人在劳动市场上的参与程度值得关注，这一方面原因可能是女性老年人的经济状况更容易处于劣势，另一方面原因可能是女性从家务劳动中解放，是男女平等的表现，至于哪种原因更占据主导地位，则需要进一步的探究。

第二节　政 治 参 与

老年人的政治参与是指老年人可以通过各种法定的途径和形式管理国家事务、管理经济文化事务、管理社会事务，对国家机关和工作人员进行监督。参加政治生活是宪法赋予每个公民的权利，即便是已经退休或退出生产劳动岗位的老年人，仍然有参与政治活动的权利。随着老龄化进程的不断推进，老年群体在政治生活中扮演的角色也越来越重要。老年政治参与活动还有利于维系与增强社区共同体的认同感，提升村庄或社区凝聚力（杨华和项莹，2014），也有利于构建老年友好型社会。本节主要根据 2016 年 CLASS 中的 D16 问题“近三年您是否参加过本地居委会/村委员的投票选举？”来衡量老年人是否参与政治活动。

一、政治参与状况

调查结果显示，有一半（50.85%）的老年人参与了社区或村委会选举。进一步对比城乡老年人参加社区选举状况可发现，农村老年人参加社区选举的比例（50.07%）高于城市老年人（47.31%）。且农村的男性老年人和女性老年人参与率均高于城市（图 10-4）。这可能是因为农村属于传统社会，社会联结程度比城市强，且农村基层组织与农村老年人的个人利益关系更密切，因此农村老年人参与社区选举的比例比城市老年人高。分性别来看，总体上男性老年人的政治参与率要高于女性，在农村这种性别差异更加明显，农村女性老年人参与社区选举的比例比农村男性老年人低将近 7 个百分点。与农村不同的是，城市女性老年人参与社区选举的比例比男性老年人高。

从分年龄来看（图 10-5），伴随着年龄的提高，老年人政治参与的比例逐步下降。其中，60～64 岁组中 53.57%的老年人参与过社区投票选举，70～74 岁组这一比例下降到 50.96%，而最高龄的 85 岁及以上组的参与率则下降到 39.86%，最高年龄组比最低年龄组下降近 14 个百分点。这可能与老年人的身体健康水平有直接关系，年龄越高则体力、健康水平越差，这天然地限制了老年人参与社区的政治活动。

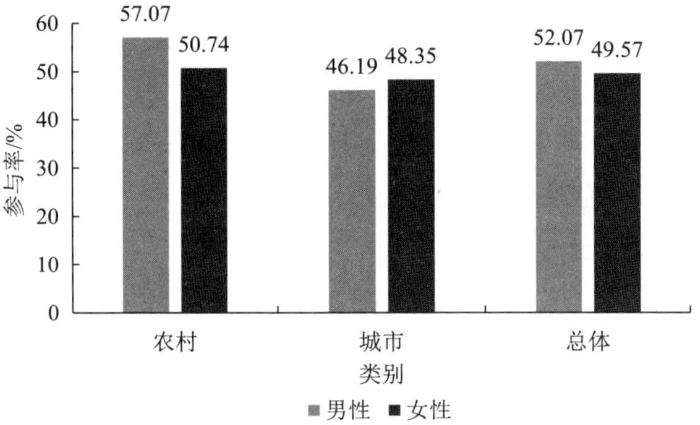

图 10-4　城乡分性别老年人参与社区选举的状况

资料来源：2016 年 CLASS 数据

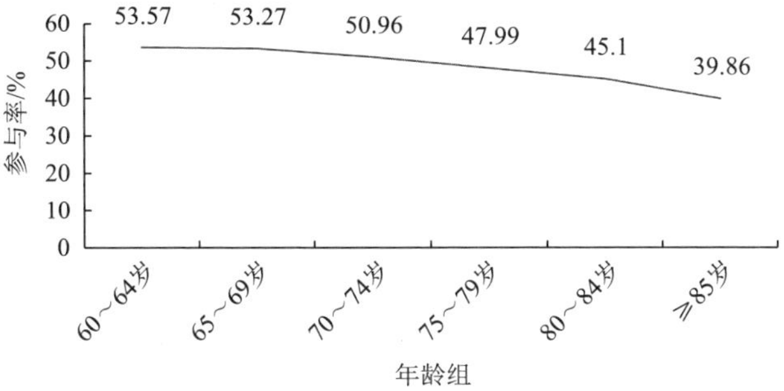

图 10-5　各年龄组老年人参与社区投票选举的情况

资料来源：2016 年 CLASS 数据

从文化程度来看（图 10-6），小学学历的老年人参加社区选举的比例最高，为 52.26%。其次为大专及以上文化程度的老年人，为 50.23%。不识字的老年人政治活动参与率与大专及以上的老年人差不多，为 50.17%。高中/中专和初中学历的

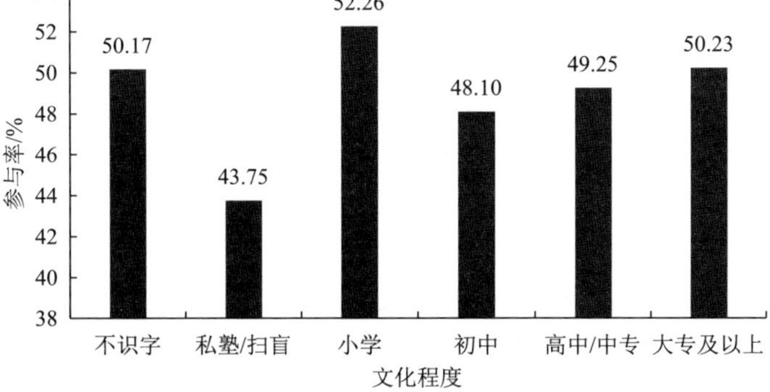

图 10-6　不同文化程度老年人参与社区投票选举的情况

资料来源：2016 年 CLASS 数据

老年人参与率稍低，分别为 49.25%与 48.10%。文化程度为私塾/扫盲的老年人政治参与率最低，为 43.75%。这个结果比较有趣，表明参与社区选举的概率与文化程度并没有正向关系，但是它们的内部差异并不大。

二、政治参与的变化情况

通过对比 2014 年与 2016 年的 CLASS 数据可以发现（表 10-4），总体上，我国老年人政治参与的比例有了显著提升，从 2014 年的 45.84%增加到了 2016 年的 50.85%，这一方面说明我国的基层民主建设取得了新的进步；另一方面说明老年人在政治生活中发挥的作用越来越明显，积极老龄化程度更深。

表 10-4　2014 年与 2016 年老年人政治参与对比

年份	总体	农村	城市	男性	女性
2014	45.84%	50.94%	42.44%	49.27%	42.71%
2016	50.85%	50.07%	47.31%	52.07%	49.57%

资料来源：2014 年与 2016 年 CLASS 数据

分城乡来看，两年间农村老年人政治参与基本没有变化，而城市老年人参与率从 42.44%增加到了 47.31%。这说明从 2014 年到 2016 年，老年人政治参与率的提升主要是城市老年人的参与率提升造成的。但是需要注意到，城市参与率显著上升后，依然低于农村的参与率。分性别来看，在男性、女性参与率都提升的同时，女性政治参与率提升的比例更加明显，从 2014 年到 2016 年增加了 6.86 个百分点，而男性则只提高了不到 3 个百分点（表 10-4）。

分年龄来看（图 10-7），各个年龄组的老年人政治参与比例都有所提升，且年龄越大的政治参与率上升越多。例如，60～64 岁组的老年人的参与率从 2014 年的 50.26%上升到 2016 年的 53.57%，提高了 3 个百分点左右，而 80 岁及以上的老年人的参与率从 2014 年的 36.09%上升到 2016 年的 43.21%，提高了超过 7 个百分点，提高的百分点是低龄组的两倍多。

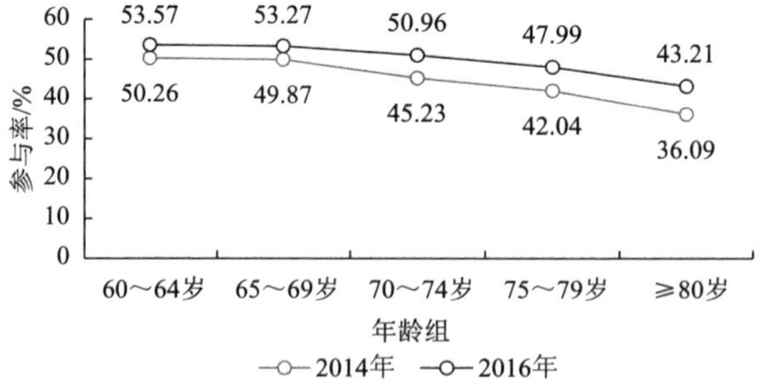

图 10-7　2014 年与 2016 年分年龄组的政治参与情况

资料来源：2014 年与 2016 年 CLASS 数据

第三节　志 愿 活 动

随着老年人社会参与需求的增加,在进入正式劳动力市场比较困难的情况下,参与志愿服务成为越来越多老年人的现实选择。从广义上讲，志愿服务是利他行为的一种形式，目的是为他人、团体、机构、某项事业或者整个社会提供帮助而不求物质回报。有学者进一步将志愿服务区分为正式和非正式两种类型：正式志愿活动（formal volunteering）是指个人为了帮助他人，有计划地贡献自己的时间和精力而提供的服务，这类活动往往由正式的机构组织开展；非正式助人活动（informal volunteering）是指个人不经由组织，自行为朋友、邻居等提供帮助的活动，一般是通过个人的社会网络提供服务。

在本节中，正式志愿活动根据问卷中“在过去三个月内，您是否参加过社区治安巡逻活动/环境卫生保护活动/需要专业技术的志愿服务（如义诊）？”进行操作化。若被访者回答至少参与其中任何一项活动则定义为参与，否则为没有参与。非正式助人活动则根据“在过去三个月内，您是否参加过照料其他老年人（如帮助购物、起居照料等）/调解纠纷/陪同聊天/帮助照看其他人家的小孩的活动？”进行操作化。与参与正式志愿活动类似，若被访者回答至少参与其中任何一项活动则定义为参与，否则为没有参与。

一、志愿活动参与状况

表 10-5 展示了老年人参与志愿活动的具体情况。整体而言，全国有 10.20% 的老年人参与了正式志愿活动或者非正式助人活动，参与正式志愿活动的比例为 4.95%，参与非正式助人活动的比例为 6.80%，老年人参与非正式助人活动的比例高于参加正式志愿活动的比例。

表 10-5　老年人参与志愿活动的情况

类型	全国	城市	农村	男性	女性
正式志愿活动	4.95%	7.94%	2.55%	5.13%	4.77%
非正式助人活动	6.80%	7.29%	6.40%	7.08%	6.51%
总体	10.20%	12.87%	8.06%	10.44%	9.95%

资料来源：2016 年 CLASS 数据

城市老年人参与志愿活动的比例明显高于农村地区。12.87%的城市老年人在过去三个月中参与到各种类型的志愿活动中，而农村的该比例为 8.06%，比城市地区低了将近 5 个百分点。城乡的差异主要体现在正式志愿活动的参与率上，参加正式志愿活动的城市老年人比例为7.94%，比农村高出5.39个百分点，而两地区在非正式助人活动参与率方面只相差不到1个百分点。与女性老年人相比，男性老年人参加志愿活动的比例略高。无论是参与非正式助人活动还是正式志愿活动，男性老年人的参与率均高于女性老年人，但是差异并不显著。

总体而言，年轻老年人参与志愿活动更积极（表10-6）。60～64岁组的老年人中，有12.16%曾参与过正式志愿活动或者非正式的助人活动，该比例随着年龄组的提高而总体下降，到80岁及以上的高龄组下降至6.72%，相比低龄老年人组几乎下降了6个百分点。这一趋势在正式志愿活动和非正式助人活动中同样存在，如60～64岁的低龄老年人参加正式志愿活动的比例为6.76%，但在80岁及以上的高龄组中降为3.13%；非正式助人活动的参与率也从7.34%下降为4.77%。

表10-6　分年龄老年人参与志愿活动的情况

类型	60～64岁	65～69岁	70～74岁	75～79岁	≥80岁
正式志愿活动	6.76%	5.76%	3.84%	3.12%	3.13%
非正式助人活动	7.34%	7.88%	7.09%	5.22%	4.77%
总体	12.16%	11.68%	9.79%	7.39%	6.72%

资料来源：2016年CLASS数据

从文化程度来看（表10-7），随着文化程度的提高，老年人参与志愿活动的比例呈先升后降的分布趋势。不识字的老年人参与志愿活动的比例为7.56%，从总体来看，该比例随着文化程度的提高而提高，从小学到初中有一个大幅度的提高，在高中/中专组达到最高值13.57%，之后略有回落，大专及以上学历的老年人参与志愿活动的比例为12.35%。不同文化程度的老年人参与正式志愿活动的比例和总体的情况非常相似，都是不识字最低，从小学到初中有一个大幅度提高，在高中/中专达到峰值后在大专及以上组略有回落，整体呈现出左长右短的倒“U”形。不同文化程度的老年人参与非正式助人活动的比例虽然也呈倒钩形，但是左短右长的倒“U”形，大专及以上组的参与比例急剧降低，甚至比不识字组的比例还低。

表10-7　分文化程度老年人参与志愿活动的情况

文化程度	总体	正式志愿活动	非正式助人活动
不识字	7.56%	3.25%	5.14%
小学/私塾/扫盲班	8.90%	4.64%	5.58%
初中	11.43%	7.65%	5.39%

续表

文化程度	总体	正式志愿活动	非正式助人活动
高中/中专	13.57%	9.38%	7.58%
大专及以上	12.35%	9.26%	4.32%

资料来源：2016 年 CLASS 数据

表 10-8 展示了老年人参与志愿活动的具体类型。从全国的情况来看，陪同聊天的比例最高，为 4.11%。排在第二位的是卫生环境保护，比例为 2.54%，参与社区治安巡逻的比例紧随其后，为 2.33%。比例最低的是专业技术志愿服务，为 0.65%。分城乡来看，城市老年人在各类型的志愿活动中参与都比农村老年人更加积极。尤其是社区治安巡逻、卫生环境保护这类正式志愿活动，城市老年人的参与比例都明显高于农村老年人。

表 10-8　老年人参与志愿活动的类型

类型	全国	城市	农村
社区治安巡逻	2.33%	4.30%	0.74%
专业技术志愿服务	0.65%	0.90%	0.46%
卫生环境保护	2.54%	3.58%	1.70%
照看其他人家的小孩	1.78%	1.84%	1.73%
陪同聊天	4.11%	4.67%	3.65%
调节邻里纠纷	1.58%	2.13%	1.13%
照料其他老年人	1.10%	1.27%	0.96%

资料来源：2016 年 CLASS 数据

二、志愿活动参与的变化情况

对比 2014 年数据可以发现（表 10-9），2 年间，我国老年人参与志愿活动的比例出现下降的情况。而且在正式志愿活动和非正式助人活动中均如此，其中，非正式助人活动的比例从 2014 年的 14.84%下降到 2016 年的 6.80%，下降超过了 8 个百分点。具体到活动类型来看（表 10-10），2014 年参与比例排名前三的活动类型分别是陪同聊天、卫生环境保护和照看其他人家的小孩，与 2016 年的排名基本类似。值得注意的是，相比 2014 年，2016 年老年人参与非正式助人活动的比例都有明显的下降，特别是陪同聊天，从 2014 年的 10.34%下降到 2016 年的 4.11%，下降超过 6 个百分点。与此同时，参与正式志愿活动的比例却比 2014 年略有提升，如参加社区治安巡逻的老年人比例从 2014 年的 1.77%提高到 2016 年的 2.33%。

表 10-9　2014 年和 2016 年老年人参与志愿活动的变化情况

年份	总体	正式志愿活动	非正式助人活动
2014	18.11%	5.34%	14.84%
2016	10.20%	4.95%	6.80%

资料来源：2014 年与 2016 年 CLASS 数据

表 10-10　2014 年和 2016 年我国老年人参与志愿活动类型的变化情况

年份	社区治安巡逻	专业技术志愿服务	卫生环境保护	照看其他人家的小孩	陪同聊天	调节邻里纠纷	照料其他老年人
2014	1.77%	0.43%	3.81%	3.28%	10.34%	2.69%	2.21%
2016	2.33%	0.65%	2.54%	1.78%	4.11%	1.58%	1.10%

资料来源：2014 年与 2016 年 CLASS 数据

第四节　家 庭 活 动

一、家庭照料活动

老年人在家庭内的代际照料或者劳动是老年人社会参与的重要方面。本节使用了 CLASS 问卷中 F2 问题“过去 1 个月，您（和配偶）每周平均花费多长时间照料这些老年人（这些老年人指老年人的父母或者老年人配偶的父母）”和 F5-17 问题“过去 12 个月，您多久帮这个子女做一次家务？”这两个问题对老年人家庭照料及家务劳动的情况进行分析。

（一）照料上一辈老年人的状况

随着我国老年人口预期寿命的不断延长，越来越多的老年人也面临自己父母或配偶的父母需要照料的情况。根据 2016 年 CLASS 数据，有 6.81%的老年人面临这种情况，虽然所占比例不大，但是随着老龄化和高龄化程度的加深，我们有理由相信这一比例会进一步提升。在这些有上一辈老年人需要照料的老年人中，有约 91.81%的老年人参与了对上一辈老年人的照料（表 10-11），这也体现了传统上我国尊老孝老的文化。

表 10-11　我国老年人照料上一辈老年人的情况

每周照料时长/小时	总体	农村	城市
0	8.19%	9.52%	7.18%
1～10	46.86%	52.12%	41.83%
11～20	14.98%	14.02%	15.84%

续表

每周照料时长/小时	总体	农村	城市
21～30	13.57%	11.90%	15.10%
31～40	4.22%	3.70%	4.70%
41～50	3.58%	2.65%	4.46%
>50	8.57%	6.08%	10.89%

资料来源：2016 年 CLASS 数据

注：本表中的调查对象为有上一辈老年人需要照料的样本。本表中数据进行过修约，可能存在合计不等于100%的情况

在照料强度上，在有上一辈老年人需要照料的老年人中，有近一半（46.86%）的老年人过去一个月每周照料上一辈老年人 1～10 小时。照料时长与老年人照料比例大致呈负相关，即照料时长越长，老年人占比越小。由于老年人体力、精力有限，有的甚至本身也需要照料，所以这一现象易于理解。

分城乡来看，城市老年人对需要照料的上一辈老年人参与照料的比例为92.82%，农村为 90.48%，城市略高于农村，这可能是因为城市老年人在经济水平、健康水平方面优于农村老年人，有更多的物质、精力去支持他们照料上一辈老年人。结合上文，农村老年人参与劳动的比例更高，如果他们参与了经济劳动，则“挤出”了潜在的照料上一辈老年人的时间。

老年人年龄与照料强度密切相关。虽然有的老年人有上一辈老年人需要照料，但随着年龄的增长，他们选择不参与照料的比例越来越高（因 75 岁及以上的老年人有上一辈老年人需要照料的情况较少，随意单个个体对样本的影响较大，这部分老年人不予考虑）。对照料时长分组后，在大多数照料时长组中，随着年龄的增长，老年人的照料参与率有所下降（表 10-12）。

表 10-12 分年龄组的老年人照料上一辈老年人的时长分布

每周照料时长/小时	60～64 岁	65～69 岁	70～74 岁
0	4.70%	7.41%	14.44%
1～10	48.04%	47.69%	45.56%
11～20	15.14%	14.81%	13.33%
21～30	13.32%	14.81%	18.89%
31～40	4.70%	4.17%	3.33%
41～50	4.18%	2.78%	1.11%
>50	9.92%	8.33%	3.33%

资料来源：2016 年 CLASS 数据

注：本表中的调查对象为有上一辈老年人需要照料的样本。本表中数据进行过修约，可能存在合计不等于 100%的情况

从文化程度看，除了处于不识字文化程度的老年人外，文化程度越高的老年人越倾向于去照料上一辈老年人。这可能也是经济水平、健康水平等因素在其中起作用。

（二）帮助下一辈做家务的状况

代际互相支持在我国是非常普遍的现象，老年人帮助子女做家务就是这种代际支持的表现之一。根据表 10-13，有近一半（43.28%）的老年人帮助下一辈人做家务。在帮助下一辈做家务的老年人中，为 1 个子女做家务的老年人最多，占全体老年人的 23.01%，其次是为 2 个子女做家务（11.17%），仅有少数老年人为 3 个及以上的子女做家务。女性老年人为子女做家务的比例（45.44%）高于男性老年人（41.19%），城市老年人的比例（45.50%）高于农村老年人（41.26%）。

表 10-13　老年人帮助下一辈做家务的情况

老年人的子女数量/个	总体	城市	农村	男性	女性
0	56.72%	54.50%	58.74%	58.81%	54.56%
1	23.01%	26.02%	20.27%	21.93%	24.12%
2	11.17%	11.79%	10.60%	10.67%	11.69%
3	5.20%	4.49%	5.85%	5.18%	5.23%
4	2.27%	1.92%	2.58%	2.06%	2.48%
5	1.63%	1.28%	1.95%	1.35%	1.92%

资料来源：2016 年 CLASS 数据

注：本表中数据进行过修约，可能存在合计不等于 100%的情况

分年龄来看（表 10-14），越年轻的老年人为子女做家务的可能性越大。一方面，年轻老年人体力尚可，健康状况较好，有能力为子女做家务；另一方面，年轻老年人的子女可能相对较年轻，正处于事业的关键期，也需要老年人对其家庭的帮助。值得注意的是，随着年龄的增加，为 4 个及 5 个子女做家务的比例反而升高，80 岁及以上的老年人为 5 个子女做家务的比例高达 4.83%，远远大于 60～69 岁组老年人和 70～79 岁组的老年人（0.70%和 1.86%），这是因为给子女做家务的情况与子女数量有关，较高年龄组的老年人位于较早出生队列，更有可能有 4 个及以上的孩子。

表 10-14　分年龄组的老年人帮助下一辈做家务的情况

老年人的子女数量/个	60～69 岁	70～79 岁	80 岁及以上
0	51.05%	62.39%	65.67%
1	27.86%	18.55%	14.43%

续表

老年人的子女数量/个	60～69 岁	70～79 岁	80 岁及以上
2	13.72%	8.89%	6.46%
3	5.18%	5.40%	4.83%
4	1.50%	2.90%	3.79%
5	0.70%	1.86%	4.83%

资料来源：2016 年 CLASS 数据

注：本表中数据进行过修约，可能存在合计不等于 100%的情况

家务劳动是一份体力型工作，因此老年人的参与情况与其自身健康水平密切相关。从自评“很不健康”到“很健康”，老年人为子女做家务的比例逐渐升高，从 30%增加到 47.25%。这可以体现出我国老年人的奉献精神，只要精力允许，老年人就倾向于为子女分担家务、贡献力量。

二、家庭照料活动的变化情况

2014～2016 年，从照料上一辈老年人来看，对需要照料的上一辈老年人提供照料的老年人的比例明显上升，从 82.09%增加到 91.81%。这一方面表明老年人健康、经济水平有所提升，可以承担部分照料上一辈老年人的工作；另一方面，老年人本身就处于相对弱势的群体，再去承担照料上一辈老年人的工作可能会加重他们的精神、经济、健康负担，这一现象值得深入探讨。

从帮助下一辈做家务来看，老年人的家务参与也在提升，参与率从 2014 年的 38.89%增加到 2016 年的 43.28%。分年龄来看，低龄组（60～69 岁）的老年人的参与率基本无变化，但是中龄组（70～79 岁）及高龄组（80 岁及以上）老年人的参与率有明显增加，分别提升了 5.93 个百分点和 13.42 个百分点。

第五节　中国老年人社会参与的特点

本节主要是基于前四节对我国老年人社会参与的状况和变化分析总结出我国老年人社会参与的特点。

一、中国老年人社会参与的整体特点

我国老年人社会参与整体参与率有待提高。2016 年四到五成老年人分别参与到政治活动（50.85%）和帮助子女做家务中（43.28%），一成左右老年人参与劳动与再就业（12.47%）和志愿活动（10.20%）。

除劳动与再就业，老年人参与其他活动的比例都有所提高。尽管老年人的总

体参与率不高，但从两次的调查数据来看，我国老年人的政治活动参与率（2014年为45.84%，2016年为50.85%）和家庭照料活动参与率（照料老年父母[①]，2014年为82.09%，2016年为91.81%；帮子女做家务，2014年为38.89%，2016年为43.28%）都有明显提升，说明我国老年人社会参与的积极性在提高。

2016年我国老年人社会参与存在明显城乡差异，农村老年人在劳动与再就业参与率（农村为13.42%，城市为11.42%）和政治活动参与率（农村为50.07%，城市为47.31%）方面比城市老年人更高，而城市老年人在家庭照料参与率（照料老年父母，农村为90.48%，城市为92.82%；帮子女做家务，农村为41.26%，城市为45.50%）和志愿活动参与率（农村为8.06%，城市为12.87%）方面比农村老年人高。这主要与农村和城市的社会经济发展水平、城乡基层文化、社会保障制度与家庭结构等方面的差异相关。例如，城乡的社会保障水平悬殊，导致部分农村老年人由于经济收入原因不得不一直劳作，而城市老年人整体收入水平更高，文化程度更高，更有余力参与到志愿活动中以满足更高层次的需求。

2016年我国老年人的社会参与存在一定的性别差异，但差异在缩小。男性老年人在劳动与再就业参与率（男性为14.61%，女性为11.40%）、志愿活动参与率（男性为10.44%，女性为9.95%）和政治活动参与率（男性为52.07%，女性为49.57%）方面高于女性老年人，女性则在家庭照料参与率（帮子女做家务，男性为41.19%，女性为45.44%）方面比男性老年人更高。尽管如此，一些活动领域的性别差异在不断缩小。例如，在劳动和再就业活动中，各年龄段老年人口参与率的性别差异有所减小。在政治活动参与率总体提升的背景下，女性老年人参与率升高更加明显。这背后涉及女性的文化程度提升、劳动市场上的男女平等，以及女性从家务劳动中获得解放等一系列问题，值得我们关注。

老年人健康状况与各项参与活动都密切相关。劳动和再就业活动参与率、政治活动参与率、志愿活动参与率和家庭照料活动参与率，都与老年人的健康状况呈现明显正相关关系。这说明健康与老年人的参与水平具有无比密切的关系，老年人应重视自身健康，保护好健康这个最为重要的个人财富，尽力延长自身的非失能及参与社会的时间长度。从全生命周期的角度来看，我们应该重视对健康的投资，在生命的早期开始培养健康的生活方式和习惯，为健康的老年期打好基础。

二、各类老年社会参与的特点

（一）劳动与再就业

老年人的经济劳动受退休政策影响明显，农村老年人参与劳动和再就业的比例明显高于城市老年人。从参与率来看，农村老年人劳动参与率明显高于城市老

① 这里是指老年父母有照料需求的样本中，提供了照料服务的比例。

年人。从工作种类来看，我国在业老年人中为国家、企事业单位领导或专业技术人员等的占比非常低，主要集中于农、牧、渔民和个体户/自由职业者等不受退休政策影响的类别。而且整体参与率在降低，这主要是由农村参与率降低导致的。劳动与再就业参与率的降低可能源于不断完善的社会保障制度，尤其是一系列利于农村老年人的养老政策，使老年人能够不必辛苦劳作获取收入也能安享晚年。

（二）政治参与

城市老年人参与基层选举积极性不足。在政治参与中，农村老年人近三年参加过本地居委会/村委会投票选举的比例高于城市老年人，说明农村属于传统社会，社会联结程度相比城市较强，且农村基层组织与农村老年人的个人利益关系更密切，因此农村老年人参与基层选举的比例比城市老年人高。

参与居委会/村委会基层选举的比例有所提高，老年人的政治价值将逐渐凸显。无论城市农村、男性女性，与 2014 年相比，2016 年老年人参与选举的比例都有一定程度的提高。随着未来老年人口的规模和比例的不断提高，老年人在社区治理、政策决策中的角色将会越来越凸显，因此应该重视老年人在政治参与中的角色和功能，为其在人口老龄化背景下的社会管理中发挥主体作用提供路径。

（三）志愿活动

我国老年志愿活动的参与严重不足，尤其是正式志愿活动参与比例远低于规划目标。按照《“十三五”国家老龄事业发展和养老体系建设规划》，2020 年末之际，全国老年志愿者注册人数占老年人口比例应该达到 12%。2016 年的调查数据显示参加正式志愿活动的老年人比例不到 5%，而有的老年人可能只是参加社区组织的活动，并没有注册成为志愿者，因此按照这一数据推测，现有注册的正式老年志愿者比例可能更低，远达不到规划中的目标。

我国老年人志愿活动参与以非正式志愿活动为主，正式志愿活动以社区为主要参与平台。志愿活动中，无论城乡，参与比例最高的都是陪同聊天。而有组织的正式志愿活动则是以维护社区卫生环境和社区社会治安等社区服务为主，参加需要专业技术的志愿服务的比例仅 0.65%，这比较符合我国“熟人社会”的传统文化，老年人更加信任与乐意参与“小圈子”的活动。

老年人参与正式志愿活动的积极性在提高。尽管参与各类正式志愿活动的比例普遍偏低，但是通过比较 2014 年与 2016 年数据可以发现，我国老年人参与正式志愿活动的比例有明显提高。反而是非正式助人活动，如陪同聊天等参与率有显著下降，这表明老年人可能对于参与有组织的、内容设计更加有吸引力的志愿活动的需求在提高。

文化程度与老年人志愿活动参与呈现倒“U”形的关系。未上过学的老年人参与志愿活动的比例相对更低，而小学/私塾/扫盲班、初中到高中/中专的老年人参与比例逐渐提高。结合前文中讲到的老年人参与志愿活动的主要类型分析，导致这一结果的原因可能在于现有的志愿活动内容和设计仍然较为传统，已经不符合高学历老年人的参与需求。值得注意的是，未来的老年人文化程度将有大幅度提高，对于组织开展志愿活动的机构能力将提出很多新的挑战。

（四）家庭活动

老年人仍然是提供家庭照料的主力军。对比 CLASS 2014 年与 2016 年数据，照料上一辈老年人以及为子女做家务的老年人比例都有明显上升，这是人均预期寿命延长、经济和健康水平上升共同作用的结果，表现了社会发展的成果，也说明老年人分担了许多本应由社会承担的责任，创造了极大的隐形财富。但让体力不断下降的老年人再承受这些负担，值得我们关注。

老年人是照料自己父母的主要参与者。尽管只有不到 7%的调查者表示自己有父母需要照料，但这部分老年人中约九成都参与了对上一辈老年人的照料，且近一半老年人每周照料时长超过 10 小时。

老年人为子女提供家务帮助的现象普遍。近一半老年人帮助下一辈做家务，且有约两成老年人帮助 2 个或以上子女做家务，该现象在城市更为突出。

第六节　促进中国老年人社会参与的对策建议

一、制订发展规划，完善相关政策

从我国老龄事业发展“十五”计划开始，老年人社会参与就已经纳入我国老龄事业的专项规划中，在《“十三五”国家老龄事业发展和养老体系建设规划》中更是明确提出将“扩大老年人社会参与”作为“十三五”时期发展老龄事业的八大主要任务之一。但是老年人参与社会发展并不仅仅只涉及老龄事业的发展，与整个社会的经济、文化、体育、教育、科技等多个领域都有着密切联系。但是现有的规划中还没有体现出对老年人社会参与的鼓励和支持，因此，在今后制订专项规划时应对此问题进行改进。

积极老龄化框架中将健康、保障和参与作为提高老年人生活质量的三大支柱。相比医疗保障政策和社会保障政策，我国有关社会参与的政策还不够完善，尚未出台有关老年人社会参与的专项政策法规。在《中华人民共和国老年人权益保障法》中只明确了老年人有参与社会发展的权利，在“老龄事业发展规范”等综合性老龄文件中，对于老年人社会参与的内容只做了原则性和倡导性的规定。

二、完善社会保障，释放参与需求

根据马斯洛的需求层次理论，社会参与属于高层次的自我实现需求，是在生理需求、安全需求都得到满足的基础上才会诞生的一种衍生性需求。因此，完善社会保障制度，解决老年人的后顾之忧，才能更好地释放老年人社会参与的需求。在现有制度的基础上，以全覆盖、保基本、多层次、可持续为发展方针，加快推进基本养老保险制度建设，完善基本医疗保险制度，增强社会保险对人口流动的适应性，逐步提高保障水平。注重增强制度设计的公平性，缩小城乡、区域之间的差距，进一步统筹城乡间最低生活保障制度，对经济困难老年人，加大社会救助力度。加快建立社会养老服务体系和发展老年服务产业，满足特殊困难老年人的服务保障需求。

三、消除年龄歧视，营造参与氛围

随着我国社会老龄化程度的不断加深，因为年龄而对老年群体产生成见和歧视，已经阻碍到老年人全面参与社会、政治、经济、文化、精神、公民和其他活动，不利于国家积极应对人口老龄化带来的各项挑战。相反，现代科学技术和服务业的迅猛发展，已经拉平了不同年龄人口之间生产能力上的差距。虽然老年人在速度和灵敏度方面会因为年龄增加而出现下降的趋势，但丰富的阅历及支持性的环境都能够使这种劣势得到补偿。因此，消除年龄歧视，营造积极的老年参与氛围是促进老年人社会参与的先决条件。

社会、政府和媒体应该正确认识、认可和重视老年人价值，广泛宣传积极老化的典型经验、案例、做法和成效，努力使全社会关心和支持老年社会参与的氛围更加浓厚。充分调动老年人参与社会的积极性和主动性，帮助老年人树立积极的老化态度，使老年社会参与成为增进老年人福祉的重要内容。

四、推进环境建设，创造参与条件

适于老年人出行和生活的环境可以鼓励老年人更加积极地参与社会生活，因此，应该从居住、出行、生活等多个方面出发，加强老年宜居环境建设，为老年人社会参与创造良好的物质条件。

加快老年宜居社区建设统筹规划，加强法律法规的执行力度，将老年宜居社区建设切实纳入城乡统筹规划中，确保社区周边有服务网点齐全的生活服务圈，逐步完善老年人体育、文化和娱乐等活动场所。有效整合社区服务资源，建立综合为老服务平台，扶持专业居家养老服务组织，向有需求的老年人提供相应的居家养老服务。加强公共设施无障碍改造，对便民网点、图书馆、影剧院、博物馆、公园等与老年人日常生活密切相关的公共设施进行无障碍设计与改造，使公共设施更适合老年人使用。

全面推进宜居社区建设，为老年人参与社区活动提供安全、便利和舒适的环境。打造无障碍的社区环境，重点对楼梯、电梯、坡道等公共建筑进行改造，在社区中增加适量的休憩设施，清除步行道路障碍物。为老年人开展活动提供必要的场所和设备。充分利用社区中的老年活动中心、运动场所、图书馆等空间开展志愿活动、文化娱乐活动，相关工作人员应协助老年人使用相关的设备，避免物资的闲置浪费。

支持家庭适老改造，对老年人住宅进行安全隐患排查和改造。针对特殊困难家庭提供适当补助，进行家庭无障碍改造。开发老年宜居住宅，鼓励子女和老年人就近居住或共同居住。

五、加强组织建设，丰富参与途径

由于老年人参与的活动大多是基于社会组织，因此社会组织是否有能力提供足够适合老年人参与的活动成为影响老年人社会参与的关键。我国组织开展老年人活动的组织以基层老年协会为主，其宗旨是组织老年人参与经济、政治、文化和社会生活，发展志愿事业、支持社区建设，加强下一代思想道德教育、活跃老年人精神文化活动。但总体而言，我国老年人社会组织建设还存在多种问题。例如，组织不健全、活动贫乏、设施不齐全、经费短缺；现有基层老年协会在活动设计、组织管理等方面的能力也都亟待提高，为老年人的社会参与提供更多途径。尤其应该鼓励社会组织将老年人纳入组织活动的计划与决策中，倾听老年人的需求，并以此为重心开展活动，这一过程本身也是老年社会参与的一种体现。

六、发展终身教育，提高参与资本

终身教育不仅是老年人社会参与的重要形式之一，通过继续学习，老年人可以获得新的知识和技能，减缓认知、记忆、行为等方面的衰老速度，提高自身社会参与的健康和文化资本，对推动老年人继续工作、从事志愿服务以及参与其他形式的社会活动也具有促进作用。

为了保障不同年龄、文化程度、收入水平和健康状况的老年人均有机会接受继续教育，应该积极发展终身教育，建立完善的老年教育体系。扩大教育资源供给，整合利用现有资源的同时，推动各级学校向区域内的老年人开放，为老年人学习提供便利。拓展老年教育的内容和形式，在闲暇生活、养生保健的基础上，开展更多科学文化、职业技能、家庭理财、生命尊严等方面的教育。注重老有所学与老有所为、老有所养的结合。例如，建立由离退休干部、专业技术人员及其他有所专长的老同志组成的老年教育兼职教师队伍，为老年学校、社区学校的老年人讲授相关课程，促进老年教育与老年志愿服务的结合。探索在社区日间照料中心、托老所等社区居家养老场所开展老年教育，在各类养老机构中设立固定学习场所，推动老年教育融入养老服务体系。

第十一章　老年人的体育锻炼状况

老龄化是未来中国不可逆转的人口新常态，它将持续地对社会产生深远的影响（彭希哲等，2017）。随着中国逐渐步入中度老龄化社会，人口高龄化特征越发明显，老年人罹患疾病比例逐年升高，健康问题成为老龄社会普遍存在而又亟待解决的问题。党的十九大报告明确提出了“实施健康中国战略”①，“健康中国”建设已经成为国家发展基本方略中的一项重要内容。体育锻炼作为一种能有效增进身体健康的手段和一种积极的生活方式，已被人们广为接受。老年人参与体育锻炼可以在一定程度上增强他们的身体机能，促进他们的身心健康。

从 1966 年开始，欧洲一些国家提出“sport for all”的口号，向老年人积极推广体育健身，以提高老年人的身心健康，满足老年人对体育健身的需求，随后各国开始对老年人的体育锻炼状况进行研究（冉德丽，2018）。在已有研究成果中，国外学者关于老年体育的研究集中于老年人体育锻炼的特点及其所带来的积极效应，而国内学者则基于不同的区域，研究了老年人体育锻炼的特征及影响因素。

为了发展老年人体育、引导更多的老年人参与体育锻炼，提高老年人的健康状况和生活质量，推进健康中国的建设，本章将利用 2016 年 CLASS 数据，描述中国老年人参与体育锻炼的状况，同时基于安德森行为模型，利用二分类 Logistic 回归和序次 Logistic 回归的方法，对影响老年人是否参与体育锻炼和参与体育锻炼的频率的因素进行分析，以探究老年人体育锻炼行为的影响机制，以及这种影响机制的城乡差异，为促进老年人参与体育锻炼、完善老年人公共体育服务的政策提供研究依据。

第一节　参 与 动 机

如前文所述，国外学者在关于老年人体育锻炼参与所带来的积极效应方面已有众多研究成果。其中，“活动理论”认为参与体育能使老年人重新认识自我，保持生命的活力，因此社会应创造新型的体育活动，推动老年体育的发展，增加老年人的社会适应能力，促进老年人的身心健康（袁晚露，2018）。体育活动是实现

① 《习近平：决胜全面建成小康社会 夺取新时代中国特色社会主义伟大胜利——在中国共产党第十九次全国代表大会上的报告》. http://www.gov.cn/zhuanti/2017-10/27/content_5234876.htm[2021-03-24].

健康老龄化的重要途径，政府应该以健康老龄化政策为先导，利用交叉协同策略来推广多样化并适合老年人的体育活动。

当前国内在关于影响老年人体育锻炼的因素探讨中，主要包括个体因素、社会发展因素及需求因素。个体因素既包括性别、年龄等基本的人口学因素，还包括文化程度、收入等个人能力因素。比如，有研究认为，在 20 世纪 90 年代男性老年人体育活动积极性远远大于女性，甚至有许多老年女性从未接触过任何形式的体育活动，而近年来老年女性在退休后空闲时间较以前增多，这使得女性更愿意参与体育运动（孙晓宇等，2017）；文化程度相对较低的老年人，健康意识不足，从而会影响老年人参与体育锻炼的积极性（李捷和王凯珍，2018）。老年人的社会经济地位、家庭成员及同龄人对老年人参与体育锻炼也存在一定影响；慢性病的患病状况等与老年人体育锻炼行为也有关联（左群等，2018）。在影响老年人体育锻炼的需求因素方面，已有研究发现，增进健康和防病治病是老年人进行体育锻炼的首要动机。老年人以期通过体育运动减少疾病，提高身体素质和生活质量（王爱民，2018）；我国老年人对体育的健身功能认识较强，多数老年人主要是以增进健康、治疗疾病和社会交往为目的（张璞，2018）。

本节将利用调查数据从老年人的健康观念、参与体育锻炼的原因及其影响因素等方面对老年人的体育锻炼参与动机进行详细分析。

一、老年人的整体健康观念有待提升且体育锻炼的参与比例较低

在老年人的健康观念方面，调查所得数据反映出的结果如图 11-1 所示。结果显示，在参与此次调查的老年人中对自己的体重、记忆力衰退、皮肤衰老表示担心的老年人分别占比为 19.74%、48.77%、21.91%，均未超过半数，整体来看当前中国老年人关于影响各项身体机能的健康观念认知水平有待进一步提升，且老年

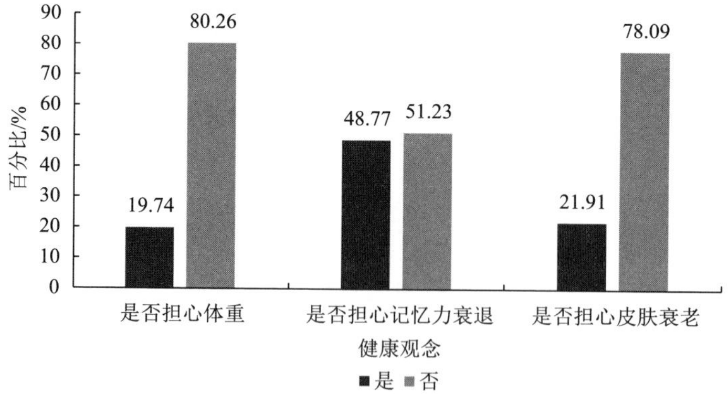

图 11-1　老年人的健康观念

资料来源：2016 年 CLASS 数据

人对自身健康状态的关注多集中于会对日常生活产生重大影响的记忆力衰退，而对影响相对较小的体重和皮肤衰老有所忽视。同时，在参与此次调查的老年人中，仅有 15.41%的老年人在过去的一年中参与过体育锻炼，体育锻炼的参与水平比较低，说明当前老年人体育锻炼活动亟须进一步的推广和普及。

二、增强体质与健康是老年人参与体育锻炼的主要原因，同时其会受到身体素质、家务及社会资源的影响

从老年人参与体育锻炼的原因来看，图 11-2 结果显示，大多数老年人参与体育锻炼是出于“为了增强体质与健康”“为了预防疾病”等以预防性的方式来增进健康的原因，总计占比超过 2/3；其中出于“为了增强体质与健康”目的的老年人数量最多，比例为 50.98%，占比超过半数。这说明老年人对健康的追求较为迫切，而且相对于看病就医的支出来说，以体育锻炼的方式来预防疾病发生的成本较低，老年人的花费大多集中在医疗保健上，也希望通过参与体育锻炼来实现其预防疾病、延年益寿的目的。但是也有占比为 13.85%的老年人表示其参与体育锻炼“没有明确目的，只是想活动一下”，以此作为日常生活的一种调剂。

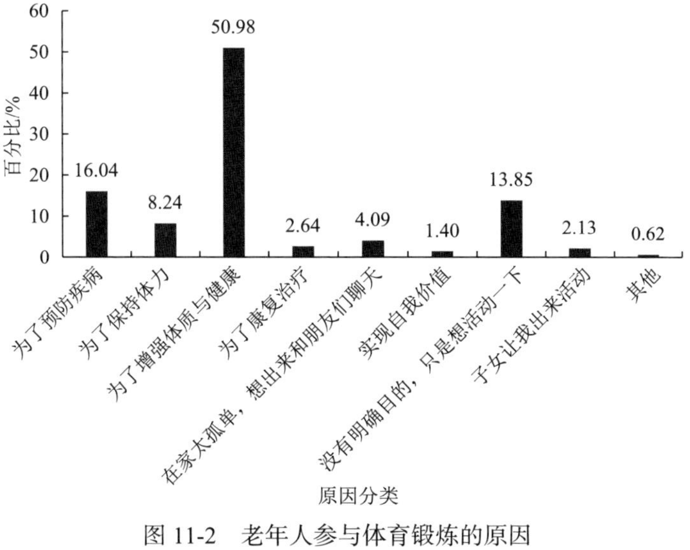

图 11-2　老年人参与体育锻炼的原因

资料来源：2016 年 CLASS 数据

在影响老年人参与体育锻炼的直接因素中，表 11-1 的结果显示，个人原因中的“没兴趣”“身体弱，不宜参加”“惰性”分别占比 31.46%、21.21%、18.99%；家庭原因中的“家务忙没时间”“帮子女带孩子，没时间”分别占比 52.67%、25.23%；社会原因中的“没人指导练习”“缺乏场地设施”“没人组织体育活动”分别占比 46.87%、43.29%、37.39%；这些因素均对老年人的体育锻炼参与产生了较大的影

响，说明老年人个人对参与体育锻炼的兴趣以及自身身体素质、家庭内的日常家务、是否有足够的场地设施与相关的组织指导人员是当前影响老年人参与体育锻炼的主要因素。

表 11-1　老年人参与体育锻炼的影响因素（多选）

影响老年人参与体育锻炼的因素		百分比
个人原因	没兴趣	31.46%
	惰性	18.99%
	身体好，不用参加	17.42%
	身体弱，不宜参加	21.21%
	劳动多，不必参加	17.83%
	活动内容我不喜欢	17.12%
	活动内容不适用	15.05%
	觉得没用	6.21%
	我什么都不会	10.81%
	其他	5.35%
家庭原因	家务忙没时间	52.67%
	帮子女带孩子，没时间	25.23%
	子女不支持	7.47%
	配偶不支持	7.72%
	家庭经济实力较弱，没钱参加	12.71%
	其他	20.08%
社会原因	缺乏场地设施	43.29%
	没人指导练习	46.87%
	没人组织体育活动	37.39%
	不知道有这个服务	11.86%
	我身体不好，被歧视	5.35%
	怕被人嘲笑	3.28%
	其他	6.86%

资料来源：2016 年 CLASS 数据

针对问卷问题"如果创造了适合您锻炼的条件，您是否准备参加体育锻炼？"，调查结果如图 11-3 所示，有 39.50%的老年人回答"肯定会使用/参加"，占比接近四成，然而，仍有占比为 21.47%的老年人回答在创造了合适的锻炼条件后也“肯定不会”参与体育锻炼，且有 39.02%的老年人表示“不确定”在合适的锻炼条件下是否会参与体育锻炼。这一结果反映出除自身身体素质、家务、社会资源等条件受限外，总体来看当前中国老年人对于体育锻炼参与的实际意愿仍然不够充足，有待于通过普及健康观念、加强体育锻炼引导等积极的方式来进一步提升体育锻炼意愿。

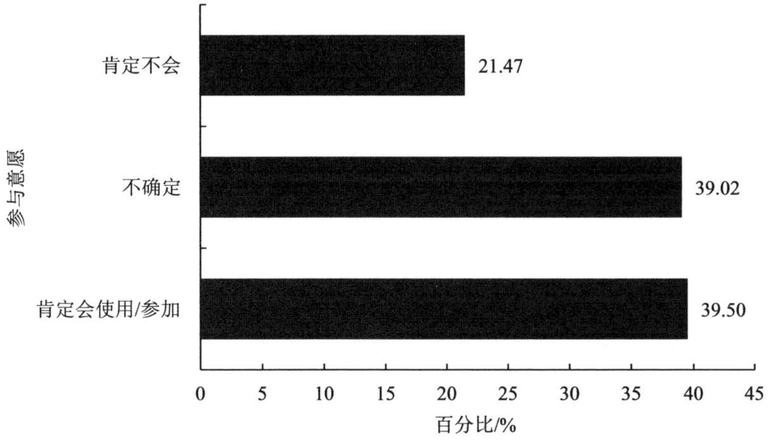

图 11-3　在适合锻炼的条件下老年人对于体育锻炼的参与意愿

资料来源：2016 年 CLASS 数据

由上述结果可知，老年人对自身记忆力衰退的关注程度较高，但整体健康观念水平有待于进一步提升，且仅有 15.41%的老年人参与过体育锻炼，参与比例较低；老年人参与体育锻炼多是出于增强体质健康的目的，同时身体素质、家务及诸如场地人员等社会资源是影响老年人体育锻炼参与的主要因素，然而在创造了合适锻炼的条件后，仅有不到四成的老年人明确表示肯定会参与体育锻炼，老年人对体育锻炼参与的实际意愿仍然不够充足。

第二节　时间与方式

在国外关于老年体育锻炼特点的已有研究中，多数学者以各国老年体育活动的项目和时间为主要角度进行了分析。欧洲国家的老年人体育锻炼形式更为多样，健身场所较多，同时政府对此有较大的财政投入，并且培养了一大批社会专业人士对老年人进行指导和帮助。对于与我国文化背景相似的东亚国家，体育锻炼特征也各有差异。比如，韩国老年人运动主要以登山、体操、自行车为主，锻炼时间比较闲散；日本老年人则以体育器材为主，对场地的使用比较频繁（方雯，2018）。

而国内在老年人体育锻炼参与特征的已有研究中所涉及的内容包括运动量、项目、运动时长和场地等方面。我国不同地区老年人参与体育锻炼的运动量差异较大，其组织形式多以自发的结伴集体锻炼或个别锻炼的形式为主，通过相应的组织机构或团体参与体育锻炼的比例不高；一些比较科学且组织化程度较高的老年体育协会、社区老年体育健身俱乐部等并未成为老年人参与体育锻炼的主流组织形式（代俊，2017）。步行是老年人健身活动的首选项目，但老年人所选择的体育活动内容逐渐从简单项目转变为集健身、娱乐、文化于一体的综合性项目（张燕和马仁燕，2018）。

本节将利用调查数据从老年人体育锻炼的参与频率、活动时间和参与项目等方面来反映老年人体育锻炼参与的时间和方式。

一、参与体育锻炼的老年人活动频率较高

从老年人参与体育锻炼的频率来看，图 11-4 的结果显示，在参与过体育锻炼的老年人中，有合计超过一半的老年人体育锻炼参与频度在平均每周 4 次及以上，其中平均每周锻炼 7 次及以上的老年人最多，所占比例为 22.29%，超过总体的 1/5。总体来看，对于参与体育锻炼的老年群体而言，他们的活动频率比较高，体育锻炼已经成为这部分老年群体的生活习惯。但是在参与过体育锻炼的老年人中也有 14.77%的老年人平均每月锻炼次数不足 1 次，占比超过 1/7，该部分老年人的体育锻炼参与频率较低。

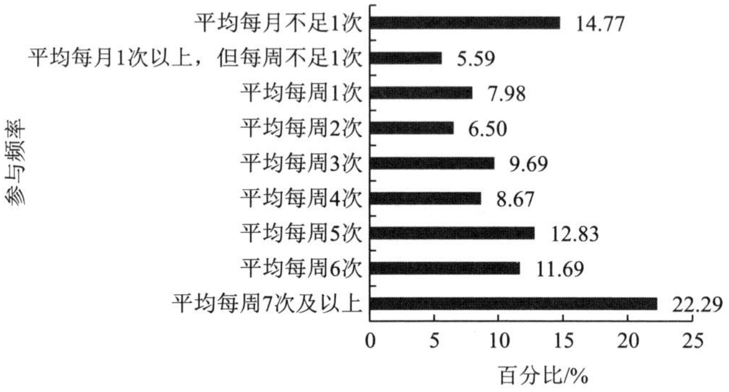

图 11-4　老年人体育锻炼参与频率

资料来源：2016 年 CLASS 数据

二、参与体育锻炼的老年人活动时间以 1 小时以内居多

如图 11-5 所示，参与过体育锻炼的老年人中，有 32.95%的老年人平均每次体育锻炼参与时间不足 30 分钟，有 51.54%的老年人平均每次体育锻炼参与时间在 30～59 分钟，合计有 15.51%的老年人平均每次参与体育锻炼的时间在 60 分钟

及以上。说明由于身体素质、活动范围等限制因素，当前老年人在单次体育锻炼参与时间的选择上，以 1 小时以内的短时间参与为主。

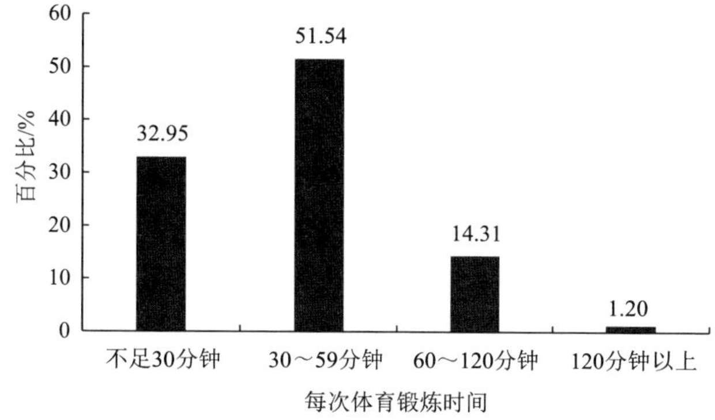

图 11-5　老年人平均每次体育锻炼参与时间

资料来源：2016 年 CLASS 数据

三、参与体育锻炼的老年人锻炼项目选择以步行、跑步为主

在老年人体育锻炼参与的首要选择项目中，如表 11-2 所示，排在前三位的锻炼项目分别是“步行（健步走）”“舞蹈类（广场舞、交际舞、民间舞蹈等）”和“跑步”，其中 76.57%的老年人选择“步行（健步走）”作为其首要体育锻炼项目。而且如表 11-3 所示，在老年人参与体育锻炼的第二位选择项目中，占比排在前三位的锻炼项目也分别为“跑步”“骑自行车”“步行（健步走）”，其中 20.78%的老年人选择“跑步”作为其参与体育锻炼的第二位选择项目。整体来看这些体育锻炼项目受场地设施的限制较少，且没有较高的技术技巧要求，基本不需要单独购买专业的运动装备，在身体素质要求和经济条件方面更加适合老年人参与。老年人对于其他器械类、球类、搏击类等对体能、技巧、装备因素要求较高的体育运动项目的参与虽然分布范围较为广泛，各类体育锻炼活动都有所涉及，但是整体来看这些项目的参与程度较低，说明基于对自身身体素质、经济条件的考虑，老年人在体育锻炼项目的选择上以简便性、经济性和可操作性作为其主要考虑因素。

表 11-2　老年人体育锻炼经常参与的项目（第一位）

项目	百分比
步行（健步走）	76.57%
跑步	6.50%
游泳	0.51%
骑自行车	1.08%

续表

项目	百分比
乒乓球	0.97%
羽毛球	0.34%
足球	0.06%
地掷球、门球、柔力球	0.40%
健身操	1.03%
舞蹈类（广场舞、交际舞、民间舞蹈等）	7.24%
武术（武术套路、太极拳、剑）	0.74%
体育搏击类（拳击、柔道、摔跤、散打、跆拳道等）	0.06%
健身气功（易筋经、八段锦、五禽戏、六字诀等）	0.74%
瑜伽、普拉提等	0.23%
自编健身操（舞）	2.11%
其他	1.43%

资料来源：2016 年 CLASS 数据
注：本表中数据进行过修约，可能存在合计不等于 100%的情况

表 11-3　老年人体育锻炼经常参与的项目（第二位）

项目	百分比
步行（健步走）	13.26%
跑步	20.78%
游泳	1.94%
骑自行车	14.02%
乒乓球	2.79%
羽毛球	2.28%
网球	0.17%
足球	0.08%
篮球	0.25%
排球（软式排球）	0.08%
地掷球、门球、柔力球	0.84%
健身操	8.28%
舞蹈类（广场舞、交际舞、民间舞蹈等）	11.82%

续表

项目	百分比
武术（武术套路、太极拳、剑）	3.29%
体育搏击类（拳击、柔道、摔跤、散打、跆拳道等）	0.76%
健身气功（易筋经、八段锦、五禽戏、六字诀等）	2.53%
瑜伽、普拉提等	1.10%
自编健身操（舞）	8.95%
其他	6.76%

资料来源：2016 年 CLASS 数据

根据上述分析可得，在参与体育锻炼的老年人中，超过半数的老年人参与体育锻炼的频率在每周 4 次及以上，体育锻炼参与频率较高；老年人单次参与体育锻炼的时间多集中在 1 小时以内；出于简便性、经济性和可操作性方面的考虑，老年人体育锻炼参与项目的选择以步行（健步走）、跑步、舞蹈类（广场舞、交际舞、民间舞蹈等）为主，其中步行（健步走）在首要选择项目中的占比超过 3/4。

第三节　场地与组织

在影响老年人体育锻炼参与的社会因素方面，现有的研究主要涉及政府提供的相关服务，如体育锻炼场地、器材设施、组织与指导等。比如，在安徽、河南、广东、吉林等地的一些调查均发现缺乏场地设施是影响老年人参与体育锻炼的第一因素，在城市建设中政府忽视了社区健身配套设施建设，造成了社区居民的活动场所减少。大多数老年人缺乏体育消费的观念和意识，不愿去收费的体育场馆进行锻炼，而小区空地、公园、街道边等免费的户外场地条件参差不齐，影响老年人参与体育锻炼的积极性（陈鸣声，2018）。缺乏科学锻炼的体育指导、缺乏组织管理等也是影响各地区老年人参与体育锻炼的重要因素（方雯，2018）。

本节将利用调查数据对老年人参与体育锻炼的场地及其满意与合适程度、老年人参与体育锻炼的组织与指导情况进行详细说明。

一、老年人社区内体育锻炼场地可及性较低，体育锻炼参与场地以公园广场为主，其适合程度存在分化

在社区体育锻炼场地的可及性方面，调查结果如图 11-6 所示，仅有 9.30% 的老年人表示社区有健身室，占比不到一成；仅有 37.73%的老年人表示社区

有健身场地，占比不到四成。社区是老年人的居住场所，且从距离和环境上来说是老年人的主要活动范围，而这一结果说明当前在中国老年人居住的社区范围内体育锻炼场地的可及性较低，不利于老年人在社区范围内便利地开展体育锻炼活动。

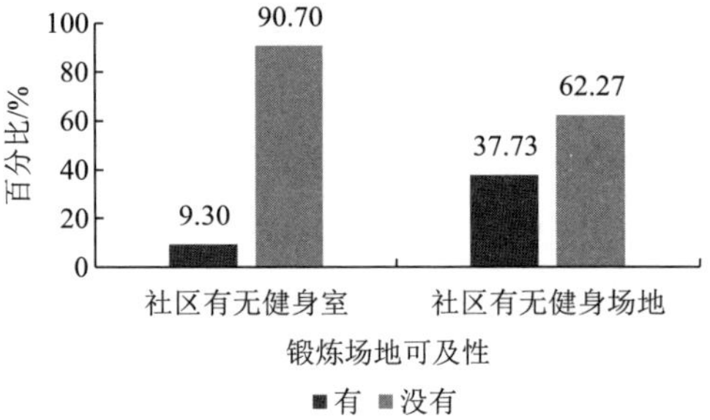

图 11-6　社区内锻炼场地可及性

资料来源：2016 年 CLASS 数据

而如图 11-7 所示，在体育锻炼场地的适合程度上，认为锻炼的场地“基本适合”和“部分适合”的老年人分别占比 42.17%和 38.02%，然而也有占比 19.81%的老年人认为他们的锻炼场地“不适合或者很少适合”，说明当前体育锻炼场地对于老年人的适合程度存在较大分化，仍有部分老年人认为体育锻炼场地对于老年人来说不够适合，需要进行进一步的改进。

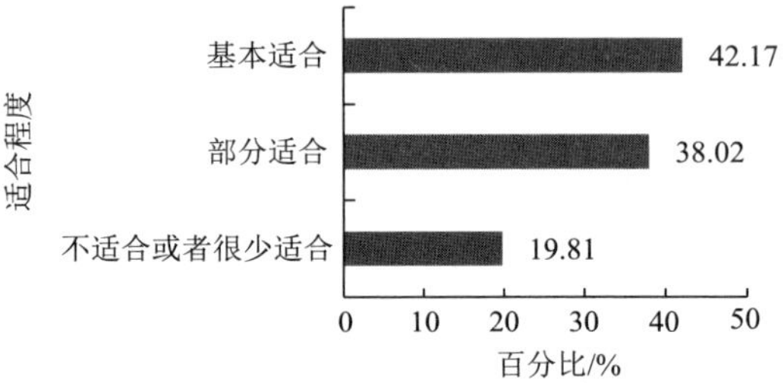

图 11-7　体育锻炼场地对老年人的适合程度

资料来源：2016 年 CLASS 数据

分不同体育锻炼场地来看，从图 11-8 所反映出的调查结果可以看出，大多数老年人认为“公园、广场”“住所附近的空地”能够满足他们的体育锻炼需求，比例分别为 55.25%和 53.79%，占比超过半数；同时，也有多数老年人认为“单位体育场地”、“收费的体育场馆”及“公共体育场（馆）”不能满足他们的体育锻炼需求，占比均在八成以上，说明当前大多数老年人的体育锻炼场地以公园、广场等开阔地带为主，而专业的体育场地很难满足老年人的体育锻炼需求。

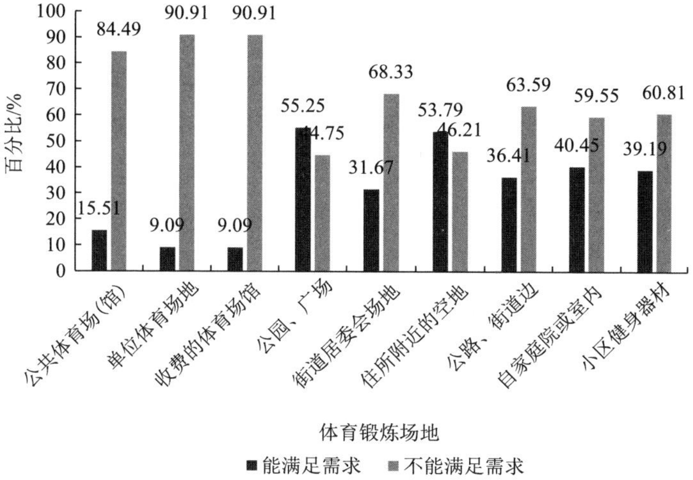

图 11-8　老年人对体育锻炼场地的满意情况

资料来源：2016 年 CLASS 数据

二、老年人体育锻炼参与基本无人组织，也无人指导

在体育锻炼的组织方面，图 11-9 所反映出的调查结果显示老年人参与体育锻炼的组织形式以“无人组织”及“锻炼者自己组织”为主，分别占比为 74.34%和 22.06%，其他机构组织形式占比均低于 2%。说明当前老年人参与体育锻炼的组织形式以锻炼者的自发性组织为主，而体育协会、体育行政部门等相关体育机构和社区发挥作用较小，社区体育活动的组织化程度较低，体育锻炼组织机构体系的发展尚不健全。

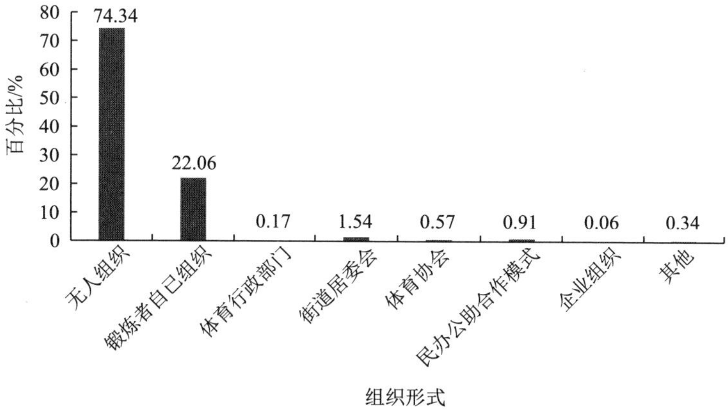

图 11-9　老年人参与体育锻炼的组织情况

资料来源：2016 年 CLASS 数据

在体育锻炼的指导方面，如图 11-10 所示，有 77.31%的老年人在体育锻炼过程中无人指导，有 15.25%的老年人由有锻炼经验的邻居或朋友进行指导，而使用社区体育指导员、学校体育教师、体育工作志愿者等其他指导方式的老年人数量占比均未超过 2%。该结果说明当前专业的老年体育锻炼指导有所欠缺，绝大多数老年人在进行体育锻炼的过程中没有人进行指导，少部分老年人由身边有锻炼经验的邻居或朋友进行指导，而由社区体育指导员、学校体育教师等专业人员进行指导的老年人则更少。

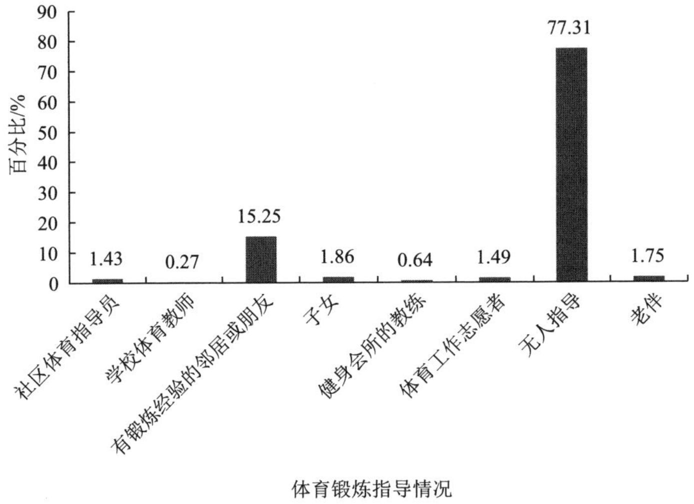

图 11-10　老年人参与体育锻炼的指导情况

资料来源：2016 年 CLASS 数据

由此可见，当前在老年人居住的社区内，健身室、室外活动场所等体育锻炼场地的可及性较低。而且由于老年人对体育锻炼的知识有限，他们往往选择不需要专业的体育锻炼器材及体育锻炼知识的项目，所以公园、广场成为大多数老年人的体育锻炼场地，他们也认为这些锻炼场地是合适的，各有占比为四成左右的老年人认为他们的体育锻炼场地“基本适合”或“部分适合”老年人。但是一旦老年人有了更为专业、更多形式的体育锻炼需求，这些体育场地就不能满足他们的需要了，认为“单位体育场地”“收费的体育场馆”“公共体育场（馆）”不能满足体育锻炼需求的老年人占比均在八成以上。在体育锻炼场地满意度上，大多数老年人对公园、广场等身边的开阔地带等非专业体育锻炼场地满意度较高，而也有多数老年人对专业体育锻炼场地的满意度较低，认为这些场地的体育器材资源不能满足老年人的需求。在组织与指导方面，“无人组织”体育锻炼的老年人占比约为 3/4，由“锻炼者自己组织”体育锻炼的老年人占比约为 1/5，老年人的体育锻炼活动基本无人组织；“无人指导”体育锻炼的老年人占比接近八成，由“有锻炼经验的邻居或朋友”指导体育锻炼的老年人占比超过一成，老年人的体育锻炼活动基本无人指导。从组织和指导的情况来看，当前老年人参与体育锻炼的组织化程度较低，大多数是处于一个以自发性组织为主且基本无人指导的状态。

基于本章前三节对老年人体育锻炼参与的具体情况分析可以看出，老年人的整体健康观念有待提升，参与体育锻炼以增强体质与健康为动机，且会受到身体、家务、社会资源等因素的影响，以步行（健步走）、跑步、舞蹈类（广场舞、交际舞、民间舞蹈等）作为主要参与方式，体育锻炼活动频率较高而且每次参与时间多集中于 1 小时以内，公园和广场是其主要的锻炼场地。然而，在老年人所居住的社区内锻炼场地的可及性较低，老年人体育锻炼活动基本处于无人组织和指导的状态，组织化程度较低，专业体育锻炼场地对于老年人的适合程度仍有待提高。第四节将进一步深入分析影响老年人体育锻炼的因素，以期更好地引导老年人进行体育锻炼。

第四节　影 响 因 素

一、老年人参与体育锻炼的影响因素

总结国内外的研究结论不难发现，个人因素（年龄、性别、慢性病状况等）、社会因素（文化程度、收入等）和需求因素（增进健康、预防疾病等）均是影响老年人参与体育锻炼的因素，但是现有研究中仍存在一些不足。第一，现有关于老年人参与体育锻炼影响因素的研究主要集中在描述和理论层面的分析，尚缺乏较为完善的理论框架和实证研究，大多数学者从主体特征出发对其进行研究，但是分析缺少综合的理论分析框架和实证研究。第二，多数研究为区域性研究，基于全国性大样本的研究较少，其结论的适用性和外部效度受到一定程度的限制。第三，即便是全国性样本数据，其对于老年人体育锻炼的研究也仅限于是否参与体育锻炼，没有深入探讨影响老年人体育锻炼频率的因素及老年人内部的异质性问题。本节利用 2016 年全国范围内的 CLASS 数据，基于安德森行为模型的理论分析框架，研究目前中国老年人体育锻炼的状况及影响因素。研究利用二分类 Logistic 回归和序次 Logistic 回归的方法，对影响老年人是否参与体育锻炼和参与体育锻炼频率的因素进行分析，并进一步研究这种影响机制在城乡老年人之间的异质性问题。

老年人参与体育锻炼作为一种个体行为，受到多种因素的影响。安德森行为模型可以将影响参与的多种因素同时纳入一个相对成熟、简练的分析框架内，能避免影响因素选取的随意性，并且其已经被广泛应用到各个领域（彭希哲等，2017）。该模型包括三个重要组成部分，即外部环境、主体特征和健康行为。外部环境和主体特征决定了健康行为，健康行为又反过来影响主体特征，其中主体特征方面主要包括前倾因素、使能因素和需求因素三方面。前倾因素是指老年人倾向于参与体育锻炼的人员特征，主要包括人口学特征（性别、年龄、婚姻状况）、社会结构（民族、职业、教育、社会网络、社会交往和文化等）和健康观念（态度、价值观和人们对体育锻炼的了解）这三类变量。使能因素指个人获取体育锻炼服务的能力，是个体健康服务需求的间接影响因素，包括个人资源（家庭或个人收入、收入来源）和社会资源（是否有相关设施或服务）两个方面。需求因素也称功能需求因素，是指由个体身体健康或功能状况而产生的体育锻炼的需求，是个体产生体育锻炼需求的直接和前提因素，包括健康状况及感知（慢性病患病状况和健康的自评程度）。

（一）理论框架

本节借鉴安德森行为模型的分析框架，主要从主体特征方面来构建老年人参与体育锻炼的影响因素，如图 11-11 所示，在本节研究中，分析框架包括三部分：一是外部环境，相关学者指出相关制度环境是影响和促进老年体育发展的重要影响变量，即老年体育的政策环境（李长远和张会萍，2018）；二是主体特征，其包含前倾因素（人口学特征、社会结构、健康观念等）、使能因素（个人资源、社会资源等）、需求因素（健康状况等）三方面因素；三是健康行为，即参与体育锻炼行为，分为是否参与体育锻炼和参与体育锻炼的频率两个方面来探讨。

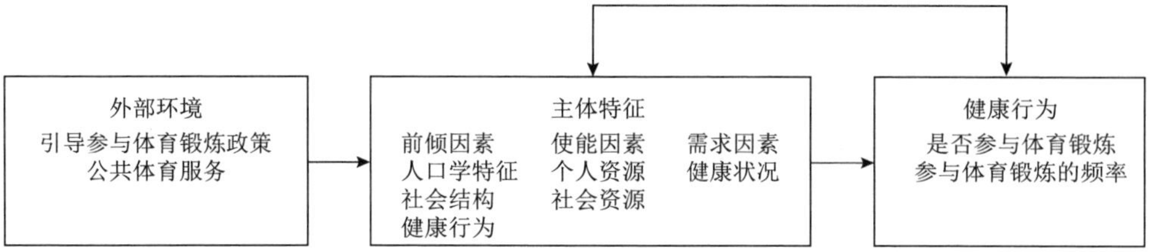

图 11-11　安德森行为模型

本节从是否参与体育锻炼及参与体育锻炼的频率两个方面来探究老年人体育锻炼行为的影响机制，其中包含两个因变量。本节在探究老年人参与体育锻炼的影响因素时采用的是问卷中的“在过去一年中您是否参与过体育锻炼”来衡量老年人是否参与体育锻炼，参与体育锻炼为“1”，没有参与体育锻炼为“0”。探究影响老年人体育锻炼频率的因素时采用的是问卷中的“您参与体育锻炼的频率”进行测量，平均每周不足一次为第一组，平均每周一次及以上但每天不足一次为第二组，平均每天一次及以上为第三组，以第一组为参照组。

本节基于安德森行为模型，结合前人研究，对老年人的主体特征进行探讨，并从前倾因素、使能因素及需求因素三个方面入手，来研究影响老年人体育锻炼的因素，具体变量操作化及统计描述见表 11-4。

表 11-4　变量界定和描述

变量			取值及含义	均值或百分比
是否参与体育锻炼			是=1，否=0	15.41%
参与体育锻炼的频率			平均每周不足一次	20.35%
			平均每周一次及以上但每天不足一次	57.35%
			平均每天一次及以上	22.29%
前倾因素	人口学特征	性别	男=1，女=0	50.85%
		年龄组	60～69 岁	54.56%
			70～79 岁	32.43%
			80 岁及以上	13.01%
		婚姻状况	在婚=1，不在婚=0	71.01%
	社会结构	文化程度	小学及以下	62.14%
			初中	23.35%
			高中或中专	9.96%
			大专及以上	4.56%
		居住方式	空巢=1，非空巢=0	12.49%
	健康观念	是否担心体重	是=1，否=0	19.74%
		是否担心记忆力衰退	是=1，否=0	48.77%
		是否担心皮肤衰老	是=1，否=0	21.91%
使能因素	个人资源	居住地类型	城市=1（包括市县的中心城区、边缘地区、城乡接合部和市县以外的镇），农村=0	58.66%
		是否退休	是=1，否=0	87.53%
		收入来源	劳动收入	3.08%
			储蓄/养老金	19.26%
			家庭成员	77.65%
	社会资源	社区有无健身室	有=1，没有=0	9.30%
		社区有无健身场地	有=1，没有=0	37.73%
		是否有人组织	无人组织	74.60%
			锻炼者自己组织	22.14%
			政府或社区组织	2.29%
			民间或企业组织	0.97%

续表

变量			取值及含义	均值或百分比
使能因素	社会资源	是否有人指导	无人指导	77.52%
			亲人或朋友指导	18.95%
			专业人士指导	3.52%
需求因素	自评健康状态		健康=5，比较健康=4，一般=3，比较不健康=2，不健康=1，回归时将其处理为自变量	3.31
	有无慢性病		有=1，没有=0	56.84%

资料来源：2016 年 CLASS 数据

1. 前倾因素

前倾因素是指老年人倾向于参与体育锻炼的人员特征，即具有何种特征的人倾向于参与体育锻炼。结合已有研究将前倾因素具体化为人口学特征（性别、年龄、婚姻状况）、社会结构（文化程度、居住方式）及健康观念（是否担心体重、是否担心记忆力衰退、是否担心皮肤衰老）等几个变量。

2. 使能因素

使能因素是指影响老年人是否有能力参与体育锻炼的资源条件，本节将使能因素分为个人资源和社会资源。个人资源包括居住地类型、收入来源和是否退休。社会资源包括社区有无健身室、社区有无健身场地，参与了体育锻炼的老年人是否有人指导、是否有人组织等几类因素。

3. 需求因素

需求因素是指因个体身体健康或功能状况而产生的体育锻炼的需求，是个体产生体育锻炼需求的直接和前提因素，主要指健康状况，包括客观状况和主观评价，即有无慢性病和自评健康状态。

下文将从老年人是否参与体育锻炼和参与体育锻炼的频率两个方面来探究老年人参与体育锻炼的影响因素，同时比较前倾因素、使能因素和需求因素在城乡两个不同的老年群体中影响程度的差异性。

（二）影响老年人参与体育锻炼的因素

本节以“在过去一年中您是否参与过体育锻炼”为因变量，将前倾因素、使能因素和需求因素作为自变量，进行二分类 Logistic 回归，来探究影响老年人参与体育锻炼的因素。同时，为了分析前倾因素、使能因素和需求因素对老年群体参与体育锻炼的影响程度，本节在此构建了 3 个模型，模型 1 只纳入了前倾因素，模型 2 同时纳入了前倾因素和使能因素，模型 3 则同时纳入了前倾因素、使能因素和需求因素。模型结果如表 11-5 所示。

表 11-5　影响老年人是否参与体育锻炼的二分类 Logistic 回归分析

变量				风险比		
				模型 1	模型 2	模型 3
前倾因素	人口学特征	性别（男=1）		0.862**	0.926	0.912
		年龄组（60～69 岁）	70～79 岁	0.818***	0.797***	0.825***
			80 岁及以上	0.835	0.773**	0.806*
		婚姻状况（在婚=1）		1.239**	1.217**	1.182*
	社会结构	文化程度（小学及以下）	初中	2.000***	1.624***	1.587***
			高中或中专	2.777***	2.165***	2.116***
			大专及以上	2.289***	1.732***	1.691***
		居住方式（空巢=1）		0.938	0.957	0.967
	健康观念	是否担心体重（是=1）		1.492***	1.473***	1.456***
		是否担心记忆力衰退（是=1）		1.279***	1.280***	1.372***
		是否担心皮肤衰老（是=1）		1.183**	1.134	1.137
使能因素	个人资源	居住地类型（城市=1）			1.764***	1.715***
		是否退休（是=1）			0.870	0.902
		收入来源（劳动收入）	储蓄/养老金		1.864**	1.881**
			家庭成员		1.916***	1.972***
	社会资源	社区是否有无健身室（是=1）			1.110	1.091
		社区是否有无健身场地（是=1）			1.057	1.039
需求因素	自评健康状态					1.174***
	有无慢性病（有=1）					0.871**
AIC				6931.325	6786.906	6752.867
BIC				7015.31	6912.906	6892.475

资料来源：2016 年 CLASS 数据

注：AIC 表示赤池信息量准则（Akaike information criterion），BIC 表示贝叶斯信息准则（Bayesian information criterion）

*表示 $p<0.1$；**表示 $p<0.05$；***表示 $p<0.01$

模型的拟合优度测量表明 3 个模型对于老年人体育锻炼影响因素的解释力是逐渐增强的。模型 3 对总体的拟合优度最佳，表明模型 3 纳入的变量对于老年人体育锻炼影响因素的解释度最高，因此本节选择模型 3 作为最终的回归模型来解释影响老年人参与体育锻炼的因素。

在前倾因素方面，个人的人口学特征、社会结构和健康观念对于老年人是否参与体育锻炼均有显著影响。在人口学特征方面，低年龄组的老年人相较于高年龄组的老年人，有更大的可能性去参与体育锻炼。在婚状态的老年人，其参与体育锻炼的可能性比参照组高。社会结构方面，文化程度对老年人参与体育锻炼产生显著的正向影响，这可能是由于文化程度较高的老年人所掌握的体育锻炼相关的知识更多，更加了解体育锻炼的作用，因而更倾向于参与体育锻炼。老年人的健康观念对其是否参与体育锻炼也有着显著的影响。那些对自己身体和健康状况更为关注的老年人，更倾向于参与体育锻炼，以期通过体育锻炼来预防疾病，延缓衰老。

在使能因素方面，老年人的居住地类型和收入来源对其参与体育锻炼有显著的影响，居住在城市的老年人，能接触到体育锻炼的资源更丰富，所以比居住在农村地区的老年人参与体育锻炼的可能性高 71.5%。相对于主要收入来源为劳动收入的老年群体，依靠储蓄/养老金或者家庭成员的老年人有更多的闲暇时间，因而他们参与体育锻炼的可能性更高。

在需求因素方面，自评健康状态和慢性病患病情况均对老年人是否参与体育锻炼有显著影响。老年人的自评健康状态高、没有慢性病，说明其身体状态更好，则更有可能去参与体育锻炼。

以上研究结果表明，前倾因素、使能因素和需求因素均会对老年人是否参与体育锻炼产生显著的影响，这也证实了应用安德森行为模型对老年人是否参与体育锻炼行为进行分析的适合性。

（三）影响老年人体育锻炼频率的因素

本节进一步对参与体育锻炼的老年人进行深入分析，来研究影响老年人参与体育锻炼频率的因素。本节以“您参与体育锻炼的频度”为因变量，以“平均每周一次及以下”作为参照组，逐步纳入前倾因素、使能因素和需求因素作为自变量，构造 3 个模型，进行序次 Logistic 回归。模型结果如表 11-6 所示。

表 11-6　影响老年人体育锻炼频率的序次 Logistic 回归分析

变量				风险比		
				模型 4	模型 5	模型 6
前倾因素	人口学特征	性别（男=1）		0.988	0.982	0.978
		年龄组（60～69 岁）	70～79 岁	0.978	0.990	0.981
			80 岁及以上	1.112	1.237	1.226
		婚姻状况（在婚=1）		0.746**	0.733**	0.731**

续表

变量				风险比		
				模型 4	模型 5	模型 6
前倾因素	社会结构	文化程度（小学及以下）	初中	1.521^{***}	1.441^{***}	1.435^{***}
			高中或中专	1.549^{***}	1.413^{**}	1.420^{**}
			大专及以上	1.549^{**}	1.407	1.421
		居住方式（空巢=1）		1.298	1.314	1.296
	健康观念	是否担心体重（是=1）		1.020	1.030	1.024
		是否担心记忆力衰退（是=1）		1.632^{***}	1.494^{***}	1.481^{***}
		是否担心皮肤衰老（是=1）		0.866	0.792^{*}	0.786^{*}
使能因素	个人资源	居住地类型（城市=1）			1.275^{*}	1.285^{*}
		是否退休（是=1）			1.256	1.241
		收入来源（劳动收入）	储蓄/养老金		1.488	1.459
			家庭成员		1.787	1.739
	社会资源	社区是否有无健身室（是=1）			0.952	0.947
		社区是否有无健身场地（是=1）			1.588^{***}	1.590^{***}
		体育锻炼组织（无人组织）	锻炼者自己组织		1.249	1.267^{*}
			政府或社区组织		0.529^{*}	0.535
			民间或企业组织		0.027^{***}	0.028^{***}
		体育锻炼指导（无人指导）	亲人或朋友指导		1.104	1.100
			专业人士指导		0.928	0.939
需求因素	自评健康状态					1.003
	有无慢性病（有=1）					1.138
AIC				2609.499	2533.642	2533.045
BIC				2677.046	2658.019	2657.767

资料来源：2016 年 CLASS 数据

*表示 $p<0.1$；**表示 $p<0.05$；***表示 $p<0.01$

模型 6 的 AIC 和 BIC 数值最小，表明模型 6 对总体的拟合优度最佳，其纳入的变量对于老年人体育锻炼频率影响因素的解释度最高，因此本节选择模型 6 作为最终的回归模型来解释影响老年人体育锻炼频率的因素。

在前倾因素方面，文化程度和健康观念对于老年人体育锻炼频率的影响更为显著，而人口学特征对老年人体育锻炼的频率没有显著的影响。文化程度对老年人参与体育锻炼的频率有显著影响：初中学历的老年人，相比于小学及以下文化程度的老年人，体育锻炼频率更高的可能性高出 43.5%；高中或中专学历的老年人相比于小学及以下文化程度的老年人，进行较高频率体育锻炼的可能性高出 42.0%。老年人对于自身记忆力衰退的担心在一定程度上体现了老年人对自己身体状况的关注度，这也会影响其体育锻炼的频率：那些比较关注自己记忆力衰退的老年人，相对于参照组，他们体育锻炼的频率也更高。说明那些比较关注自身状况、健康观念较强的老年人，参与体育锻炼的频率更高，希望通过体育锻炼来延缓自身机体的衰老。由此可见，文化程度和健康观念不仅会对老年人是否参与体育锻炼产生显著的正向影响，也会对老年人参与体育锻炼的频率产生显著的正向影响。

在使能因素方面，个人资源中老年人的居住地类型对其体育锻炼的频率有显著的影响，社会资源对老年人体育锻炼的频率同样也有一定的影响。居住在城市的老年人，他们体育锻炼频率更高的可能性比参照组高出 28.5%。在社会资源方面，有社区有健身场地的老年人可以锻炼的体育场地更多，体育锻炼的频率也更高，相较于社区没有健身场地的老年人高 59.0%。老年人自己组织进行体育锻炼，由于群体效应的原因，锻炼的频率较高，比无人组织的老年人高 26.7%。由民间或企业组织的体育锻炼大多需要一定的消费，且参与人数较少，因而老年人体育锻炼频率更低，其发生的可能性降低了 97.25%。可见，在使能因素方面，主要是社会资源的状况，包括体育锻炼的场地和体育锻炼的组织形式，会对老年人参与体育锻炼的频率产生影响。这与前面影响老年人是否参与体育锻炼的因素是有所不同的。对影响老年人是否参与体育锻炼的因素而言，更为重要的是使能因素中的个人资源，包括老年人的居住地类型和收入来源。也就是说，在使能因素方面，老年人是否参与体育锻炼主要受个人资源的影响，而老年人参与体育锻炼的频率主要受社会资源的影响。

在需求因素方面，与影响老年人是否参与体育锻炼的因素不同的是，需求因素对老年人体育锻炼的频率统计并没有显著的影响。这可能是因为参与体育锻炼的老年人已经是一个高度选择性的群体了，他们往往都是身体状况较好、身体条件允许其参与体育锻炼的群体，因此自身的身体健康条件不会是影响其参与体育锻炼频率的主要因素。

综合以上研究结果可以发现，影响老年人是否参与体育锻炼和参与体育锻炼频率的因素是存在联系和差异的。前倾因素和使能因素不仅会对老年人是否参与体育锻炼产生影响，也会对老年人参与体育锻炼的频率产生影响；但是需求因素只对老年人是否参与体育锻炼产生影响，却不会影响他们进行体育锻炼的频率。各类影响因素的内部影响机制也存在着一定的差异，如前倾因素中的年龄特征会影响老年人是否参与体育锻炼，但不会影响他们锻炼的频率，又如使能因素中的个人资源主要影响老年人是否参与体育锻炼，而社会资源主要影响老年人参与体育锻炼的频率。

二、城乡老年人体育锻炼影响因素的差异

从表 11-7 可以看出，城乡不同居住地类型的老年人体育锻炼状况存在非常明显的差异，同时这两个群体的特征也不同。在对于老年人总体的回归模型中，城乡这种居住地类型对老年人参与体育锻炼及其频率的影响都是非常显著的。这说明这两个群体之间存在很大的差异。那如果将这两个群体分开进行比较，前倾因素、使能因素和需求因素对这两个群体的影响机制是否相同？如果有差异，差异表现在什么地方？为了解决这些问题，本节将按居住地类型将老年人口分成城市和农村两个组，分别对其进行回归分析，以探究影响城乡老年人体育锻炼的因素的影响机制的差异。

表 11-7　城乡老年人体育锻炼及其相关影响因素的分布差异

变量				城市老年人	农村老年人
是否参与体育锻炼				20.23%	8.62%
参与体育锻炼的频率（平均每周不足一次）				17.56%	29.98%
平均每周一次但每天不足一次				58.82%	51.84%
平均每天一次及以上				23.62%	18.18%
前倾因素	人口学特征	性别（男=1）		48.58%	54.04%
		年龄组	60～69 岁	54.49%	54.73%
			70～79 岁	32.06%	33.00%
			80 岁及以上	13.45%	12.26%
		婚姻状况（在婚=1）		72.23%	69.24%
	社会结构	文化程度	小学及以下	46.80%	83.40%
			初中	30.87%	13.00%
			高中或中专	14.93%	3.04%
			大专及以上	7.41%	0.56%
		居住方式（空巢=1）		11.76%	13.62%
	健康观念	是否担心体重（是=1）		22.08%	16.37%
		是否担心记忆力衰退（是=1）		51.89%	44.00%
		是否担心皮肤衰老（是=1）		25.13%	17.10%
使能因素	个人资源	是否退休（是=1）		86.13%	88.61%
		收入来源	劳动收入	1.43%	5.50%
			储蓄/养老金	18.91%	19.93%
			家庭成员	79.67%	74.58%

续表

变量				城市老年人	农村老年人
使能因素	社会资源	社区是否有健身室（是=1）		13.63%	3.24%
		社区是否有健身场地（是=1）		49.12%	21.73%
		体育锻炼组织	无人组织	72.09%	82.27%
			锻炼者自己组织	24.53%	14.78%
			政府或社区组织	2.25%	2.46%
			民间或企业组织	1.13%	0.49%
		体育锻炼指导	无人指导	74.81%	87.22%
			亲人或朋友指导	21.14%	11.06%
			专业人士指导	4.05%	1.72%
需求因素	自评健康状态			3.42	3.18
	有无慢性病（有=1）			56.16%	57.40%

资料来源：2016 年 CLASS 数据

（一）城乡老年人参与体育锻炼的影响因素差异

本节以“在过去一年中您是否参与过体育锻炼”为因变量，对城市和农村的两组老年人分别进行回归分析，以探究不同居住地类型老年人是否参与体育锻炼的影响因素差异，回归分析结果如表 11-8 所示。

表 11-8　分城乡影响老年人是否参与体育锻炼的二分类 Logistic 回归分析

变量				风险比	
				城市	农村
前倾因素	人口学特征	性别（男=1）		0.960	0.801*
		年龄组（60～69 岁）	70～79 岁	0.773***	1.010
			80 岁及以上	0.697***	1.193
		婚姻状况（在婚=1）		1.246**	1.124
	社会结构	文化程度（小学及以下）	初中	1.495***	1.778***
			高中或中专	2.014***	2.271***
			大专及以上	1.631***	1.801
		居住方式（空巢=1）		0.943	1.000
	健康观念	是否担心体重（是=1）		1.522***	1.191
		是否担心记忆力衰退（是=1）		1.507***	1.115
		是否担心皮肤衰老（是=1）		1.208**	0.891

续表

变量				风险比	
				城市	农村
使能因素	个人资源	是否退休（是=1）		1.042	0.630***
		收入来源（劳动收入）	储蓄/养老金	1.030	3.607***
			家庭成员	0.941	5.263***
	社会资源	社区是否有健身室（是=1）		1.073	1.425
		社区是否有健身场地（是=1）		1.045	1.049
需求因素	自评健康状态			1.163***	1.204***
	有无慢性病（有=1）			0.823**	0.997

资料来源：2016 年 CLASS 数据

*表示 $p<0.1$；**表示 $p<0.05$；***表示 $p<0.01$

从表 11-8 中可知，居住在城市的老年人是否参与体育锻炼主要受前倾因素和需求因素的影响。前倾因素中的年龄和婚姻状况影响居住在城市的老年人是否参与体育锻炼。文化程度也对居住在城市的老年人是否参与体育锻炼有显著的影响，文化程度越高的城市老年人越倾向于参与体育锻炼。城市老年人对于健康观念认知更多，更加会“担心体重”、“担心皮肤衰老”及“担心记忆力衰退”，从而有更高的可能性参与体育锻炼。自评健康状态和有无慢性病的患病情况也会通过影响城市老年人的身体状态，从而影响其是否参与体育锻炼。

但是对于居住在农村的老年群体，其是否参与体育锻炼则主要受到使能因素的影响。对居住在农村的老年群体而言，通过从事劳动获得收入的老年群体闲暇时间更少，依靠储蓄/养老金和家庭成员或者已经退休的老年人闲暇时间更多，所以后者参与体育锻炼的机会更多。前倾因素和需求因素也有一定影响，如自评健康状态相对较差的农村老年人，由于条件的限制，更不倾向于参与体育锻炼。

由此可见，对于是否参与体育锻炼的影响因素而言，城乡老年人之间存在着显著的差异。对于农村老年人而言，最主要的影响因素是使能因素，即各类资源的可获得性对农村老年人是否参与体育锻炼存在着很大的限制作用，如个人的时间、经济资源的限制。对于城市老年人而言，其所拥有的各种资源较农村老年人更为丰富，所以使能因素不再是制约老年人是否参与体育锻炼的关键因素。这类老年人是否会参与体育锻炼，很大程度上是由他们的人口学特征、健康观念和健康需求决定的。

（二）城乡老年人体育锻炼频率的影响因素差异

本节对于已经参与体育锻炼的城市老年人和农村老年人分别进行深入分析，

来研究影响老年人体育锻炼频率的因素在城乡老年人之间是否存在差异。本节以“您参与体育锻炼的频率”为因变量，对居住在城市和农村的老年人分别进行回归分析，以探究这种影响因素的差异性，回归分析结果如表 11-9 所示。

表 11-9　分城乡影响老年人体育锻炼频率的序次 Logistic 回归分析

变量				风险比	
				城市	农村
前倾因素	人口学特征	性别（男=1）		0.954	1.065
		年龄组（60～69 岁）	70～79 岁	0.985	1.077
			80 岁及以上	1.047	1.996*
		婚姻状况（在婚=1）		0.676	0.756
	社会结构	文化程度（小学及以下）	初中	1.415**	1.764*
			高中或中专	1.449**	1.295
			大专及以上	1.476	0.282
		居住方式（空巢=1）		1.212	1.502
	健康观念	是否担心体重（是=1）		0.976	1.449
		是否担心记忆力衰退（是=1）		1.182	3.007***
		是否担心皮肤衰老（是=1）		0.937	1.391***
使能因素	个人资源	是否退休（是=1）		1.296	0.993
		收入来源（劳动收入）	储蓄/养老金	1.841	0.940
			家庭成员	2.291	1.036
	社会资源	社区是否有健身室（是=1）		0.992	0.787
		社区是否有健身场地（是=1）		1.756***	1.330
		体育锻炼组织（无人组织）	锻炼者自己组织	1.009	2.657***
			政府或社区组织	0.537	0.449
			民间或企业组织	0.027***	0.021
		体育锻炼指导（无人指导）	亲人或朋友指导	1.233	0.700
			专业人士指导	0.958	0.815
需求因素	自评健康状态			0.969	1.055
	有无慢性病（有=1）			0.923	0.970***

资料来源：2016 年 CLASS 数据

*表示 $p<0.1$；**表示 $p<0.05$；***表示 $p<0.01$

对于居住在城市的老年人而言，前倾因素中的文化程度和使能因素中的场地和组织形式会显著影响城市老年人体育锻炼的频率。文化程度更高的老年人接触的体育知识更多，比低学历的老年人参与体育锻炼的频率更高。社区或者政府是否提供锻炼场地也会影响城市老年人参与体育锻炼的频率。同时有少部分的城市老年人可以接触到民间或企业组织的体育锻炼，但这类体育锻炼大多需要收费，可及性和方便性也不高，因而采取这种形式锻炼的城市老年人与采用其他方式锻炼的老年人相比，他们进行体育锻炼的频率更低。

前倾因素、使能因素和需求因素都在影响居住在农村的老年人体育锻炼的频率。前倾因素的影响集中在健康观念，对自己的身体状况更为关注的农村老年人，他们参与体育锻炼的频率更高。使能因素中的体育锻炼组织方式也会对农村老年人的体育锻炼频率产生影响。需求因素中，慢性病患病情况显著影响农村老年人体育锻炼频率，患有慢性病的农村老年人，他们体育锻炼的频率更低。

综合前面的研究结果，影响老年人体育锻炼频率的因素与影响老年人是否参与体育锻炼的因素并不是一样的，这充分说明了影响老年人体育锻炼的因素存在着“门槛效应”，而且城乡老年人的“门槛效应”也存在着差别。对于农村老年人而言，制约他们参与体育锻炼的重要因素是使能因素，而当他们一旦参与体育锻炼活动以后，前倾因素、使能因素和需求因素都会影响他们参与体育锻炼的频率。对于城市老年人而言，是否参与体育锻炼和他们的前倾因素与需求因素关系更为密切，当他们参与体育锻炼以后，场地和组织方式这类使能因素才会影响他们的体育锻炼频率。

值得注意的是，场地、组织方式等这类使能因素无法满足老年人的需求与老年人参与锻炼的比例较低这一说法并不是矛盾的。一方面，正是由于场地、组织方式等这类使能因素无法满足老年人的需求，因此目前老年人参与体育锻炼的积极性不高，参与体育锻炼的比例低并不是其自主选择的结果，而是使能因素不足情况下的无奈选择；另一方面，对于已经参与体育锻炼的老年人而言，他们对体育锻炼的场地和服务提出了更丰富、更高的要求，而目前的场地、组织方式都不能满足他们的要求，所以在使能因素方面仍是有待提高的。

第五节　促进政策

一、主要结论

本章基于安德森行为模型的理论分析框架，根据中国人民大学2016年CLASS数据，运用二分类 Logistic 回归和序次 Logistic 回归的分析方法，描述了当前中国老年人的体育锻炼情况，同时分析了影响老年人是否参与体育锻炼和参与体育锻炼的频率的因素及其城乡差异。

首先，研究结果表明，目前中国老年人参与体育锻炼的整体比例较少，体育锻炼活动仍需推广和普及。针对已经参与体育锻炼的老年人而言，其锻炼次数和频率还是较高的，锻炼项目以步行（健步走）、跑步、舞蹈类（广场舞、交际舞、民间舞蹈等）为主，大多是为了增强身体素质来参与体育锻炼，基本处于无人组织、无人指导的状态，公园和广场是其主要锻炼场地，专业体育锻炼场地对于老年人的适合程度仍有待提高，体育器材资源也并不能满足老年人的需求。

其次，对老年人整个群体而言，在影响老年人体育锻炼的因素中，前倾因素、使能因素和需求因素都会影响老年人是否参与体育锻炼，但只有前倾因素和使能因素影响老年人参与体育锻炼的频率。也就是说，影响老年人是否参与体育锻炼和体育锻炼频率的因素并不相同，存在着“门槛效应”。

最后，这三类因素对于居住在城市和农村的老年人的影响机制是存在差异的。在影响老年人是否参与体育锻炼的因素中，对居住在城市的老年人而言，影响他们是否参与体育锻炼的因素呈现出多元化的特点；而对居住在农村的老年人而言，有影响的因素则集中于使能因素的个人资源。在影响老年人参与体育锻炼频率的因素中，使能因素中的社会资源显著影响城市老年人体育锻炼的频率，而对居住在农村的老年人参与体育锻炼频率有影响的因素则包含了前倾因素、使能因素和需求因素。也就是说，对城市老年人而言，前倾因素和需求因素影响了他们是否参与锻炼，而使能因素影响了他们锻炼的频率；而对农村老年人而言，使能因素是决定他们是否参与体育锻炼的先决性因素，其他因素的影响体现在对他们体育锻炼频率的影响上。

二、政策启示

基于前文的研究结论，当前中国老年人参与体育锻炼的比例较少，体育锻炼仍需普及。前倾因素、使能因素和需求因素都在一定程度上对老年人参与体育锻炼有影响，且对于居住在城市和农村的老年人影响不同。为了更好地引导老年人参与体育锻炼，推进“健康中国”战略的实施，本章提出以下几点政策启示。

（一）引导老年人树立健康的体育观，提高体育锻炼积极性

本章研究发现，前倾因素中的健康观念是影响老年人是否参与体育锻炼和体育锻炼频率的重要因素。因此，政府应该宣扬积极的健康观，从而引导老年人更广泛地参与体育锻炼。首先，政府要对国家颁布的“健康中国”总体思想贯彻落实，把健康放在首要地位，将健康概念融入政策实施的过程，使老年人尤其是农村老年人形成健康的生活方式和科学的体育健身方式。其次，政府应向老年人普及健康概念，提高老年人对健康的理解，促进老年人的体育参与度。比如，可以

通过加强社区宣传或借助新媒体平台的方式来对老年人普及健康知识。最后，政府及体育相关部门应该对不同文化程度的老年人进行健康思想培训，形成参与体育的意识；同时举办各类免费的讲座，体现体育锻炼对健康的重要性，特别是促进老年体育在农村的开展。

（二）降低体育锻炼成本，增加老年人体育锻炼的可及性

使能因素中的收入来源显著影响老年人特别是农村老年人参与体育锻炼。这是由于农村老年人大多以劳动收入维持现有生活，没有足够的收入进行体育锻炼。这需要政府通过政策引导，降低体育锻炼成本，减少老年人在体育锻炼上的花费，增加老年人体育锻炼的可及性。一方面，政府可以街道或者乡镇为单位，每年对老年人参与体育锻炼发放一定补贴，鼓励老年人更多地参与体育锻炼，降低其参与体育锻炼的成本。另一方面，政府应在老年人较为集中的社区、村庄或者附近的公园建立适合老年人锻炼的体育设施，特别是一些专业性程度较高的体育锻炼场所，免费对老年人开放，使老年人参与体育锻炼的成本更低。

（三）完善农村老年人的养老保险，保障老年人体育参与的权益

完善农村地区老年人的养老保险，保证这一群体的收入，是保证老年人使能因素的另一途径，同样也可以保障老年人体育参与的权益。首先，努力打破城乡二元结构，加快推进城镇化的步伐，让农村地区的老年人可以享受与城镇居民相同的资源，真正实现城乡一体化。其次，促进农村经济发展水平的进一步提高，农村经济发展水平高了，农民收入才会提高，个人缴费水平才会增加，农村社会养老金的再分配作用才能发挥得更好，更大程度地缩小城乡收入差距。最后，完善相关政策，以提高农民的收入水平，缩小城乡收入差距，关注农村低收入者，建立农村最低生活保障制度，增加农村社会养老金的支付金额，增加财政对农村社会养老金的个人补贴金额，加大对参保农民的转移支付功能。

（四）完善体育设施，加强体育锻炼的组织和指导

在本章研究结果中，可以看出使能因素中的社会资源显著影响着老年人体育锻炼的频率，包括体育设施、体育场地、体育锻炼的组织与指导，由此，政府应该加强社会资源的建设，以保障老年人体育锻炼。政府首先应有计划地增建社区体育场地，在有限的场地上进行合理规划，尽可能实现场地的多样化使用，完善体育场地设施建设，以适合更多老年人参与。此外，采取政府购买管理服务的机制，以保障公共体育服务的硬件建设和软件建设并重，在设施上进行创新，如增加移动设施，将场地规划和体育器械产品的开发利用有机结合等。同时，增加公共体育服务支出，加强公共体育指导员队伍建设，提升公共体育服务老年人满意度水平，并在过程中关注老年人的体育服务的需求，采取针对性对策与措施，提

升地区老年公共体育服务质量和绩效，有效促进老年人参与体育锻炼。

（五）开发老年体育器械，丰富老年体育锻炼内容

对于目前已经参与体育锻炼的老年人而言，其适合程度仍有待提高，因此需要根据老年人的生理和心理特点，开发一些便于老年人使用和参与的体育健身器械，吸引更多的老年人参与锻炼，提高老年人锻炼的积极性，丰富老年人体育锻炼的活动内容。借鉴国外经验，通过区域体育产业联合，开发生产如乒乓球、板式网球的球拍，以及各种软式体育器械等，增建社区体育场地，尽可能达到场地的多样化使用。同时，在设施上进行创新，既改变参与人数，又改变运动规则，适合更多老年人参与。还可以增加移动设施，如折叠式乒乓球台等，将场地规划和体育器械产品的开发利用有机结合。

（六）创新民间企业组织形式，推广老年体育服务

在前文的研究中，使能因素中的民间或企业组织体育锻炼是影响老年人体育锻炼频率的显著因素，互联网则是民间企业推广体育锻炼服务的重要平台。随着信息技术得到推广，老年体育产业也随之不断向前发展，“互联网+养老”模式纷纷建立，这为体育养老的发展提供了借鉴意义，开展新的模型，即“互联网+体育养老”。这种服务模式旨在将“互联网+”与“体育养老服务”进行有机整合，在基本的体育养老方式上融入创新的互联网思维，通过运用大数据技术，打造智能化的体育养老服务平台。其主要优势体现在以下两个方面：第一，使用智能化的信息平台，能够节约时间成本，减少服务和管理成本，从而提高经济效益；第二，利用互联网的大数据化的管理模式，对社会资源和老年人的切实需求进行有效整合，能够优化资源配置，提高供需匹配度。互联网既可以为体育养老建造智能服务平台，以政府和企业为主导进行推广，为老年人提供线上和线下两种服务，还可以为我国体育养老的发展带来新的机遇，这也有助于解决我国现存养老方式存在的不足。

（七）建立老年体育锻炼监管体系，强化政府监督机制

老年体育监管制度将保证体育养老事业的长远发展和老年人的体育锻炼需要得到满足，因此推行老年体育锻炼时，必须建立公平、可持续的老年体育锻炼监管体系。以法律文件形式规定政府和相关部门在财政拨款、体育土地等方面需要实施的必要支持，明确必需予以支持的项目，立法鼓励和扶持相关公共服务组织；明晰监管机构和标准，制定老年体育服务质量和服务设施建设质量标准，并由相关部门按照对应的标准及其他各项管理制度进行统一监管。同时政府需从法律层面上对老年体育相关服务进行立法完善，对其进行有效管理，保障老年体育健康发展。

第十二章　信息技术与养老

人口老龄化和信息技术（information technology）是20世纪90年代以来的两大社会发展主题。党的十九大明确提出，“推动互联网、大数据、人工智能和实体经济深度融合，在中高端消费、创新引领、绿色低碳、共享经济、现代供应链、人力资本服务等领域培育新增长点、形成新动能”①。现代信息技术在日常生活中的应用逐渐广泛，已经渗透到人们日常生活的方方面面，养老领域也不例外，养老服务理念、平台、手段等，也都处于信息化、智能化、智慧化的进程之中；越来越多的老年人，尤其是有一定文化水平的老年人，通过现代信息技术，获得实时、快捷、高效、低成本的物联化、互联化、智能化的养老服务。实践证明，现代信息技术的发展及其在养老领域的应用，是积极应对和成功应对人口老龄化的重要举措。在推进智慧养老的过程中，老年人互联网技术的利用，智能手机等智慧养老产品的使用是首要的环节，故对老年人信息技术利用的分析具有十分重要的现实意义。

本章将利用2016年和2018年CLASS数据，对老年人的互联网利用、智能手机使用和智慧养老设备拥有状况及其变化特征进行描述性分析，试图通过对老年人互联网利用、智能手机等产品使用的定量描述，管中窥豹，呈现老年人信息技术利用的全貌。本章的主要目的是数据的呈现，至于数据背后的原因与形成机制，需要在未来的研究中做进一步深入的探讨与解读。

第一节　互联网利用

随着现代信息技术的发展，互联网应用日渐广泛，已经成为日常生活必不可少的技术手段。对互联网的掌握与运用，在很大程度上将影响老年人的身心健康、社会参与，是推动老年人晚年福祉提升的重要因素。本节将运用2018年CLASS数据，从老年人网络利用的设施基础和网络利用行为两方面出发，描绘老年人互联网利用的基本情况。

---

① 《习近平：决胜全面建成小康社会 夺取新时代中国特色社会主义伟大胜利——在中国共产党第十九次全国代表大会上的报告》，http://www.gov.cn/zhuanti/2017-10/27/content_5234876.htm[2021-03-04]。

一、网络利用基础

互联网利用离不开相应的软硬件基础，网络覆盖和上网设备是网络利用的重要基础。因此，本节将从住所网络覆盖、上网主要依赖的设备、上网设备使用的熟练程度和上网设备的学习途径等情况进行描述。

（一）总体情况

1. 住所网络覆盖

网络覆盖是网络利用的前置环节。由于老年人主要在自己的住所范围内活动，故住所的网络覆盖对他们是否使用网络至关重要。图 12-1 描述了住所网络的覆盖情况。40.22%的老年人住所覆盖了网络；也就是说，约有六成的老年人，其住所尚无网络覆盖。老年人网络覆盖的缺失反映出他们对网络技术利用的劣势，他们难以通过网络满足自己的生活需要，在信息化时代网络与日常生活联系日益紧密的背景下，老年人面临严重的网络隔离。

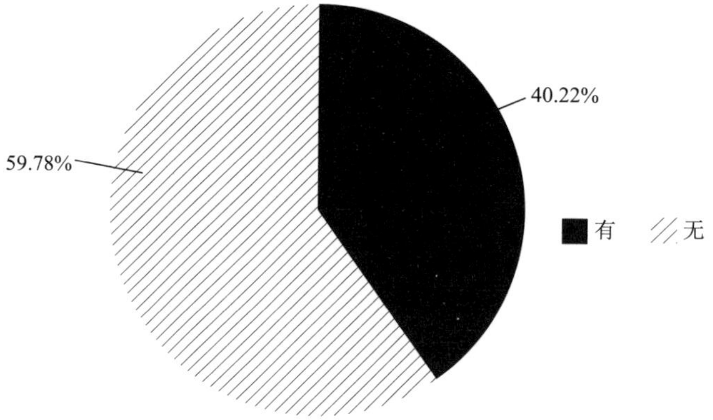

图 12-1　老年人住所网络覆盖（N=11 417）

资料来源：2018 年 CLASS 数据

2. 上网主要依赖的设备

网络使用离不开相应的硬件基础。手机、电脑和平板电脑已经成为当前社会上网的主要途径。2018 年 CLASS 数据表明，有 18.27%的老年人有着上网行为。那么，对于有上网行为的老年人而言，他们主要利用何种设备上网？因操作便利和易于掌握之故，手机是有上网行为老年人最主要依赖的设备。如图 12-2 所示，96.4%的老年人主要通过手机上网；主要使用电脑、平板电脑上网的老年人相对较少，二者的占比分别为 16.74%和 7.96%，仅分别相当于手机上网的约 1/6 和 1/12。

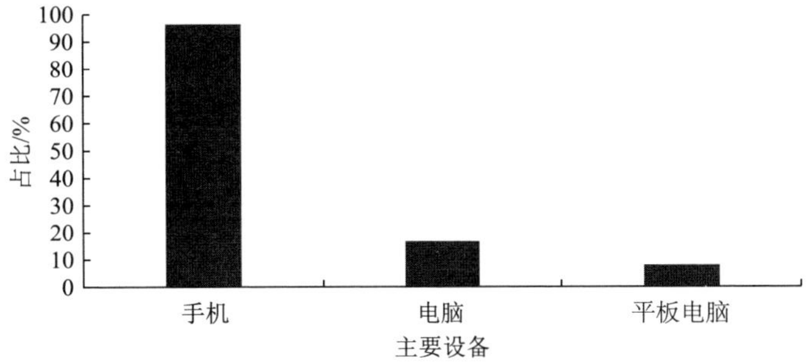

图 12-2　上网老年人的主要依赖的设备（N=2085）

资料来源：2018 年 CLASS 数据

3. 上网设备使用的熟练程度

老年人要想通过网络来满足自身日常生活的基本需求，就必须对上网设备足够的熟悉。随着现代科技的发展，手机和电脑等上网设备更新换代的速率越来越快，各方面的功能越发齐全。但是，也正因如此，很多上网设备的操作越来越复杂。进入老年期后，人的学习能力和反应能力都有所下降，很多中老年人越来越难以跟上上网设备快速更新换代的步伐。

如图 12-3 所示，近半数的老年人（46.38%）表示，他们对手机的使用比较熟练，这也是老年人主要依赖手机上网的主要原因。其次为对手机的使用熟练程度“一般”，约占上网老年人的 1/3；对手机使用非常熟练和比较不熟练的比例在一成左右，分别为 11.13%和 7.05%；对手机使用非常不熟练的比例最低，仅为 1.87%。

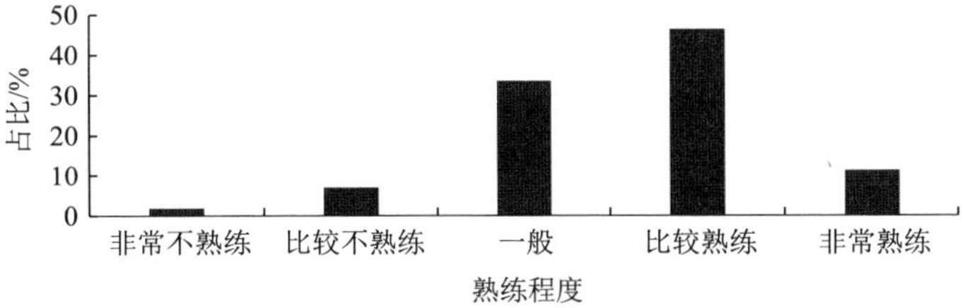

图 12-3　上网老年人对手机使用的熟练程度（N=2085）

资料来源：2018 年 CLASS 数据

使用电脑的熟练程度则与使用手机的情形相差甚大。如图 12-4 所示，上网老年人对电脑使用的熟练程度相对较低，对电脑使用非常不熟练的老年人最多，比例达到了 37.55%。熟练程度越高，老年人的占比就越低，对电脑使用非常熟练的老年人仅占上网老年人的 3.26%。这主要源于电脑上网便捷性较差，对使用者的操作能力要求较高。

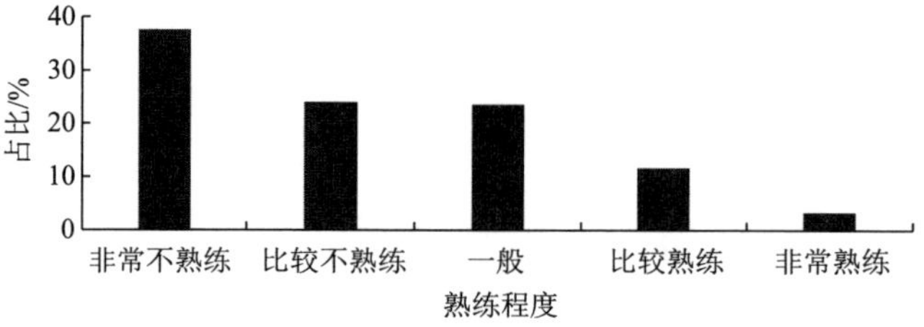

图 12-4 上网老年人对电脑使用的熟练程度（N=2085）

资料来源：2018 年 CLASS 数据

有上网行为的老年人对平板电脑使用的熟练程度最差（图 12-5）。平板电脑也是当前普通人群主要的上网途径之一，但因平板电脑的应用相对有限，价格也较为昂贵，故在老年人中的普及度不高，这也直接导致老年人对其使用熟练程度的低下。因此，相较对手机和电脑，老年人对平板电脑使用的熟练程度更低：有 44.08%的老年人对平板电脑使用非常不熟练；同样，熟练程度越高的老年人，占上网老年人的比例越低；对平板电脑使用非常熟练的老年人比例最低，仅有 1.25%的老年人对平板电脑使用非常熟练；横向比较来看，平板电脑是上网老年人中最不常用的上网设备，对平板电脑使用非常不熟练的老年人占比为三种主要上网设备中的最高值，非常熟练的老年人占比为三种主要上网设备中的最低值。

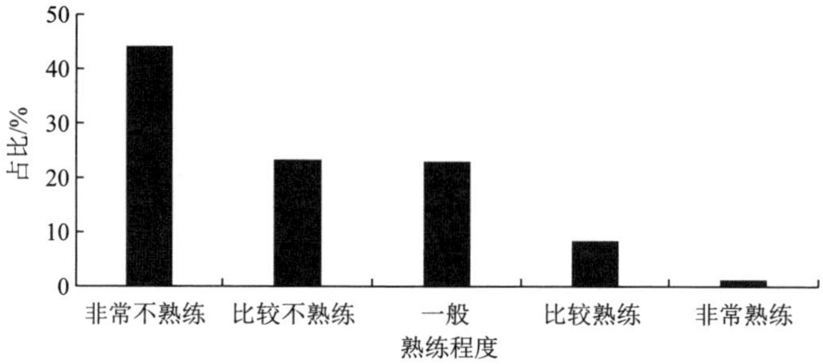

图 12-5 上网老年人对平板电脑使用熟练程度（N=2085）

资料来源：2018 年 CLASS 数据

4. 上网设备的学习途径

老年人对新事物的学习能力相对较低，故有效的学习途径是促进其上网行为的重要因素。从老年人对如何使用上网设备、如何掌握上网等技能来看，家人是主要的传授者（图 12-6）。由于该问题为多选题，故各类途径的加总比例超过 100%。其中，74.34%的老年人主要跟家人学习上网设备；自己摸索也是老年人学习上网设备的主要途径，占比达到 68%；跟朋友和邻里学习的老年人比例超过四成；相比之下，通过社区活动和社区外活动学习上网设备、使用上网技能的老年人比例则较低，两者均不超过 3%。

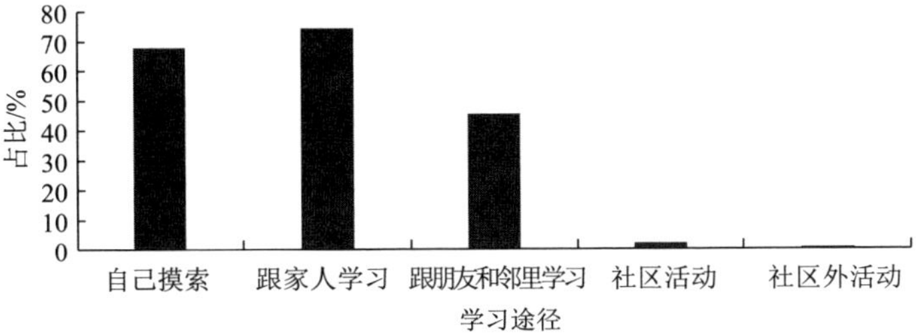

图 12-6　上网老年人依赖设备的学习途径（N=2085）

资料来源：2018 年 CLASS 数据

（二）社会人口特征与网络利用基础

不同社会人口特征的老年人网络利用基础也有着明显差异，本节将从性别、年龄、文化程度、城乡、健康状况、个人收入等维度对其予以呈现。

1. 住所网络覆盖

在全体老年人中，尽管男性老年人住所有网络覆盖的占比高于女性老年人，但差距并不明显。如图 12-7 所示，男性老年人住所有网络的比例为 41.03%，女性老年人这一比例为 39.42%。二者仅相差 1.61 个百分点。主要原因在于，网络覆盖以家户为主，老年夫妻多居住在一起，二者面临着同样的网络覆盖情况。因此，网络覆盖的性别差异主要表现在老年单人户中。

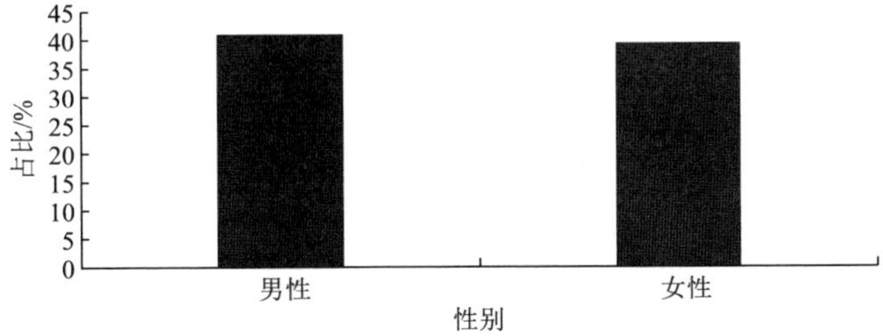

图 12-7　老年人住所有网络覆盖的性别差异

资料来源：2018 年 CLASS 数据

男性老年人样本量为 5681 个；女性老年人样本量为 5736 个

老年人住所网络覆盖在不同年龄段上也体现出一定的差异，年龄越长，住所有网络覆盖的比例越低。如图 12-8 所示，低龄老年人住所有网络覆盖的比例最高，占比为 47.86%；中龄老年人次之，比例为 33.25%；高龄老年人住所网络覆盖的比例最低，仅为 32.54%；中龄老年人和高龄老年人之间的差距较小，两者均低于低龄老年人 15 个百分点左右。住所网络覆盖的年龄分布可能与各自的经济状况和文化程度有关。年纪越小，老年人的经济状况和文化程度往往越好，对网络的认识则越深，住所安装网络的比例越高。

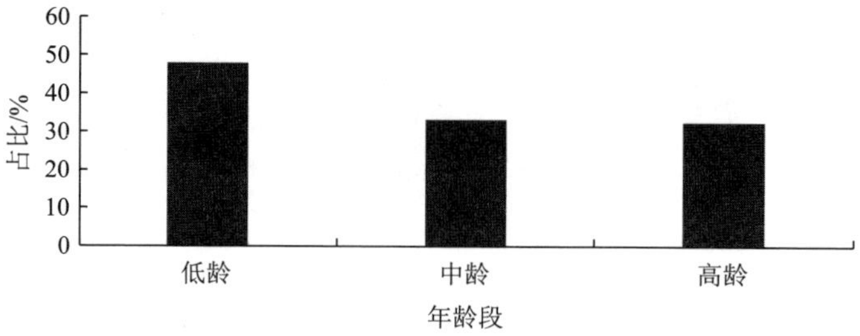

图 12-8　老年人住所有网络覆盖的年龄差异

资料来源：2018 年 CLASS 数据

低龄、中龄和高龄老年人样本量分别为 5537 个、4042 个、1838 个

老年人住所网络覆盖存在着明显的城乡差异，城市老年人住所有网络的比例明显高于农村老年人。如图 12-9 所示，农村老年人住所有网络的比例不到三成，却有超过五成的城市老年人住所覆盖了互联网，二者之间的差值高达 25 个百分点。他们之间的巨大差距，主要由城乡之间的基础设施、老年人自身的经济能力和文化程度等宏观与微观因素所致。城镇网络基础设施更为可及，且老年人文化程度较高，可负担网络覆盖成本的能力也更高，故有更高的网络覆盖率。

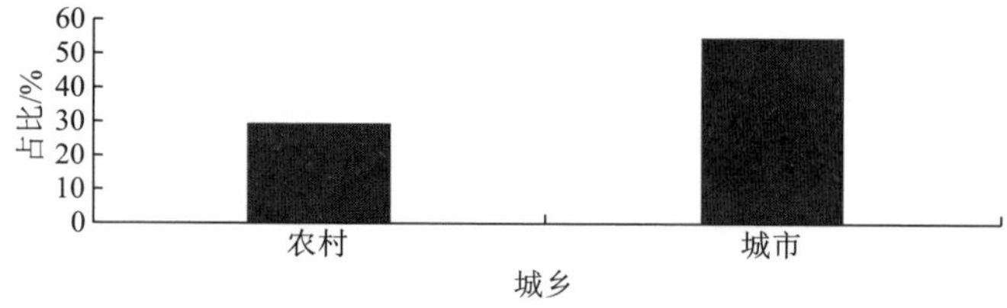

图 12-9　老年人住所有网络覆盖的城乡差异

资料来源：2018 年 CLASS 数据

城市老年人样本量为 4889 个；农村老年人样本量为 6258 个

老年人的文化程度也与住所网络覆盖密切相关，文化程度越高，老年人住所有网络覆盖的比例也越高。如图 12-10 所示，文化程度与网络覆盖呈梯次上升的关系：不识字的老年人住所网络覆盖的比例不到 1/4；该比例在小学文化程度的老年人中升至 36.30%，在初中及以上文化程度的老年人中进一步升至 57.76%；不识字老年人住所网络覆盖比例不足初中及以上老年人的 1/2。文化程度更高的老年人，对网络的感知有用性和易用性更强。故文化程度的提高对老年人住所网络覆盖有着明显的促进作用。

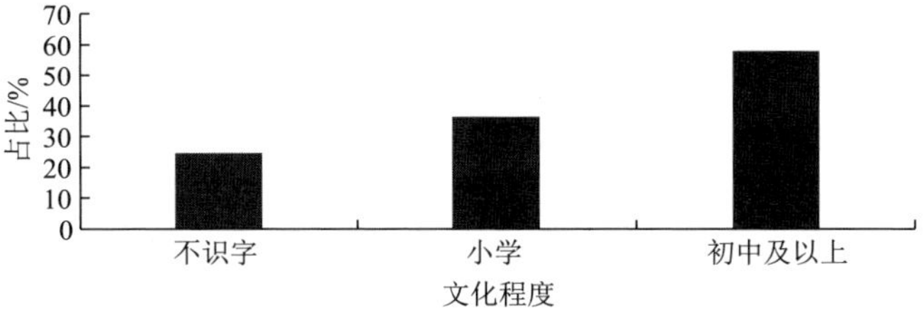

图 12-10　老年人住所有网络覆盖的文化程度差异

资料来源：2018 年 CLASS 数据

不识字、小学、初中及以上文化程度的老年人样本量分别为 3025 个、4647 个、3745 个

老年人的健康状况在很大程度上会影响互联网的有效利用。如图 12-11 所示，健康状况更好的老年人住所网络覆盖的比例也更高：身体健康的老年人住所有网络的比例为 41.49%，比身体不健康的老年人约高 7 个百分点（后者占比为 34.20%）。

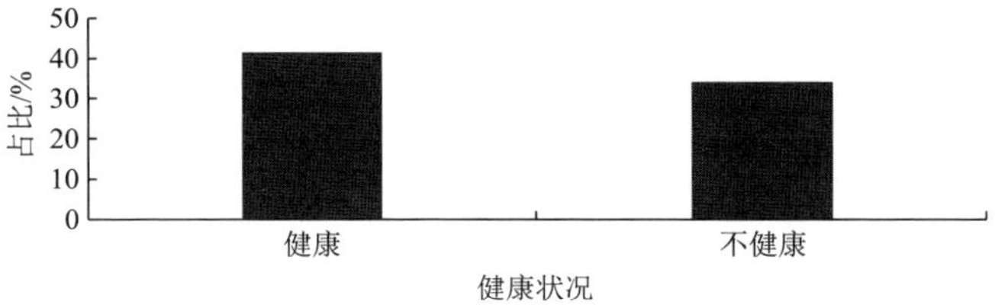

图 12-11　老年人住所有网络覆盖的健康状况差异

资料来源：2018 年 CLASS 数据

身体健康和不健康老年人样本量分别为 9436 个、1965 个

住所网络覆盖需要一定的经济基础，对于已经退出或即将退出劳动力市场的老年人而言，他们的收入也会随之减少，互联网所需的支出并非所有老年人能够负担。将老年人的个人收入划分为高收入、中收入、低收入三个组别，通过与网络覆盖进行交互分析，得到如图 12-12 所示的分析结果。由此可知，不同收入水

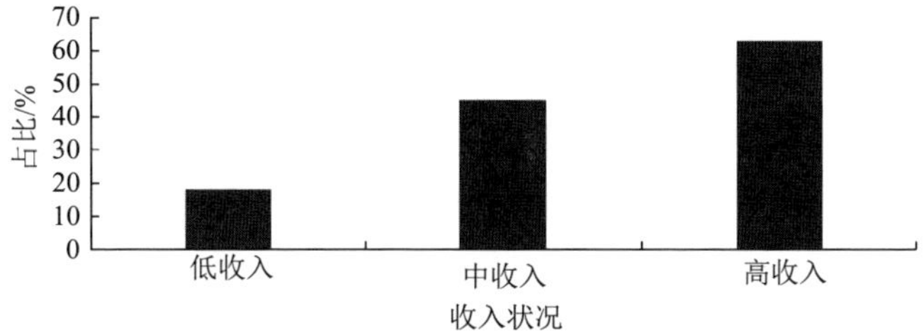

图 12-12　老年人住所有网络覆盖的收入水平差异

资料来源：2018 年 CLASS 数据

低、中、高收入老年人样本量分别为 2815 个、3748 个、2832 个

平下老年人住所网络覆盖情况差异极大，收入水平越高，老年人住所有网络覆盖的比例也越高。低收入老年人住所有网络的比例不足两成（18.05%）；中收入的老年人住所有网络的比例升至 45.01%；高收入老年人中该比例高达 62.75%；低收入老年人住所有覆盖网络的比例不足高收入老年人的 1/3。

2. 上网主要依赖的设备

在有上网行为的老年人中，他们所依赖的设备有哪些人口和经济社会特征？本节将通过对老年人社会人口特征和上网设备的交叉分析，对这一问题做出回答。

由图 12-13 可知，男性和女性老年人上网主要使用的设备有同有异。总体上，无论是男性老年人还是女性老年人，手机都是上网最主要的设备，占比均在 95% 以上；主要利用电脑和平板电脑上网的比例相对较低。分性别来看，女性老年人使用手机上网的比例为 97.18%，略高于男性老年人约 1.5 个百分点；男性老年人使用电脑上网的比例为 18.52%，高于女性老年人约 4 个百分点；因极少有老年人使用平板电脑上网，故使用平板电脑上网的老年人性别差距并不大。

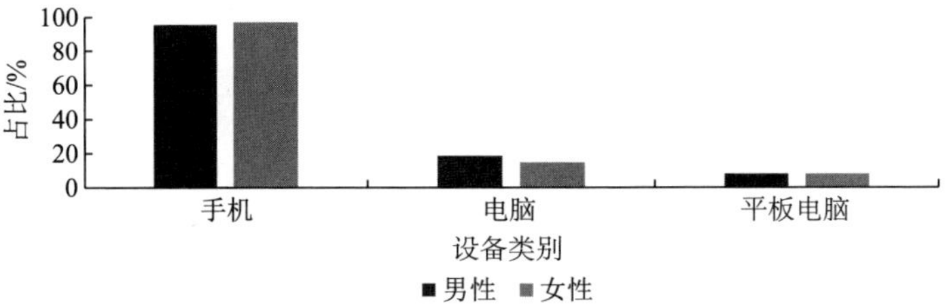

图 12-13 上网老年人主要依赖的设备的性别差异

资料来源：2018 年 CLASS 数据

男性老年人样本量为 1091 个；女性老年人样本量为 994 个

总体来看，在上网的老年人中，老年人主要的上网设备在不同年龄段也有类似分布。无论何种年龄段，手机都是主要的上网途径，电脑次之，使用平板电脑上网的比例很低。分年龄段观之，3 种主要的上网设备在不同年龄组之间具有不同的分布模式。如图 12-14 所示，随着上网老年人年龄的增长，使用手机上网的比例逐渐降低，低龄老年人使用手机上网的比例达到了 97.12%，中龄和高龄老年人这一比例分别为 94.04%和 92.75%。与使用手机有所不同，使用电脑和平板电脑上网的老年人随年龄的上升，其比例逐渐升高。使用电脑上网的低龄老年人和高龄老年人之间相差约 4 个百分点，使用平板电脑上网的低龄老年人和高龄老年人相差约 7.3 个百分点。年龄越长，使用电脑和平板电脑上网的老年人的比例越高。除样本量小带来的数据波动外，背后的原因可能在于中龄、高龄老年人并不拥有属于自己的上网设备，也无独立上网的能力，他们更多的是在子女等家庭成员的帮助下，利用子女的电脑或平板电脑上网。

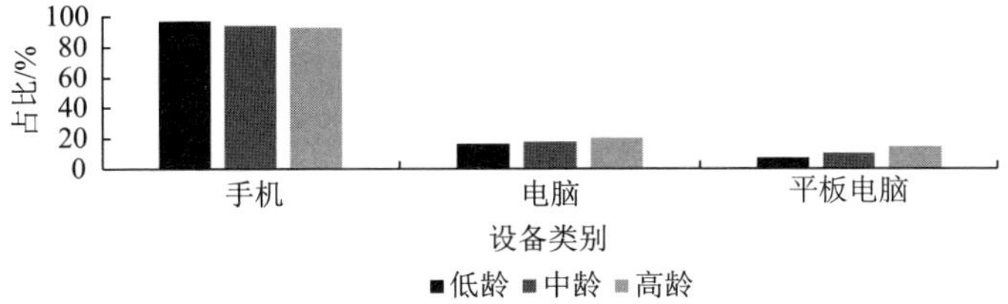

图 12-14　上网主要使用设备的年龄差异

资料来源：2018 年 CLASS 数据

低龄、中龄和高龄老年人样本量分别为 1630 个、386 个、69 个

老年人上网设备的城乡差异较大（图 12-15）。总体而言，城市老年人使用手机、电脑和平板电脑 3 种设备上网的比例均高于农村老年人。分设备种类来看，城市老年人使用手机、电脑和平板电脑上网的比例分别为 98.7%、17.8%和 9.38%，分别高于农村老年人 7.67 个百分点、3.54 个百分点和 4.73 个百分点。老年人上网设备的城乡差异反映出农村老年人在信息技术利用方面的劣势，这种劣势背后的驱动因素既有来自农村老年人的经济资本和人力资本的不足，也有来自农村基础设施建设的落后。

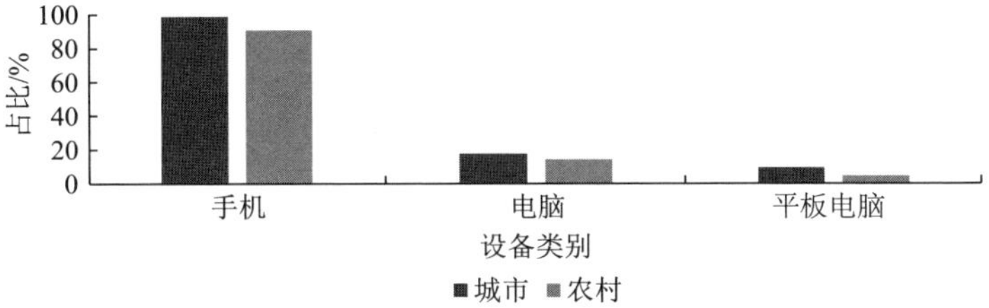

图 12-15　上网老年人主要使用设备的城乡差异

资料来源：2018 年 CLASS 数据

城市老年人样本量为 1461 个；农村老年人样本量为 624 个

文化程度是影响老年人上网设备利用的重要因素。如图 12-16 所示，在有上网行为的老年人中，随着文化程度的提升，使用手机上网的老年人比例逐渐升高，不识字的老年人使用手机的比例仅为 77.7%，而初中及以上文化程度的老年人使用手机的比例则达到 98.41%，两者相差约 21 个百分点。不识字的上网老年人依靠电脑上网的比例达到了 30.41%，为所有文化程度下该比例的最高值。文化程度为小学的老年人使用电脑上网的比例则最低，占比为 12.57%。不同文化程度下的老年人使用平板电脑上网的比例则相差不大，最高值和最低值相差不足 1 个百分点。

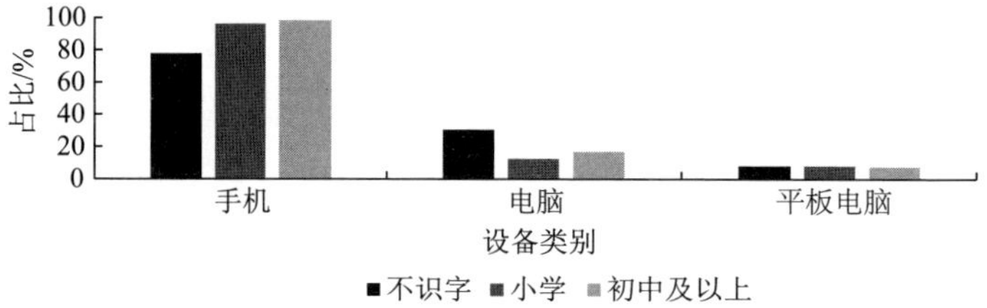

图 12-16　上网老年人主要使用设备的文化程度差异

资料来源：2018 年 CLASS 数据

不识字、小学、初中及以上文化程度的老年人样本量分别为 148 个、549 个、1388 个

在有上网行为的老年人中，采用何种设备上网受健康状况的影响并不大。如图 12-17 所示，96.91%的健康老年人主要使用手机上网；身体健康状况较差的上网老年人中，使用手机上网的比例略低，为 92.86%。在不健康的上网老年人中，使用电脑上网的比例达到了 18.49%，超过身体健康老年人该比例约 2 个百分点。不同健康状况下的老年人平板电脑使用则无太大差别，二者相差仅为 0.36 个百分点。不过，因使用电脑上网和平板电脑上网的老年人不多，后者尤其少，故数据的波动也是产生这一结果的可能原因。

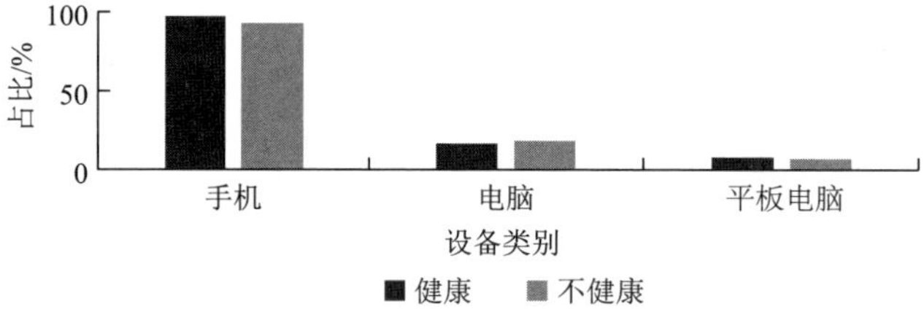

图 12-17　上网老年人主要使用设备的健康状况差异

资料来源：2018 年 CLASS 数据

身体健康和不健康老年人样本量分别为 1843 个、238 个

在信息化和网络化时代，上网设备成为日常生活中最主要的电子消费品之一。对于老年人而言，这些上网设备也是不小的支出（部分低收入老年人仍然用着廉价的、无上网功能的非智能手机）。因此，老年人个人收入与上网使用设备之间的关系也有着较大关联（图 12-18）。随着老年人收入水平的提高，使用手机上网的比例也逐渐升高，高收入老年人使用手机上网的比例为 98.54%，高于低收入老年人约 12 个百分点。高收入的老年人中，主要使用电脑的比例为 22.64%，中收入老年人使用电脑上网的比例则最低，低于高收入老年人约 10 个百分点。收入水平和平板电脑使用之间也呈现正相关关系，高收入老年人使用平板电脑上网的比例高于低收入老年人约 7 个百分点。

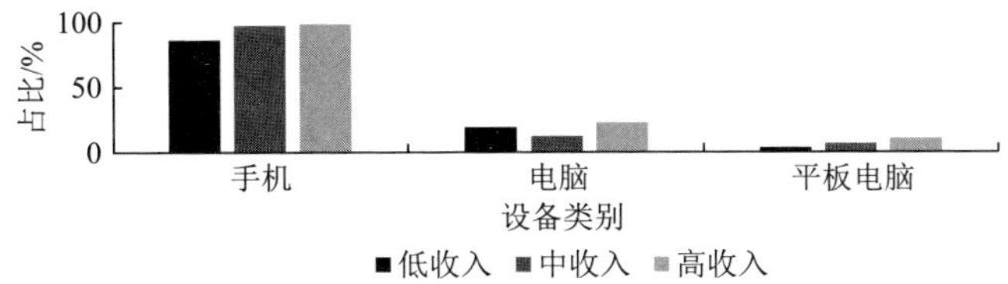

图 12-18　上网老年人主要使用设备的收入水平差异

资料来源：2018 年 CLASS 数据

低收入、中收入、高收入老年人样本量分别为 196 个、928 个、751 个

3. 学习途径

在有上网行为的老年人中，他们是如何掌握网络技能，或者说他们是通过什么途径掌握网络技能的呢？这些途径是不是具有经济社会特征之别？老年人上网的学习途径主要分为五大类：自己摸索、跟家人学习、跟朋友和邻里学习、社区活动、社区外活动。

老年人上网的学习途径存在明显的社会人口特征。如图 12-19 所示，男性老年人通过自己摸索、社区活动学习上网的比例高于女性老年人：他们通过自己摸索而掌握互联网技能的比例达到 71.13%，超过女性约 7 个百分点；依靠社区活动学习上网的男性老年人占 2.66%，超过女性老年人 1 个百分点。相反，女性老年人跟家人学习、跟朋友和邻里学习的比例更高，跟家人学习的占比为 77.16%，约高于男性老年人 6 个百分点；跟朋友和邻里学习的女性老年人占比为 46.18%，约高于男性老年人 1.5 个百分点。男性和女性老年人通过社区外活动学习上网的比例相差不大，这是因为老年人在社区外活动的比例极低。一般而言，男性老年人在学习上网时，会更加独立，而女性老年人或因传统观念所限，或因人力资本要素不足，上网学习多求助于家庭成员或熟人。

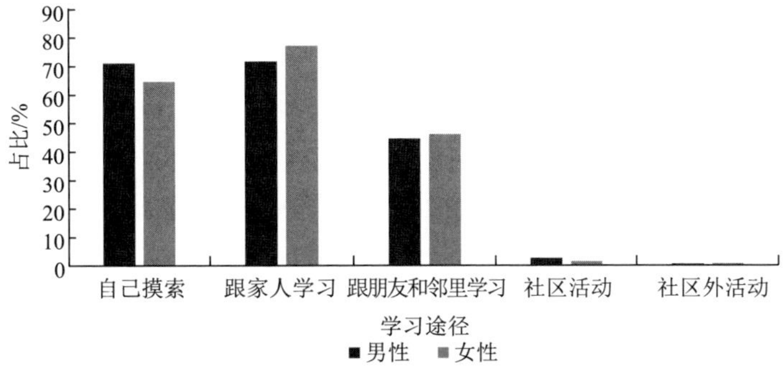

图 12-19　上网老年人学习途径的性别差异

资料来源：2018 年 CLASS 数据

男性老年人样本量为 1091 个；女性老年人样本量为 994 个

随着年龄的增长，老年人对新事物的学习能力在一定程度上有所下降，老年人的上网学习途径同样呈现出这一特征。总体来看，在上网老年人中，通过自己摸索、跟家人学习、跟朋友和邻里学习的比例随年龄呈负向变动，而通过社区活动学习互联网的比例随年龄逐渐升高（图 12-20）。低龄老年人通过自己摸索学习的比例为 71.84%，而高龄老年人的这一比例仅为 43.38%，两者相差约 28 个百分点。高龄和低龄上网老年人中，跟家人学习的比例相差约 5.5 个百分点，跟朋友和邻里学习的比例则相差约 12 个百分点。虽然通过社区活动学习的比例随年龄逐渐上升，但因老年人通过社区活动学习上网的比例低，其在不同年龄段中相差并不大。城市老年人多通过跟家人学习上网，而农村老年人多是通过自己摸索来学习上网技能。如图 12-21 所示，城市老年人向家人学习上网技术的比例为 78.78%，跟朋友和邻里学习的比例也达到了 47.98%，分别高出农村老年人 14.84 个百分点和 8.72 个百分点。相反，农村老年人通过自己摸索学习上网技术的比例高达 71.47%，

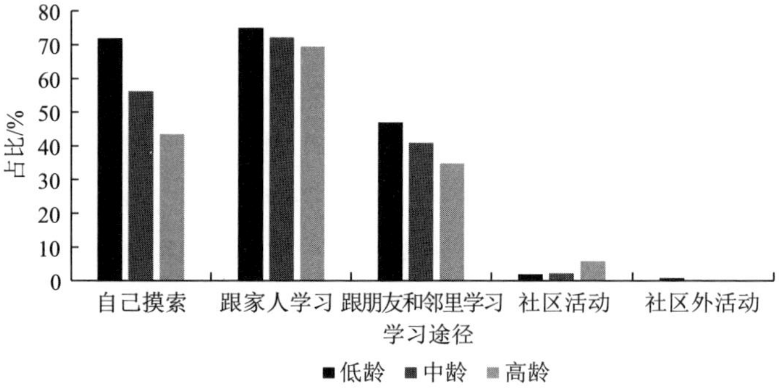

图 12-20　上网老年人学习途径的年龄差异

资料来源：2018 年 CLASS 数据

低龄、中龄和高龄老年人样本量分别为 1630 个、386 个、69 个

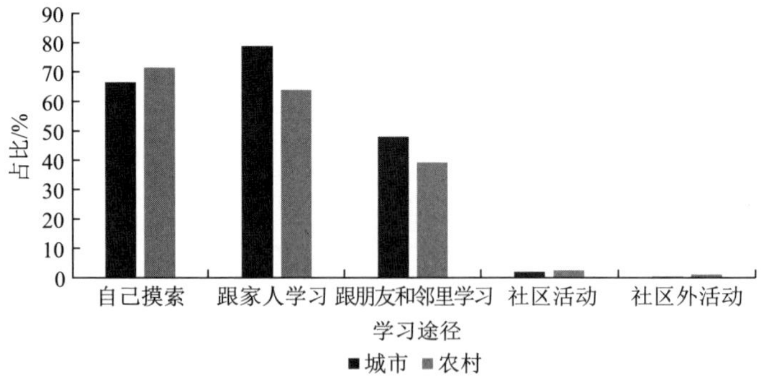

图 12-21　上网老年人学习途径的城乡差异

资料来源：2018 年 CLASS 数据

城市老年人样本量为 1461 个；农村老年人样本量为 624 个

城市老年人的相应比例则为 66.53%，两者相差 4.94 个百分点。无论是城市老年人还是农村老年人，通过社区内外活动学习上网的比例都极低，差距也不明显。形成上网老年人学习途径的城乡差异的原因可能有两点：一方面，农村老年人子女等年轻家庭成员不在身边，无法通过他们学习上网技能；另一方面，农村老年人上网技能普遍偏低，也无法通过朋友、邻里等社交网络学习，故老年人只能通过自己摸索掌握上网技能。

老年人文化程度越高，上网技能学习途径也更加多元化（图 12-22）。初中及以上文化程度的老年人自己摸索和跟家人学习、跟朋友和邻里学习的比例都高于其他文化程度老年人。具体而言，不识字的老年人自己摸索的比例最高，为 60.14%；小学文化程度的老年人跟家人学习的比例为 73.41%，初中及以上文化程度的老年人跟家人学习的比例为 76.8%，均为相应文化程度下的最高值。文化程度的提高，对跟朋友和邻里学习这一途径的提升作用更大，初中及以上老年人跟朋友和邻里学习的比例比不识字的老年人高约 26 个百分点。

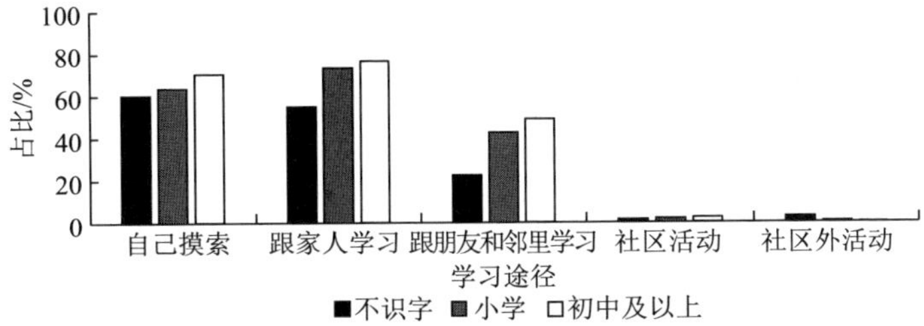

图 12-22　上网老年人学习途径的文化程度差异

资料来源：2018 年 CLASS 数据

不识字、小学、初中及以上文化程度的老年人样本量分别为 148 个、549 个、1388 个

老年人的健康状况也是决定其网络学习途径的重要因素。如图 12-23 所示，身体健康的上网老年人通过自己摸索而掌握上网技能的比例（67.61%）约低于不健康的老年人 3.4 个百分点；他们更多地跟家人学习上网（约高于不健康老年人 8 个百分点）；不同健康状况的上网老年人中，跟朋友和邻里学习的比例并未体现出

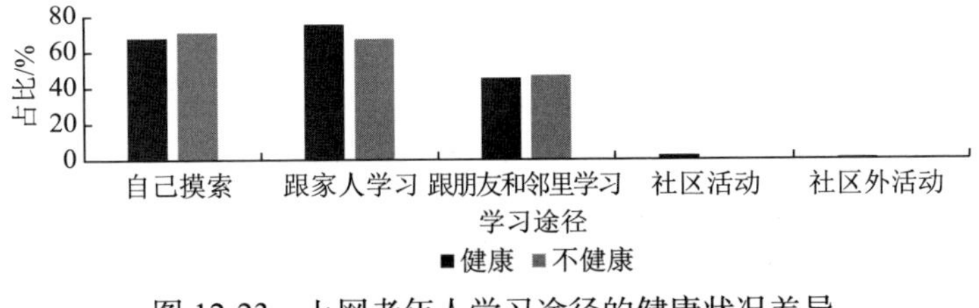

图 12-23　上网老年人学习途径的健康状况差异

资料来源：2018 年 CLASS 数据

身体健康和不健康老年人样本量分别为 1843 个、238 个

明显的差异，健康和不健康的上网老年人该比例相差约 1.4 个百分点。因不健康的老年人日常活动范围受限，故他们基本没有通过社区活动、社区外活动学习上网；即便是健康老年人，通过社区活动、社区外活动学习上网的比例也极低，两者均不足 3%。

老年人学习上网的主要途径在不同收入水平群体中也有差异（图 12-24）。通过自己摸索学习上网的老年人比例虽然随收入水平的提高而上升，但相差不大：高收入的老年人自己摸索的比例为 70.17%，低收入的老年人自己摸索的比例也有 67.35%。低收入老年人跟家人学习的比例与其他收入水平的老年人比例有较大差距，高收入的老年人该比例高达 79.76%，而低收入的老年人该比例仅为 57.65%。中收入老年人跟朋友和邻里学习的比例最高，达 49.14%，低收入老年人比例最低，仅有 36.73%。老年人通过社区活动、社区外活动学习上网的比例极低，在不同收入水平中的差异甚小。

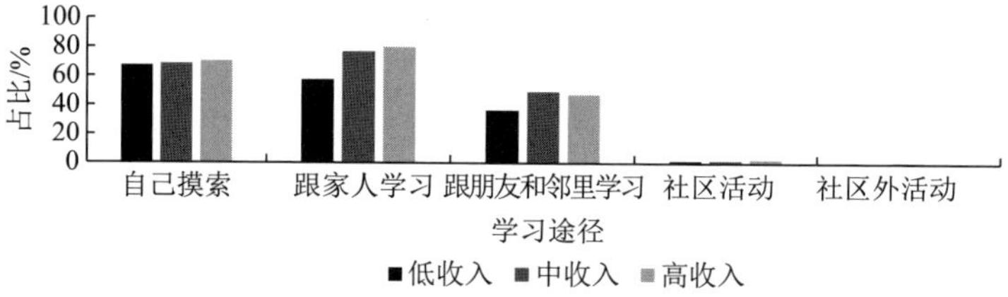

图 12-24　上网老年人学习途径的收入水平差异

资料来源：2018 年 CLASS 数据

低、中、高收入老年人样本量分别为 196 个、928 个、751 个

二、上网行为

在了解了老年人互联网利用软硬件基础的总体情况及其社会人口特征后，本节将从老年人的主要信息来源、上网频率和上网主要活动三个方面，介绍老年人上网行为的总体情况，并同时考察这些网络行为的社会人口特征。

（一）总体情况

1. 主要信息来源

即便当前社会信息技术已高度普及，但老年人仍旧主要从电视中获取信息。如图 12-25 所示，在全体老年人中，有 87.82%以电视为主要的信息来源，排在第二位的互联网仅占 7.3%，仅为电视信息来源的 1/12；其他信息来源渠道的占比更低：2.19%的老年人以报纸为主要信息来源，1.94%的老年人以广播为主要信息来源。以杂志、手机定制消息为主要信息来源的老年人占比分别不足 1%。老年人主要信息来源的单一，也恰恰反映出互联网时代中他们信息获取渠道的相对闭塞，这极大地影响了他们参与社会、融入社会的程度，从而使生活质量受到一定损害。

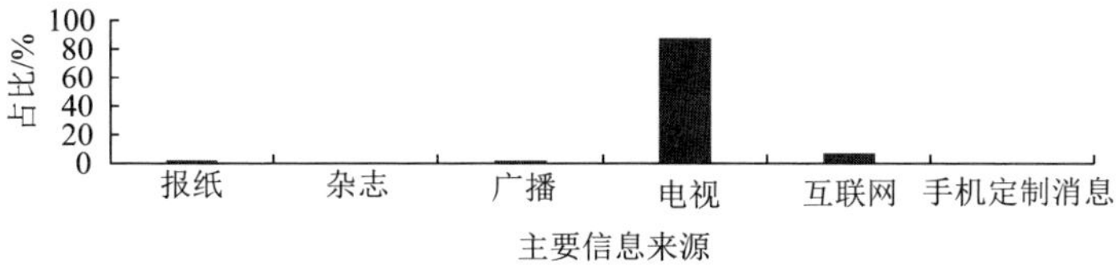

图 12-25　老年人的主要信息来源（N=11 417）

资料来源：2018 年 CLASS 数据

2. 上网频率

受限于文化程度、收入水平和其他方面的因素，老年人上网的频率很低，八成以上的老年人几乎从不上网（图 12-26）。每天都上网的老年人的占比仅为 12.37%；4.18%的老年人每周至少上一次网，每月至少上一次网和每年上几次网的老年人比例均不足 1%。互联网已经成为日常生活息息相关的事物，离开互联网，在社会中几乎寸步难行。老年人极低的上网频率反映出他们未能跟上信息社会的潮流，这对他们日常生活造成了极大的影响。

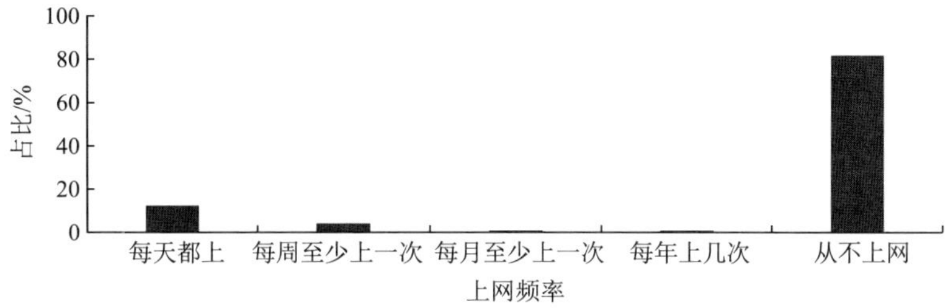

图 12-26　老年人上网的频率（N=11 417）

资料来源：2018 年 CLASS 数据

3. 上网主要活动

对于有上网行为的老年人而言，他们主要通过互联网从事哪些活动？或者通过互联网满足自己何种需求？如图 12-27 所示，老年人上网的主要目的在于社会交往和获取信息，而购物、出行和投资等功能性应用相对较少。在上网的老年人中，85.47%的人的主要活动是语音视频聊天，文字聊天的比例也高达 57.22%（此变量为多选，故各个选项的加总会超过 100%），反映出这部分老年人主要通过互联网来满足自己的社交需求。同时，在上网的老年人中，61.15%的人通过互联网浏览新闻，45.73%的人通过互联网听广播、看视频；获取新闻外的信息也是老年人上网的主要活动，比例达到 26%。上网老年人通过互联网购物、玩游戏、交通出行、健康管理、投资理财、学习培训、其他等活动的比例相对较低。比如，在互联网上玩游戏的比例为 20.29%，购物的比例为 13.09%，其余活动均不足 10%。这些数字反映出，虽然互联网拉近了人与人之间的时空距离，老年人也通过互联网开展社交，但互联网在老年人日常生活中的应用还非常有限。

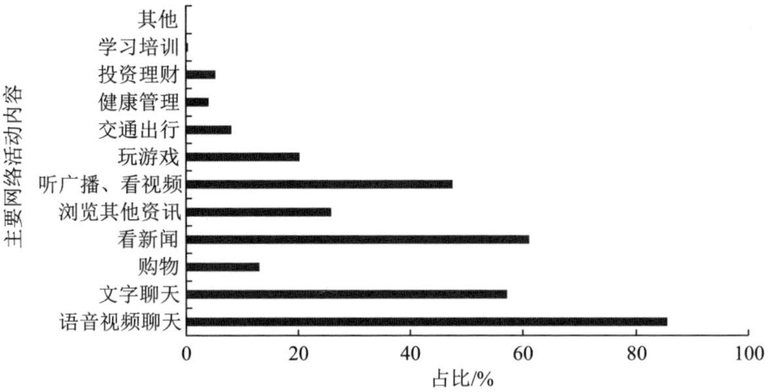

图 12-27　上网老年人的主要网络活动内容（N=2085）

资料来源：2018 年 CLASS 数据

（二）社会人口特征与上网行为

与老年人网络利用基础相似，具有不同人口与经济社会特征的老年人，在上网行为方面也存在着明显的差异。本节将从主要信息来源、上网频率和主要上网活动三个方面，分析老年人上网行为的属性特征。

1. 主要信息来源

尽管老年人主要信息来源非常传统，但女性老年人更甚。这或源于女性老年人更为保守的思想观念，或因她们更低的资源禀赋。如图 12-28 所示，女性老年人以电视为主要信息来源的比例高达九成，超过男性老年人（86.23%）约 3 个百分点。男性老年人以互联网为主要信息来源的比例（8.05%）高于女性老年人约 1.5 个百分点。因以报纸、杂志、广播和手机定制消息为主要信息来源的老年人比例较低，故性别差异并不明显。

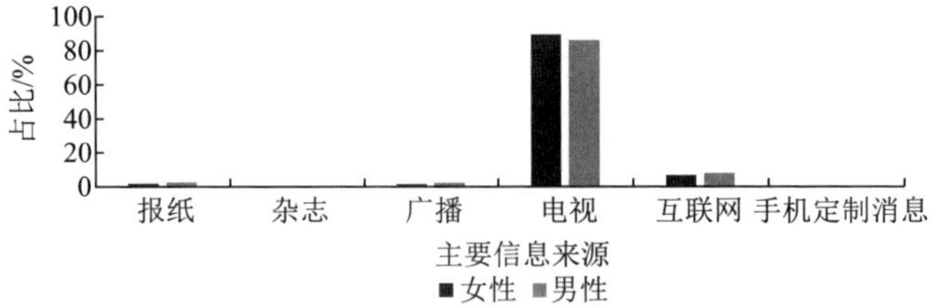

图 12-28　老年人主要信息来源的性别差异

资料来源：2018 年 CLASS 数据

男性老年人样本量为 5681 个；女性老年人样本量为 5736 个

随着年龄的增长，老年人的主要信息来源更加依赖电视。如图 12-29 所示，低龄老年人以电视为主要信息来源的比例超过八成，而高龄老年人的相应比例更是高达 92.66%，两者相差 9.6 个百分点。以互联网为主要信息来源的比例随年龄的增长而逐渐降低：12.48%的低龄老年人以互联网为主要信息来源，在中龄老年人中该比例降至 2.87%，而在高龄老年人中该比例则仅有 1.47%。

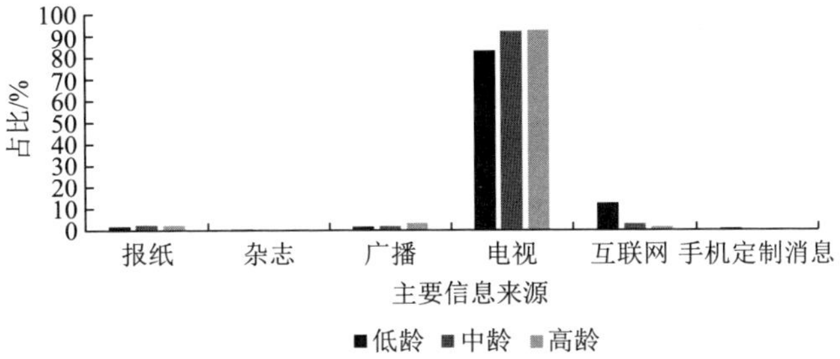

图 12-29　老年人主要信息来源的年龄差异

资料来源：2018 年 CLASS 数据

低龄、中龄和高龄老年人样本量分别为 5537 个、4042 个、1838 个

虽然老年人的主要信息来源都以电视为主，但城乡差异依旧明显，城市老年人的信息来源相对比较现代，农村老年人信息获取渠道存在劣势。如图 12-30 所示，82.37%的城镇老年人以电视为主要信息来源，而在农村老年人中这一比例超过九成，两者相差约 9 个百分点。相反，城市老年人以互联网为主要信息来源的比例为 11.88%，在农村老年人中该比例仅为 3.88%，两者相差 8 个百分点。

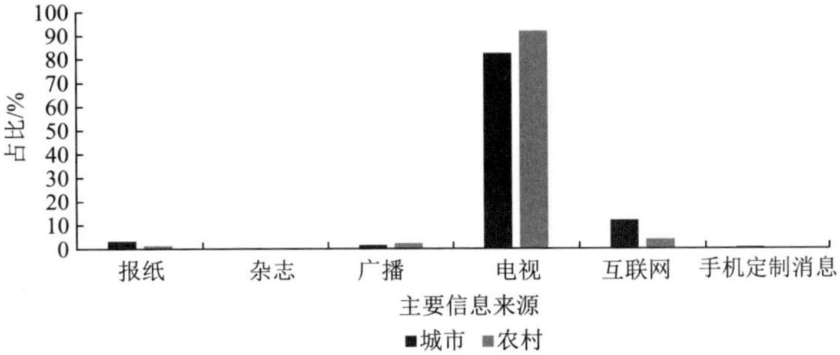

图 12-30　老年人主要信息来源的城乡差异

资料来源：2018 年 CLASS 数据

城市老年人样本量为 4889 个；农村老年人样本量为 6258 个

随着文化程度的提高，老年人以电视为主要信息来源的比例逐渐降低，以互联网为主要信息来源的比例逐渐升高。如图 12-31 所示，不识字老年人以电视为主要信息来源的比例高达 93.88%，随着文化程度的提高，这一比例渐次降低，在文化程度为初中及以上的老年人中，以电视为主要信息来源的比例仅为 79.39%。

反之，以互联网为主要信息来源的比例与文化程度呈现出明显的正相关关系，不识字的老年人以互联网为主要信息来源的比例仅为 1.36%，小学文化程度的老年人中该比例为 4.37%，而初中及以上文化程度的老年人中该比例达到 15.75%。互联网的快速发展对老年人的学习能力有着更高的要求，而文化程度更高的老年人学习能力也相对更强，也更可能以互联网为主要信息来源。

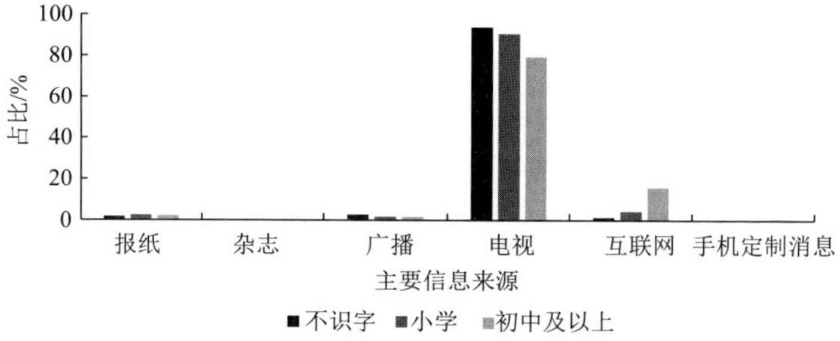

图 12-31　老年人主要信息来源的文化程度差异

资料来源：2018 年 CLASS 数据

不识字、小学、初中及以上文化程度的老年人样本量分别为 3025 个、4647 个、3745 个

老年人的健康状况也与其主要信息来源密切相关，如图 12-32 所示，健康状况更好的老年人以电视为主要信息来源的比例更低：健康老年人以电视为主要信息来源的比例为 87.02%，低于不健康老年人约 4.7 个百分点；相反，健康老年人以互联网为主要信息来源的比例更高，达到 8.01%，高于不健康老年人约 4 个百分点。健康状况好的老年人也更有能力通过互联网主动获取信息，或通过互联网满足自己的生活需要。但健康状况不佳的老年人多是通过电视等传统渠道被动地接收信息。

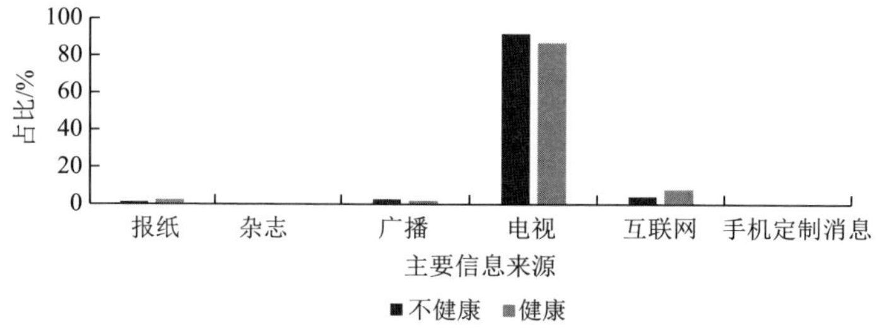

图 12-32　老年人主要信息来源的健康状况差异

资料来源：2018 年 CLASS 数据

身体健康和不健康老年人样本量分别为 9436 个、1965 个

从图 12-33 可以看出，不同收入水平的老年人的信息来源有明显的差异，高收入老年人的信息来源更为现代。随着老年人收入水平的上升，以电视为主要信

息来源的比例逐渐降低，93.82%的低收入老年人以电视为主要信息来源，而高收入老年人的这一比例则降至 81.67%，两者相差约 12 个百分点。与电视相反，收入水平越高，以互联网为主要信息来源的比例也越高。仅有 2.24%的低收入老年人以互联网为主要信息来源，而高收入老年人的这一比例达到 12.68%，两者相差约 10 个百分点。

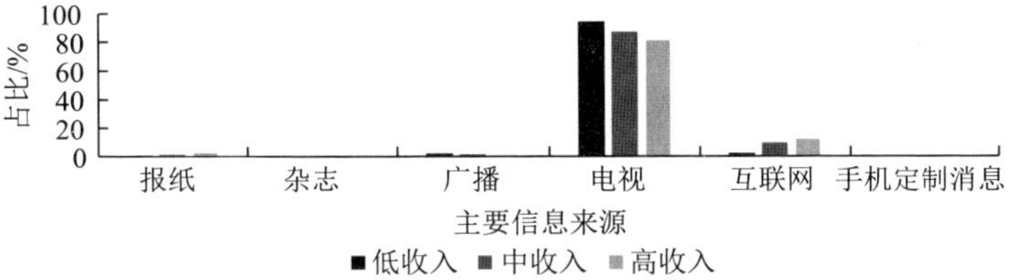

图 12-33　老年人主要信息来源的收入水平差异

资料来源：2018 年 CLASS 数据

低收入、中收入、高收入老年人样本量分别为 2815 个、3748 个、2832 个

2. 上网频率

男性老年人和女性老年人的上网频率存在微小差异，女性老年人的上网频率略低于男性老年人。如图 12-34 所示，无论是男性还是女性，从不上网的比例均最高，都超过八成；而每月至少上一次和每年上几次的比例最低，比例均在 1%左右。分性别来看，女性老年人从不上网的比例为 82.5%，略高于男性；而男性老年人每天都上网的比例超过女性老年人 1.53 个百分点。

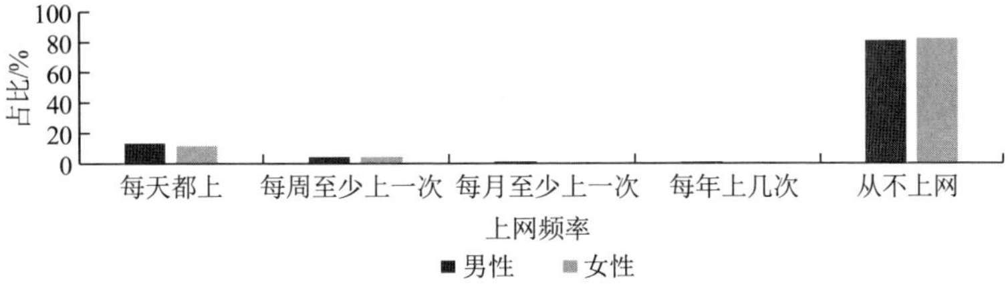

图 12-34　老年人上网频率的性别差异

资料来源：2018 年 CLASS 数据

男性老年人样本量为 5681 个；女性老年人样本量为 5736 个

年龄往往与健康状况、收入水平、文化程度等资源禀赋密切相关，故也是影响老年人上网频率的重要因素。年龄越大，老年人上网的频率越低。如图 12-35 所示，高达 96.25%的高龄老年人从不上网，高于低龄老年人约 26 个百分点；低龄老年人每天都上网的比例为 21.26%，为所有年龄段的最高值；每周至少上一次网的比例也随年龄的增长而逐渐降低，低龄老年人每周至少上一次网的比例为 6.07%，而高龄老年人中的这一比例仅为 0.98%。

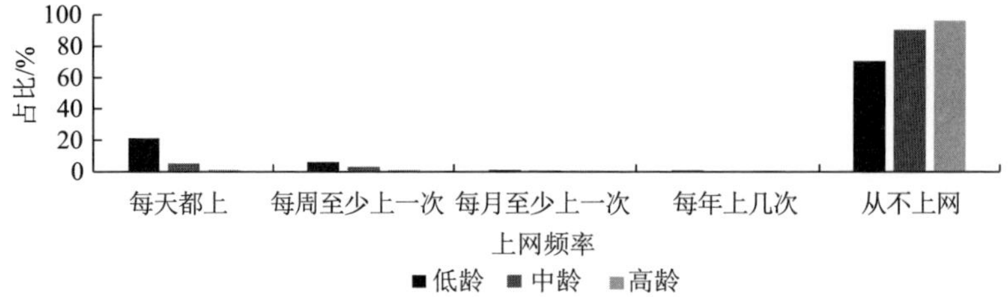

图 12-35 老年人上网频率的年龄差异

资料来源：2018 年 CLASS 数据

低龄、中龄和高龄老年人样本量分别为 5537 个、4042 个、1838 个

农村老年人因基础设施的不足或经济资本、人力资本等资源禀赋的匮乏面临着极大的信息技术利用劣势。同样，老年人的上网频率存在明显的城乡差异，城市老年人上网频率高于农村老年人。如图 12-36 所示，70.12%的城市老年人从不上网，而农村老年人从不上网的比例高达 90.44%，两者相差约 20 个百分点；城市老年人每天都上网的比例为 21.93%，高于农村老年人约 16 个百分点；城市老年人每周至少上一次网的比例也高出农村老年人约 2 个百分点。

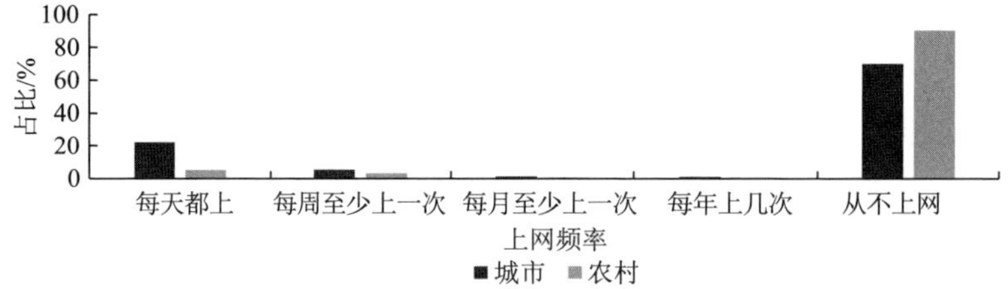

图 12-36 老年人上网频率的城乡差异

资料来源：2018 年 CLASS 数据

城市老年人样本量为 4889 个；农村老年人样本量为 6258 个

文化程度不仅是学习能力的反映，也影响着个人的思想观念和经济状况。故文化程度与上网频率有着紧密的联系。如图 12-37 所示，老年人上网频率随着文

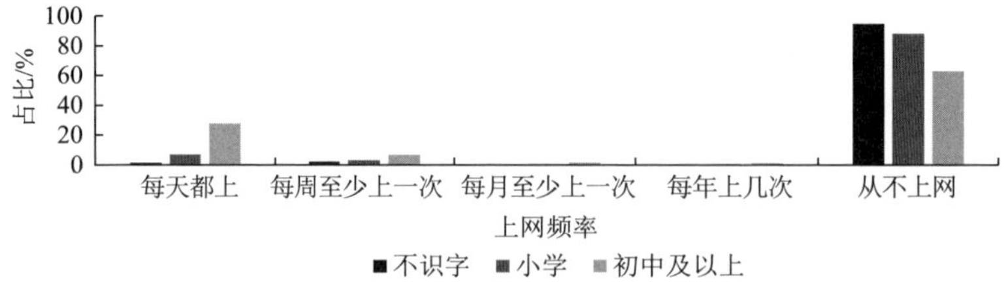

图 12-37 老年人上网频率的文化程度差异

资料来源：2018 年 CLASS 数据

不识字、小学、初中及以上文化程度的老年人样本量分别为 3025 个、4647 个、3745 个

化程度的提高而渐次升高。在不识字的老年人中，95.11%的人从不上网；文化程度为小学的老年人从不上网的比例降至 88.19%；初中及以上文化程度的老年人从不上网的比例最低，为 62.94%，与不识字老年人相差约 32 个百分点。不识字老年人每天都上网的比例仅为 1.62%，远低于初中及以上文化程度的老年人的 27.58%。每周至少上一次网的老年人比例也随文化程度的上升而升高，但变化并不明显。

健康状况作为重要的人力资本，与老年人的上网频率显著相关：身体相对健康的老年人上网将更加频繁。如图 12-38 所示，87.89%的身体欠佳的老年人从不上网，高于身体健康老年人约 7 个百分点；身体健康老年人每天都上网的比例为 13.66%，远远超过身体欠佳的老年人比例（6.26%）；身体健康和不健康的老年人每周至少上一次网的比例差距则相对较小。

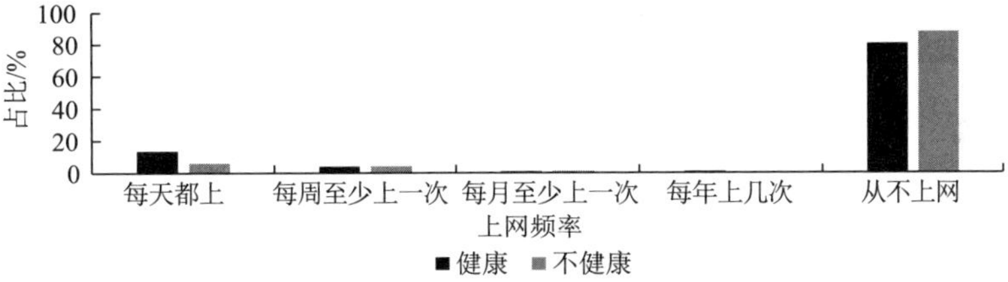

图 12-38　老年人上网频率的健康状况差异

资料来源：2018 年 CLASS 数据

身体健康和不健康老年人样本量分别为 9436 个、1965 个

收入水平越高，老年人上网越频繁。互联网的利用需要一定的经济基础，老年人的上网行为同样如此。如图 12-39 所示，93.04%的低收入老年人从不上网，远高于中收入和高收入老年人；中收入和高收入老年人从不上网的比例分别为 75.24%、73.48%，差距并不明显。仅有 3.55%的低收入老年人每天都上网，而中收入和高收入老年人每天都上网的比例分别达到 18.49%和 18.96%。低收入老年人每周至少上一次网的比例也较低，为 2.74%，分别低于中收入和高收入老年人约 2.3 个百分点和 1.8 个百分点。可以发现，老年人的个人收入对其上网频率存在一个“门槛效应”，当收入达到一定水平后，收入对老年人上网频率的影响便不再明显。

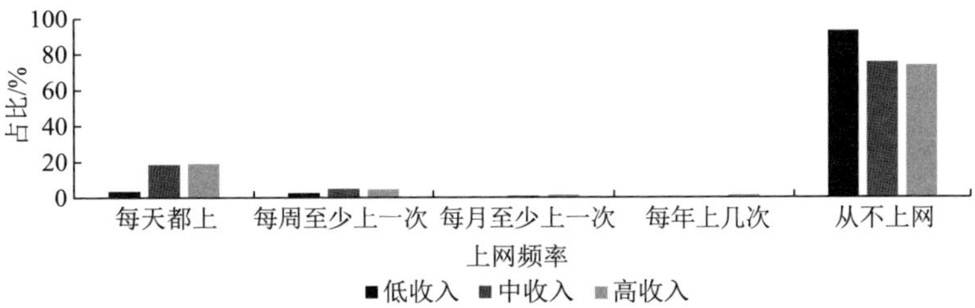

图 12-39　老年人上网频率的收入水平差异

资料来源：2018 年 CLASS 数据

低收入、中收入、高收入老年人样本量分别为 2815 个、3748 个、2832 个

3. 主要上网活动

对于有上网行为的老年人而言，其通过网络所从事的主要活动也具有一定的性别、年龄和城乡差异。如表 12-1 所示，女性老年人通过互联网开展社交和购物活动的比例高于男性老年人，分别有 87.2%和 58.6%的女性老年人上网进行语音视频聊天和文字聊天，上网购物的比例也达到 13.7%，分别高于男性老年人 3.3 个百分点、2.6 个百分点和 1.1 个百分点。男性老年人则更多地通过互联网来满足自己信息获取等工具性的需要；他们通过互联网看新闻，浏览其他资讯，听广播、看视频，交通出行，投资理财的比例高于女性老年人。在通过互联网进行健康管理和学习培训活动方面，两性老年人之间并无明显差异。

表 12-1　上网老年人网络活动内容的人口特征

上网内容	性别		年龄段			城乡	
	女性	男性	低龄	中龄	高龄	城市	农村
语音视频聊天	87.2%	83.9%	87.5%	80.3%	66.7%	90.5%	73.7%
文字聊天	58.6%	56.0%	61.3%	42.5%	43.5%	60.7%	49.0%
购物	13.7%	12.6%	14.4%	9.1%	4.3%	14.9%	8.8%
看新闻	54.4%	67.3%	61.4%	59.1%	66.7%	61.7%	59.8%
浏览其他资讯	21.9%	29.7%	29.0%	15.8%	11.6%	26.7%	24.4%
听广播、看视频	46.1%	48.9%	49.5%	41.5%	34.8%	43.5%	57.1%
玩游戏	19.5%	21.0%	22.5%	11.9%	14.5%	17.0%	27.9%
交通出行	6.7%	9.4%	9.0%	5.4%	2.9%	9.2%	5.8%
健康管理	4.1%	4.0%	4.8%	1.6%	1.4%	5.1%	1.6%
投资理财	4.2%	6.4%	5.2%	6.0%	5.8%	6.3%	3.2%
学习培训	0.4%	0.4%	0.3%	0.8%	0.0%	0.3%	0.5%
其他	0.2%	0.0%	0.1%	0.3%	0.0%	0.1%	0.2%
N	994	1091	1630	386	69	1461	624

资料来源：2018 年 CLASS 数据

从年龄来看，随着年龄的增长，老年人的身体机能将随之下降，也更少从事互联网活动。其中，在低龄和高龄人口中，降幅最大的前三位活动分别是语音视频聊天、文字聊天和其他资讯，分别降低 20.8 个百分点、17.8 个百分点和 17.4 个百分点。与大部分活动有别的是，有 66.7%的高龄老龄人通过互联网浏览新闻，为各年龄段的最高值。

从城乡差异来看，城市老年人上网的活动更为丰富。他们通过互联网语音视频聊天、文字聊天、购物、看新闻、浏览其他资讯、交通出行、健康管理和投资理财的比例比农村老年人高。农村老年人则主要通过互联网听广播、看视频及玩游戏，比例分别高于城市老年人 13.6 个百分点和 10.9 个百分点。农村老年人通过互联网学习培训的比例虽较低，但也略高于城市老年人 0.2 个百分点。

教育和健康是人力资本的重要构成，均与老年人的网络行为密切相关；收入属于主要的经济资本，也是保障老年人晚年生活的重要基础。如表 12-2 所示，老年人的上网活动随人力和经济资本的高低而异。文化程度更高的老年人上网活动更加多元化：随着文化程度的提升，老年人通过互联网满足日常生活需要的比例也逐渐升高；其中，升幅最明显的是网络聊天，不识字老年人语音视频聊天和文字聊天的比例仅为 52.0%和 31.8%，分别低于初中及以上文化程度的老年人 38.4 个百分点和 30.9 个百分点。与大部分活动有所不同的是，初中及以上文化程度的老年人听广播、看视频及学习培训的比例反而更低——他们在网上更可能从事新型的网络活动，如语音视频聊天、文字聊天、购物、看新闻、浏览其他资讯、交通出行、健康管理和投资理财等。

表 12-2　上网老年人网络活动内容的社会特征

上网内容	文化程度			健康状况		收入水平		
	不识字	小学	初中及以上	不健康	健康	低收入	中收入	高收入
语音视频聊天	52.0%	82.0%	90.4%	83.6%	85.8%	72.4%	91.9%	88.3%
文字聊天	31.8%	50.3%	62.7%	42.9%	59.2%	40.8%	58.5%	66.0%
购物	10.1%	11.1%	14.2%	7.6%	13.8%	3.1%	11.2%	18.9%
看新闻	54.7%	61.4%	61.7%	56.7%	61.7%	59.7%	59.3%	65.9%
浏览其他资讯	5.4%	25.1%	28.5%	18.1%	27.0%	20.4%	27.2%	27.4%
听广播、看视频	49.3%	51.5%	45.7%	55.9%	46.6%	56.1%	45.6%	47.9%
玩游戏	12.8%	22.2%	20.3%	21.0%	20.2%	22.4%	18.2%	24.2%
交通出行	1.4%	5.5%	9.9%	2.9%	8.8%	5.1%	9.1%	9.2%
健康管理	0.0%	2.9%	5.0%	2.1%	4.3%	0.5%	3.9%	5.2%
投资理财	5.4%	4.7%	5.6%	2.9%	5.7%	1.5%	3.6%	7.9%
学习培训	0.7%	0.4%	0.4%	1.3%	0.2%	0.5%	0.4%	0.3%
其他	0.0%	0.2%	0.1%	0.0%	0.1%	0.5%	0.1%	0.0%
N	148	549	1388	238	1843	196	928	751

资料来源：2018 年 CLASS 数据

同理，身体健康的老年人的上网内容更加丰富，除通过互联网听广播、看视频以及玩游戏、学习培训外，大部分互联网活动的比例均高于身体健康状况欠佳的老年人。46.6%的健康老年人通过网络听广播、看视频，身体状况不健康的老年人这一比例高达 55.9%，这可能是因为，健康状况欠佳的老年人日常活动范围相对受限，故将听广播、看视频作为主要的娱乐活动。

从收入水平来看，老年人个体的收入水平越高，参与大部分网络活动的比例也越高。91.9%的中收入老年人通过互联网语音视频聊天，高于低收入老年人 19.5 个百分点。高收入的老年人进行文字聊天的比例为 66.0%，而低收入老年人这一比例仅为 40.8%。购物的比例也随收入的提高而变化甚大，由低收入老年人的 3.1%升至高收入老年人的 18.9%。听广播、看视频比例与老年人个人收入的比例总体则呈现负相关关系，高收入老年人听广播、看视频的比例仅为 47.9%，低于低收入老年人 8.2 个百分点。

第二节　智能手机使用

在信息化和网络化时代，上网设备成为日常生活最主要的电子消费品之一，智能手机是中国互联网用户与网络连接的最主要途径与手段，也与日常生活有着紧密的联系，成为生活中必不可少的工具，在养老中的应用也日渐广泛。本节将利用 2018 年 CLASS 数据，分析智能手机在老年人中的普及程度，描述老年人智能手机使用及其社会人口特征。

一、总体情况

尽管手机是最普通的智能产品，但在老年人群中的普及度还十分有限。如图 12-40 所示，仅有 22.97%的老年人拥有智能手机。随着智能手机在生活中的重要性逐渐提升，智能手机在老年人群中较低的普及度也给他们的日常生活带来诸多不便，由此会损害他们的身心福祉。

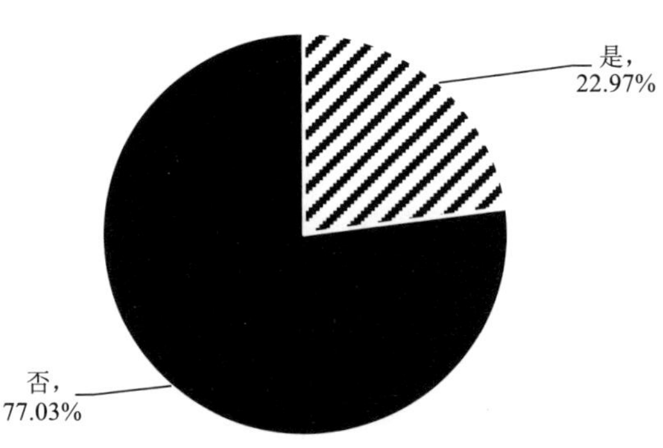

图 12-40　老年人智能手机使用情况（N=11 417）

资料来源：2018 年 CLASS 数据

二、社会人口特征与智能手机使用

老年人的智能手机使用也有着明显的社会人口特征。就性别而言，男性老年人智能手机的使用率略高于女性老年人。如图 12-41 所示，有 24.44%的男性老年人使用智能手机，而女性老年人中，仅有 21.49%在使用智能手机，相差约 3 个百分点。女性老年人的经济资本和教育、健康等人力资本往往不及男性老年人，这可能是造成女性老年人群智能手机普及度相对更低的主要原因。

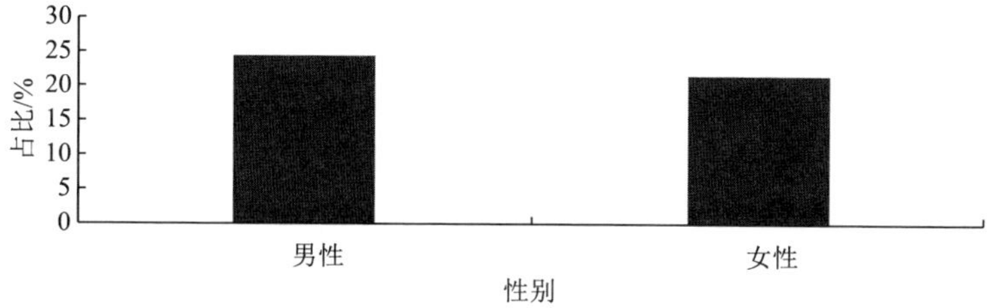

图 12-41 老年人智能手机使用的性别差异

资料来源：2018 年 CLASS 数据

男性老年人样本量为 5681 个；女性老年人样本量为 5736 个

随着年龄的增长，老年人智能手机的使用率也依次递减。如图 12-42 所示，低龄老年人智能手机使用率为 35%，为所有年龄段的最高值；中龄老年人次之，使用率降至 14.2%；而高龄老年人的使用率最低，仅为 6.1%。随着年岁的增长，老年人的健康状况、经济水平都在下降，故年长者智能手机的使用能力更为不足、使用率也最低。

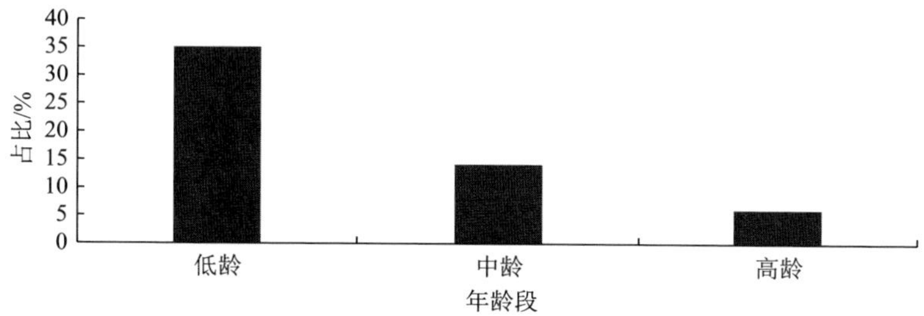

图 12-42 老年人智能手机使用的年龄差异

资料来源：2018 年 CLASS 数据

低龄、中龄和高龄老年人样本量分别为 5537 个、4042 个、1838 个

图 12-43 展示了城乡老年人在智能手机使用方面的差别。如其所示，城市老年人智能手机使用率远高于农村老年人：城市老年人智能手机使用率为 37%，而有 12.5%的农村老年人在使用智能手机，仅约为城市老年人的 1/3。这一方面反映出农村老年人经济、教育和公共基础设施等资源禀赋不足造成的劣势地位；另一方面也体现了信息化时代背景下，农村老年人面临巨大的“数字鸿沟”。

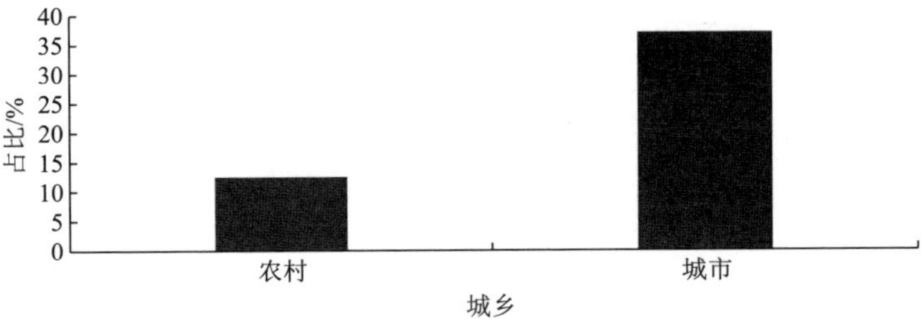

图 12-43　老年人智能手机使用的城乡差异

资料来源：2018 年 CLASS 数据

城市老年人样本量为 4889 个；农村老年人样本量为 6258 个

老年人的文化程度越高，智能手机的使用率也越高。如图 12-44 所示，不识字的老年人智能手机的使用率仅为 5%；有小学文化程度的老年人智能手机的使用率升至 16.8%；而初中及以上文化程度的老年人智能手机使用率最高，达到 45.2%。较高的文化程度不仅可以使老年人具备智能手机使用的经济基础，也可提升老年人对智能手机使用的学习能力，从而使得文化程度与智能手机的使用呈现出明显的正向关系。

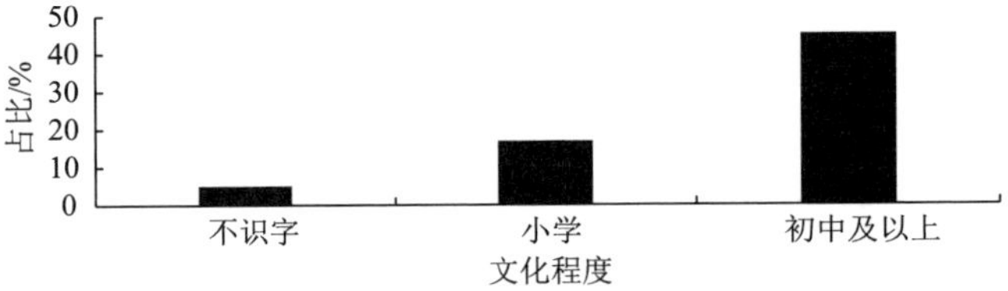

图 12-44　老年人智能手机使用的文化程度差异

资料来源：2018 年 CLASS 数据

不识字、小学、初中及以上文化程度的老年人样本量分别为 3025 个、4647 个、3745 个

身体健康的老年人智能手机的使用率更高。如图 12-45 所示，在身体健康的老年人中，24.6%的老年人拥有智能手机；反观健康状况欠佳的老年人，仅有 15.4% 拥有智能手机，两者相差 9.2 个百分点。良好的健康状况是老年人智能手机使用的重要前提；当他们的健康状况下降时，也会逐渐丧失（部分）日常生活能力，智能手机的使用自然将受到限制。

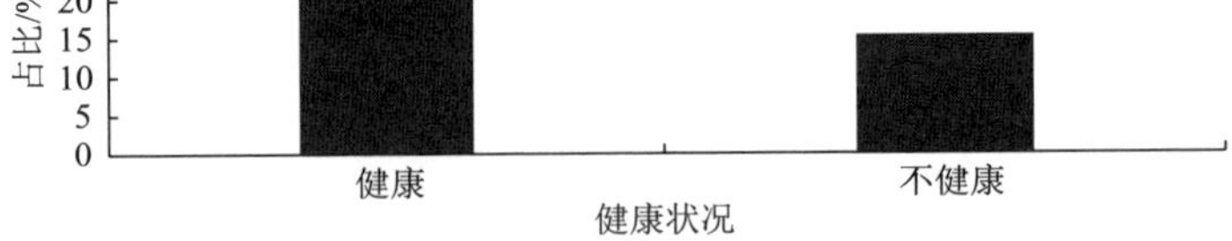

图 12-45　老年人智能手机使用的健康状况差异

资料来源：2018 年 CLASS 数据

身体健康和不健康老年人样本量分别为 9436 个、1965 个

老年人收入水平较低，收入来源相对有限，智能手机也是一笔不小的支出。故此，老年人个人收入水平越高，智能手机的使用率也就越高。如图 12-46 所示，低收入老年人智能手机的使用率仅为 8.5%；中收入老年人智能手机的使用率升至 29.2%；而高收入老年人智能手机使用率则高达 35.3%，比低收入老年人高出 26.8 个百分点。

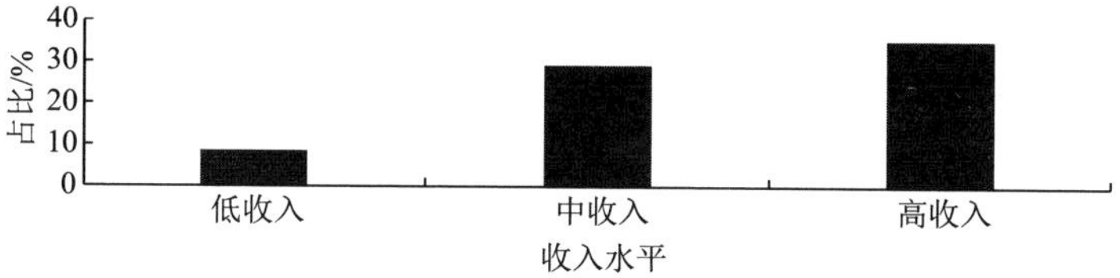

图 12-46　老年人智能手机使用的收入水平差异

资料来源：2018 年 CLASS 数据

低收入、中收入、高收入老年人样本量分别为 2815 个、3748 个、2832 个

第三节　其他智慧养老产品的拥有

人口老龄化的深入发展和现代信息技术的几何级数式的进步是 21 世纪社会变迁的典型样态，两者之间彼此渗透与互动。当前，市场中各类与日常生活相关的电子产品层出不穷，琳琅满目。电子产品在养老领域的应用也逐渐广泛，成为满足老年人多样化养老服务需求的重要手段。本节将利用 2018 年 CLASS 数据，利用单变量分析，描述老年人智慧养老产品的利用情况；通过交叉分析，把握他们在智慧养老产品使用方面的人口与经济社会特征。

一、总体情况

老年人智慧养老产品以健康类产品为主，这是因为这些产品对老年人的适用性更强，有助于他们对自己的血压、血脂等情况进行实时监测与管理。如图 12-47 所示，老年人最常拥有的智慧养老产品是电子血压计，有此类产品的老年受访者

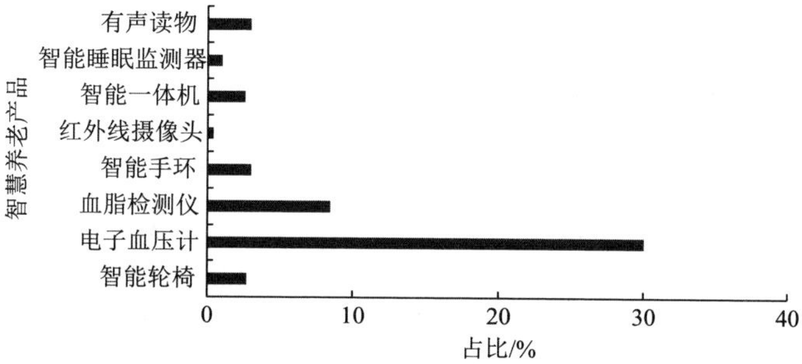

图 12-47　老年人智慧养老产品拥有状况（N=11 417）

资料来源：2018 年 CLASS 数据

约占三成；其次为血脂检测仪，拥有率也达到 8.46%；智能手环、有声读物、智能睡眠监测器、智能轮椅等智慧养老产品拥有程度十分低下，均不足 5%，红外线摄像头更是不足 1%。

二、社会人口特征与智慧养老产品的拥有

与上网行为和智能手机使用类似的是，不同人口与经济社会特征的老年人，在智慧养老产品拥有方面也存在明显的差异。

从性别来看（图 12-48），女性老年人健康类的智慧养老产品拥有率要高于男性老年人。她们拥有电子血压计、血脂检测仪和智能手环的比例分别为 30.9%、9%、3.3%，分别高于男性老年人 1.7 个百分点、1.1 个百分点和 0.6 个百分点，这既可能是女性老年人健康状况更差、需求更高之故，也可能是女性老年人对自己的健康问题更重视、健康意识更强的原因；同时，这些产品也是最普通、最基本的健康管理产品，女性的拥有率较高，或在一定程度上表明，她们对传统产品的依赖性更强。男性老年人拥有有声读物的比例高于女性老年人 0.4 个百分点；智能轮椅、红外线摄像头、智能一体机和智能睡眠监测器拥有率的性别差异很小。

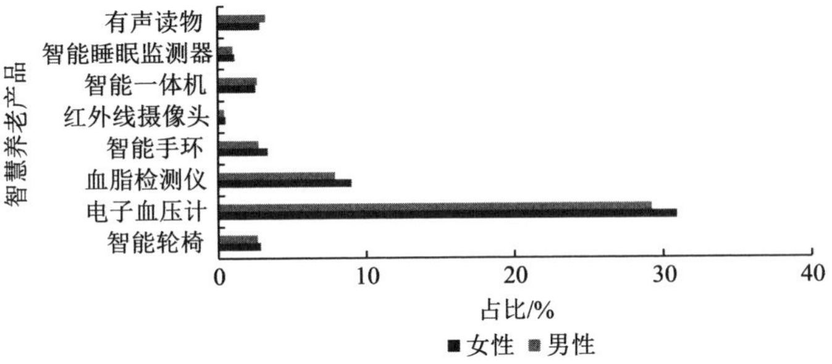

图 12-48　老年人智慧养老产品拥有的性别差异

资料来源：2018 年 CLASS 数据

男性老年人样本量为 5681；女性老年人样本量为 5736 个

图 12-49 描写了不同年龄段的老年人智慧养老产品的拥有率。如其所示，高龄老年人电子血压计、血脂检测仪和智能轮椅的拥有率高于低龄老年人和中龄老年人。随着年龄的增长，高血压、糖尿病等慢性病逐渐显现，以及自理能力下降，对健康类智慧养老产品的需求也随之增加。低龄老年人拥有智能手环、智能一体机、智能睡眠监测器和有声读物的比例相对更高。这些类别产品的技术含量更高，对老年人经济能力和学习能力的要求也更高，故低龄老年人对这些产品的拥有率也相对更高。

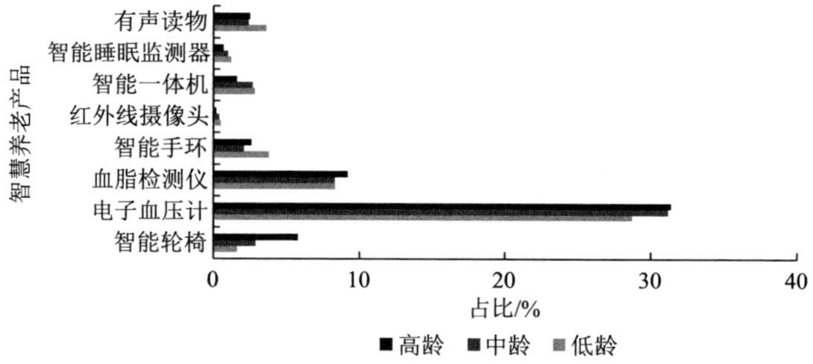

图 12-49　老年人智慧养老产品拥有的年龄差异

资料来源：2018 年 CLASS 数据

低龄、中龄和高龄老年人样本量分别为 5537 个、4042 个、1838 个

在城乡之间，老年人智慧养老产品的拥有率存在巨大差别：无论何种智慧养老产品，城市老年人的拥有率都显著高于农村老年人。如图 12-50 所示，从老年人智慧养老产品总体拥有率最高的前三位，电子血压计、血脂检测仪和智能手环来看，城市老年人电子血压计拥有率为 44.6%，而农村老年人仅为 19.1%，不足城市老年人的一半；城市老年人血脂检测仪拥有率为 15%，高出农村老年人 11.5 个百分点；5.7%的城市老年人有智能手环，高出农村老年人 4.7 个百分点。

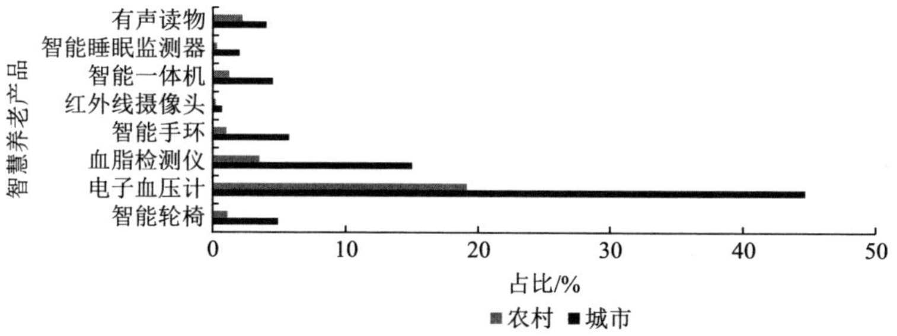

图 12-50　老年人智慧养老产品拥有的城乡差异

资料来源：2018 年 CLASS 数据

城市老年人样本量为 4889 个；农村老年人样本量为 6258 个

文化程度也是影响老年人智慧养老产品拥有率的重要因素。如图 12-51 所示，随着文化程度的升高，老年人智慧养老产品的拥有率也越来越高，增幅排在前三位的智慧养老产品是电子血压计、血脂检测仪和智能手环。电子血压计拥有率由不识字老年人的 20%提升至初中及以上文化程度老年人的 40%，增加了一倍；血脂检测仪拥有率由不识字老年人的 3.9%提升至初中及以上文化程度老年人的 13.1%，增加了 9.2 个百分点；智能手环拥有率由不识字老年人的 1.1%提升至初中及以上文化程度老年人的 5.6%，提升了 4.5 个百分点，增加了 4 倍多。

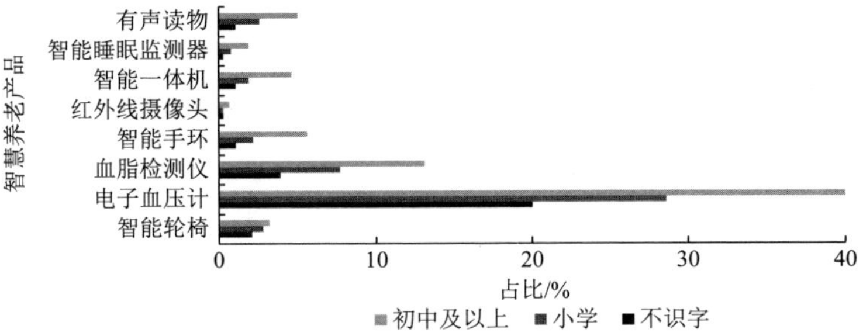

图 12-51 老年人智慧养老产品拥有的文化程度差异

资料来源：2018 年 CLASS 数据

不识字、小学、初中及以上文化程度的老年人样本量分别为 3025 个、4647 个、3745 个

不同健康状况下的老年人智慧养老产品拥有率也有差异，不健康老年人健康类的智慧养老产品拥有率更高。如图 12-52 所示，电子血压计、血脂检测仪、智能轮椅、智能一体机这些与健康相关的智能产品在不健康的老年人中拥有率更高；健康老年人中，智能手环、智能睡眠监测器和有声读物的拥有率更高。其中，不健康老年人电子血压计和血脂检测仪拥有率与健康老年人差值最大，均高于健康老年人 3.8 个百分点。

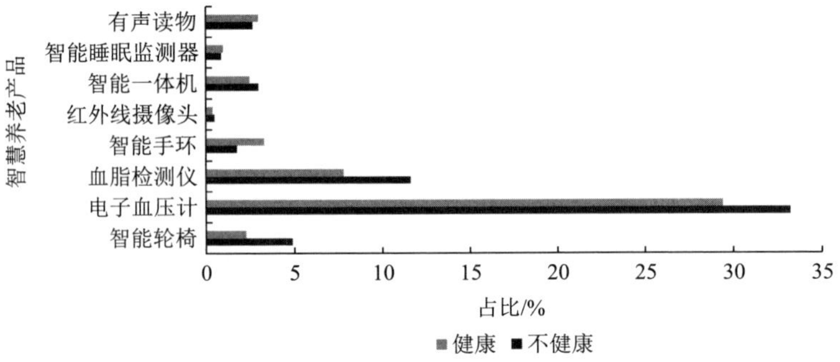

图 12-52 老年人智慧养老产品拥有的健康状况差异

资料来源：2018 年 CLASS 数据

身体健康和不健康老年人样本量分别为 9436 个、1965 个

老年人收入水平越高，智慧养老产品拥有率越高。智慧养老产品作为新兴事物，价格相对于老年人较为昂贵，数据分析结果也呈现出这样的特征。如图 12-53 所示，几乎所有种类的智慧养老产品的拥有率都随老年人收入上升而升高。其中，低收入老年人电子血压计的拥有率为 11.9%，血脂检测仪也仅为 2.2%，其余产品均不足 1%。反观高收入老年人，电子血压计拥有率达到了 45.9%，血脂检测仪拥有率也达到 14.7%。

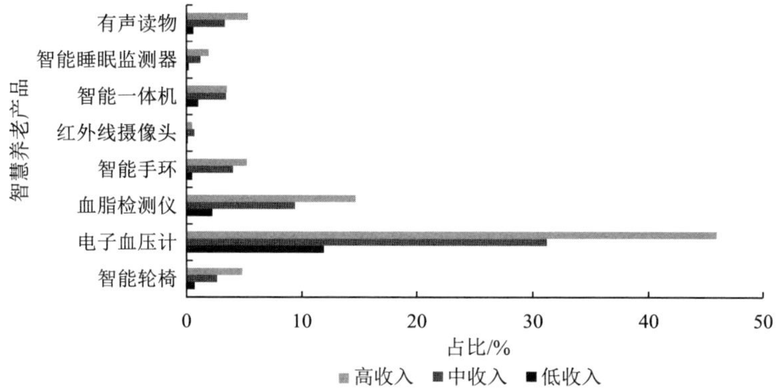

图 12-53　老年人智慧养老产品拥有的收入水平差异

资料来源：2018 年 CLASS 数据

低收入、中收入、高收入老年人样本量分别为 2815 个、3748 个、2832 个

第四节　信息技术利用的追踪分析

本章前三节分析了老年人的互联网利用、智能手机使用和智慧养老产品拥有的总体情况及其人口与经济社会特征。那么，老年人信息技术的利用是否会随时间的流逝（和年龄的增长）而发生变化，又会发生怎样的变化呢？本节将利用 2016 年和 2018 年两期 CLASS 数据，选出在这两期均被调查的追踪样本，以智能手机使用和上网频率为着眼点，分析在这两年间，老年人智慧养老产品拥有和信息技术利用的变化。在这两期调查中，共有 9642 个老年人同时接受了两期调查。

因老年人的健康状况和收入水平会在两年间发生变动，尤其是健康状况，故本节主要关注不随时间变化的变量，将性别、户籍和文化程度作为老年人的基本人口与社会特征，将它们与智慧养老产品拥有和上网行为进行交叉分析。

一、智能手机

（一）智能手机使用的总体情况

概而言之，老年人智能手机的使用率在两年间增长幅度比较明显（图 12-54）。在追踪样本中，2016 年，老年人智能手机的使用率为 16.1%；2018 年，这个比例上升至 21.5%，两年间增长了 5.4 个百分点。这既可能是智能手机日渐普及，与日常生活联系更为紧密的结果，也可能与老年人收入水平的改善、消费观念的变化（尤其是后者）有关；此外，在这两年中，互联网的迅猛发展可能也是重要因素。

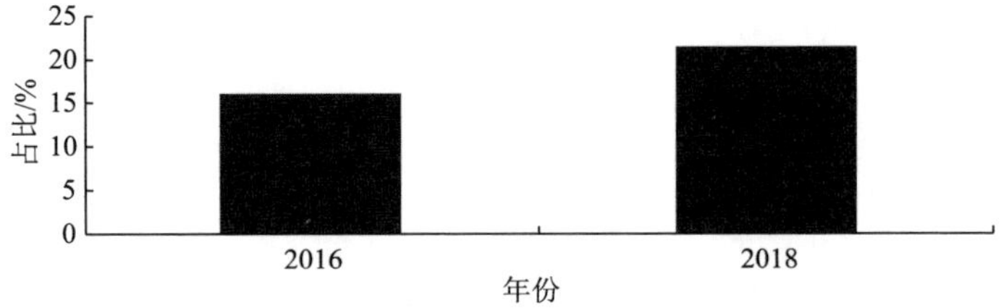

图 12-54　智能手机使用的变化（N=9642）

资料来源：2016 年与 2018 年 CLASS 数据

（二）社会人口特征与智能手机使用变化

男性和女性老年人智能手机使用率变化幅度存在差异，男性老年人智能手机使用率上升幅度高于女性老年人。如图 12-55 所示，2016 年，男性老年人智能手机使用率为 16.71%，女性老年人为 15.55%，两者相差 1.16 个百分点；2018 年，22.72%的男性老年人在使用智能手机，而女性老年人智能手机使用率也升至 20.22%，但二者之间的差距拉大，从 1.16 个百分点升至 2.5 个百分点；两年间，男性老年人和女性老年人的差值扩大了 1.34 个百分点。这表明，性别差异因时扩大，男性老年人更多地受益于信息技术的发展。

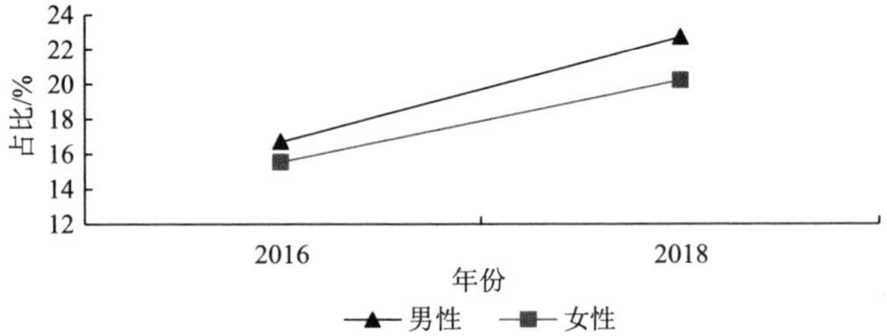

图 12-55　老年人智能手机使用变化的性别差异

资料来源：2016 年与 2018 年 CLASS 数据

男性老年人样本量为 4864 个；女性老年人样本量为 4778 个

无论是城市老年人还是农村老年人，智能手机使用率都随时间而逐渐上升（图 12-56）。2016 年，城市老年人智能手机的使用率为 27.27%，2018 年则为 35.08%，两年间上升了 7.81 个百分点；与此同时，尽管农村老年人的智能手机使用率也由 2016 年的 7.72%升至 2018 年的 11.2%，两年间上升了 3.48 个百分点，但两类老年人智能手机使用的升幅却相差 4.33 个百分点，城乡之间的差距逐渐扩大，农村老年人在智能手机使用方面的劣势地位更为明显。

不同文化程度的老年人智能手机使用率的变化更为明显：不识字的老年人智能手机使用率降低，小学及以上文化程度的老年人智能手机使用率则上升。如图 12-57 所示，2016 年不识字的老年人智能手机使用率为 5.84%，2018 年不识

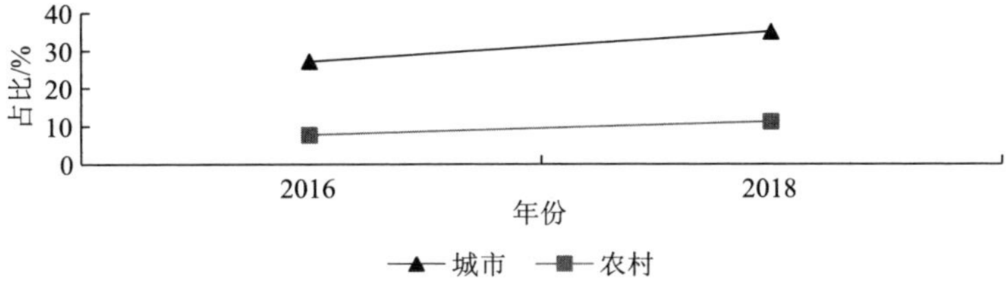

图 12-56　老年人智能手机使用变化的城乡差异

资料来源：2016 年与 2018 年 CLASS 数据

城市老年人样本量为 4151 个；农村老年人样本量为 5491 个

字的老年人智能手机使用率降至 4.74%，两年间下降了 1.1 个百分点；2016 年小学文化程度的老年人智能手机的使用率为 12.03%，2018 年上升至 15.73%；初中及以上文化程度的老年人智能手机使用率上升幅度最大，由 2016 年的 30.3%上升至 2018 年的 43.31%，两年间上升了 13.01 个百分点。智能手机使用率的文化程度差异随着时间的变化而逐渐扩大，深层次的原因可能与智能手机使用的持续性有关。比如，不识字的老年人在两年过去后，可能会因使用困难而放弃智能手机；而受过教育的老年人智能手机使用的持续性则更高。

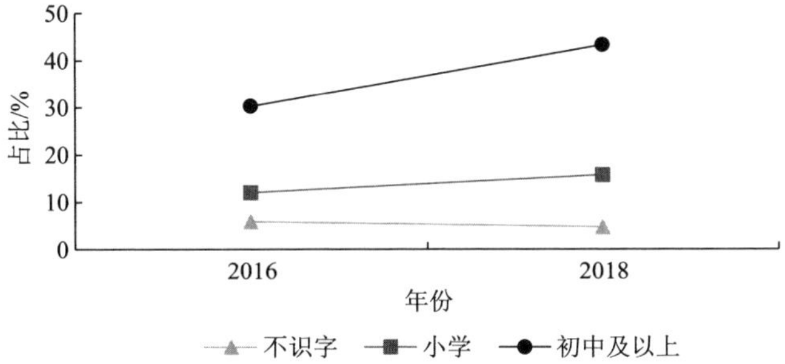

图 12-57　老年人智能手机使用变化的文化程度差异

资料来源：2016 年与 2018 年 CLASS 数据

不识字、小学、初中及以上文化程度的老年人样本量分别为 2635 个、3948 个、3059 个

二、上网频率

在 2016 年和 2018 年两次调查中，都问及受访者的上网频率，但提问的方法有所不同。2016 年的问题是“您现在经常上网吗？”，题项为“是”“否”二分类选项；2018 年的问法是“您上网吗？（包括用手机等各种电子设备上网）”，题项为每天都上网、每周至少上一次、每月至少上一次、每年上几次和从不上网五个选项。为使两期数据一致并可比，本节将 2018 年 CLASS 中上网频率操作化为二分类：将每天都上网和每周至少上一次界定为经常上网，将每月至少上一次、每年上几次和从不上网界定为不经常上网。

（一）总体情况

总体上看，老年人经常上网的比例随时间的推移而增长（图 12-58）。2016 年，受访者经常上网的比例不到一成（9.9%）；到 2018 年，他们经常上网的比例升至 15%，两年间增长了 5.1 个百分点。与智能手机使用率增长的原因相似，老年人上网频率的上升，也反映出互联网的进一步普及：随着互联网在养老领域中的应用日渐广泛，老年人上网的频率也将持续上升。

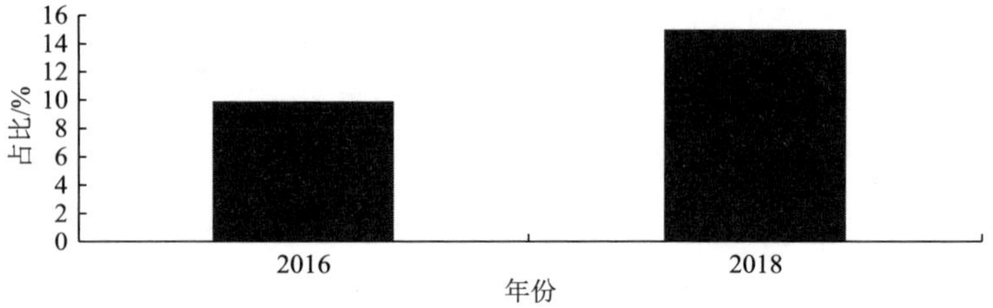

图 12-58　老年人经常上网频率变化（N=9642）

资料来源：2016 年与 2018 年 CLASS 数据

（二）社会人口特征与上网频率变化

老年人经常上网比例的上升幅度也存在着明显的性别差异，男性老年人经常上网的比例上升幅度大于女性老年人。如图 12-59 所示，2016 年，有 9.58%的男性老年人经常上网；2018 年，经常上网的男性老年人比例升至 15.4%，两年间上升了 5.82 个百分点。对女性老年人而言，2016～2018 年，经常上网的比例增长了 4.4 个百分点，低于男性老年人涨幅 1.42 个百分点，因此，尽管 2016 年女性老年人经常上网的比例略高于男性老年人，为 10.19%，但 2018 年却为 14.59%，反而低于男性老年人 0.81 个百分点。

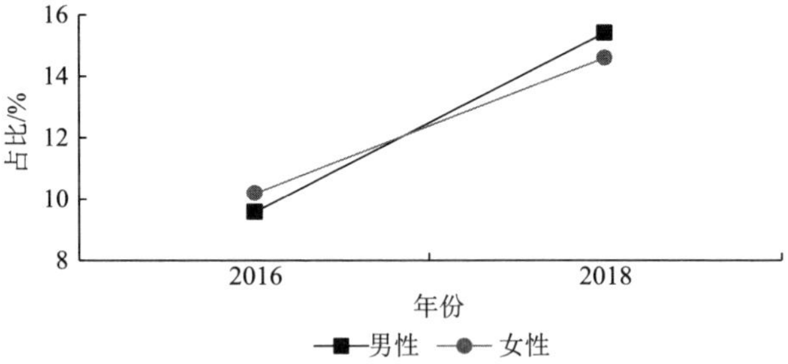

图 12-59　老年人经常上网频率变化的性别差异

资料来源：2016 年与 2018 年 CLASS 数据

男性老年人样本量为 4864 个；女性老年人样本量为 4778 个

从老年人上网频率变化的城乡差异来看，城市老年人和农村老年人经常上网的比例双双上升，上升幅度之间的差异并不明显。如图 12-60 所示，2016 年城市老年人经常上网的比例为 19.06%，2018 年为 24.84%，两年间上升了 5.78 个百分点；农村老年人经常上网的比例则由 2016 年的 2.95%上升至 2018 年的 7.56%，两年间上升了 4.61 个百分点；城市老年人经常上网频率变化的幅度高于农村老年人 1.17 个百分点。

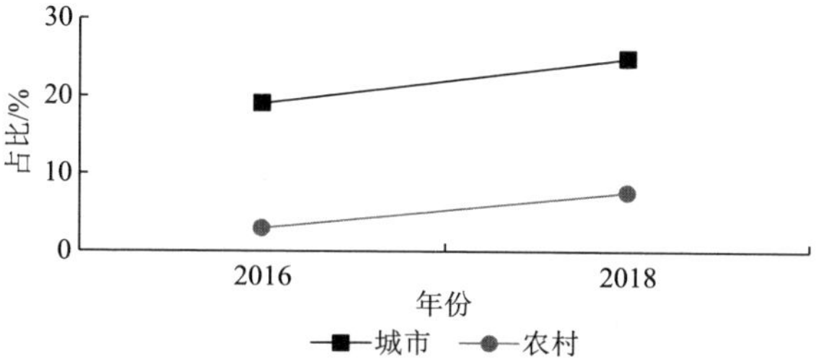

图 12-60　老年人经常上网频率变化的城乡差异

资料来源：2016 年与 2018 年 CLASS 数据

城市老年人样本量为 4151 个；农村老年人样本量为 5491 个

不同文化程度的老年人的上网频率在这两年间也有明显的变化，文化程度越高，经常上网的比例上升幅度越大。如图 12-61 所示，不识字的老年人经常上网的比例由 2016 年的 3.03%升至 2018 年的 4.67%，两年间上升了 1.64 个百分点；小学文化程度的老年人经常上网的比例由 2016 年的 6.13%升至 2018 年的 10.89%，两年间上升了 4.76 个百分点；初中及以上文化程度的老年人经常上网的比例由 2016 年的 20.62%升至 2018 年的 34.68%，两年间上升了 14.06 个百分点。由此可见，不同文化程度的老年人经常上网比例的差异随时间推移而逐渐扩大，不识字老年人网络利用更为劣势。

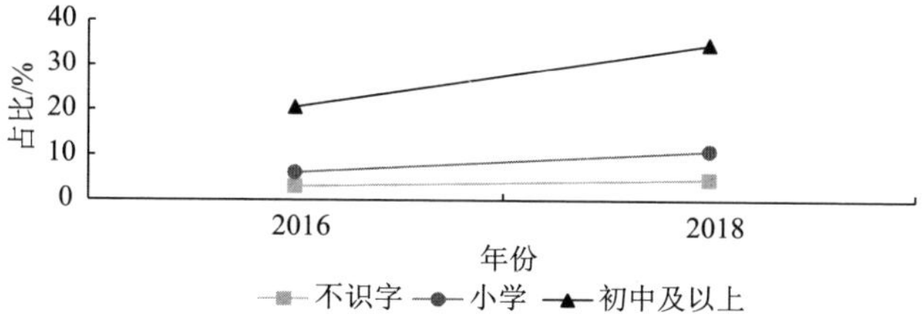

图 12-61　老年人经常上网频率变化的文化程度差异

资料来源：2016 年与 2018 年 CLASS 数据

不识字、小学、初中及以上文化程度的老年人样本量分别为 2635 个、3948 个、3059 个

第五节　简 要 总 结

本章主要利用 CLASS 2016 年与 2018 年数据，呈现了老年人的互联网利用、

智能手机使用和智慧养老设备拥有的状况与社会人口特征，并对老年人信息技术利用进行了初步的纵向追踪分析。分析结果一定程度上描绘出了老年人信息技术利用的样貌。

概而言之，在信息化社会，受制于教育状况的低下、经济状况的窘困、城乡二元结构等多方面要素，多数老年人难以紧跟信息化时代的潮流，落后于时代的发展；相较于其他人群，他们信息技术的利用率很低。中国互联网络信息中心（China Internet Network Information Center，CNNIC）发布的《第 47 次中国互联网络发展状况统计报告》数据显示，截至 2020 年 12 月，中国网民的规模达 9.89 亿人，互联网普及率为 70.4%，较 2020 年 3 月提升 5.9 个百分点。其中，手机网络网民规模达 9.86 亿人，较 2020 年 3 月增加了 8885 万人，网民使用手机上网的比例达 99.7%；网络视频（含短视频）用户规模达 9.27 亿人，较 2020 年 3 月增加 7633 万人，占网民整体的 93.7%[①]。但是 CLASS 数据揭示出的状况是，2016 年老年人智能手机的使用率不到 1/5，经常上网的老年网民不足 10%；在 2018 年，这两者的占比虽然均有增长，但涨幅较小，分别为 4.4 个百分点和 5.1 个百分点。不过，我们有理由相信，在信息技术越来越发达的当下社会，随着善于使用智能产品的中年人逐渐步入老龄阶段，老年人与互联网的关系也将越发紧密。

老年人的互联网利用、智能手机使用和智慧养老产品拥有与他们自身的性别、年龄、文化程度、健康状况、收入水平和城乡户籍等人口与经济社会特征均密切相关。总体而言，资本禀赋是老年人信息技术利用的重要推动因素。年纪较轻、文化程度较高、健康状况较好、收入水平较高、城市户籍等，都会提升受访者居所的网络覆盖和智能产品的使用，也会让他们更加受惠于互联网。但是，我们也观察到，在 2016～2018 年，诸多人口、经济社会属性与互联网之间的关系也在发生变化。比如，在 2016～2018 年，男性、文化程度较高的老年人的智能手机使用率和上网频率的增幅比女性、低文化程度的老年人增长更快；而城市老年人智能手机使用率在两年间的增幅也快于农村老年人。男性、高文化程度和城市老年人信息技术利用的优势因而体现得更为明显。这样的特征也表明，资本禀赋要素越好的老年人，越会从信息化时代受益。

在信息网络时代，网络技术已经渗透进人们日常生活和社会生活的方方面面，成为我们生活中不可或缺的一部分。毫不夸张地说，年轻人如果不会上网、不会使用智能产品，生活几乎就会寸步难行。年长者随着年龄的进一步增长，会逐渐退出社会场域，慢慢与社会发生断裂，故对互联网需求相对较低。尽管如此，他们也同样无法跳脱现代信息技术的辐射。因此，在人口老龄化程度向纵深发展之际，信息技术与养老的结合既是积极、健康应对人口老龄化的重要途径，也是它

①《第 47 次中国互联网络发展状况统计报告》，http://www.cnnic.net.cn/hlwfzyj/hlwxzbg/hlwtjbg/202102/P020210203334633480104.pdf[2021-02-11]。

们题中应有之义。对此，中国政府已有深刻认识，近年大力倡导智慧养老。智慧养老，智慧的首先必须是人，是老年人自身。只有他们不惧信息技术，熟悉信息技术，能熟练地使用智能产品和互联网，智慧养老才能真正落地。因此，政府、企业、社区、家庭和老年人自身多方主体应形成合力，大力加强对老年人信息技术的培训，改善他们的学习能力和购买能力，提升他们对智能产品使用的意愿，在网络社会和网络时代，尽可能不让众多的老年人掉队。

第十三章 主要发现

中国的老龄化程度不断加深，老年人口规模不断扩大，对社会支持体系提出了更高的要求。与此同时，老年人本身及老年人生活的社会环境发生了巨大的变化，老年人体验到了更为丰富多彩的老年生活，但也对家庭和社会支持的形式产生了更为多样的需求。对当前的老年群体进行全面、深入的观察，准确地掌握老年人个体和家庭的相关信息,及时地了解老龄政策施行情况和老龄社会变化情况，显得尤为必要。

在这样的背景下，CLASS 分别于 2011 年和 2012 年进行了两次试调查，2014 年开展了全国范围的基线调查，并于 2016 年和 2018 年分别进行了第一次、第二次追踪调查。调查所获得的数据包含了老年人的个人基本信息、健康状况、社会经济状况、养老资源和养老规划状况、家庭和代际关系状况、社会参与状况、老龄政策实施情况等内容，为掌握老年人在老化过程中面临的各种问题和挑战、评估各项社会政策措施在提高老年人生活质量方面所取得的实际效果提供了重要的理论和事实依据，为中国老龄问题的解决提供了重要的政策参考。

本书课题组对调查获得的数据进行了深入严谨的分析，掌握了多方面的研究成果，既包括当前老年人的基本人口特征、身心健康状况、社会经济状况，也包括老年人的养老资源和养老准备、社会参与和社会适应情况。除此之外，考虑到在当前信息技术飞速发展的背景下，养老领域的信息化、智能化、智慧化正在蓬勃发展，智慧养老的设备和方式正日益对老年人的生活方式、身心健康、社会交往等方方面面产生深刻影响，掌握老年人对互联网的使用情况具有十分重要的意义，本书课题组还详细调查和研究了老年人的信息技术应用情况。本书课题组不仅考察了互联网和相关设备在老年人当中的普及程度，还更为深入地了解了老年人互联网应用的具体内容，这在国内外的老龄研究中是较为少见的。这些发现不仅弥补了已有调查数据的不足、丰富了这一领域的研究成果，也为当前老龄政策实施情况的评估和未来相应政策措施的施行提供了重要的数据基础。

第一节 中国老龄化的趋势与特点

一、老龄化速度增快，老龄化程度逐步加深，老年人口抚养比不断提高

从老年人口的年龄结构来看，2000 年我国 60 岁及以上老年人口占总人口比

重达到 10.46%，到 2010 年该比重达到 13.32%，2015 年则上升到 16.14%。可见，在老龄化程度不断加深的同时，老龄化的速度也在加快。与之相对应，我国 60 岁及以上人口的老年人口抚养比也在不断提高，2015 年达到 23.99%，即约 4 个劳动力人口赡养 1 位 60 岁及以上的老年人。

我国人口老龄化程度的城乡差异和区域差异较为明显。从城乡差异来看，2015 年我国城市人口老龄化程度最低，镇的老龄化程度居中，乡村老龄化程度最高，且乡村老年人口抚养比远高于镇和城市。从区域差异来看，2015 年中部城市的人口老龄化程度和老年人口抚养比要高于东部和西部，东部乡镇的人口老龄化程度和老年人口抚养比明显高于中、西部，这些区域将面临更为严峻的老龄化挑战。

二、平均预期寿命日益延长，高龄老年人将不断增多

过去的几十年，中国经历了快速的人口转变。中国的死亡率在 2000 年后经历了更为明显的下降，而且这主要得益于老年阶段死亡率的下降。与此同时，我国的死亡众数年龄不断后移，2015 年已超过 85 岁；人口的生存曲线在 2000 年之后也较为快速地往右上方移动，呈现出存活曲线矩形化的特征，且在 70 岁之后有较明显的存活曲线平行现象。这意味着过早死亡现象将逐渐减少，人口的死亡将主要集中在高龄老年人阶段。可以预见，在人口基数和年龄结构不变的情况下，未来的老年人特别是高龄老年人的数量和比例将会有较大的提升。

我国的平均预期寿命也在逐渐增加。20 世纪 80 年代以来我国人口的平均预期寿命一直保持增长的态势，且 2000 年之后的增长更加明显。得益于医疗技术的发展，老年阶段的平均预期寿命在 2000 年之后也取得了较大的提升。不过，60 岁人口的平均预期寿命的性别差异和城乡差异有逐渐扩大的趋势，女性老年人和城市老年人相对而言更为长寿。

第二节　我国老年人的基本人口特征

一、我国老年群体以低龄老年人为主，女性老年人占比更高

我国老年人口以低龄老年人为主，2000 年和 2010 年普查、2015 年全国 1% 人口抽样调查及 CLASS 数据显示，60～69 岁的老年人超过一半，且占总人口比重增长最快。与此同时，2015 年我国 80 岁及以上高龄老年人口占总人口比例也超过 1%，与 2000 年相比有明显提升。此外，2015 年我国老年人口的性别比低于 100，且随着年龄的升高不断降低，说明年龄越大，女性老年人口相对比男性老年人口数量更多、占比更高。

二、老年人口文化程度不断提升，老年就业仍以农业为主

从 2000 年到 2015 年，我国老年人口的文化程度不断提高。2015 年 60 岁及以上老年人的平均文化程度已超过小学，且初中及以上文化程度老年人所占的比例不断提高。不同队列老年人的文化程度差异明显，低龄组老年群体的文化程度明显高于高龄组。男性老年人口文化程度高于女性，但这一性别差异呈缩小趋势。城镇老年人口的文化程度高于农村老年人口，且城乡差异呈扩大趋势。

2015 年，我国 60 岁及以上老年人口就业率超过 20%，且男性就业率远高于女性，农村老年人口就业率远超城市，这与老年就业人口所从事的行业有关。绝大多数在业老年人从事农林牧渔第一产业工作，农业仍然是我国老年人从事的主要行业，在科学研究和技术服务业、金融业、信息传输软件和信息技术服务业等行业工作的老年人占比极低。

三、已婚有配偶老年人占大多数，空巢和独居老年人增多

当前，我国 60 岁及以上老年人口的婚姻状况呈现“一高三低”状态，即有偶率高，丧偶率、离婚率、未婚率低。随着时代发展和世代更替，老年人的婚姻状况也在发生改变。2000 年以来，老年人口有偶率和离婚率有所上升，尤其是城市老年人和女性老年人的离婚率上升幅度相对比较明显；老年人的未婚率和丧偶率有所下降，但女性的丧偶风险要远高于男性，且随年龄增长女性丧偶率的增速更快。

随着中国老龄化的加深，有老年人的家庭户比重不断增加，高龄老年人与低龄老年人共居比例有所上升。从家庭类型来看，空巢老人家庭规模在持续扩大，夫妻空巢家庭和独居老年人家庭占比有了明显上升，这将使传统家庭养老模式面临巨大压力，也对我国的社会养老服务体系提出了更大的挑战。

第三节　老年人的身心健康状况

一、大多数老年人能够生活自理，但慢性病患病情况较为普遍

2016 年，大多数受访老年人日常生活能够实现自理，失能老年人的比重较低。2014～2016 年，能够完全自理的老年人比重上升，失能老年人的比重下降，说明老年人的 ADL 状况和 IADL 状况都在上升，健康状况有所改善。

2016 年，超过半数的老年人患有至少一种慢性病。其中，高血压为老年人中最为普遍的慢性病。此外，心病/冠心病、颈/腰椎病、关节炎、糖尿病、类风湿、脑血管病（含中风）、慢性支气管炎/其他呼吸道疾病也较为常见。收入较高的老年人和城镇老年人患高血压、心病/冠心病、糖尿病等循环系统疾病和代谢疾病的

风险明显高于收入较低的老年人与农村老年人，而后者在颈/腰椎病、关节炎、类风湿、脑血管和慢性支气管炎或其他呼吸道疾病的患病率上要高于前者，这或许与不同老年人的工作类型和生活方式有关。

二、老年人认知功能情况整体较好，性别差异与城乡差异较为明显

2016年和2018年CLASS数据显示，我国老年人的认知功能平均得分为12.79分（总分16分），其中时空定向平均得分为4.30分（总分5分），计算能力平均得分为3.82分（总分5分），记忆为4.67分（总分6分），这说明整体而言我国老年人的认知功能情况较好，尤其是在时空定向方面维持着较好的状态。老年群体的认知功能表现出明显的性别差异和城乡差异。具体而言，男性得分高于女性，城镇户口老年人得分高于农村户口老年人，且农村中的性别差异大于城市，也就是说，农村女性是认知功能最为弱势的群体。

三、老年人的心理健康状况较好，家庭支持网络意义重大

整体而言，我国老年人中有明显抑郁症状的比例较低。2014年CLASS数据显示，绝大多数老年人并未感到孤独，这说明我国老年人的情绪健康状况较为乐观。不过，老年人的心理健康状况同样存在性别差异和城乡差异，女性老年人、农村老年人和留守老年人的抑郁症状与孤独感更为严重。

家庭网络依然是保证中国老年人情绪健康的最重要资源。与配偶及子女同住的老年人抑郁水平较低，而丧偶、独居、远离子女的老年人抑郁水平较高，孤独感较为严重。社会支持网络对老年人的心理健康有重大影响，而且与朋友隔离相比，家庭隔离对老年人孤独感的影响明显大于朋友隔离。共同居住的人越多、关系越亲近，老年人的孤独感越轻。从保持老年人心理健康的角度而言，来自家庭成员尤其是配偶和子女的支持至关重要。

第四节　老年人的社会经济状况

一、离/退休金、养老金和子女的资助是老年人的主要生活来源

2016年CLASS数据显示，离/退休金、养老金和子女的资助是老年人最主要的两项生活来源，受访者中有超过半数的老年人主要依靠自己的离/退休金、养老金和子女的资助生活。此外，有超过20%的老年人以自己的劳动所得和配偶的收入为主要生活来源。随着年龄增长，老年人自己的离/退休金、养老金重要性下降，子女的资助则显得越发重要，逐渐替代离/退休金、养老金成为70岁以上老年人最为主要的生活来源。

男性老年人、城市老年人和较高受教育水平老年人的经济独立性相对更强。男性老年人将离/退休金、养老金以及自己劳动所得、以前积蓄、房屋和土地等租赁收入作为主要生活来源的比例要高于女性老年人，而后者的生活来源则主要来自配偶收入、子女的资助和政府/社团的补贴/资助。城市老年人的生活来源以自己的离/退休金、养老金和配偶收入为主，但农村老年人则更多地依靠子女资助和自己的劳动所得。随着老年人文化程度的提高，依靠离/退休金、养老金和配偶收入的老年人比重逐渐增加，子女资助不再成为多数具有初中以上文化程度老年人的主要生活来源；当老年人的文化程度达到大专及以上时，有超过九成的老年人主要依靠离/退休金、养老金生活。

二、日常饮食是老年人家庭的主要消费项目，医疗费用随年龄升高而逐渐增加

在家庭消费支出方面，老年人平均每月日常饮食费用占比要高于医疗费用和水、电、气等杂费，成为老年人家庭最为主要的消费项目。此外，老年人医疗费用的支出也较高，且在不同队列和不同社会经济特征的老年人间存在差异。

进入老年期，随着身体机能的衰退和各种慢性病患病率的上升，老年人的医疗卫生服务需求将会增加，使得医疗费用成为老年人家庭支出中的重要项目。随着年龄的增长，老年人每月家庭医疗支出及占总支出的比重也在不断增加。除了年龄以外，受教育水平也是影响老年人医疗支出的重要因素，医疗费用占家庭总支出的比重会随老年人受教育水平的提高而有明显下降，不识字老年人医疗费用支出占总支出的比重较大专及以上老年人高了 8 个百分点。此外，独居老年人的医疗支出占总消费的比重要高于非独居老年人。这些现象说明高龄老年人、受教育水平较低的老年人和独居老年人面临着更为沉重的医疗支出负担。

三、老年人年收入有所上升，资产以现金储蓄和住房为主

与 2014 年基线调查时相比，2016 年我国老年人的年收入中位数提高了 20%，有了较为明显的提高，其中女性老年人和城镇老年人的年收入水平提高幅度更为明显。不同地区老年人的收入水平差异较大，东部地区老年人年收入中位数明显高于中、西部地区。

目前，老年人的资产以现金储蓄和住房为主。2016 年受访者中有 41.9%的老年人拥有现金储蓄，且男性老年人、城镇老年人、有配偶老年人、非独居老年人、东部地区老年人、汉族老年人中拥有现金储蓄者的比例更高。老年人住房拥有情况较好。2016 年受访者中有 91.05%的老年人拥有自己的住房。从住房数量上看，有超八成老年人拥有 1 套住房，拥有 2 套及以上住房的老年人比例不到 5%。与其他类型的老年人相比，农村女性老年人没有住房的比例最高，住房

安全状况堪忧。

除土地外，老年人在储蓄以外的其他资产拥有率均较少，拥有土地的老年人也多集中在农村地区。有超过四成的老年人没有包括储蓄、土地、黄金、理财产品、古董等各项资产中的任何一项，且女性老年人、农村老年人、无配偶老年人、独居老年人和西部地区老年人无资产的比例更高，经济安全更难得到保障。

四、基本养老保障覆盖面有待进一步扩大，城乡和地区保障水平仍有较大差距

2016 年调查显示，仍有 27.16%的受访老年人没有城乡居民基本养老保险、企业职工基本养老保险和机关事业单位基本养老保险中的任意一项保险，且没有此三项社会保障的女性老年人、农村老年人和中西部老年人占比更大，这些未被覆盖的老年人难以得到可靠的养老保障，面临着更大的风险。

从养老金金额来看，作为农村居民的主要养老金来源，农村老年人获得的城乡居民基本养老金中位数仅为城镇老年人的 1/4，且实际获得金额占农村老年人家庭人均月支出比例的中位数不到 30%。与之相反，城镇老年人获得的城镇企业职工基本养老金和机关事业单位基本养老金中位数要远高于农村老年人，且分别是前者人均家庭月支出的 2.69 倍和 3.20 倍。这一事实反映出目前我国城乡养老保障水平的差距仍旧较为明显。与之相类似，我国地区间的养老保障水平也存在差异，东部地区老年人的基本养老保障水平要高于中、西部地区。城乡和地区悬殊的养老保障水平差距亟待缩减。

第五节 老年人的家庭养老资源和社会养老资源

一、老年人空巢化程度加剧，家庭照料资源弱化

2014 年受访老年人的家庭规模在 3 人左右。从同吃同住的家庭成员来看，老年人以与配偶和子女共同居住为主，且与儿子同住的比例要远大于与女儿同住的比例。调查数据显示，与 2010 年相比，受访老年人的空巢和独居率较高，老年单身户和仅夫妻二人同住的空巢家庭比例有所上升，老年人家庭的空巢化程度正在加剧。

与此同时，老年人的家庭照料资源出现弱化的倾向。2014 年 CLASS 数据显示，老年人平均健在子女数为 3.0 个，平均年龄为 44.1 岁，91.8%的子女已婚且和配偶同住是绝对主体，近八成的子女处于就业状态。这些子女往往面临着“上有老，下有小”的现实压力，在照料老年父母时显得力不从心。此外，老年人的子女中，有超过三成在调查时已离开家半年以上，其中有近四成的子女

是跨省流动，这些远距离流动的子女也难以为老年人提供日常照料和频繁的精神支持。

二、配偶和子女是老年人的主要照料者，代际支持仍以“向上流”为主

2014 年 CLASS 数据显示，受访老年人中有照料需求的老年人占比为 7.7%。在这些老年人中，超过九成老年人的首要照料者是家庭成员，且主要是其配偶、子女以及子女的配偶，其中配偶在照料老年人方面具有特别重要的作用。但是，随着老年人年龄的增加和健康状况的恶化，子女或子女的配偶作为老年人首要照料者的比例也在不断提高，老年人对子女照料的依赖性更强。受传统社会角色和社会分工的影响，老年人依靠儿子及其配偶照料的比例要远高于依靠女儿及其配偶照料的比例。不过，与农村地区相比，城市地区的女儿在老年照料中发挥着更加重要的作用。

亲子间的代际经济支持和家务支持是双向流动，但仍以子代流向父代的“向上流”为主。超过八成的子女会给予老年父母各种形式的经济支持，但金额集中在 4000 元以下，较为富裕的子女会给予父母力度更大的经济支持；相反，绝大多数老年人并未给予子女钱财支持，即使有所支持，金额也十分有限，集中在 1000 元以下，与子女的经济支持差距较大。约六成子女会给予父母日常的家务支持，而没有给子女家务支持的老年父母比例则接近 80%，说明在家务上也是子女给予了老年父母更大的支持。

三、亲子间代际交流状况较好，亲子感情较为融洽

老年人与子女之间的代际交流较为频繁，整体交流情况较好。2014 年 CLASS 数据显示，大部分老年人在日常生活中与子女经常进行电话沟通，有不小比例的老年人甚至几乎天天与子女打电话；绝大多数老年人在过去一年中能够与子女保持一定的见面频率，几乎天天与子女见面的老年人约占三成，而几乎没有与子女见面的老年人占比仅不到 5%。

在对代际支持的评价方面，绝大多数老年人认为子女从未过多要求自己，并认为子女是较为关心自己的；在对与子女情感亲近程度的评价方面，近 90%的老年人觉得自己与子女感情亲近。也就是说，当前我国老年人与子女之间的代际互动情况较好，亲子关系较为亲密、和谐，老年人对子女的代际支持和情感慰藉是较为认可的。

四、我国养老机构数量不断增长、养老服务多元化，但专业照料人员不足

近年来我国的社会养老事业不断发展，养老机构数量、床位数、每千老年人

口养老床位数都呈现出较为快速的增长趋势，整体而言我国老年人可获得的社会养老资源日益丰富。而且，养老服务机构日益多元化，既有为身体健康、生活能够自理的老年人提供辅助性生活照料和娱乐等服务的自理型养老机构，也有针对半失能老年人增设康复护理服务的助养型养老机构，还有针对失能老年人侧重于提供等级更高的康复护理和临终关怀服务的养护型养老机构。但是，我国养老机构的服务水平参差不齐，具有职业资格水平的专业照料人员严重缺乏，难以满足老年人的照护服务需求。

五、不同社区养老服务设施存在差异，城乡差距较大

生活在不同类型的社区，意味着老年人所能享受到的养老服务设施不尽相同。调查显示，普通商品房社区、单一或混合的单位社区、别墅区或高级住宅区配有老年活动室、健身室、棋牌（麻将）室、图书室和室外活动场地等养老服务设施的比例相对更高，而新近由农村社区转变过来的城市社区（村改居、村居合并或城中村）的养老服务设施覆盖相对不够全面，尤其是健身室和图书室在部分社区还比较缺乏。更为明显的是城乡差距，城镇社区在各类设施的覆盖率上都要优于农村社区，说明较之于城镇老年人，农村老年人能够在社区中参与的社会活动更少，养老资源更为缺乏。

六、社区养老服务和医疗服务使用率较低，老年人购买意愿较低

当前，我国老年人使用社区养老服务的比例较低，且集中在上门探访、送餐、上门做家务、陪同看病等日常生活照料服务，而心理咨询、法律援助等服务则鲜少有人使用。而且，大多数的老年人并不愿意花钱购买服务。在医疗服务方面，老年人中对免费体检、建立健康档案卡、上门看病、健康讲座等健康保健服务的需求量较大，使用的可能性也较高，尤其是免费体检的需求量和使用情况较为突出，说明老年人更青睐社区提供与日常生活和健康相关的免费或低价服务。

第六节　老年人的退休适应和养老规划

一、退休老年人的时间和收入变化较为明显，部分老年人存在退休适应问题

退休是老年人面临的重要生命转折事件，一定程度上也暗示了进入老年期的时间节点和社会角色的转变，因此退休可能会给老年人带来冲击和挑战。2018 年

CLASS 数据显示，超过 80%的老年人认为退休后生活发生了变化，尤其是在时间安排和收入方面。退休后老年人的闲暇时间增多、生活节奏放缓，收入来源转为以离/退休金、养老金为主。不过大部分老年人认为自己的生活变化程度不大，尤其是在身体状况和社会关系方面。

面对退休所带来的在经济收入、时间安排、精神状态、社会关系等方面的生活变化，绝大多数老年人可以较好地适应这些转变。但也有一部分老年人表现出较难适应的情况，较为突出的是与同事关系的变化、精神状态的变化和经济收入的变化。这提示老年人在退休后及时调整心态和消费方式、处理好工作关系较为重要。

二、我国老年人缺乏养老规划，资金准备以现金储蓄为主

2018 年 CLASS 数据显示，当前我国老年人提前做养老规划的比例偏低，仅有不到一半的老年人做过相关准备。现金储蓄是老年人最主要的经济准备手段，选择商业保险、购买或出售房产、购买或转让土地使用权等形式的老年人较为少见，购买长期照护保险的老年人更是不到 1%，这一方面与老年人的养老观念和经济基础有关，另一方面也与长期照护保险的供给较为缺乏有关。

不同出生队列老年人的养老规划存在明显差异。年轻一代的老年人相比年长一代的老年人提前进行养老规划的可能性更大，养老规划的方式更为多元化。较早出生队列的老年群体较为一致地选择了风险较低的传统现金储蓄方式来为养老做准备，而较晚出生队列的老年群体则更倾向于购买商业保险、投资理财、购买或出售房产等多种风险收益较高的规划方式，在养老规划方面表现出相对较强的异质性和多样性。

三、老年人仍偏好家庭养老，但对社会照料的需求有所提高

从养老意愿来看，家庭照料对老年人而言仍旧十分重要，但对社会化照料模式的需求也有增强的趋势。根据 2018 年 CLASS 数据的分析结果，在养老责任的承担主体上，有超过三成的老年人认为老年人的照料应由子女承担，有近 45%的老年人则认为应由政府、子女和老年人自己共同承担，有约 10%的老年人认为应当由政府、社会承担，这一比例与认为应当由老年人自己或配偶承担的老年人占比几乎相同。而且，独居、夫妻空巢家庭的老年人对家庭和社会共担照料责任以及社会承担照料责任模式的偏好更为明显。也就是说，虽然当前家庭成员照料在老年人的养老意愿中仍旧占据了重要地位，但由家庭和社会共担照料责任的观念在老年人中已经较为普遍，随着空巢化、独居化程度的加深，未来老年人对社会化照料模式的需求将更加凸显。

第七节　老年人的社会参与和社会适应

一、我国老年人的社会参与日益增多，但整体参与率有待提高

在2014年和2016年两次调查之间，我国老年人参与政治活动、志愿活动、家庭照料活动和网络活动的比例都有了较为明显的提升，反映出我国老年人社会参与的积极性提高、社会参与更加频繁。但是，老年人的整体社会参与率仍旧有较大的提升空间，参与政治活动、志愿活动和家庭照料活动的老年人目前还不到一半，仅有约15%的老年人参与体育锻炼活动，约一成老年人参与劳动与再就业，参加网络活动的老年人更是不到一成。

在劳动和再就业方面，农村老年人的参与率要明显高于城市老年人，这与老年人从事职业的城乡差异有关。随着社会保障政策和养老制度的完善，老年人的劳动和再就业参与率整体呈现出下降的趋势。在政治活动上，农村老年人比城市老年人的参与度更高，城市老年人参与基层选举活动的积极性更强。在志愿活动上，老年人以参与陪同聊天等非正式志愿活动为主，正式志愿活动参与比例远低于规划目标。在体育锻炼方面，老年人的参与意愿并不充足，且受到时间、精力、家庭、活动场所等种种外在条件的限制，有待进一步改善。

二、老年人已成为家庭中重要的照料提供者

当前，老年人不仅仅是接受他人照料和帮助的群体，而更是日益在家庭中承担起照料他人责任的照料提供者。2014年CLASS数据显示，约有34%的老年人在帮助子女照料孙子女，且绝大部分老年人的照料强度很高，几乎每天都在照料孙子女。他们通过照料孙子女，使子女能够将时间与精力投入工作当中，从而为家庭财富和社会财富的增加做出贡献，体现出了老年人在家庭中的巨大价值。

除了照料孙子女外，随着预期寿命的增加，老年人照料更为高龄的老年父母的比例在逐渐上升。2016年CLASS结果显示，有约7%的老年人有需要照料的高龄父母，其中有超过90%的老年人参与了对上一辈老年人的照料。可以预见，未来由低龄老年人照料高龄老年人的情况会不断增加，如何为这批老年人提供相应的社会支持，应当纳入政策体系设计当中。

三、老年人的社会适应情况较好，但老化态度相对消极

基于2014年CLASS数据，以社会适应量表对老年人进行评估，老年人的社会适应总得分、个人发展适应得分和精神文化适应得分都高于平均分；从应对方式上看，我国老年人在面临压力情境时更倾向于采取积极而非消极的应对方式，

包括借鉴他人的处理方法、寻求他人的帮助及询问他人的建议等，这说明我国老年人的社会适应情况整体较好。

具体而言，老年人的精神文化适应得分要高于个人发展适应得分，说明老年人对目前社会中的思想、观念及各种文化现象的接受程度要优于对自己在现实社会生活中发挥自我潜能、扩展自我价值的认识。从性别差异来看，男性老年人的社会适应程度要好于女性，且对自己在现实生活中发挥潜能、实现价值方面有更好的主观体验。从城乡差异来看，城镇老年人的社会适应程度要优于农村老年人，前者认为自己可以更好地发挥自我潜力。

但是，我国老年人的老化态度总体上偏向消极，也就是说，他们对变老过程及年老的体验和评价有待改善。农村老年人对变老的认知和感受要比城市老年人明显更加消极，但男性与女性之间的差异并不显著。健康状况与老化态度的关系非常密切，良好的健康状况能够使老年人拥有更加积极的老化态度，因此改善老年人的健康状况可以使其在变老过程中获得更为积极的情绪体验。

四、老年人的生活满意度状况较好，经济和健康是影响老年生活质量的重要因素

根据 2014 年 CLASS 数据，总的来说，受访老年人普遍对目前的生活状况感到满意，有相当比例的老年人表示对目前生活没有感觉不满意的方面，只有极为少数的老年人对当前的生活很不满意。生活满意度是反映老年人生活质量的重要指标，老年人普遍生活满意度较高的事实说明，从主观感受上而言我国老年人的生活质量较好。城镇老年人、与配偶同住的老年人的生活满意度更高，反映出生活环境对老年人生活质量有重要影响。

“钱不够用”和“身体健康状况不好”是大部分老年人认为的生活中不满意的方面，且农村老年人中对这两方面最不满意的比例要高于城镇老年人。说明在老年期，经济问题和身体健康状况是影响大多数老年人生活质量的重要因素，且农村老年人面临的困难可能要比城市老年人更为严峻。

第八节　老年人的信息技术利用

一、我国老年人信息技术利用率有所上升，但仍处于极低水平

尽管现代社会互联网已经渗入人们生活的方方面面，但我国老年群体应用互联网技术的比例不高，老年人与其他群体的“数字鸿沟”较为明显。在 2018 年 CLASS 数据中，受访老年人上网的频率很低，八成以上的老年人几乎从不上网，每天都上网的老年人占比仅在一成左右。尽管在两次调查间，老年人经常上网的

比例有了明显的增加，但与其他年龄段的群体相比仍旧处于非常低的水平。

互联网也尚未成为老年人获取信息的主要渠道。在互联网高度普及的今天，近九成老年人的主要信息来源仍旧是电视，以互联网为主要信息来源的老年人占比不足一成。单一闭塞的信息获取渠道以及与互联网的“隔绝”很大程度上会影响老年人的生活质量，使其成为信息化社会的弱势群体。

老年人在信息技术应用方面的缺乏或与互联网可及性有关。2018 年 CLASS 数据显示，有近六成的老年人住所尚无网络覆盖。绝大多数老年人学习上网设备的途径是跟家人学习和自己摸索,通过社区活动学习上网设备的老年人少之又少。在当前老年人空巢化、独居化的趋势下，与家人学习上网技术和自己摸索的方式显然不够稳定和有效。缺少网络覆盖和稳定的学习途径将对老年人使用信息技术设备与应用相关信息技术产生很大的阻碍。

二、老年人上网活动的内容以社会交往和信息获取为主，较为单一

根据 2018 年 CLASS 数据，我国老年人的上网内容以语音视频聊天、文字聊天等社会交往和浏览新闻、听广播、看视频等信息获取为主，而应用互联网进行购物、玩游戏、交通出行、健康管理、投资理财和学习培训等活动的比例则相对较低。与其他使用互联网满足工作生活、休闲娱乐等多方面需求的年龄群体相比，老年人的上网内容相对较为单一,还未充分享受信息技术带来的便利性和高效性。

三、智能手机是老年人的主要上网设备，但老年人的拥有率偏低

智能手机是老年人上网的主要设备，2018 年 CLASS 数据显示，超过 95%的老年人主要使用手机上网，而使用电脑、平板电脑的老年人较为少见。老年人使用手机的熟练程度也是相对最高的，超过一半的老年人认为他们能够非常熟练地使用手机。但是，智能手机在老年人群中的普及度还十分有限。2018 年调查数据显示，仅有约二成的老年人拥有智能手机。不过，在 2016～2018 年两次调查之间，老年人的智能手机拥有率有了较为明显的提升。可以预见，随着互联网在老年群体中的日渐普及和智能手机与日常生活的日益紧密联系，以及老年群体受教育水平提升、消费能力增强，未来老年群体中的智能手机拥有情况也会日渐改善。

四、老年人的智慧养老产品拥有情况有较大提升空间，城乡差距有待缩小

目前，我国老年人拥有智慧养老产品的比例并不高，拥有的产品以健康类产品为主。电子血压仪、血脂检测仪等与老年人日常健康管理息息相关且经济成本相对较低的产品普及率相对较高，而智能睡眠检测器、智能一体机、智能轮椅等高端设备的拥有率还比较低，有很大的发展空间。

值得注意的是，老年人智慧养老产品的拥有情况在城乡之间存在很大差别。城市老年人对各类智慧养老产品包括智能手机的拥有率都显著高于农村老年人，而且城市老年人的智能手机使用率在两次调查间的增幅也快于农村老年人。这种情况说明在信息技术应用方面，农村老年人处于更为弱势的地位，更难以享受到信息技术发展所带来的红利，这种局面也有待进一步改善。

参 考 文 献

陈勃. 2010. 对“老龄化是问题”说不: 老年人社会适应的现状与对策. 北京: 北京师范大学出版社.

陈勃, 牛素枝. 2010. 老年人传授的态度、动机、行为及其影响因素. 中国老年学杂志, 30(11): 1568-1570.

陈建文, 王滔. 2003. 关于社会适应的心理机制、结构与功能. 湖南师范大学教育科学学报, (4): 90-94.

陈皆明. 1998. 投资与赡养——关于城市居民代际交换的因果分析. 中国社会科学, (6): 131-149.

陈鸣声. 2018. 安德森卫生服务利用行为模型演变及其应用. 南京医科大学学报(社会科学版), (1): 5-8.

陈赛权. 2000. 中国养老模式研究综述. 人口学刊, (3): 30-36, 51.

陈希婕, 鲁钊阳. 2016. 经济新常态下西部地区经济结构转型升级的对策研究. 统计科学与实践, (2): 22-26.

陈心广, 邓保成. 1988. 离休退休适应时间过程的曲线拟合. 老年学杂志, (1): 9-12.

陈友华. 2012. 居家养老及其相关的几个问题. 人口学刊, (4): 51-59.

陈友华, 吴凯. 2008. 社区养老服务的规划与设计——以南京市为例. 人口学刊, (1): 42-48.

代俊. 2017. 中国老年人体育锻炼行为特征. 中国老年学杂志, (1): 238-241.

丁华, 严洁. 2018. 中国老年人失能率测算及变化趋势研究. 中国人口科学, (3): 97-108,128.

丁志宏. 2012. 城市退休老人志愿服务参与现状及影响因素研究. 兰州学刊, (11): 150-155.

丁志宏. 2014. 我国农村中年独生子女父母养老意愿研究. 人口研究, 38(4): 101-111.

杜鹏, 孙鹃娟, 张文娟, 等. 2016. 中国老年人的养老需求及家庭和社会养老资源现状——基于2014年中国老年社会追踪调查的分析. 人口研究, (6): 49-61.

杜鹏, 武超. 2006. 中国老年人的生活自理能力状况与变化. 人口研究, (1): 50-56.

杜鹏, 谢立黎. 2014. 中国老年人主要生活来源的队列分析. 人口与经济, (6): 3-11.

段迎君. 2011. 通货膨胀、工资增长与养老金待遇调整. 中国物价, (1): 43-46.

方雯. 2018. 我国人口老龄化背景下社区体育的发展对策研究. 福建体育科技, (4): 7-9,19.

费孝通. 1985. 乡土中国. 上海: 生活・读书・新知三联书店.

付泽建, 亓德云, 林可, 等. 2014. 城市居民退休前后社会适应能力变化趋势分析. 中国公共卫生, 30(2): 155-158.

高岩, 李玲. 2011. 机构养老服务研究文献综述. 劳动保障世界(理论版), (7): 47-49.

辜胜阻, 吴华君, 曹冬梅. 2017. 构建科学合理养老服务体系的战略思考与建议. 人口研究, (1): 3-14.

国家统计局人口和就业统计司. 2016. 2015 年全国 1%人口抽样调查资料. 北京: 中国统计出版社.

何流芳. 1998. 退休老人心理健康状况分析. 中国老年学杂志, (1): 6, 7.

贺斌. 2013. 农村留守老人社会支持、应对方式与心理健康现状调查. 中国卫生事业管理, (9): 703-706.

黄一帆, 王大华, 刘永广, 等. 2010. 老化态度问卷(AAQ)中文版的初步试用. 中国临床心理学杂志, (4): 447-450.

纪竞垚. 2016. 我国家庭养老观念的现状及变化趋势. 老龄科学研究, (1): 60-66.

纪竞垚. 2018. 中国城市老年人的退休适应研究. 人口研究, 42(4): 91-103.

纪竞垚. 2019. 家庭照料对老年人机构养老意愿的影响——基于 CLASS 数据的实证分析.调研世界, (1): 17-22.

姜向群, 郑研辉. 2013.中国老年人的主要生活来源及其经济保障问题分析. 人口学刊, 35(2): 42-48.

金华宝. 2014. 农村社区互助养老的发展瓶颈与完善路径. 探索, (6): 155-161.

乐昕, 彭希哲. 2016. 老年消费新认识及其公共政策思考. 复旦学报(社会科学版), 58(2): 126-134.

李长远, 张会萍. 2018. 民族地区老年人对社区居家医养结合养老服务模式选择意愿及影响因素分析——基于安德森行为模型的实证研究. 云南民族大学学报(哲学社会科学版), (5): 135-143.

李捷, 王凯珍. 2018. 京津冀地区城市老年居民体育锻炼参与现状研究. 首都体育学院学报, (3):226-231.

李军, 王丽民. 2018. 我国老年人的收入状况——基于第四次中国城乡老年人生活状况抽样调查数据的分析. 老龄科学研究, (6): 3-17.

李学斌. 2008. 我国社区养老服务研究综述. 宁夏社会科学, (1): 42-46.

刘燕. 2014. 制度化养老、家庭功能与代际反哺危机. 上海: 上海世纪出版集团.

龙敏. 2013. 中国老年人日常生活自理能力的影响因素研究. 上海: 华东师范大学.

鲁元平, 张克中. 2014. 老有所乐吗?——基于退休与幸福感的实证分析.经济管理, 36(8): 168-178.

陆杰华, 张莉. 2018. 中国老年人的照料需求模式及其影响因素研究——基于中国老年社会追踪调查数据的验证. 人口学刊, 40(2): 22-33.

马双, 孟宪芮, 甘犁. 2014. 养老保险企业缴费对员工工资、就业的影响分析. 经济学(季刊), 13(3): 969-1000.

穆光宗. 2000. 中国传统养老方式的变革和展望. 中国人民大学学报, (5): 39-44.

潘金洪, 帅友良, 孙唐水, 等. 2012. 中国老年人口失能率及失能规模分析——基于第六次全国人口普查数据. 南京人口管理干部学院学报, (4): 3-6, 32.

彭希哲, 胡湛. 2011. 公共政策视角下的中国人口老龄化. 中国社会科学, (3): 121-138, 222.

彭希哲, 胡湛. 2015. 当代中国家庭变迁与家庭政策重构. 中国社会科学, (12): 113-132, 207.

彭希哲, 宋靓珺, 黄剑焜. 2017. 中国失能老人长期照护服务使用的影响因素分析——基于安德森健康行为模型的实证研究. 人口研究, (4): 46-59.

祁峰. 2010. 我国城市居家养老研究与展望. 经济问题探索, (11): 119-123.

乔晓春, 张恺悌, 孙陆军. 2006. 中国老年贫困人口特征分析. 人口学刊, (4): 3-8.

青连斌, 陈蕾. 2014. 让全体人民老有所养——对中国红十字总会曜阳养老服务体系建设的调研. 科学社会主义, (5): 45-49.

冉德丽. 2018.“健康中国”背景下农村老年体育参与现状及对策研究——以黑龙江省延寿县为

例. 大连: 辽宁师范大学.
沈瑞英, 胡晓林. 2009. 浅析中国城镇养老模式——居家养老. 前沿, (1): 122-124.
石智雷. 2015.多子未必多福——生育决策、家庭养老与农村老年人生活质量. 社会学研究, (5): 189-215, 246.
史柏年. 1997. 老人社区照料的发展与策略. 中国青年政治学院学报, (1): 101-104.
舒尔茨 J H. 2010. 老龄化经济学. 裴晓梅, 等译. 北京: 社会科学文献出版社.
孙鹃娟, 冀云. 2017. 中国老年人的照料需求评估及照料服务供给探讨. 河北大学学报(哲学社会科学版), (5): 129-137.
孙鹃娟, 李婷. 2018. 中国老年人的婚姻家庭现状与变动情况——根据2015年全国1%人口抽样调查的分析. 人口与经济, (4): 99-107, 123.
孙鹃娟, 沈定. 2017. 中国老年人口的养老意愿及其城乡差异——基于中国老年社会追踪调查数据的分析. 人口与经济, (2): 11-20.
孙晓宇, 张云策, 刘维伟, 等. 2017. 健康素养水平与老年人运动锻炼行为的关系研究.现代预防医学, (22): 4143-4146, 4155.
谭克俭. 2002. 农村养老保障机制研究. 人口与经济, (2): 71-75, 61.
田北海, 王彩云. 2014. 城乡老年人社会养老服务需求特征及其影响因素——基于对家庭养老替代机制的分析. 中国农村观察, (4): 2-17, 95.
童素娟, 米红, 颜韬. 2015. 养老金双轨制改革的“中人”预测仿真研究——基于浙江省的经验分析. 社会保障研究, (1): 11-21.
王爱民. 2018. 农村老年人体育文化服务需求特征分析. 劳动保障世界, (21):57.
王海燕. 2002. 发展城市社区养老应对人口老龄化. 理论学刊, (3): 67-69.
王莉莉. 2014. 中国城市地区机构养老服务业发展分析. 人口学刊, (4): 83-92.
王树新, 赵智伟. 2007. 第一代独生子女父母养老方式的选择与支持研究——以北京市为例. 人口与经济, (4): 52-58.
王伟进. 2019. 中国社区养老的实践探索与整合发展路径. 北京: 社会科学文献出版社.
王祖承, 林益强. 2017. 精神卫生专栏导读. 健康教育与健康促进, 12(5): 395, 396.
卫小将, 何芸. 2007. 社区照顾: 中国养老模式的新取向. 南京人口管理干部学院学报, (1): 36-40.
卫一夫, 利嘉伟, 罗英, 等. 2015. 养老准备指数及洞察报告. 首席财务官, (21): 52, 53.
邬沧萍, 杜鹏, 等. 2006. 中国人口老龄化: 变化与挑战. 北京: 中国人口出版社.
吴帆. 2017. 中国家庭老年人照料者的主要特征及照料投入差异——基于第三期中国妇女社会地位调查的分析. 妇女研究论丛, (2):5-13.
吴建强. 2009. 我国西部地区土地集约利用的策略——以国家级经济技术开发区为例. 知识经济, (16): 81, 82.
吴玉韶, 王莉莉, 孔伟, 等. 2015. 中国养老机构发展研究. 老龄科学研究, (8): 13-24.
项丽萍. 2007. 我国社区养老服务方式探析. 青海社会科学, (5): 31-33.
徐祖荣. 2008. 城市社区照顾模式研究. 人口学刊, (1): 49-53.
杨华, 项莹. 2014. 浙江农村老年人社会参与影响因素研究. 浙江社会科学, (11): 147-152, 160.
杨团. 2011. 公办民营与民办公助——加速老年人服务机构建设的政策分析. 人文杂志, (6): 124-135.
杨燕绥, 刘懿. 2013. 中国养老金改革的时间节点与政策路径——以人力资本和老龄化为视角.

探索与争鸣, (1): 66-71.
郁建兴, 金蕾, 瞿志远. 2012. 民办社区养老机构建设及其政府责任——以杭州市上城区为例. 浙江社会科学, (11): 76-83,157.
袁晚露. 2018. 老龄化背景下我国体育养老服务的研究. 武汉: 武汉科技大学.
袁小波. 2011. 成年子女照料者角色经历的性别差异研究. 人口与发展, (5): 75-79, 86.
袁中美. 2013. 延迟退休与养老金替代率的探讨. 人口与经济, (1): 101-106.
张建国, 张盼铖, 施雪琴, 等. 2010. ADL 在老年人体质测评中的应用. 中国体育科技, (5): 129-133.
张杰. 2015. 金融素养与养老规划——基于微观调查数据的实证研究. 南京: 东南大学.
张恺悌. 2009. 中国城乡老年人社会活动和精神心理状况研究. 北京: 中国社会出版社.
张璞. 2018. 中老年人健身环境满意度、锻炼量、心理资本的关系研究. 郑州: 郑州大学.
张焘. 2017. 从退休综合征看当代中国退休老人的社会适应问题.劳动保障世界, (23): 9, 11.
张文范. 2004. 社区养老社会化服务的战略意义. 上海城市管理职业技术学院学报, (6): 22-24.
张文娟. 2006. 儿子和女儿对高龄老人日常照料的比较研究. 人口与经济, (6): 9-13, 18.
张秀萍, 柳中权, 赵维良. 2006. 建立"空巢"老人社区生活支持体系的研究. 东北大学学报(社会科学版), (6): 434-437.
张燕, 马仁燕. 2018. 体育锻炼对老年人主观幸福感的影响研究. 体育风尚, (5): 38.
章梦昱, 童春林, 姚翔. 2011. 老年雇员退休适应的影响因素分析——对组织承诺及退休态度的考察. 中国人力资源开发, (6): 12-15.
章晓懿, 刘帮成. 2011. 社区居家养老服务质量模型研究——以上海市为例.中国人口科学, (3): 83-92, 112.
赵丽宏. 2007. 城市居家养老生活照料体系研究. 学术交流, (10): 123-125.
赵莉莉. 2006. 我国城市第一代独生子女父母的生命历程——从中年空巢家庭的出现谈起. 青年研究, (6): 35-43.
郅玉玲. 2010. "居家养老"的浙江实践. 中共浙江省委党校学报, (2): 106-111.
周沛. 2002. 社区照顾: 社会转型过程中不可忽视的社区工作模式. 南京大学学报(哲学 ·人文科学 · 社会科学), (5): 20-27.
周云. 2003. 对老年人照料提供者的社会支持. 南方人口, (1): 6-10.
周云, 陈明灼. 2007. 我国养老机构的现状研究. 人口学刊, (4): 19-24.
邹湘江, 吴丹. 2013. 人口流动对农村人口老龄化的影响研究——基于"五普"和"六普"数据分析. 人口学刊, (4):70-79.
左群, 段梦双, 吴凡凡, 等. 2018. 基于公共体育服务满意度的社区老年人体育锻炼行为影响因素研究. 沈阳体育学院学报, (2): 61-67.
Atchley R C. 1999. Continuity theory, self, and social structure//Ryff C D, Marhsall V W. Families and Retirement. Newbury Park: Sage: 145-158.
Beehr T A. 1986. The process of retirement: a review and recommendations for future investigation. Personnel Psychology, 39(1): 31-55.
Chen F, Short S E. 2008. Household context and subjective well-being among the oldest old in China. Journal of Family Issues, 29(10): 1379-1403.
Cheung S L K, Robine J M, Tu E J C, et al. 2005. Three dimensions of the survival curve: horizontalization, verticalization, and longevity extension. Demography, 42(2):243-258.

Chou Y C, Lin L C, Chang A L, et al. 2007. The quality of life of family caregivers of adults with intellectual disabilities in Taiwan. Journal of Applied Research in Intellectual Disabilities, (3): 200-210.

Comfort A. 1956. The Biology of Senescence. London: Routledge & Kegan Paul.

Folstein M F, Folstein S E, McHugh P R. 1975. “Mini-mental state”: a practical method for grading the cognitive state of patients for the clinician. Journal of Psychiatric Research, 12(3): 189-198.

Fries J F. 1980. Aging, natural death, and the compression of morbidity. The New England Journal of Medicine, 303 :130-135.

Herrman H, Harvey C. 2005. Community care for people with psychosis: Outcomes and needs for care. International Review of Psychiatry, 17(2): 89-95.

Hetschko C, Knabe A, Schöb R. 2014.Changing identity: retiring from unemployment. The Economic Journal, 124(575): 149-166.

Hughes M E, Waite L J, Hawkley L C, et al. 2004. A short scale for measuring loneliness in large surveys: results from two population-based studies. Research on Aging, 26(6): 655-672.

Katz S, Ford A B, Moskowitz R W, et al. 1963. Studies of illness in the aged: the index of ADL, a standardized measure of biological and psychosocial function. Journal of the American Medical Association, 185: 914-919.

Kim J E, Moen P. 2002. Retirement transitions, gender and psychological well-being: a life-course, ecological model. The Journals of Gerontology: Series B, Psychological Sciences and Social Sciences, 57(3): 212-222.

Laidlaw K, Power M J, Schmidt S. 2007. The attitudes to ageing questionnaire (AAQ): development and psychometric properties. International Journal of Geriatric Psychiatry, 22(4): 367-379.

Lawton M P, Brody E M. 1969. Assessment of older people: self-maintaining and instrumental activities of daily living. The Gerontologist, 9(3):179-186.

Lazarus R S, Folkman S. 1987. Transactional theory and research on emotions and coping. European Journal of Personality, 1(3): 141-169.

Leese B, Storey C, Cheater F. 2009. Retaining primary and community nurses over the age of 50 years: the views of managers. Journal of Nursing Management, (8): 975-985.

Lindeman M A, Pedler R P. 2008. Assessment of indigenous older peoples’ needs for home and community care in remote central Australia. Journal of Cross-Cultural Gerontology, 23(1): 85-95.

Lubben J, Blozik E, Gillmann G, et al. 2006. Performance of an abbreviated version of the Lubben Social Network Scale among three European community-dwelling older adult populations. The Gerontologist, 46(4): 503-513.

Luhmann M, Hofmann W, Eid M, et al. 2012. Subjective well-being and adaptation to life events: a meta-analysis. Journal of Personality and Social Psychology, 102(3): 592-615.

Luo S. 1988. Reconstruction of life tables and age distributions for the population of China, by year, from 1953 to 1982. Philadelphia: University of Pennsylvania.

Mair C A, Chen F N, Liu G Y, et al. 2016. Who in the world cares? Gender gaps in attitudes toward support for older adults in 20 nations. Social Forces, (1): 411-438.

Pearl R, Doering C R. 1923. A comparison of the mortality of certain lower organisms with that of man. Science, 57 (1468): 209-212.

Philip K E, Alizad V, Oates A, et al. 2014. Development of easy-care, for brief standardized assessment of the health and care needs of older people; with latest information about cross-national acceptability. Journal of the American Medical Directors Association, 15 (1): 42-46.

Radloff L S. 1977. The CES-D scale: a self-report depression scale for research in the general population. Applied Psychological Measurement, 1 (3): 385-401.

Russell D, Peplau L A, Cutrona C E. 1980. The revised UCLA Loneliness Scale: concurrent and discriminant validity evidence. Journal of Personality and Social Psychology, 39 (3) :472-480.

Silverstein M, Cong Z, Li S Z. 2006. Intergenerational transfers and living arrangements of older people in rural China: consequences for psychological well-being. The Journals of Gerontology: Series B, Gerontological Sciences and Social Sciences , 61 (5): S256-S266.

Sono T, Oshima I, Ito J. 2008. Family needs and related factors in caring for a family member with mental illness: adopting assertive community treatment in Japan where family caregivers play a large role in community care. Psychiatry and Clinical Neurosciences, 62 (5): 584-590.

Stoltz P, Uden G, Willman A. 2004. Support for family carers who care for an elderly person at home-a systematic literature review. Scandinavian Journal of Caring Sciences, 18 (2) :111-119.

Storey C, Ford J, Cheater F, et al. 2007. Nurses working in primary and community care settings in England: problems and challenges in identifying numbers. Journal of Nursing Management, 15 (8): 847-852.

Wetzel M, Huxhold O, Tesch-Römer C. 2016. Transition into retirement affects life satisfaction: short- and long-term development depends on last labor market status and education. Social Indicators Research, 125 (3): 991-1009.

后　记

2015年国家自然科学基金设立了重大项目“应对老龄社会的基础科学问题研究”(71490730),“特征、规律与前景——老龄社会的人口学基础研究”(71490731)是其中的分课题。课题的研究目标是揭示中国人口老龄化的发展规律和特征，预测未来老龄化的发展趋势，为应对老龄社会的基础科学问题研究提供认识基础和数据支撑。本书是这项课题研究成果之一。全书由中国人民大学人口与发展研究中心课题组成员集体讨论，统一制定提纲，分工撰写，最后协调统稿而成，是团队合作的结晶。其中各章分工如下：第一章，张文娟；第二章，杜鹏；第三章，李婷；第四章，唐丹；第五章，唐丹；第六章，杜本峰；第七章，孙鹃娟；第八章，陶涛；第九章，张文娟；第十章，谢立黎；第十一章，杨凡；第十二章，杨菊华；第十三章，翟振武、刘雯莉。

在成书过程中，李龙、邹华康和金光照对全书图表、引文文献、格式规范等做了大量工作，科学出版社编辑更是付出了艰辛的努力和贡献，在此一并表示衷心的谢意。